プリント形式のリアル過去問で本番の臨場感！

東京都

東京都市大学等々力中学校

2025年春受験用

解答集

本書は，実物をなるべくそのままに，プリント形式で年度ごとに収録しています。
問題用紙を教科別に分けて使うことができるので，本番さながらの演習ができます。

■ 収録内容

・解答集(この冊子です)

書籍ＩＤ番号，この問題集の使い方，最新年度実物データ，リアル過去問の活用，
解答例と解説，ご使用にあたってのお願い・ご注意，お問い合わせ

・2024(令和６)年度 ～ 2022(令和４)年度　学力検査問題

○は収録あり	年度	'24	'23	'22		
■ 問題(S特選第1回・特選第1回)		○	○	○		
■ 解答用紙		○	○	○		
■ 配点				○		

全教科に解説
があります

注)問題文等非掲載:2023年度S特選第1回国語の二と特選第1回国語の三，2022年度S特選第1回社会の3

問題文などの非掲載につきまして

著作権上の都合により，本書に収録している過去入試問題の本文や図表の一部を掲載しておりません。ご不便をおかけし，誠に申し訳ございません。

本文の一部を掲載できなかったことによる国語の演習不足を補うため，論説文および小説文の演習問題のダウンロード付録があります。弊社ウェブサイトから書籍ＩＤ番号を入力してご利用ください。

なお，問題の量，形式，難易度などの傾向が，実際の入試問題と一致しない場合があります。

教英出版

■ 書籍ＩＤ番号

入試に役立つダウンロード付録や学校情報などを随時更新して掲載しています。
教英出版ウェブサイトの「ご購入者様のページ」画面で，書籍ＩＤ番号を入力してご利用ください。

書籍ＩＤ番号　118413

（有効期限：2025年9月30日まで）

【入試に役立つダウンロード付録】
「要点のまとめ(国語／算数)」
「課題作文演習」ほか

■ この問題集の使い方

年度ごとにプリント形式で収録しています。針を外して教科ごとに分けて使用します。①片側，②中央のどちらかでとじてありますので，下図を参考に，問題用紙と解答用紙に分けて準備をしましょう（解答用紙がない場合もあります）。

針を外すときは，けがをしないように十分注意してください。また，針を外すと紛失しやすくなりますので気をつけましょう。

① 片側でとじてあるもの

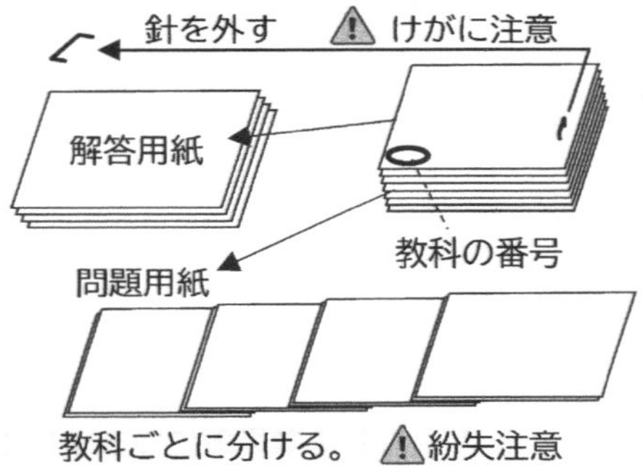

② 中央でとじてあるもの

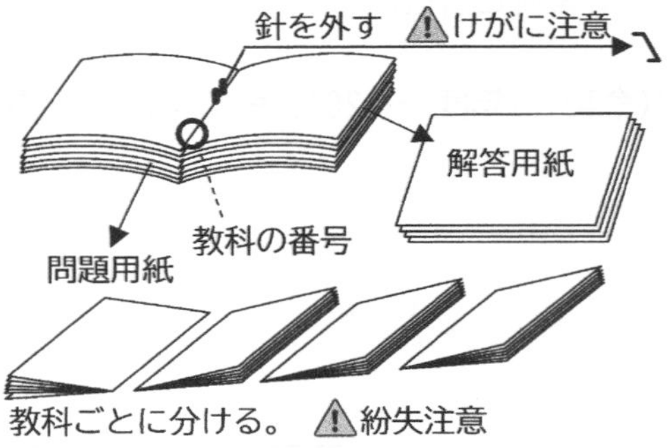

※教科数が上図と異なる場合があります。
解答用紙がない場合や，問題と一体になっている場合があります。
教科の番号は，教科ごとに分けるときの参考にしてください。

■ 最新年度 実物データ

実物をなるべくそのままに編集していますが，収録の都合上，実際の試験問題とは異なる場合があります。実物のサイズ，様式は右表で確認してください。

問題用紙	Ａ４冊子(二つ折り)
解答用紙	Ａ３プリント 算：Ａ４プリント

リアル過去問の活用

～リアル過去問なら入試本番で力を発揮することができる～

本番を体験しよう！

問題用紙の形式（縦向き / 横向き），問題の配置や余白など，実物に近い紙面構成なので本番の臨場感が味わえます。まずはパラパラとめくって眺めてみてください。「これが志望校の入試問題なんだ！」と思えば入試に向けて気持ちが高まることでしょう。

入試を知ろう！

同じ教科の過去数年分の問題紙面を並べて，見比べてみましょう。

① 問題の量

毎年同じ大問数か，年によって違うのか，また全体の問題量はどのくらいか知っておきましょう。どのくらいのスピードで解けば時間内に終わるのか，大問ひとつにかけられる時間を計算してみましょう。

② 出題分野

よく出題されている分野とそうでない分野を見つけましょう。同じような問題が過去にも出題されていることに気がつくはずです。

③ 出題順序

得意な分野が毎年同じ大問番号で出題されていると分かれば，本番で取りこぼさないように先回りして解答することができるでしょう。

④ 解答方法

記述式か選択式か（マークシートか），見ておきましょう。記述式なら，単位まで書く必要があるかどうか，文字数はどのくらいかなど，細かいところまでチェックしておきましょう。計算過程を書く必要があるかどうかも重要です。

⑤ 問題の難易度

必ず正解したい基本問題，条件や指示の読み間違いといったケアレスミスに気をつけたい問題，後回しにしたほうがいい問題などをチェックしておきましょう。

問題を解こう！

志望校の入試傾向をつかんだら，問題を何度も解いていきましょう。ほかにも問題文の独特な言いまわしや，その学校独自の答え方を発見できることもあるでしょう。オリンピックや環境問題など，話題になった出来事を毎年出題する学校だと分かれば，日頃のニュースの見かたも変わってきます。

こうして志望校の入試傾向を知り対策を立てることこそが，過去問を解く最大の理由なのです。

実力を知ろう！

過去問を解くにあたって，得点はそれほど重要ではありません。大切なのは，志望校の過去問演習を通して，苦手な教科，苦手な分野を知ることです。苦手な教科，分野が分かったら，教科書や参考書に戻って重点的に学習する時間をつくりましょう。今の自分の実力を知れば，入試本番までの勉強の道すじが見えてきます。

試験に慣れよう！

入試では時間配分も重要です。本番で時間が足りなくなってあわてないように，リアル過去問で実戦演習をして，時間配分や出題パターンに慣れておきましょう。教科ごとに気持ちを切り替える練習もしておきましょう。

心を整えよう！

入試は誰でも緊張するものです。入試前日になったら，演習をやり尽くしたリアル過去問の表紙を眺めてみましょう。問題の内容を見る必要はもうありません。どんな形式だったかな？受験番号や氏名はどこに書くのかな？…ほんの少し見ておくだけでも，志望校の入試に向けて心の準備が整うことでしょう。

そして入試本番では，見慣れた問題紙面が緊張した心を落ち着かせてくれるはずです。

※まれに入試形式を変更する学校もありますが，条件はほかの受験生も同じです。心を整えてあせらずに問題に取りかかりましょう。

2024 解答例
令和6年度

東京都市大学等々力中学校
【S特選コース　第1回】

《国　語》

一　1．はたお　2．しさい　3．さっしん　4．くえき　5．にな　6．能動　7．貯蔵
8．討論　9．慣例　10．垂

二　問一．1．奥村がひろ子の机の上に包みを置く　2．アリバイを作る　3．子供たちがはしゃいで雑音を作っていた　問二．しかし、あ　問三．イ　問四．自分を間抜　問五．1．パンを秀美に投げつけた　最初…目に涙　最後…ていた　2．プライドを粉々に　問六．エ　問七．ウ

三　問一．エ　問二．ア　問三．イ　問四．F．正確な　G．変化　問五．サイズの小さい動物　問六．大きいものの方が強いこと　問七．系統をたどると、進化の過程で、大きい動物は小さい動物よりも遅れて出現することが多い点。　問八．エ　問九．イ，オ

四　問一．風化させない取り組み　問二．最も小さい　問三．次世代へつなぐ震災伝承　問四．国民全体の財産
問五．ウ

《算　数》

1　(1)0.52　(2)12　(3)15

2　(1)$\frac{3}{14}$　(2)55　(3)198　(4)2　(5)4.5

3　(1)2688　(2)1317　(3)3124

4　(1)4　(2)15　(3)27

5　(1)8　(2)24　(3)25分30秒後

6　(1)5　(2)6　(3)36

《理　科》

1　問1．たくさんの空気を閉じこめた方が，空気のもとに戻ろうとする力が大きくなるから。　問2．エ
問3．ペットボトルロケットが重くなってしまうから。　問4．豆腐の容器に水を入れている。容器の中に閉じこめた水は押しても体積がほとんど変わらないから，容器の中の豆腐はつぶれにくい。

2　問1．(ア)たんぱく質　(イ)蒸発　(ウ)しぼう　問2．白身の方が黄身よりも固まりにくいから。
問3．たんぱく質よりしぼうの方が比重が小さいため，牛乳の表面に集まりやすいから。
問4．≪ⅰ≫ラップ／ふた などから1つ　≪ⅱ≫弱火　≪ⅲ≫かきまぜながら

3　問1．2　問2．(ア)核の大きさが大きい　(イ)含まれる核の数が多い　(ウ)小さい　問3．2　問4．4

4　問1．(1)げん武岩　(2)安山岩　(3)クレーター　(4)いん石　問2．月が自転する周期と地球の周りを公転する周期が同じだから。　問3．げん武岩でできた暗い部分にクレーターがほとんど見られないことから，斜長岩でおおわれた月面に多数のクレーターができた後に，クレーターをうめつくすようにげん武岩ができたと考えられるから。

《社　会》

1 問１．③　問２．群馬／長野　問３．③　問４．阪神・淡路大震災　問５．①　問６．９月１日５時
問７．牛肉…④　豚肉…②

2 問１．①　問２．③　問３．②　問４．ノーベル平和賞　問５．⑴高度経済成長期　⑵④　⑶②
問６．⑴邪馬台国　⑵②

3 問１．⑴石油危機　⑵②　問２．②　問３．⑴包括的　⑵①　問４．⑴②　⑵③

4 問１．石造りの建造物が多く木造に比べて倒壊・焼失しにくいため，建造当時のまま保存されやすいから。
問２．登録直後は見学者数が増えて入場料収入などの資金が集まるが，次第に見学者数が減少し，保存整備の資金が不足する可能性がある。

2024 解答例
令和6年度

東京都市大学等々力中学校
【特選コース 第1回】

《国 語》

一 1．とこなつ　2．いっさい　3．けしん　4．きょくとう　5．いとな　6．取捨　7．革命　8．容姿　9．損害　10．暮

二 問一．具体的で現実的な小さな希望をいだける気が　問二．エ　問三．ウ　問四．ア　問五．エ　問六．イ　問七．イ　問八．Ⅰ．カ　Ⅱ．ウ　Ⅲ．①イ　②オ（①と②は順不同）

三 問一．イ　問二．B．エ　C．ア　D．イ　問三．ウ〔別解〕ア　問四．最初…数学のよう　最後…か、という　問五．1．最初…到底人　最後…せない　2．最初…人間が　最後…続ける　問六．イ　問七．1．適切な距離を保ちつつ数学者を観察しながら触れ合いを深められる　2．尊敬の念を育める〔別解〕心を揺さぶられる　問八．ア

四 問一．否定的な文脈で使う　問二．ア　問三．エ　問四．ア　問五．イ

《算 数》

1 (1)1　(2)31.4　(3)$\frac{3}{5}$

2 (1)$23\frac{1}{3}$　(2)80　(3)2.5　(4)3：1　(5)360

3 (1)48　(2)8　(3)12

4 (1)5　(2)2：9　(3)3.5

5 (1)1：5　(2)20　(3)65

6 (1)12　(2)2時間10分後　(3)$11\frac{8}{13}$

《理 科》

1 (1)100　(2)600　(3)0　(4)180000　(5)45　(6)756000　(7)561

2 問1．イ　問2．イ，エ　問3．ウ，エ，オ　問4．残った物質…硫黄　何g残ったか…0.6g
問5．においをかぐときに大量に吸いこんでしまった。

3 問1．体の温度を下げるため。　問2．1.2L
問3．(1)(エ)　(2)6月と7月の月平均気温の差より，7月と8月の月平均気温の差の方が大きかったから。

4 問1．ウ　問2．エ　問3．ア　問4．1.28

《社 会》

1 問1．バイオマス　問2．メタン　問3．(1)排出量から吸収量を引いた合計をゼロにする
(2)カーボンニュートラル　問4．③　問5．④　問6．日光　問7．④

2 問1．あ．評定衆　い．承久の乱　う．源実朝　問2．①　問3．(1)③　(2)藤原　(3)②　問4．守護や，壇の浦で滅びた平氏の所領に地頭を置く権利。　問5．①

3 問1．非常任理事　問2．(1)①　(2)全会一致　(3)アントニオ・グテーレス　問3．①　問4．(1)②
(2)宗主国の都合で決めた国境を独立後も使用したから。　問5．(1)冷戦　(2)①

《2024　S特選コース 第1回　国語　解説》

二 **問一1**　空欄《くうらん》の後に「見ていながら」とあることがヒントになる。文章中に「子供たちは、皆、奥村とひろ子のやり取りを見ていたのだ」とある。よって、奥村とひろ子のやり取りを説明すればよい。　**2**　空欄の前に「見ていないという」とあることがヒントになる。文章中に「見ていないというアリバイを作りながら」とある。

3　教室がざわめいていたのは、――線①の直後の２文にあるように、子供たちが、アリバイ作りのために、「はしゃいで雑音を作」っていたからである。

問二　２行後以降で、赤間ひろ子が給食の時間にとる行動について描《えが》かれていることからわかるように、秀美が「不思議に思っていたこと」は、赤間ひろ子の給食の時間の言動と関係がある。「しかし、あんなに沢山《たくさん》のパン～どれだけ沢山の鳥がやって来ると言うのだろう」の直後に、「秀美は、不思議でならなかった」とある。

問四　――線③のような思いは、一般《いっぱん》に自分の言動を後悔《こうかい》したり反省したりした時に抱《いだ》くものである。同じ段落にあるように、秀美は、クラス全員が知っていた「ひろ子の嘘《うそ》」を見抜《ぬ》けず、クラス全員がそれを黙認《もくにん》し、秀美だけが仲間外れにされていたことにも気付けなかった。秀美は、そんな「自分を間抜けだと心から反省した」。

問五1　直前に「つぶれたパンには、ひろ子の指の跡《あと》が、くっきりと付き」とあるので、秀美がひろ子にパンを差し出した後の、彼女の行動から抜き出せばよい。　**2**　この時の秀美の行動の意味について、隆一郎は「おまえは、赤間さんって子のプライドを粉々にしちゃったんだなあ」と言っている。

問六　直前に「そこには、いくつもの彼をとがめる目があった。彼は～非難の視線を受け止めた。子供たちは、無言で秀美をののしり」とある。ここから、この教室の子供たちが、パンの残りを渡した秀美を責めていることが読み取れる。また、子供たちは、秀美のこの日の行動から、秀美がひろ子の家庭の事情に気づき、同情してパンの残りを渡したことを理解している。よって、エが適する。

問七　空欄の前の「そんなつもりでなくやってしまう」より、感じ方が鈍《にぶ》いという意味の、ウの「鈍感《どんかん》」が適する。

三 **問一**　前の行にあるように、ここでは「体温」について説明している。「サイズの大きいものほど」体の「表面を通しての環境《かんきょう》の影響《えいきょう》を受けにくく」「恒温《こうおん》性を保ちやすい」。このことと、「茶碗《ちゃわん》のお湯はすぐさめるが、風呂《ふろ》のお湯は、暖《あたた》めるにも時間がかかるけれど、さめるのもゆっくり」であることが、「同じ原理」なのである。

問四F　２行前に、「温度によって時計の進み方が変わるのでは、正確な運動や細かい制御は困難だろう」とある。つまり、恒時《こうじ》性によって正確な運動が可能になるのである。　**G**　２段落目に「サイズの大きい動物ほど環境の急激な温度変化に耐《た》えることができるだろう」とあることがヒントになる。空欄の直前の「飢餓《きが》や乾燥《かんそう》、寒冷や酷暑《こくしょ》」というのは、生物にとって厳しい環境である。「飢餓や乾燥、寒冷や酷暑」は、生物にとってふだんとは異なる環境であり、環境の変化だとも言える。

問五　――線②を含《ふく》む一文を、語句を補って書き換《か》えると、「(サイズの大きい動物ほど)表面から逃げていく水分の量が、(サイズの小さい動物と比べて)相対的に少ないからである」となる。

問六　――線③の前後に「大きい雄《おす》が雌《めす》を独占《どくせん》して」「大きいものは雄同士の争いにも打ち勝って」とある。これらをもう少し抽象《ちゅうしょう》的に表現したものが、同じ段落にある、「体が大きいということは、それだけ強いこと」「大きいものの方が強い」という部分である。

問七　直前に「確かに系統をたどってみると、進化の過程で、大きいものは遅れて出現することが多い」とある。

この点では、「コープの法則は正しい」。ただし、これは、後の方に書かれているように、「大きいものだけに注目すれば」この法則が成り立つというものであり、「多様さが増したことの一面を見ているにすぎない」。

問八　前の段落に「大きいものだけに注目すればコープの法則が成り立つが、それは多様さが増したことの一面を見ているにすぎない」とある。また、――線⑤の直後に「一面だけの事実が指し示す方向が、必ずしも正しい方向ではないことを、いつも忘れないようにしたいものだ」ともある。つまり、誤《あやま》った考えに陥《おちい》らないために、一面だけを切り取って見るのではなく、他の面も見る必要があるのである。よって、エが適する。

問九　――線③の４～６行前の「小さいものは体の割には大飯食らいである～大きいものほど食事にあてる時間は少なくてすみ、時間的にも余裕があるということだ」より、イは適する。また、最後から２段落目の「大きいものだけに注目すればコープの法則が成り立つが、それは多様さが増したことの一面を見ているにすぎない」より、オも適する。

四　**問一**　【資料Ｃ】と【資料Ｄ】の両方に、「風化させない取り組み」についての項目《こうもく》が出ていて、その評価は両極端である。また、「震災遺構」は、「風化させない取り組み」を行う上で重要なものである。

問二　防災意識の薄《うす》れについて、「薄れている」と「どちらかというと薄れている」を合計したものの割合が最も小さい、つまり防災意識の薄れを最も感じていないのが、18～29歳である。

問三　「県として充《あ》ててる金額」が「他の項目に比べて少ない」ものの中で、特に18～29歳の防災意識を高めることにつながると考えられる項目を探す。【資料Ａ】と【資料Ｂ】は、2023年に行われた調査の結果なので、18歳の回答者は震災当時６歳ごろだったことになる。「次世代へつなぐ震災伝承事業」は、震災発生時には小・中学生だった世代の防災意識を高める効果もあると考えられる。

問四　直後の「被災地に住む人に限らず」より考える。

問五　震災遺構を「国民全体の財産」と位置づけることは、被災地に住む人以外も、震災遺構について考えたり興味を持ったりして、防災意識を高めるということにつながる。よって、ウが適する。

《2024　Ｓ特選コース 第１回　算数　解説》

1　(1)　与式＝{0.1＋2.3＋(0.75－0.55)}×0.2＝(2.4＋0.2)×0.2＝2.6×0.2＝**0.52**

(2)　与式＝(1.4×2.3＋1.7×1.4)＋(1.6×1.7＋2.3×1.6)＝1.4×(2.3＋1.7)＋1.6×(1.7＋2.3)＝1.4×４＋1.6×４＝(1.4＋1.6)×４＝３×４＝**12**

(3)　**【解き方】計算が複雑になるので，まずは右辺(「＝」の右側)だけ先に計算する。**

$\frac{1}{1012}+\frac{5}{8}\times\frac{1}{23}\times(\frac{5}{2}-\frac{53}{22})=\frac{1}{1012}+\frac{5}{8}\times\frac{1}{23}\times(\frac{55}{22}-\frac{53}{22})=\frac{1}{1012}+\frac{5}{8}\times\frac{1}{23}\times\frac{2}{22}=\frac{1}{1012}+\frac{5}{2024}=\frac{2}{2024}+\frac{5}{2024}=\frac{7}{2024}$

与式より，$\frac{1}{92}-\frac{\square}{2024}=\frac{7}{2024}$　$\frac{\square}{2024}=\frac{22}{2024}-\frac{7}{2024}$　$\frac{\square}{2024}=\frac{15}{2024}$　$\square=$**15**

2　(1)　**【解き方】高さが等しい三角形の面積比は，底辺の長さの比と等しい。**

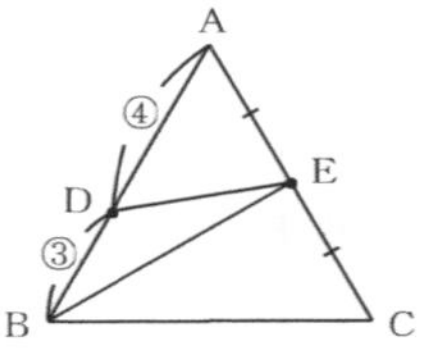

三角形ＡＢＣと三角形ＡＢＥで，底辺をそれぞれＡＣ，ＡＥとしたときの高さが等しいから，(三角形ＡＢＥの面積)＝(三角形ＡＢＣの面積)$\times\frac{1}{2}=1\times\frac{1}{2}=\frac{1}{2}$(㎠)

三角形ＡＢＥと三角形ＢＤＥで，底辺をそれぞれＡＢ，ＢＤとしたときの高さが等しいから，(三角形ＢＤＥの面積)＝(三角形ＡＢＥの面積)$\times\frac{3}{4+3}=\frac{1}{2}\times\frac{3}{7}=$**$\frac{3}{14}$**(㎠)

(2)　**【解き方】３人の体重の比を求める。**

Ａ君の比の数を12と６の最小公倍数の12にそろえると，Ａ君とＢ君の体重の比は12：11，Ａ君とＣ君の体重の比は(６×２)：(７×２)＝12：14だから，Ａ君とＢ君とＣ君の体重の比は12：11：14である。

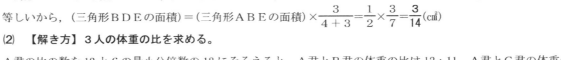

よって，Ｂ君の体重は $185\times\frac{11}{12+11+14}$＝**55**(kg)

⑶　**【解き方】展開図を組み立てると，右図のようになる。**

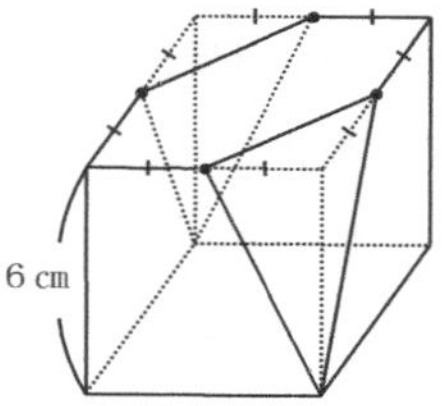

この立体は１辺の長さが６cmの立方体から，底面が直角をつくる２辺の長さが３cmの直角二等辺三角形，高さが６cmの三角すいを２つ切り取った立体である。

よって，求める体積は，６×６×６－(３×３÷２×６÷３)×２＝**198**(cm³)

⑷　**【解き方】右の筆算より，240＝２×２×２×２×３×５，1440＝２×２×２×２×２×３×３×５である。最小公倍数が 240 だから，ａとｂはともに 240 以下の整数である。**

2) 240	2) 1440
2) 120	2) 720
2) 60	2) 360
2) 30	2) 180
3) 15	2) 90
5	3) 45
	3) 15
	5

ａ＝240 とすると，ｂ＝1440÷240＝６であり，この組み合わせは条件に合う。

(ａ，ｂ)＝(240，６)について，240 をある整数で割り，６に同じ整数をかけてできる整数の組み合わせを考える。６＝２×３だから，ある整数を２または３とすると，ａ，ｂそれぞれを２または３で割れる回数が変わり，最小公倍数が 240 から変わるので，条件に合わない。よって，ある整数は５に決まる。

ａ＝240÷５＝48，ｂ＝６×５＝30 は条件に合うので，求める組み合わせは**２通り**ある。

⑸　**【解き方】同じ時間に走る道のりの比は，速さの比と等しい。**

Ｂの話より，Ｂが 1500÷２＝750(m)走ったとき，Ｄは 750－30＝720(m)走った。よって，ＢとＤの速さの比は 750：720＝25：24 なので，Ｂの速さは，$4.8\times\frac{25}{24}$＝５より，秒速５ｍである。よって，Ｂは 1500÷５＝300(秒)でゴールした。

Ｃの話より，Ｃは 300－50＝250(秒)でゴールしたから，Ｃの速さは，1500÷250＝６より，秒速６ｍである。

Ａの話より，ＡとＣの速さの比は，(1500－375)：1500＝３：４だから，Ａの速さは，$6\times\frac{3}{4}$＝4.5 より，秒速 **4.5m** である。

3　⑴　2024÷９＝224 余り８，224÷９＝24 余り８，24÷９＝２余り６，２÷９＝０余り２だから，(2024，９)＝**2688**

⑵　**【解き方】７で割った余りから，商を逆算していく。**

７で割った商が０，余りが３となる数は３である。

７で割った商が３，余りが５となる数は３×７＋５＝26 である。

７で割った商が 26，余りが６となる数は 26×７＋６＝188 である。

７で割った商が 188，余りが１となる数は 188×７＋１＝**1317** である。

⑶　**【解き方】整数を５で割ったときの余りは必ず０以上４以下の整数だから，常に４余るように逆算する。**

５で割った商が０，余りが４となる数は４である。

５で割った商が４，余りが４となる数は４×５＋４＝24 である。

５で割った商が 24，余りが４となる数は 24×５＋４＝124 である。

５で割った商が 124，余りが４となる数は 124×５＋４＝624 である。

５で割った商が 624，余りが４となる数は 624×５＋４＝3124 である。

このとき，(3124，５)＝44444 となり，５文字となるので，Ａの最大値は **3124** である。

4　⑴　**【解き方】製品を１個作るときの仕事量を 10 と 12 と 15 の最小公倍数の 60 とする。**

Ａが１時間にする仕事量は 60÷10＝６，Ｂが１時間にする仕事量は 60÷12＝５，Ｃが１時間にする仕事量は 60÷15＝４である。よって，Ａ，Ｂ，Ｃの１時間あたりの仕事量の比は６：５：４であり，これが班の人数比になるから，６＋５＋４＝15 より，Ａは $15\times\frac{6}{15}$＝６(人)，Ｂは $15\times\frac{5}{15}$＝５(人)，Ｃは $15\times\frac{4}{15}$＝４(人)である。

３つの班で１つの製品を作るとき，１時間にする仕事量の合計は 15 だから，60÷15＝**4**(時間)かかる。

⑵　**【解き方】Cが手伝う班に関わらず，１時間にする仕事量の合計は変わらない。つるかめ算を利用する。**

製品を５個作るときの仕事量の合計は 60×５＝300 である。CがAとBのどちらを手伝っていても，１時間にする仕事量の合計は変わらず 15 だから，製品を作り終えるのに 300÷15＝20(時間)かかった。

製品を２個作るときの仕事量は合計 60×２＝120 であり，Cが 20 時間ずっとBを手伝ったとすると，BとCがした仕事量の合計は(５＋４)×20＝180 となるので，実際より 180－120＝60 だけ多い。Cが１時間Bを手伝うことを，１時間Aを手伝うことに置きかえると，仕事量は４だけ減るから，CがAを手伝った時間は 60÷４＝**15**(時間)となる。これは条件に合う。

⑶　**【解き方】Dが 100 時間でする仕事量を求める。**

100＋20＝120(個)の製品を作るときの仕事量の合計は 60×120＝7200 である。A，B，Cが 200＋100＝300(時間)でする仕事量の合計は 15×300＝4500 だから，Dが１時間でしなくてはならない仕事量は(7200－4500)÷100＝27 となる。⑴より，１人が１時間にする仕事量は６÷６＝１だから，Dの人数は 27÷１＝**27**(人)である。

5　⑴　**【解き方】太郎さんが坂以外の場所を進む速さと，出発してから坂を上り始めるまでにかかった時間を求める。**

太郎くんが坂以外の場所を進む速さは，(８－5.6)÷(39－30)×60＝16 より，時速 16 ㎞である。

よって，坂を上り始めたのは，出発してから 3.2÷16＝$\frac{1}{5}$(時間後)→(60×$\frac{1}{5}$)分後＝12 分後だから，坂を上っていた時間は 30－12＝18(分間)である。したがって，坂を上る速さは，(5.6－3.2)÷$\frac{18}{60}$＝８より，時速**8**㎞である。

⑵　**【解き方】まずは，花子さんが太郎くんを追い越《こ》すのは，太郎くんが坂を上っているときと，坂を上り終えた後のどちらであるかを考える。**

花子さんが家を出発してから，坂を上り終えるまでにかかる時間は，5.6÷48×60＝７(分間)である。つまり，太郎さんが出発して 18＋７＝25(分後)に，花子さんは坂を上り終えているから，坂を上っているときに追い越された。

太郎くんは家を出発して 18 分後，家から 3.2＋８×(18－12)÷60＝４(㎞)のところにいる。太郎くんが坂を上っているとき，花子さんと太郎くんの間の道のりは，１時間に 48－８＝40(㎞)の割合でちぢまるから，花子さんが出発してから４÷40＝$\frac{1}{10}$(時間後)→(60×$\frac{1}{10}$)分後→６分後に，太郎くんを追い越す。よって，太郎くんが家を出発してから 18＋６＝**24**(分後)である。

⑶　**【解き方】⑵をふまえる。同じ道のりを走るのにかかる時間の比は，速さの比の逆比になる。**

太郎くんが坂を上るとき，自転車とアシスト自転車の速さの比は１：1.5＝２：３だから，かかる時間の比は３：２となる。よって，アシスト自転車を使ったとき，坂を上るのに 18×$\frac{2}{3}$＝12(分)かかったので，太郎くんが出発してから 12＋12＝24(分後)に坂を上り終えた。⑵より，花子さんは，太郎くんが家を出発してから 25 分後に坂を上り終えたので，追い越したのは太郎くんが坂を上り終えた後である。

太郎くんが坂を上り終えたとき，花子さんは 48×(24－18)÷60＝4.8(㎞)進んだから，太郎くんとの間の道のりは 5.6－4.8＝0.8(㎞)である。この後，２人の間の道のりは，１時間に 48－16＝32(㎞)の割合でちぢまるから，さらに 0.8÷32×60＝1.5(分後)→１分 30 秒後に追い越す。したがって，太郎くんが出発してから 24 分＋１分 30 秒＝**25 分 30 秒後**である。

6　⑴　１回目にサイコロを投げてゲームが終了しない目の出方は，目の数が５以外の５通りある。２回目はどのマスに止まっていてもちょうどFに止まるような目の出方は１通りずつあるから，求める目の出方は**5**通りある。

⑵　**【解き方】ルール変更後について，一度Fを経由すると，１，２が出ると１進み，３，４が出ると２進み，５，６が出ると３進む。１回目にFを通るかどうかで場合分けする。**

１回目にＦを通らないのは，１～４の目が出るときである。このとき，２回目にＦに止まる目の出方は１通りずつあるから，４通りある。

１回目にＦを通るのは，６の目が出るときである。このとき，コマはＥに止まるので，２回目に１か２が出ればよい。よって，２通りある。

以上より，２回目にゲームが終わるような目の出方は，全部で４＋２＝**６**(通り)ある。

⑶　**【解き方】何回目に初めてＦを経由するかによって場合分けして考える。**

１回もＦを経由しないでゴールする方法は，３回のサイコロの目の和が５になるときである。よって，

(１回目，２回目，３回目)＝(１，２，２)(２，１，２)(２，２，１)(１，１，３)(１，３，１)(３，１，１)の６通りある。

１回目に初めてＦを経由するとき，⑵より，１回目は６が出て，Ｅに止まる。２回目は３～６のいずれかが出ればよいので，４通りある。このとき，必ずＤかＥに止まっているから，３回目にゴールする方法はそれぞれ２通りあるので，全部で１×４×２＝８(通り)ある。

２回目に初めてＦを経由するとき，２回目に移動後にＣ，Ｄ，Ｅのいずれかに止まる必要がある。１回目は１～４の４通り，２回目は３通り考えられるが，１回目に１が出た場合のみ，Ｂ→Ｃと移動することができない。この１通り以外はＣ，Ｄ，Ｅのいずれにも移動できるので，４×３－１＝11(通り)ある。さらに，３回目でゴールする方法は２通りずつあるので，11×２＝22(通り)ある。

以上より，３回目でゲームが終了するような目の出方は，全部で６＋８＋22＝**36**(通り)ある。

―《2024　Ｓ特選コース 第１回　理科　解説》―

1　**問１**　空気を入れたビーチボールが床にぶつかるときにボールの中の空気が押《お》しちぢめられ，それがもとに戻《もど》ろうとしてはずむ。この押しちぢめられた空気がもとに戻ろうとする力は，実験３の①と②より，閉じこめた空気が多いとき(①)の方が，少ないとき(②)より，大きいことがわかる。

問２　実験２からもわかるように，閉じこめた水はほとんど押しちぢめることができないので，前玉はほとんど飛ばない。

問３　水を入れすぎると，重くなって飛びにくくなる。また，水を入れすぎて，空気の量が少なくなると，空気がもとに戻ろうとする力が弱くなり飛びにくくなる。なお，ペットボトルロケットは，中の空気がもとに戻ろうとする力で水をいきおいよく押し出し，そのはき出された水から力を受けて飛ぶから，水が少なすぎても遠くまで飛ばない。

2　**問１**　(ア)三大栄養素には，炭水化物，しぼう，たんぱく質がある。これらのうち，熱変性しやすいのはたんぱく質である。また，卵の成分の多くはたんぱく質である。

問３　物質の密度(体積あたりの重さ)を，標準物質である水の密度で割った数値を比重といい，比重の異なる物質が混ざっているとき，比重の小さな物質は上に，大きな物質は下に移動する。たんぱく質より比重が小さなしぼうは牛乳の上部に集まりやすい。

3　**問１**　図２～４の下の文章に「Ｚの部分だけ細胞《さいぼう》の大きさが異なっていた」とあるから，図２～４のうち細胞の大きさが異なる図２がＺを顕微鏡《けんびきょう》で観察した図と考えられる。

問３　小さい細胞のあるＺ(根の先端《せんたん》付近)では，細胞分裂《ぶんれつ》が盛んに行われていて，分裂によって増えた細胞１つ１つが大きく成長することで根が伸びる。

問４　図１のＸやＹでは細胞分裂は行われておらず，細胞自体の大きさも十分に大きくなっていて長さはほとんど変わらないが，問３解説の通り，Ｚはよく成長する。よって，図５のＤＥ間はよく成長し，ＡＢ間はあまり成長しないと考えられる。

４　問３　表面が斜長岩《しゃちょうがん》(白っぽい岩石)でおおわれた後，多くのいん石が衝突《しょうとつ》してクレーターができた。その後，げん武岩のもととなるマグマが噴出《ふんしゅつ》して，現在暗い部分(月の海と呼ばれる)となっているところをうめつくしたと考えられている。そのため，暗い部分にはクレーターがほとんど見られない。

《2024　Ｓ特選コース 第１回　社会　解説》

１　問１　もともとは海だった場所に土砂などを積み上げるのは干拓ではなく，埋め立てである。干拓では，堤防をつくって堤防内の水を抜き，陸地にする。

問３　①誤り。千葉県千葉市，静岡県浜松市，北海道札幌市，群馬県前橋市，茨城県水戸市が支出下位 10 地域に入っている。②誤り。兵庫県は西日本にある。④誤り。年間平均支出額の最大金額は鳥取市の 3149 円であり，最小金額は水戸市の 1532 円だから，1617 円の開きがある。

問４　写真は，地震で高速道路が倒壊した様子を写しているから，資料Ｉの「1995 年」より，1995 年１月 17 日に起こった兵庫県南部地震による阪神・淡路大震災である。

問５　イスラム教では，豚を不浄の動物としているので，豚肉を食べることは禁止されている。ヒンドゥー教では，牛を神の使いとして神聖視しているので，牛肉を食べることは禁止されている。

問６　経度差 15 度で１時間の時差が生じる。日本は東経 135 度の経線を標準時子午線にしているから，経度差は 135－105＝30(度)，時差は 30÷15＝２(時間)になる。ジャカルタを出発したときの東京の時刻は８月 31 日 22 時だから，飛行時間の７時間をたした９月１日５時が到着時間になる。

問７　アルゼンチンやオーストラリアが上位に入る④が牛肉，スペインが上位に入る②が豚肉と判断する。オランダが上位に入る③はチーズ，残った①は鶏卵である。

２　問１　写真Ｉは，ラジオでいわゆる玉音放送を聞く国民の様子を写している。８月６日に広島に原子爆弾が落とされ，８月８日にソ連が日ソ中立条約を破棄して満州に侵攻を始めた。８月９日に長崎に原子爆弾が落とされると，日本は８月 14 日にポツダム宣言を受諾し，翌日に天皇の玉音放送が行われ，国民は敗戦を知った。テレビが普及したのは 1950 年代後半以降である。天皇の人間宣言は 1946 年の１月１日に発せられた。

問２　「ガスのにおい」「よごれた町の空気」より，四日市ぜんそくが発生した三重県と判断する。四大公害病については右表参照。

公害病名	原因	発生地域
水俣病	水質汚濁 （メチル水銀）	八代海沿岸 （熊本県・鹿児島県）
新潟水俣病	水質汚濁 （メチル水銀）	阿賀野川流域 （新潟県）
イタイイタイ病	水質汚濁 （カドミウム）	神通川流域 （富山県）
四日市ぜんそく	大気汚染 （硫黄酸化物など）	四日市市 （三重県）

問３　①は 1989 年(海部首相)，②は 1951 年(吉田首相)，③は 2001 年(小泉内閣)，④は 1972 年(佐藤首相)。

問５⑴　高度経済成長期は 1955 年頃から始まり，1968 年には国民総生産(ＧＮＰ)は，資本主義国の中ではアメリカにつぐ第２位となった。1973 年に起きた第１次石油危機によって高度経済成長は終わった。

⑵　1997 年に開かれたＣＯＰ３で，京都議定書が採択された。

⑶　クーラーやカラーテレビは，乗用車(Car)と合わせて３Ｃと呼ばれ，1960 年代後半頃から普及しはじめた。1967 年生まれの祖父の日記と判断する。

問６⑴　『魏志』倭人伝には，邪馬台国の女王卑弥呼が魏に朝貢し，親魏倭王の称号と金印，100 枚あまりの銅鏡を授かったと書かれている。

(2)　吉野ヶ里遺跡は佐賀県にある弥生時代の環濠集落で，稲作が広まるとともにムラとムラの争いがおき，ムラを守るために濠や柵で囲ったことがわかっている。ｂとｃは縄文時代の遺跡の三内丸山遺跡である。

3　**問１(1)**　第１次石油危機などを受けて初めてサミットが開かれ，その後毎年開かれている。

(2)　アメリカからはバイデン大統領，イギリスからはスナク首相，招待国であるオーストラリアからはアルバニージー首相が参加した。

問２　トランプ大統領ではなく，オバマ大統領である。オバマ氏は，「核なき世界」を目指す働きかけを評価され，大統領在任中にノーベル平和賞を受賞している。

問３(1)　包括的核実験禁止条約（ＣＴＢＴ）は，アメリカ・中国・インドなどが批准していないため，発効に至っていない。

(2)　ＩＡＥＡは国際原子力機関の略称である。ＷＨＯは世界保健機関，ＵＮＩＣＥＦは国連児童基金，ＵＮＥＳＣＯは国連教育科学文化機関の略称。

問４(1)　2014 年の閣議決定で憲法解釈が変更され，2015 年に安全保障関連法が成立して集団的自衛権の行使が可能になった。

(2)　「あまり関心がない」と「全く関心がない」とを合わせた割合で，３番目に多い年齢層は「40～49 歳」である。

4　**問１**　資料Ⅰに「本来の材料が保存されているか，本来の技術が継承されているかが重要」とあることから考える。資料Ⅰより，パルテノン神殿は石造り，法隆寺は木造であることがわかる。法隆寺は現存する世界最古の木造建築寺院として世界遺産に登録されているが，約 1400 年前に建造されたものであり，パルテノン神殿はそれより 1000 年以上前に建造されている。木造は劣化しやすく，地震などで倒壊したり火災で焼失したりしやすいことから，定期的に修繕・交換，再建が行われており，建造当時のまま残されているものが少ない。

問２　富岡製糸場と絹産業遺産群は平成 26 年に世界遺産に登録された。資料Ⅱより，平成 26 年度に見学者数は急増しているが，その後減少して登録前の見学者数と変わらなくなっている。見学者が減少すると入場料収入が減少してしまうため，世界遺産として保全管理するための資金が足りなくなる可能性がある。

《2024　特選コース 第１回　国語　解説》

二 **問一**　人生は、この前に書かれている田端さんの言葉を聞きながら、「心が震《ふる》え」た、つまり心を大きく動かされた。人生は、田端さんの言葉の中でも特に、「具体的で、現実的な希望。小さな希望」を持つことの大切さを語った部分で心が大きく動いたと考えられる。それは、これまで思ってもみなかったことであり、この後人生は、「ばあちゃんの作ってくれるおにぎりが食べたい」「自分で作ったお米で、ばあちゃんにおにぎりを作ってあげたい」という「希望」を持つことになる。

問二　ここでの「希望」は、人生とつぼみの二人が語った「希望」である。ここより前で、人生は、「ばあちゃんの作ってくれるおにぎりが食べたい」「自分で作ったお米で、ばあちゃんにおにぎりを作ってあげたい」という「希望」を話した。また、つぼみは「あたしもいつか、自分のお米で、おばあちゃんに、おにぎりを作ってあげたい……」と言っている。両者に共通する「希望」は、自分たちが作ったお米で、ばあちゃんにおにぎりを作ってあげたいというものなので、エが適する。

問三　目を見開くというのは、驚《おどろ》いた時などに見せる反応である。よって、ウが適する。

問四　──線④以降に書かれている内容から、マーサさんの田んぼでの米作りは、一般《いっぱん》的な方法とは異なる方法で行われていることが読み取れる。　ア．──線⑤の５行後に「普通《ふつう》はそんなふうにはできないね～商業的には成立しないわよ」とあり、マーサさんの田んぼでは、一般的な農家ではなかなかできない方法で米作りを行っていることがわかる。ただし、アの「一般的な農家では決して受け容れようとしない特別な方法で」というのは言い過ぎなので、アは適当でない。　イ．「通常であれば、稲刈《いねか》り機で効率よく刈り取って～田んぼを裸《はだか》にしていく。が、ばあちゃんの田んぼはそうはいかない。最後まで手作業が原則なのだ」とあるので、イは適当。　ウ．──線⑤の４行後に「雑草や害虫を殺さず～ユニークだなあ」とあるので、ウは適当。　エ．若い衆たちは、「田植えが終わった後に」酒盛りをするのを楽しみにしていたり、９月には寝《ね》ずの番をする夜があり、村人たちが集まってちょっとしたお祭りのようだったりするなど、マーサさんの田んぼを手伝うことに対して特別な意識を抱《いだ》いていることがわかる。よって、エは適当。

問五　ア、イ、ウは、上の漢字が下の漢字を修飾《しゅうしょく》している。エは、同じような意味の漢字の組み合わせなので、これが適する。

問六　花を咲《さ》かせるとは、盛んにするという意味。ここでは、話が盛り上がってにぎやかな様子を表している。よって、イが適する。

問八Ⅰ　問題文では、マーサさんの田んぼに棲息《せいそく》している「ミミズやカエルやゲンゴロウ」といった生き物への感謝が起点になっている。これらは自分の外で生きている生き物なので、カの「外なる生命」が適する。

Ⅱ　『手のひらを太陽に』では、手のなかを流れる血液、つまり自分の内側にある生命への感動が歌われている。よって、ウの「内なる生命」が適する。　**Ⅲ**　空欄《くうらん》の後にある「生き物たちも形を変えながら、いつか自分自身を形成する要素となる」というのは、食物連鎖《れんさ》に関係のある話である。──線⑤の次の行に「ちゃーんと食物連鎖が起こって、命のリサイクルがあってね」とあるので、イとオが適する。

三 **問一**　直前の「頭の中身はもやもやしておらず」より、「もやもやして」いる状態とは対照的な、イの「論理的」が適する。次の行の「そういう思考能力の優れた人」という表現もヒントになる。

問三　ウの「昔の恋人《こいびと》への想いにとらわれ続けた」というのは、「弱さ」だとは言えない。よって、ウは適当でない。また、── 線①の「ほとんど目に涙《なみだ》を浮《う》かべんばかりの表情」というのは、藤原先生の人間味あふれる様子を伝える表現であり、そのことを説明していないアも適当でない。

問四　ハミルトンの悲哀《ひあい》について語る藤原先生を見る前までの、筆者の数学者に対するイメージが、２段落目に書かれている。「私はそれまで～数学のような無機質なものを研究している人は、情緒《じょうちょ》的なものに対して冷たいんじゃないか、という先入観を持って見ていました」とある。

問五　空欄《くうらん》に入る言葉は、「数学が表す真理」とはどのようなものかを説明したものである。── 線②の１～２行後の藤原先生の言葉に、「数学が表す真理は～人間が滅《ほろ》んだ後も間違《まちが》いなく真実であり続ける。そしてそれは到底《とうてい》人間の手では作り出せないものだ」とある。

問六　相対性理論は、アインシュタインが発見しなくても、他の物理学者が発見しただろうし、フェルマーの定理は、ワイルズが証明できなくても、他の天才(数学者)が証明できた。つまり、大きな発見をする物理学者や、すばらしい証明をする数学者には代わりが存在する。一方で、芸術の分野では、「モーツァルトの音楽は彼《かれ》が居なければ決して生まれなかった」し、ピカソの絵はピカソにしか描けない。つまり、芸術家たちには代わりが存在せず、一人ひとりが絶対的な存在なのである。よって、イが適する。

問七１　２行前に「その時、ふと思い浮かんだのが家政婦さんという職業です」とある。この前の段落に、どのような理由で「家政婦さん」を登場人物に選んだのかが書かれている。筆者は、数学者を語り手にすることはできないと思い、「数学者を観察しながら、少しずつ触《ふ》れ合いを深めてゆき、同時に数の世界の美しさに気づいてゆくような立場の語り手が必要」だと考えた。しかも、その語り手は、家族や恋人ではなく、「もっと適切な距離《きょり》を保ちつつ」数学者に接する立場がよいと考えた。こうした条件を満たす語り手が、「家政婦さん」だったのである。

２　１の解説も参照。前の段落にあるように、「家政婦さん」という立場であれば、数学者と「適切な距離を保ちつつ、尊敬の念を育める」と考えた。また、── 線⑤の直前に、「家政婦さん」であれば「きっと私自身が感じたのと同じ不思議と驚きに、心を揺《ゆ》さぶられるに違いない」とある。

問八　まず、── 線④の３～５行後に「数の世界が、才能豊かな数学者たちが頭《こうべ》を垂《た》れるほどに美しいものであるなら、その美しさを言葉で表現してみたい。というところから作品が生まれてきたわけです」とある。そして、数学者の小説を書くにあたって、伝記や数学に関する読み物を手当たり次第に読んだ結果、「全く退屈《たいくつ》」しなかったということは、数の世界の美しさや魅力《みりょく》に触れ、さらに「言葉で表現してみたい」という思いが強くなったのだと考えられる。よって、アが適する。

四　**問一**　中学生らしき女の子は、先生にほめられたという肯定《こうてい》的な文脈で「ボロクソ」という言葉を使った。筆者は、そのことに驚いて振《ふ》り向いたのである。

問二　闊歩《かっぽ》するとは、大またでゆったりと歩く、威張《いば》って思うままに行動するという意味。よって、アが適する。

問三　少し前に「今どきの若者は、ＳＮＳの文章に句点を記《しる》さない」とある。昔の日本語には句読点がなかったので、句点を付けないという点では、「今どきの若者」の文章と昔の日本語は同じ状態である。よって、エが適する。

問四　「腹に落ちない」という表現について、新聞の読者が「間違いでは」ないかと感じた理由は、「居心地の悪さを感じさせる表現」だからなのだろうと筆者は考えている。アの「腑《ふ》に落ちない」とは、理解や納得ができないという意味であり、これが適する。

問五　大正の時代、芥川龍之介は、これまで「否定形で使われてきた」「『とても』という言葉」が、最近は「肯定文でも使われている」と書いた。これは、「時が変われば、正しい日本語も変化する」ことの一例であり、現代に限らず、100 年前の日本語でもこうした変化が起きていたことを示している。よって、イが適する。　エ．筆者は

「若者が使う表現は何とも面白い」「彼女らを諭《さと》すのはつまらない。言葉は生き物である」と述べ、新語は「多くの人が使えば、それが当たり前になっていく」と書いている。こうした部分から、時代によって日本語の正しさは変わるため、将来的に“正しい日本語”になる可能性もある若者の表現を安易に否定するのはつまらないと考えていることがうかがえる。このことと、エの「若者の表現を間違いだと決めつけてはならない」は少し内容がずれている。よって、エは適さない。

《2024　特選コース 第１回　算数　解説》

1 (1)　与式$=\frac{3}{2}\times\frac{4}{3}\times\frac{5}{4}\times\frac{6}{5}-\frac{22}{15}\times\frac{3}{2}+\frac{3}{20}\times\frac{4}{3}\times 8-\frac{7}{5}=3-\frac{11}{5}+\frac{8}{5}-\frac{7}{5}=\frac{15}{5}-\frac{11}{5}+\frac{8}{5}-\frac{7}{5}=\frac{5}{5}=$ **1**

(2)　与式＝25×3.14−16×3.14＋3.14＝(25−16＋１)×3.14＝10×3.14＝**31.4**

(3)　与式より，$\{\frac{8}{41}\times(\frac{16}{5}-\frac{1}{8})+□\}\div\frac{33}{5}=\frac{2}{11}$　$\{\frac{8}{41}\times(\frac{128}{40}-\frac{5}{40})+□\}=\frac{2}{11}\times\frac{33}{5}$　$\frac{8}{41}\times\frac{123}{40}+□=\frac{6}{5}$

$□=\frac{6}{5}-\frac{3}{5}=\mathbf{\frac{3}{5}}$

2 (1)　**【解き方】$\frac{24}{35}$にかけても，$\frac{15}{14}$にかけても，答えが整数となるような分数の分子は35と14の公倍数である。このうち最小の分数は，分子が35と14の最小公倍数で，分母が24と15の最大公約数である。**

35と14の最小公倍数は70，24と15の最大公約数は３だから，求める分数は$\frac{70}{3}=\mathbf{23\frac{1}{3}}$である。

(2)　四角形の内角の和より，角Ａ＋角Ｂ＋角Ｃ＝360°−角Ｄ＝290°

角Ｂ＝角Ａ＋70°，角Ｃ＝角Ａ＋10°だから，角Ａ＋(角Ａ＋70°)＋(角Ａ＋10°)＝290°　　角Ａ×３＝210°

角Ａ＝70°　　よって，角Ｃ＝70°＋10°＝**80°**

(3)　**【解き方】時速３㎞で行くときと，時速５㎞で行くときで，15＋５＝20(分)→$\frac{1}{3}$時間の差がつく。**

時速５㎞で進んで学校に着いたときに進んだ道のりは，同じ時間に出発して時速３㎞で行くときよりも$3\times\frac{1}{3}=$１(㎞)多い。よって，時速５㎞で家から学校まで歩くのにかかる時間は１÷(５−３)＝$\frac{1}{2}$(時間)だから，家から学校までの道のりは，$5\times\frac{1}{2}=\frac{5}{2}=$**2.5(㎞)**である。

(4)　**【解き方】立方体の体積から，三角すいＡＣＦＨ以外の部分の体積を引く。**

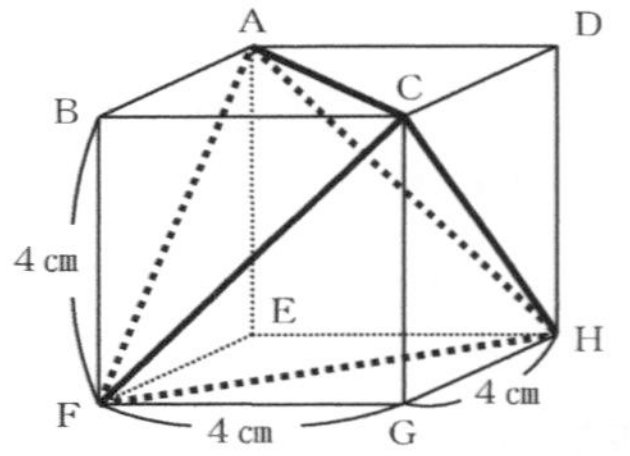

立方体の体積は４×４×４＝64(㎤)

三角すいＡＣＦＨの体積は，立方体の体積から三角すいＡＥＦＨ，三角すいＦＢＣＡ，三角すいＣＧＨＦ，三角すいＨＤＡＣの４つの三角すいの体積を引いた値《あたい》であり，これら４つの三角すいは合同で，体積はそれぞれ$4\times4\div2\times4\div3=\frac{32}{3}$(㎤)である。よって，三角すいＡＣＦＨの体積は$64-\frac{32}{3}\times4=\frac{64}{3}$(㎤)だから，求める体積比は$64:\frac{64}{3}=$**３：１**である。

(5)　**【解き方】３人の所持金の合計金額は変わらないから，比の数の合計を，３＋５＋２＝10と３＋５＋４＝12の最小公倍数の60にそろえて考える。**

Ａ，Ｂ，Ｃのはじめの所持金の比は(３×６)：(５×６)：(２×６)＝18：30：12，受け渡し後の所持金の比は(３×５)：(５×５)：(４×５)＝15：25：20である。Ｂの所持金について，はじめの所持金を㉚とすると，受け渡し後は㉕となり，その差が100円にあたるから，㉚−㉕＝100より⑤＝100となる。Ｃの所持金について，受け渡し前後の差の⑳−⑫＝⑧は，ＡとＢがＣに渡した金額の和だから，Ａが渡した金額は，⑧−⑤＝③より，$100\times\frac{③}{⑤}=$60(円)である。よって，Ａのはじめの所持金は$60\div\frac{1}{6}=$**360(円)**である。

3 (1)　**【解き方】大学生１人が１日にする仕事量を１とする。**

仕事量の合計は１×４×９＝36である。この仕事を大学生２人で３日間行うと，残りの仕事量は36−１×２×３＝

30となる。よって，高校生１人が１日にする仕事量は30÷５÷８＝$\frac{3}{4}$だから，この仕事を高校生１人で行うと，36÷$\frac{3}{4}$＝**48**(日間)かかる。

⑵　この仕事を大学生２人で６日間した残りの仕事量は，36－１×２×６＝24だから，残りを高校生が１日あたり24÷４＝６だけ終わらせる必要がある。よって，高校生は少なくとも６÷$\frac{3}{4}$＝**８**(人)必要である。

⑶　**【解き方】大人が１日にする仕事量を求める。**

３日間で大学生３人と高校生６人がする仕事量の合計は，１×３×３＋$\frac{3}{4}$×６×３＝$\frac{45}{2}$だから，大人１人が１日にする仕事量は，(36－$\frac{45}{2}$)÷２÷３＝$\frac{9}{4}$となる。よって，大人１人と高校生１人で１日にする仕事量の合計は$\frac{3}{4}$＋$\frac{9}{4}$＝３なので，36÷３＝**12**(日間)かかる。

4　⑴　**【解き方】高さが等しい三角形と台形の面積比は，その三角形の底辺の長さと，台形の「(上底)＋(下底)」の長さの比に等しい。**

三角形ＡＤＰで底辺をＤＰとしたときの高さと，台形ＡＢＣＤの高さは等しいから，その面積比はＤＰの長さとＡＢ＋ＤＣの長さの比に等しい。よって，ＤＰ＝(８＋12)×$\frac{1}{4}$＝**５**(cm)

⑵　**【解き方】右図のように，ＳからＤＣに平行な直線を引き，ＢＤと交わる点をＥとする。このとき，三角形ＳＴＥと三角形ＣＴＤは形が同じで大きさが異なる三角形である。**

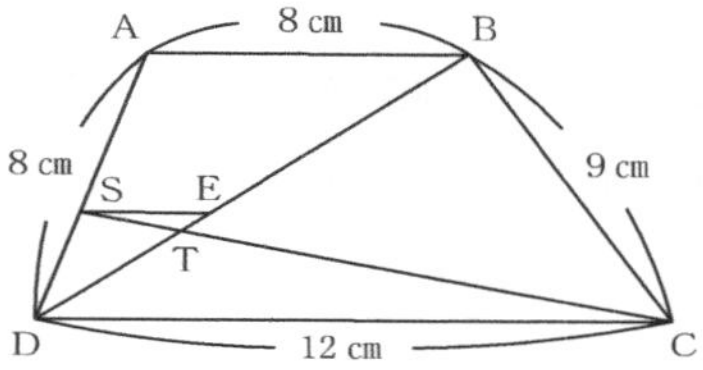

ＡＢ//ＳＥより，三角形ＡＢＤと三角形ＳＥＤは形が同じ三角形だから，三角形ＳＥＤはＳＥ＝ＳＤ＝８×$\frac{1}{2+1}$＝$\frac{8}{3}$(cm)の二等辺三角形である。

よって，三角形ＳＴＥと三角形ＣＴＤの辺の長さの比は，ＳＥ：ＣＤ＝$\frac{8}{3}$：12＝２：９だから，ＳＴ：ＴＣ＝**２：９**である。

⑶　**【解き方】三角形ＡＤＱと三角形ＡＲＱで，底辺をそれぞれＡＤ，ＡＲとしたときの高さが等しいから，面積比はＡＤ：ＡＲと等しい。台形ＡＢＣＤの面積を，８＋12＝20より，⑳とする。**

(三角形ＡＢＣの面積)＝⑳×$\frac{8}{20}$＝⑧だから，(三角形ＡＢＱの面積)＝⑧×$\frac{2}{3}$＝$\textcircled{\frac{16}{3}}$，

(三角形ＢＣＤの面積)＝⑳×$\frac{12}{20}$＝⑫だから，(三角形ＱＣＤの面積)＝⑫×$\frac{1}{3}$＝④

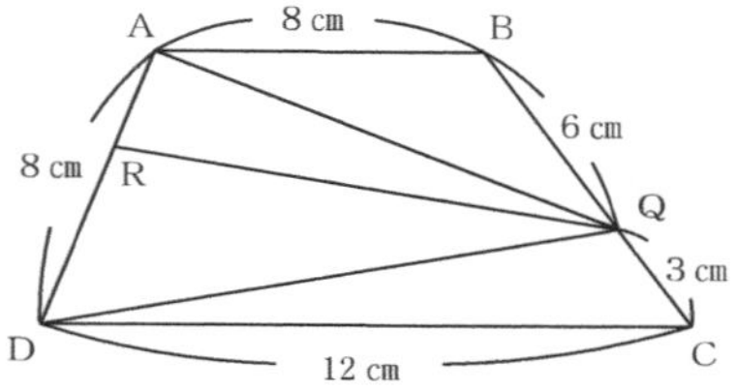

よって，(三角形ＡＱＤの面積)＝⑳－$\textcircled{\frac{16}{3}}$－④＝$\textcircled{\frac{32}{3}}$，

また，(三角形ＡＱＲの面積)＝⑳÷２－$\textcircled{\frac{16}{3}}$＝$\textcircled{\frac{14}{3}}$

したがって，ＡＤ：ＡＲ＝$\textcircled{\frac{32}{3}}$：$\textcircled{\frac{14}{3}}$＝16：７だから，ＡＲ＝８×$\frac{7}{16}$＝**3.5**(cm)

5　⑴　**【解き方】牛１頭が１日に食べる草の量を①として考える。**

15頭の牛が30日で食べる草の量の合計は⑮×30＝$\textcircled{450}$，35頭の牛が10日で食べる草の量の合計は㉟×10＝$\textcircled{350}$である。よって，30－10＝20(日)で生える草の量は$\textcircled{450}$－$\textcircled{350}$＝$\textcircled{100}$だから，１日に生える草の量は$\textcircled{100}$÷20＝⑤である。よって，１日あたりの，牛１頭が食べる草の量と草が生える量の比は，①：⑤＝**１：５**である。

⑵　**【解き方】⑴をふまえ，元々生えていた草の量を求める。**

元々生えていた草の量は，$\textcircled{450}$－⑤×30＝$\textcircled{300}$である。20頭の牛を放つと，１日に減る草の量は⑳－⑤＝⑮だから，草がなくなるのは，$\textcircled{300}$÷⑮＝**20**(日目)である。

⑶　**【解き方】５日間で牛が食べる草の量は，$\textcircled{300}$＋⑤×５＝$\textcircled{325}$である。**

1日に牛が食べる草の量が(325)÷5＝(65)となればよいので，**65頭**の牛を放てばよい。

6 (1) 排水管を閉め，5分間給水すると，35Lの水が入るので，給水管は毎分35÷5＝7(L)だけ給水する。
水そうに50Lの水が入っているとき，給水管と排水管を同時に開けると，水そう内の水の量は1分間に50÷10＝5(L)ずつ減るから，排水管から排水される水の量は，毎分7＋5＝**12**(L)である。

(2) **【解き方】1回目に水がすべて排水されてから，次に水がすべて排水されるまでにかかる時間は毎回一定である。**
給水管と排水管を開けたとき，35Lの水が排水されるのにかかる時間は35÷5＝7(分)である。よって，水がすべて排水されてから，次に水がすべて排水されるのにかかる時間は5＋7＝12(分)である。
したがって，排水管が11回目に閉まるのは，給水管と排水管を同時に開けてから10＋12×(11－1)＝130(分後)→**2時間10分後**である。

(3) 50Lの水が130分ですべてなくなるので，1分間に減る水の量は50÷130＝$\frac{5}{13}$(L)である。
よって，給水管が入れる水の量は毎分12－$\frac{5}{13}$＝$\frac{151}{13}$＝**$11\frac{8}{13}$**(L)となる。

《2024　特選コース 第1回　理科　解説》

1 (1) 10 kg→10000gの重力の大きさは，$\frac{10000}{100}$＝100(N)となる。　(2) トドロウさんは荷物を重力とは反対向き(上向き)に 100Nの力で持ち上げ，その荷物を持ったまま1階から3階まで(上向きに6m)移動したから，トドロウさんが荷物にした仕事は100×6＝600(J)である。　(3) トドロウさんは荷物に上向きの力を加えているから，荷物を水平に移動した(上向きに0m移動した)ときの仕事は100×0＝0(J)である。　(4) 180 kcal→180×1000＝180000(cal)　(5) 4L→4000mL→4000gの水の温度を1℃上昇《じょうしょう》させるのに，1×4000＝4000(cal)→4kcal必要だから，180 kcalでは180÷4＝45(℃)上昇する。　(6) 1cal→4.2Jだから，180000 calは4.2×180000＝756000(J)である。　(7) 45 kg→450Nのトドロウさんが1階分(3m)上がると，450×3＝1350(J)の仕事をするから，1階から756000÷1350＝560(階分)上がる必要がある。よって，1階から561階まで上がらなければならない。

2 **問1** イ〇…カイロは中の鉄が酸素と結びついて酸化鉄になるときに出る熱を利用したものである。アは水(液体)が水蒸気(気体)に変化し，ウは水蒸気が水に変化し，エは二酸化炭素の固体であるドライアイスが気体に変化している。ア，ウ，エの変化は，物質の状態変化である。

問2 アとウは空気より軽く，イとエは空気より重い。

問3 ア×…磁石につくという性質は，鉄やニッケルなど一部の金属の性質である。　イ×…金属であるナトリウムやカルシウムなど，水に溶《と》けるものもある。

問4 鉄の粉末4.2gと硫黄《いおう》の粉末4.2×$\frac{4}{7}$＝2.4(g)が反応するから，硫黄が3.0－2.4＝0.6(g)反応せずに残る。

問5 においを確認するときは，手であおぐようにして大量に吸いこまないようにする必要がある。

3 **問1** 汗《あせ》が蒸発するときに体の表面の熱をうばうことで，体の温度を下げている。

問2 熱中症《ねっちゅうしょう》に関するパンフレットより，人間のからだの約60%が水分であること，水分を5%失うと熱中症などの症状が現れることがわかる。よって，体重40 kgの人は40×0.6＝24(kg)が水分であり，24×0.05＝1.2(kg)→1.2Lの水分を失うと熱中症の症状が現れ始める。

問3(1) (ア)は令和5年，(ウ)は令和2年，(エ)は平成30年，(オ)と(カ)は令和4年にあてはまる。(イ)について，平成29年も7月の平均気温の方が高いが，7月の救急搬送《はんそう》件数は平成30年の半分ほどである。なお，熱中症は，気温が高いほどなりやすいというわけではない。体が暑さになれていない時期(初夏など)で気温が急に高くなったときに注意が必要である。　(2)　令和元年と令和２年は，気温が急に高くなった８月に，熱中症による救急搬送件数が多くなったと考えられる。

4　**問１**　夕方(18 時ころ)に南中する半月は，右半分が光って見える上弦《じょうげん》の月である。これより少し欠けた形の月が南中したとき，月は選択肢《せんたくし》の右から２つ目のような形に見える。また，この月は，(正午に南中する)新月から上弦の月の間の月だから，南中する時間は 17：30 が最も適切であると考えられる。

問２　月は太陽のある方向が光って見えるから，太陽が沈《しず》んだ後(地平線の下にあるとき)に，沈む月は西の空で下側が光って見える。また，問１解説より，月の形はこのあと，上弦の月→満月…と変わる。

問３　このようなくもりを結露《けつろ》という。部屋の内側のあたたかい空気に含《ふく》まれる水蒸気が，窓ガラス付近で冷やされることで，空気に含みきれなくなって水(小さな水滴《すいてき》)になる。

問４　時速 1080000000 km→秒速 300000 kmだから，月の表面で反射した光は，$\frac{384000}{300000}$＝1.28(秒後)に地球にとどく。

《2024　特選コース 第１回　社会　解説》

1　**問１**　水力，風力，太陽光，地熱，太陽熱，大気中の熱・その他の自然界に存在する熱，バイオマス(動植物に由来する有機物)の７種類が再生可能エネルギーとされている。

問２　水田の土壌にはメタンをつくる微生物が生息し，水田に水を張ると土壌中の酸素が少なくなり，メタンをつくりだす。

問３(2)　カーボンオフセットとの違いに注意する。カーボンオフセットは，削減努力をしたうえで，どうしても削減できない温室効果ガスについては，排出量に見合った温室効果ガスの削減活動に投資することなどによって，埋め合わせるという考え方である。

問４　①誤り。応募提案数は第１回が 79，第３回は 58 で減少している。②誤り。選定された市町村が最も多いのは福岡県である。④誤り。札幌市，さいたま市，千葉市など，多くの政令指定都市が選定されている。

問５　①誤り。太陽光・風力発電の割合は，ドイツは 32.2%，イギリスは 28.6%で，主要国の中で第１位と第２位である。偏西風により安定した風量を得られる北西ヨーロッパでは，海上に発電機を設置する洋上風力発電が盛んに行われている。②誤り。世界全体での原子力発電の割合は 10.0%，太陽光・風力発電の割合は 9.2%で，原子力発電の方が多い。③誤り。太陽光・風力発電の割合が最も多いのはドイツの 32.2%，最も小さいのはロシアの 0.3%であり，10 分の１より少ない。

問７　①誤り。抑制栽培によって他地域の出荷量が少ない時期に，より高い価格で出荷できる。②誤り。促成栽培は，普通栽培よりも早めて生産・出荷する。③誤り。先進国のＯＤＡによって資金提供や技術支援がなされ，発展途上国でも行われている。④正しい。栽培用ハウスでの促成栽培は，暖房を活用して室温を保つが，宮崎県や高知県は温暖な気候であるため，暖房にかかるコストは低くなる。

2　**問１**　鎌倉幕府の源氏の将軍は，源頼朝(初代)，源頼家(第２代)，源実朝(第３代)で途絶えた。源氏の将軍が途絶えたことを契機として，後鳥羽上皇が政権奪還を掲げて挙兵したのが承久の乱である。承久の乱後，第３代執権北条泰時は執権を補佐する連署を置き，有力な御家人などを評定衆《ひょうじょうしゅう》に選んで，合議制にもとづいて政治や裁判に当たらせた。

問２　資料は，江戸時代に松尾芭蕉が奥州平泉の高館を訪れたときによんだ和歌，写真は中尊寺金色堂である。奥州藤原氏は，藤原清衡・基衡・秀衡・泰衡の４代にわたって東北地方を支配した一族である。源義経をかくまっている泰衡に対して，源頼朝は後白河法皇に源義経追討の院宣を送らせた。頼朝の圧力に屈した泰衡は，義経の居城を襲い，義経は家族もろとも自害した。その後，源頼朝は義経をかくまったことを理由として，奥州藤原氏討伐の兵を送り，家臣に裏切られた泰衡が命を落としたことで，奥州藤原氏は滅んだ。

問3(1)　老中は江戸時代の将軍の補佐，関白は天皇の補佐，管領は室町時代の将軍の補佐である。

(2)　藤原氏は摂関政治(娘を天皇のきさきとし，生まれた子を次の天皇に立て，自らは天皇の外戚として摂政や関白となって実権をにぎる政治)によって勢力をのばした一族である。藤原道長・頼通親子の頃に最も栄えた。

(3)　②の平等院鳳凰堂は，浄土信仰をもとにして藤原頼通が建てた阿弥陀堂である。①は東大寺正倉院，③は鹿苑寺金閣，④は姫路城。

問4　1185年，源頼朝の命を受けた源義経が壇の浦の戦いで平氏と戦って勝利し，平氏を滅ぼした。その後，源義経と対立した源頼朝は，源義経の探索を名目として守護と地頭を置くことを朝廷に認めさせた。守護は原則各国に１人ずつ置かれ，地頭は主に平家没官領を中心とする謀反人の所領に置かれた。

問5　御成敗式目の説明として①が正しい。②は江戸幕府による禁中並公家諸法度，③は江戸幕府による武家諸法度，④は豊臣秀吉による刀狩令。

3　**問1**　常任理事国はアメリカ，イギリス，フランス，中国，ロシアの５か国で，任期はなく非改選。非常任理事国の10か国は，任期は２年で連続して務めることができず，毎年，半数が改選される。

問2(1)　国際連合の本部はアメリカのニューヨークにある。国際連盟の本部はスイスのジュネーブにあった。

(3)　グテーレス事務総長はポルトガル出身である。グテーレス事務総長が「地球沸騰化」という言葉を使い，話題となった。

問4(1)　ＦＴＡは自由貿易協定，ＮＧＯは非政府組織，ＯＤＡは政府開発援助の略称。

(2)　20世紀初頭までに，エチオピアとリベリアを除くアフリカ大陸のほぼ全域がヨーロッパ諸国の植民地となった。そのとき地図上で経線・緯線に沿って直線的な境界線が決められ，独立後もそれを国境として使用している国が多い。

問5(1)　第二次世界大戦後，アメリカを中心とする西側諸国はＮＡＴＯ(北大西洋条約機構)，ソ連を中心とする東側諸国はワルシャワ条約機構を組織し，冷戦状態が続いた。

(2)　ＳＤＧｓ(持続可能な開発目標)は，2015年９月の国連持続可能な開発サミットで採択された「持続可能な開発のための2030アジェンダ」に記載された国際目標である。1972年に「かけがえのない地球」をテーマにストックホルムで開かれたのは国連人間環境会議であり，地球サミット(国連環境開発会議)は1992年にリオデジャネイロで開かれた。

2023 解答例
令和５年度

東京都市大学等々力中学校
【Ｓ特選コース　第１回】

《国　語》

一　１．おおぎょう　２．にんそう　３．けんじつ　４．ちくじょう　５．かな　６．固定　７．警告　８．盟友　９．自在　10．割

二　問一．ア　問二．指揮をする自分を応援してくれている学級担任で、本番を客席から観てほしい初恋の人。
問三．ア　問四．ウ　問五．エ　問六．小説の中のヒロインみたいに完璧で　問七．雷光のように孤独を割った　問八．ア，エ　問九．ウ

三　問一．最初…何十万　最後…きない　問二．エ　問三．ウ　問四．論理　問五．直観によって手を絞り込んでいても、掛け算で増える数の爆発があり、その全てを読むのは難しいから。　問六．エ　問七．イ
問八．最初…最初に　最後…ます。　問九．１．経験値　２．大局観

四　問一．ウ，オ　問二．買いすぎ　問三．イ　問四．的確な

《算　数》

1　(1)248　(2)$1\frac{85}{256}$　(3)44

2　(1)4620　(2)78　(3)3　(4)38　(5)1306.24

3　(1)8　(2)28　(3)8

4　(1)4　(2)8　(3)17.5

5　(1)12　(2)720　(3)46

6　(1)50　(2)150　(3)530

《理　科》

1　問１．③　問２．落下速度が大きくなるにしたがって空気抵抗が大きくなるから。　問３．真空
問４．番号…３　理由…アリの模型が空気抵抗を受けなくなるから。

2　問１．中和　問２．青色　問３．(お)　問４．あ)黄色　い)黄色　う)黄色　え)緑色

3　問１．光がよくあたる場所に移動することで効率よく光合成を行うことができる。　問２．２　問３．２
問４．２

4　問１．26.25　問２．７　問３．67.5　問４．109.2

《社　会》

1　問１．(1)②　(2)国名…イタリア　国旗…①　(3)②，④　問２．③　問３．ウイグル

2　問１．ウ→ア→イ→オ→エ　問２．西南戦争　問３．③　問４．①　問５．②，③
問６．(1)イスラエル　(2)④

3　問１．③　問２．④　問３．②　問４．④　問５．(1)通常　(2)解散　(3)①

4　問１．有権者数が少ないから。　問２．人口が集中している地域が離れているから。
問３．沖縄の日本復帰（下線部は本土でもよい）〔別解〕沖縄返還

東京都市大学等々力中学校
【特選コース　第１回】

《国　語》

一　1．みやげ　2．けしき　3．とろう　4．るいじ　5．こころよ　6．解決
7．荷担（下線部は加でもよい）　8．明確　9．素直　10．就

二　問一．ウ　問二．1．最初…新しい　最後…しまう　2．回数券の最後の一枚　問三．B．イ　D．オ
問四．エ　問五．ぶっきらぼう　問六．ア　問七．ウ　問八．河野さんの運転するバスを待ち、最後の回数券を使ってお礼の気持ちを伝えるから。

三　問一．情報を集め、取捨選択する　問二．ア．2　イ．1　ウ．2　エ．2　オ．1　問三．ユーザーへの最適化　問四．A．エ　B．イ　C．ア　問五．広告を見せられる上に、自身のプライバシーや情報環境がオンラインで見知らぬ誰かに引き渡されていること。　問六．まったく興味のない商品の広告　問七．ウ

四　問一．方言　問二．雪国　問三．北越雪譜　問四．いつも　問五．最初…この冬　最後…ている

《算　数》

1　(1)219　(2)234　(3)0.05

2　(1)87　(2)1300　(3)90　(4)120　(5)226.08

3　(1)6　(2)18　(3)84

4　(1)25　(2)7，30　(3)7

5　(1)右図　(2)243　(3)9

6　(1)8　(2)5：4：6　(3)90

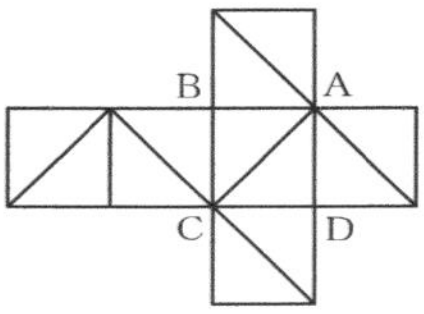

《理　科》

1　問1．①えさが減る　②住む場所がうばわれる　問2．大量に捨てられる　問3．C

2　問1．(1)360　(2)0.0003　(3)1200000　(4)300000　(5)4　(6)12　(7)6　(8)120　(9)40　(10)10
問2．(い)A　(ろ)B　問3．C　問4．D　問5．B
問6．風が強いため，雨粒が地上に落ちてくるまでの10分間で雲が真上から移動する

3　問1．水〔別解〕水分　問2．A　問3．真ん中
問4．水以外の成分の割合が大きく，水以外の成分は－18℃程度では凍らないから。

《社　会》

1　問1．フランス　問2．③　問3．④　問4．カルデラ湖　問5．②　問6．④
問7．国名…インド　場所…②　問8．休校で給食による牛乳消費がなくなるから。

2　問1．あ．薩摩　い．応仁の乱　う．有田　問2．将軍のために命をかけて戦う奉公をした。　問3．④
問4．②　問5．③　問6．(1)戊辰戦争　(2)錦の御旗を掲げる軍が天皇の軍であるから。

3　問1．④　問2．あ．違憲立法審査　い．内閣　う．不断　問3．(1)④　(2)公共の福祉に反する　問4．④

《2023　Ｓ特選コース 第１回　国語　解説》

二　著作権上の都合により文章を掲載《けいさい》しておりませんので、解説も掲載しておりません。ご不便をおかけし、誠に申し訳ございません。

三　**問一**　設問の「具体的に～『～から。』に続くように」という条件に注意する。――線①の直後の「現在の人工知能には～まったくできないこともあります」も理由の説明になっているが、具体的とはいえない。この後の「例えば、知らない人の～」以降の２つの段落の内容が、より具体的な説明になっている。この中の「何十万桁《けた》の計算を一瞬《いっしゅん》で行う一方で、とても簡単なことができない」が、指定の字数と文末に合う。

問二　――線④の直前に「これを全て読むことは人工知能にとっては一瞬です」とあることからわかるように、「人工知能」は全ての可能性を検討することができる。いっぽう「人間」は、――線③の２つ後の段落に「棋士《きし》は『直観』によって、まずはパッと手を絞《しぼ》り込《こ》むのです」とあるように、検討すべき対象を絞って考えていくのである。よって、エが適する。

問三　C の６行後で「四〇代の私は、対局の経験値を蓄積《ちくせき》してきたことで、『大局観』においては若い頃《ころ》より伸《の》びていると思う」と述べていることに、ウが適する。アの「棋士の才能によるところが大きい」、イの「労を惜《お》しまなければ、最善手を選べる」、エの「『直観』と『読み』が、『大局観』に比べて大事だ」は適さない。

問四　A の前後の「まずは『大体、あの辺りだな』と目星をつけて、その上で～的に考えていく」と同じ内容を述べている部分をさがす。C の４つ後の段落に「最初に局面全体の方向性を大ざっぱに～そこから細かいところを論理的に詰《つ》めていく『読み』のプロセスに入る」とある。よって、A には「論理」があてはまる。

問五　まず、――線④の直後の「『直観』によって手を絞り込んでいるにもかかわらず、一〇手先を全て読むことは～難しいことなのです」に着目する。それがなぜ「難しいこと」であるのかは、――線④の直前の段落の「しかし、ここで出てくるのが『数の爆発《ばくはつ》』です～掛《か》け算《ざん》で増えていきます～六万弱の可能性を検討する羽目になります」で説明されている。これらの内容をまとめる。具体的な数字は出さなくてもよい。

問六　直後に「ではなく、全体を見ること」とあるので、「全体を見る」のとは対照的な意味の言葉が入ると判断できる。よって、「細かな部分ばかりに気を取られて全体を見ない」という意味のエが適する。

問八　――線⑤の直後の「うまくまとめきれるかどうか」に着目し、何をまとめるのかを考えると、着手を考えた内容であるとわかる。これについて説明しているのが、「最初に局面全体の方向性を大ざっぱに『直観』で～『読み』のプロセスに～『大局観』に力を傾《かたむ》ける比率が～高まっています。」という部分。

問九　――線⑥の５つ前の段落に「四〇代の私は、対局の経験値を蓄積してきたことで、『大局観』においては若い頃より伸びていると思う」とある。つまり、「経験値」を積み重ねることで、「大局観」が身につくのである。

四　**問二**　「『作りすぎない』『 I ない』」は、食品ロスの削減《さくげん》を進めるための意識である。最後の段落で「何より、買いすぎを防ぐための工夫が大切だ」と述べていることから抜《ぬ》き出す。

問三　II をふくむ段落の内容は、資料Ｃから読みとれることである。資料Ｃによれば、2020 年度の 522 万トンは、2012 年度以降最も少ない数値なので、イの「最少」が適する。

問四　――線①が「効果が大きい」のは、「予約」にすれば、その数に基づいて計画的に生産でき、作りすぎによる食品ロスを防げるからである。このことを述べた 15 字の表現は、２行前に「的確な需要《じゅよう》予測に基づく生産体制」とある。

《2023　S特選コース 第1回　算数　解説》

1

(1)　与式＝(8＋8÷8＋8×8－8)＋(9＋9÷9＋9×9－9)＋(10＋10÷10＋10×10－10)＝
1＋64＋1＋81＋1＋100＝**248**

(2)　与式＝$\frac{1}{2}+\frac{3}{4}+(\frac{15}{16}-\frac{7}{8})+(\frac{63}{64}-\frac{31}{32})+(\frac{255}{256}-\frac{127}{128})=\frac{5}{4}+\frac{1}{16}+\frac{1}{64}+\frac{1}{256}=\frac{320+16+4+1}{256}=\frac{341}{256}=$ **$1\frac{85}{256}$**

(3)　「＝」の左側を整理すると，$\frac{1}{2}\times\frac{5}{2}+1\times\frac{3}{2}-(\frac{1}{3}+\frac{7}{3}\times\frac{3}{4})+(\frac{9}{2}\times\frac{1}{2}+\frac{□}{3}\times\frac{1}{2})=$
$\frac{5}{4}+\frac{3}{2}-(\frac{4}{12}+\frac{21}{12})+\frac{9}{4}+\frac{□}{6}=\frac{20}{4}-\frac{25}{12}+\frac{□}{6}=\frac{60}{12}-\frac{25}{12}+\frac{□}{6}=\frac{35}{12}+\frac{□}{6}$
$\frac{35}{12}+\frac{□}{6}=\frac{41}{4}$より，　$\frac{□}{6}=\frac{123}{12}-\frac{35}{12}=\frac{88}{12}=\frac{44}{6}$　　**□＝44**

2

(1)　右の筆算より，最小公倍数は3×7×11×7×3，最大公約数は3×7×11だから，
3×7×11×7×3－3×7×11＝3×7×11×(7×3－1)＝3×7×11×20＝**4620**

3) 1617　693
7) 539　231
11) 77　33
7　3

(2)　**【解き方】20個の立方体の表面積の和から，となりとくっつくことで見えなくなった表面積を引く。**
20個の立方体の表面積の和は，1×6×20＝120(cm²)　　立方体の前後左右でとなりとくっついているかしょは全部で13かしょ，立方体の上下でとなりとくっついているかしょは全部で8かしょだから，見えなくなった表面積の和は，1×(13＋8)×2＝42(cm²)　　よって，この立体の表面積は，120－42＝**78**(cm²)

(3)　A君の速さは，分速$\frac{6\times1000}{60}$m＝分速100mだから，A君は2700÷100＝27(分)，B君は2700÷90＝30(分)かかる。よって，求める時間は，30－27＝**3**(分後)

(4)　平行線の同位角は等しいから，角ACB＝角DEB＝25°
三角形ABCの内角の和より，角ア＝180°－25°－54°－63°＝**38°**

(5)　**【解き方】右図のように記号をおく。長方形CDEFを回転させてできる円柱(円柱アとする)と，長方形GHIEを回転させてできる円柱(円柱イとする)と，長方形JKLIを回転させてできる円柱(円柱ウとする)の体積を足して，三角形CEFを回転させてできる円すい(円すいエとする)と，長方形MNLEを回転させてできる円柱(円柱オとする)の体積を引けばよい。**

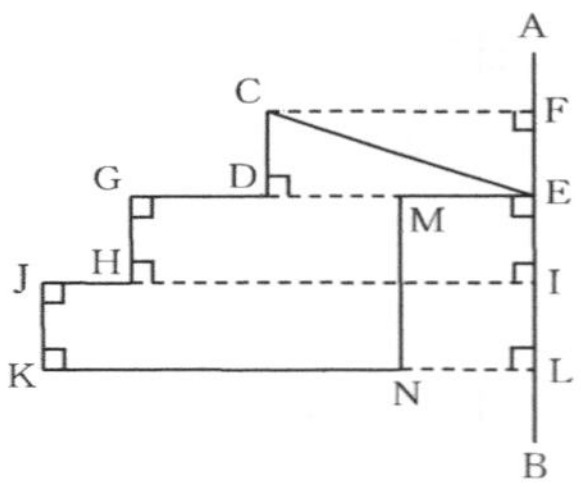

各立体の体積は，円柱アが6×6×3.14×2＝72×3.14(cm³)，
円柱イが9×9×3.14×2＝162×3.14(cm³)，円柱ウが11×11×3.14×2＝242×3.14(cm³)，
円すいエが，6×6×3.14×2÷3＝24×3.14(cm³)，円柱オが3×3×3.14×4＝36×3.14(cm³)である。
よって，求める体積は，72×3.14＋162×3.14＋242×3.14－24×3.14－36×3.14＝416×3.14＝**1306.24**(cm³)

3

(1)　1日当たりの生産量は，Aが150÷30＝5(万個)，Bが270÷45＝6(万個)だから，Cは，
(5×2＋6)÷2＝**8**(万個)

(2)　AとBを合わせると1日当たり5＋6＝11(万個)作るから，300÷11＝27余り3より，最も早くて**28**日目に作り終わる。

(3)　**【解き方】Cの生産量が半減したあとの，BとCが作った個数の合計を求める。**
Aが作ったのは全部で，5×24＝120(万個)である。Cの生産量が半減していない5日間に，BとCが作ったのは全部で，(6＋8)×5＝70(万個)である。したがって，Cの生産量が半減してから，BとCが作った個数の合計は，300－120－70＝110(万個)だから，Cの生産量が半減してからの日数は，110÷(6＋$\frac{8}{2}$)＝11(日間)
よって，Cが作っていた日数は，5＋11＝16(日間)だから，Aのみで作っていたのは，24－16＝**8**(日間)

4 (1)　**【解き方】立方体の１つの面を右図のように合同な８つの直角二等辺三角形に分ける。この直角二等辺三角形１個の面積を１とし，２つの立体の表面積の差を求める。**

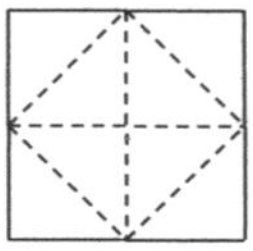

切り口の面では表面積の差は生じないので，切り口以外で考えると，

五角柱の表面積は，７×２＋８×２＋４×２＝38，三角柱の表面積は，１×２＋４×２＝10

したがって，38－10＝28 が 56 ㎠にあたるから，立方体の１つの面の面積は，$56\times\frac{8}{28}=16$(㎠)

16＝４×４だから，立方体の１辺の長さは**４**㎝である。

(2)　**【解き方】増えた表面積は，上にのせた四角柱の側面積と等しい。**

四角柱の側面積が 96 ㎠だから，１つの側面の面積は，96÷４＝24(㎠)

正四角柱において，(１つの側面積の面積)×(底面の１辺の長さ)＝(体積)だから，

底面の１辺の長さは，72÷24＝３(㎝)　　よって，四角柱の高さは，24÷３＝**８**(㎝)

(3)　**【解き方】五角柱の底面と影を合わせた図形は，右図のように五角形ＡＢＩＬＤを拡大した図形になるので，何倍に拡大したかを考える。**

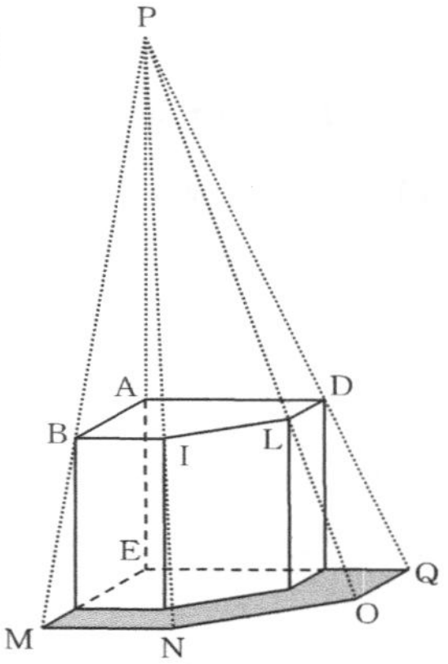

ＰＡ＝８㎝，ＰＥ＝８＋４＝12(㎝)だから，五角すいＰ－ＥＭＮＯＱは，

五角すいＰ－ＡＢＩＬＤを$\frac{12}{8}=\frac{3}{2}$(倍)に拡大した図形である。

したがって，五角形ＥＭＮＯＱの面積は，五角形ＡＢＩＬＤの面積の，

$\frac{3}{2}\times\frac{3}{2}=\frac{9}{4}$(倍)だから，影の面積は，五角形ＡＢＩＬＤの面積の，

$\frac{9}{4}-1=\frac{5}{4}$(倍)である。五角形ＡＢＩＬＤの面積は，

４×４－２×２÷２＝14(㎠)だから，影の面積は，$14\times\frac{5}{4}=$**17.5**(㎠)

5　**【解き方】正三角形の例では，正三角形が三角形２つと四角形２つに分けられたので，辺の本数の合計は３×２＋４×２＝14(本)，内角の和は，180°×２＋360°×２＝1080°になっている。したがって，辺の本数の合計や内角の和をなるべく大きくしたければ，分けてできる図形の頂点の個数の合計をなるべく多くすればよいので，直線を引くときに多角形の頂点を通らないようにし，すでに引かれたすべての直線と多角形の内部で交わるようにすればよい。**

(1)　辺の本数の合計が最も多くなるのは，右図のように４つの四角形に分けたときである。

このとき辺の本数の合計は４×４＝16(本)だから，もとの正方形より 16－４＝**12**(本)増えている。

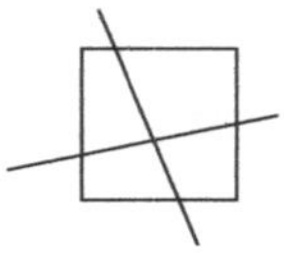

(2)　**【解き方】辺の本数の合計や内角の和をなるべく小さくしたければ，分けてできる図形の頂点の個数の合計をなるべく少なくすればよいので，直線を引くときに多角形の頂点を通るようにし，すでに引かれた直線と多角形の内部で交わらないようにすればよい。**

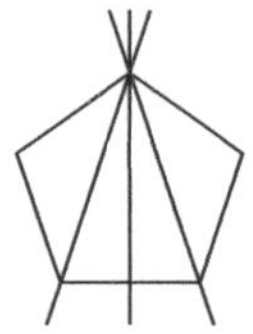

内角の和が最小になるのは，右図のように４つの三角形に分けたときであり，

内角の和は，180°×４＝**720°**になる。

(3)　内角の和の合計が最も大きくなるのは，例えば右図のように４つの三角形と，２つの四角形と，４つの五角形と，１つの六角形に分けたときである。

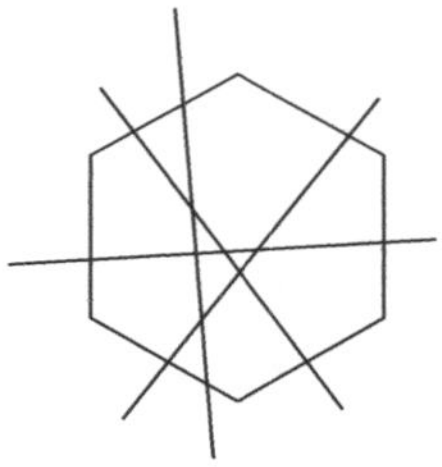

このとき，辺の本数の合計は，３×４＋４×２＋５×４＋６×１＝**46**(本)になる。

なお，右図とは異なる引き方も可能であり，その場合，正六角形の内側にできる多角形の内訳が異なる。ただし，内側にできる直線と直線が交わる点は１＋２＋３＝６(個)で，その回りには４個ずつ多角形ができ，直線と正六角形の辺が交わる点は２×４＝８(個)で，その回りには２個ずつ多角形ができ，正六角形の頂点が６個あるから，内側にできる多角形の頂点の合計個数は，

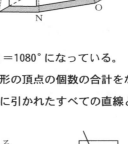

6×4＋8×2＋6＝46(個)になる。したがって，頂点の個数の合計がなるべく多くなる引き方をすれば，どのような引き方をしても辺の本数の合計は46本となる。

6　(1)　求める時間は，電車ｂの最後尾が電車ａの先頭よりも，
(２つの電車の長さの和)＝160＋240＝400(m)多く進むのにかかる時間だから，
400÷(20－12)＝**50**(秒)

(2)　**【解き方】電車ｂがＡ駅からＢ駅まで進むのにかかる時間は，7800÷20＝390(秒)だから，電車ｂがＡ駅を出発したのは電車ａがＡ駅を出発した，450－390＝60(秒後)である。**
(あ)は電車ｂの先頭が電車ａの先頭に追いついた時間である。出発してから60秒で電車ａの先頭は12×60＝720(m)進むから，電車ｂの先頭が電車ａの先頭に追いつくのは，さらに720÷(20－12)＝90(秒後)である。
よって，(あ)＝60＋90＝**150**(秒)

(3)　**【解き方】グラフが450秒のところで不連続になっているのは，電車ｂの先頭が切り替わったからである。切り替わったあとの，電車ｂの先頭と電車ａの先頭の間の距離を求める。**
450秒後に電車ｂの先頭が切り替わったあと，電車ｂの先頭とＡ駅の間の距離は，7800－240＝7560(m)である。
450秒で電車ａの先頭は，12×450＝5400(m)進むから，電車ａの先頭と電車ｂの先頭は，7560－5400＝2160(m)はなれている。したがって，さらに2160÷(12＋20)＝67.5(秒後)に２つの電車の先頭は出会う。
このあと，２つの電車がすれ違い終わるまでにかかる時間は，(２つの電車の長さの和)÷(２つの電車の速さの和)＝400÷32＝12.5(秒)だから，求める時間は，450＋67.5＋12.5＝**530**(秒後)

《2023　S特選コース 第１回　理科　解説》

1　**問１**　物体は落下するにしたがって速さが大きくなるが，地球上では落下速度には上限があるので，落下時間が大きくなるとともに速さも大きくなり，やがて速さが一定になる③が正答となる。

問２　落下する物体の速度が大きくなるのは，物体が運動する方向と同じ向きに重力がはたらくためである。落下速度が大きくなっていくと，重力がはたらく向きと反対向きにはたらく空気抵抗《ていこう》が大きくなっていき，重力と空気抵抗の大きさが等しくなると，落下速度がそれ以上大きくならなくなる。

問４　図のように，アリの模型をボウリングの球の上に乗せて落下させると，アリの模型は空気抵抗を受けなくなる。空気抵抗を受けないアリの模型は空気抵抗を受けるボウリングの球よりも落下速度の増え方が大きくなるので，(アリの模型がボウリングの球をすりぬけることはなく)アリの模型がボウリングの球の上に乗ったままの状態で落下する。

2　**問２**　ＢＴＢ溶液《ようえき》は酸性で黄色，中性で緑色，アルカリ性で青色になる。塩酸10mLに対し，加えた水酸化ナトリウム水溶液が10mLのときに中性(緑色)になったから，水酸化ナトリウム水溶液が10mLより多い場合には，水酸化ナトリウム水溶液が余ってアルカリ性(青色)になる。

問３　模式図より，塩酸にNa^+とOH^-が１個ずつ加えられたときに数が減るアはH^+，数が増えるイはNa^+，数が０個のまま変化しないウはOH^-だとわかる。

問４　問２解説より，ここで用いた塩酸と水酸化ナトリウム水溶液は体積比１：１で過不足なく反応することがわかる。水溶液の濃度《のうど》が変わらなければ，過不足なく反応するときの体積比も変わらないので，塩酸の体積を20mLにした場合，水酸化ナトリウム水溶液が20mLのときは中性(緑色)になり，水酸化ナトリウム水溶液が20mLより少ないときは塩酸が余って酸性(黄色)になる。

3 **問１** ボルボックスは緑色をしている植物性プランクトンであり，植物と同じように光合成を行っている。光合成は，緑色の部分に光があたると，二酸化炭素と水を材料にしてでんぷんと酸素をつくり出すはたらきである。

問２，３ １個のボルボックスが４個の娘《じょう》群体を放出すると，ボルボックスの数は４－１＝３(個)増える。０日目から１日目では９－３＝６(個)増えているので，最初に入れた３個のうち２個が娘群体を放出した。１日目から２日目では12－９＝３(個)増えているので，最初に入れた３個のうち１日目で娘群体を放出しなかった残りの１個が娘群体を放出し，１日目に放出された８個はどれも新たにた娘群体を放出しなかった。２日目から３日目では36－12＝24(個)増えているので，１日目に放出された８個が娘群体を放出し，２日目に放出された４個はどれも新たにた娘群体を放出しなかった。以上のように考えると，表１のボルボックスの数の増加を説明できる。よって，問２と問３はどちらも２が正答となる。

問４ 空気が自由に出入りするようになったことで，再びボルボックスが増え始めたのだから，空気にふくまれる成分である二酸化炭素が原因だと考えられる。二酸化炭素が不足すると，ボルボックスは光合成を行うことができなくなり，成長できなくなる。

4 **問１** 地震《じしん》が発生した地点を震源という。震源からＡまでの距離とＡから等々力までの距離《きょり》から，震源，Ａ，等々力の３点を結んでできる直角三角形は，辺の比が３：４：５の直角三角形だとわかる。よって，震源から等々力までの距離は$84\times\frac{5}{4}$＝105(km)である。Ｓ波の速さは秒速４kmだから，105÷４＝26.25(秒後)となる。

問２ 問１より，Ｓ波が震源から等々力まで進むのにかかった時間は26.25秒だから，Ｐ波が震源から等々力まで進むのにかかった時間は26.25－11.25＝15(秒)である。よって，Ｐ波の速さは105÷15＝(秒速) ７(km)である。

問３ 630kmを進むのにかかる時間は，Ｐ波が630÷７＝90(秒)，Ｓ波が630÷４＝157.5(秒)だから，２つの波の到《とう》達《たつ》時刻の差は157.5－90＝67.5(秒)である。

問４ Ｐ波とＳ波が同じ距離を進むのにかかる時間の比は速さの逆比と等しいから，(Ｐ波が到達するまでの時間)：(Ｓ波が到達するまでの時間)＝４：７であり，この比の数値の差である７－４＝３が11.7秒にあたる。よって，Ｐ波が到達するまでの時間は$11.7\times\frac{4}{3}$＝15.6(秒)であり，Ｐ波が15.6秒で進む距離(等々力とＣとの距離)は７×15.6＝109.2(km)である。なお，Ｐ波が観測されてからＳ波が観測されるまでの，Ｐ波による小さなゆれが続く時間を初期微動継続《びどうけいぞく》時間といい，初期微動継続時間は震源からの距離に比例する。よって，問３で，震源からの距離が630kmの地点での初期微動継続時間が67.5秒であることから，初期微動継続時間が11.7秒の地点の震源からの距離は$630\times\frac{11.7}{67.5}$＝109.2(km)と求めることもできる。さらに，同様に考えると，問３は，問１と問２で，震源からの距離が105kmの地点での初期微動継続時間が11.25秒であることから，$11.25\times\frac{630}{105}$＝67.5(秒)と求めることもできる。

《2023　S特選コース 第１回　社会　解説》

1 **問１(1)** ②　アはロンドン，ウはカイロ，オはデリー，カはシンガポール，コはパナマあたりを指している。

(2) イタリア／①　イタリアにあるピサの斜塔である。②はロシア，③は中国，④は韓国，⑤はカナダの国旗を表している。 **(3)** ②，④　②誤り。シンガポールは東南アジアに位置する。④誤り。トンガは南太平洋に位置し，日本は大豆の自給率が低く輸入に頼っているため，トンガに輸出することはない。

問２ ③　京都は，平安京をつくったとき，唐の長安を参考にして条坊制が採用され，東西と南北の道路が碁盤目状に整備された。

①はオーストラリアのキャンベラ，②はアメリカ合衆国のホワイトハウス，④はフランスのエトワール凱旋門をそ

れぞれ上空から見た写真である。

問３　ウイグル　　新疆ウイグル自治区は，右図の色をつけた位置にある。

2　問１　ウ→ア→イ→オ→エ　　ウ(江戸時代)→ア(明治時代)→イ(大正時代)→オ(昭和時代　太平洋戦争後)→エ(昭和時代　1970 年代)

問２　西南戦争　　薩摩の士族を中心とした，西郷隆盛率いる反乱軍と，新政府軍の戦いが 1877 年に起きた。政府が行ったデフレ政策は，松方財政と呼ばれた。

問３　③　　1917 年から 1920 年にかけて，賃金のグラフより東京米価と東京卸売物価のグラフが上にあることを読み取る。

問４　①　　江戸幕府の第５代将軍徳川綱吉は，金の含有率の低い元禄小判をつくって悪化した財政を立ち直らせようとした。

問５　②，③　　②は第６代将軍徳川家宣，第７代将軍徳川家継に仕えた新井白石の正徳の治，③は第８代将軍徳川吉宗の享保の改革。

問６⑴　イスラエル　　第４次中東戦争によって，アラブの産油国が石油の禁輸と輸出制限を行ったことで，石油危機(オイルショック)が起きた。　⑵　④　　第４次中東戦争開戦は 1973 年だから，1971 年のニクソンショック(ドルショック)を選ぶ。①は 2001 年，②は 1989 年，③は 1991 年。

3　問１　③　　国会は，国権の最高機関であり，国の唯一の立法機関である。①は裁判所，②と④は内閣の権限。

問２　④　　①は最高裁判所，②はアメリカ合衆国のホワイトハウス，③は首相官邸。

問４　④　　案件の審議は必ず両院で行われる。

問５⑴　通常　　国会の種類と審議内容については右表を参照。

国会の種類	召集	主な議題
常会(通常国会)	毎年１月中に召集され会期は 150 日間	翌年度の予算の議決
臨時会(臨時国会)	内閣が必要と認めたとき，またはいずれかの議院の総議員の４分の１以上の要求があったとき	臨時の議題の議決
特別会(特別国会)	衆議院解散による衆議院議員総選挙が行われた日から 30 日以内	内閣総理大臣の指名
参議院の緊急集会	衆議院の解散中に，緊急の必要がある場合	緊急を要する議題の議決

⑶　①　　国会内に常設された弾劾裁判所は，衆議院と参議院の両院から選ばれた７名ずつの国会議員で構成され，裁判官訴追委員会で罷免(辞めさせること)の訴追を受けた裁判官を辞めさせるかどうかの審議をする。

4　問１　(有権者数)÷(改選数)のおよその値は，東京は 1909，埼玉は 1537，千葉は 1754，神奈川は 1924 で，鳥取は 463，島根は 557，徳島は 619，高知は 594 である。鳥取，島根，徳島，高知のそれぞれの値の３倍より，東京や神奈川の値の方が大きい。「改選数に対する有権者数」の値に差があることを一票の格差という。

問２　高知県と徳島県の人口が集中している地域が離れているうえに，その２地点の間には四国山地がある。高知県は南四国，徳島県は瀬戸内に位置し，経済的な結びつきや産業にも大きな差がある。このような２つの県を合区にすると，両方の県の希望や意見に沿った政治を行うことが難しくなる可能性がある。

問３　1971 年に沖縄返還協定が成立し，1972 年に沖縄返還が実現した。沖縄が本土復帰を果たすと，沖縄県に参議院議員の定数２が配分された。

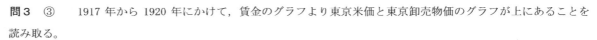

《2023　特選コース 第1回　国語　解説》

二　**問一**　顔をしかめるというのは、不機嫌《きげん》な表情をすることで、不快な感情を表す。

問二　直後に「今日は財布を持って来ていない。回数券を使わなければ、家に帰れない」とあるので、「泣きだしそうになってしまった」理由は、「回数券の最後の一枚」を使わなければならないからだということがわかる。河野さんとの会話から、「少年」は「新しい回数券を使うと、そのぶん、母の退院の日が遠ざかってしまう」と思っていて、だから「回数券を使いたくない」ということがわかる。

問三B　少し後に「座ったまま～泣いた」とあるので、月がにじんで揺《ゆ》れはじめたのは、だんだんと目に涙《なみだ》がたまってきたからである。よって、イの「じわじわと」が適する。　D　母の入院中は、面会時間が過ぎても病室で父を待ち、父の運転する車に乗って帰っていた「少年」が、「バスで帰っていい？」と訊いたので、両親はその理由がわからなかったのである。よって、オの「きょとんと」が適する。

問四　文章の４～５行目に「あのひと(＝河野さん)のバスに乗るのが怖《こわ》くなった～いつもムスッとしているように見える」とあるので、エが適する。

問五　河野さんの「言い方」について書かれた部分に着目する。回数券を三冊買う場面に、「ぶっきらぼうに言って」「ぶっきらぼうに訊《き》かれた」とある。また、──線④の２行後に「声はまた、ぶっきらぼうになっていた」とある。

問六　かぶりを振《ふ》るというのは、頭を左右に振って否定すること。「少年」は、「財布、落としちゃったのか？」という問いかけに対して、頭を左右に振って否定した。つまり、財布を落としたわけではないと伝えようとしているのである。よって、アが適する。

問七　まず、──線④について考える。河野さんは、回数券を見せた「少年」に対して「じゃあ早く入れなさい」とは言わず、もう一度「どうした？」と訊いた。そして「少年」が回数券を使いたくない理由を聞いた上で、何も言わずに「少年」の運賃《うんちん》を運賃箱に入れた。河野さんは「少年」が抱《かか》える事情を汲《く》み取り、その思いを理解したので、何も言わずに「少年」の運賃を支払ったのである。次に、──線⑥について考える。２～３行前にはいつも通りに仕事をする河野さんの様子が描《えが》かれていて、少年と目が合うことはなかった。また、──線⑥の前の行には「降りるときには早くしなければいけない～次のバス停で待っているひともいる」とあり、河野さんが仕事中であることが強調されている。少年は、仕事中の河野さんを邪魔《じゃま》してはならないと考え、なにも言わずにバスを降りたのである。よって、ウが適する。

問八　──線⑥の直後に「回数券に書いた『ありがとうございました』にあとで気づいてくれるかな、気づいてくれるといいな、と思いながら、ステップを下りた」とある。少年は、河野さんのバスに乗り、「ありがとうございました」と書いた回数券を使うことで、河野さんに感謝の気持ちを伝えるつもりだった。ただ、河野さんのバスがいつ来るのかわからないため、──線⑤のように言ったのである。

三　著作権上の都合により文章を掲載《けいさい》しておりませんので、解説も掲載しておりません。ご不便をおかけし、誠に申し訳ございません。

四　**問二**　鈴木牧之《ぼくし》が「世に送った書物が『北越雪譜《ほくえつせっぷ》』である」ことから考える。5にあるように、「北越雪譜」には雪国のことが書かれている。この本は、雪国を知らない人々に、その実情を伝えようとした本である。

問四　「いつもより早めのドカ雪」に見舞《みま》われたのは雪国である。この一文から、筆者が雪国の気象に思いをはせていることがわかる。

問五　少し覚悟《かくご》がいるのは、外が寒いからである。その寒さをもたらしているのが「日本列島を覆《おお》」う「この冬いちばんの寒気」である。

《2023　特選コース 第１回　算数　解説》

1　(1)　与式＝$\{(\frac{20}{3}-3\frac{3}{4})\div\frac{5}{4}+\frac{3}{5}\times\frac{15}{4}\times\frac{5}{3}\}\times36=\{(\frac{20}{3}-\frac{15}{4})\times\frac{4}{5}+\frac{15}{4}\}\times36=(\frac{20}{3}\times\frac{4}{5}-\frac{15}{4}\times\frac{4}{5}+\frac{15}{4})\times36=$
$(\frac{16}{3}-3+\frac{15}{4})\times36=(\frac{64}{12}-\frac{36}{12}+\frac{45}{12})\times36=\frac{73}{12}\times36=$**219**

(2)　与式＝$(11\times11+8\times11\times11+0.03\times11\times1000\times11)\times\frac{1}{11}\div(\frac{5}{2}-\frac{2}{3})=(1+8+30)\times11\times11\times\frac{1}{11}\div(\frac{15}{6}-\frac{4}{6})=$
$39\times11\div\frac{11}{6}=39\times11\times\frac{6}{11}=$**234**

(3)　与式より，$1.3+4\times\square=3\times0.5$　　$4\times\square=1.5-1.3$　　$\square=0.2\div4=$**0.05**

2　(1)　**【解き方】10 または 15 の倍数の個数は，10 の倍数の個数と 15 の倍数の個数を足してから，30(10 と 15 の最小公倍数)の倍数の個数を引けば求められる。**

１から 100 までの整数のうち，10 の倍数は 100÷10＝10(個)，15 の倍数は，100÷15＝６余り 10 より６個，30 の倍数は 100÷30＝３余り 10 より３個ある。したがって，10 または 15 の倍数は 10＋６－３＝13(個)あるから，10 の倍数でも 15 の倍数でもない数は，100－13＝**87**(個)ある。

(2)　**【解き方】Ａ君とＢ君の金額をＣ君と同じにしたときの合計金額を考える。**

Ａ君とＢ君の金額をＣ君と同じにすると，３人の合計金額は 100＋300＝400(円)下がるから，4000－400＝3600(円)になる。よって，Ｃ君は 3600÷３＝1200(円)もらうから，Ａ君は 1200＋100＝**1300**(円)もらう。

(3)　**【解き方】ＡＤの長さを，１＋１＝２と５＋４＝９の最小公倍数の 18 とする。**

ＡＢ＝$18\times\frac{1}{2}=9$，ＡＣ＝$18\times\frac{5}{5+4}=10$ だから，ＢＣ＝10－９＝１

これが５cmにあたるので，ＡＤ＝$5\times\frac{18}{1}=$**90**(cm)

(4)　**【解き方】右図のように点Ｈをおく。三角形の１つの外角は，これととなり合わない２つの内角の和に等しいから，角ア＝角ＨＧＥ＋角ＨＥＧである。**

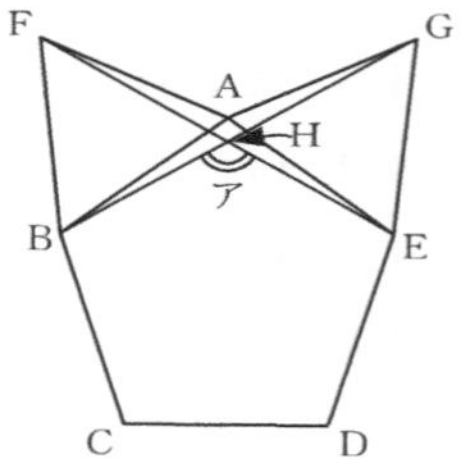

角ＢＡＧ＝角ＦＡＥで，ＡＢ＝ＡＧ＝ＡＦ＝ＡＥだから，三角形ＡＢＧと三角形ＡＦＥは合同である。したがって，角ＡＧＢ＝角ＡＥＦだから，

角ア＝角ＨＧＥ＋角ＨＥＧ＝角ＡＧＥ＋角ＡＥＧ＝60°＋60°＝**120°**

(5)　**【解き方】できる立体は右図のように，底面の半径がＡＦで高さがＦＥの円柱(円柱アとする)と，底面の半径がＢＤで高さがＤＣの円柱(円柱イとする)を合わせた立体から，底面の半径がＧＣで高さがＢＧの円すい(円すいウとする)を除いた形をしている。**

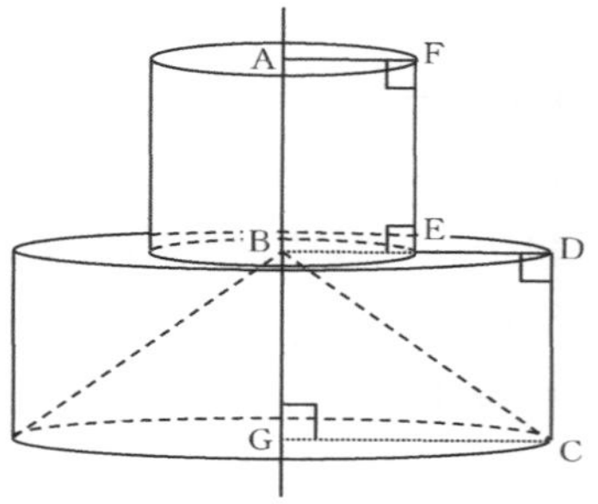

立体を真上から見ると，円柱アと円柱イの底面を重ねた円に見えて，

この面の表面積は，４×４×3.14＝16×3.14(cm²)

柱体の側面積は，(底面の周の長さ)×(高さ)で求められるから，

円柱アの側面積は，(２×２×3.14)×３＝12×3.14(cm²)

円柱イの側面積は，(４×２×3.14)×３＝24×3.14(cm²)

円すいの側面積は，(底面の半径)×(母線の長さ)×3.14 で求められるから，

円すいウの側面積は，４×５×3.14＝20×3.14(cm²)

よって，この立体の表面積は，16×3.14＋12×3.14＋24×3.14＋20×3.14＝72×3.14＝**226.08**(㎠)

3 (1) **【解き方】Ｃが赤か赤でないかで場合を分けて数える。**

Ｃが赤の場合，Ｂの塗り方は黄か緑の２通り，Ｄも２通りだから，２×２＝４(通り)

Ｃが赤以外の場合，ＢもＣも残りの１色に決まる。Ｃの塗り方が２通りだから，この場合の塗り方は２通り。

よって，全部で，４＋２＝**６**(通り)

(2) Ａに赤を塗った場合が６通りで，黄を塗った場合も緑を塗った場合も６通りだから，全部で，６×３＝**18**(通り)

(3) **【解き方】Ａに赤を塗った場合の塗り方の数を４倍すればよい。(1)と同様にＣの色で場合分けをする。**

Ａに赤を塗ってＣに赤を塗った場合，Ｂの塗り方は黄か緑か青の３通り，Ｄも３通りだから，３×３＝９(通り)

Ａに赤を塗ってＣに黄を塗った場合，Ｂの塗り方は緑か青の２通り，Ｄも２通りだから，２×２＝４(通り)

これと同様に，Ａに赤を塗ってＣに緑または青を塗った場合も４通りずつある。

したがって，Ａに赤を塗った場合の塗り方は，９＋４×３＝21(通り)

よって，全部の塗り方は，21×４＝**84**(通り)

4 (1) **【解き方】20分の間に窓口で受付をした人の合計人数は，300＋10×20＝500(人)である。**

500÷20＝25より，窓口１つで毎分**25**人の受付をする。

(2) **【解き方】窓口が２つ開いているとき，１分ごとに行列が25×２－10＝40(人)減る。**

行列を300人減らすのにかかる時間は，300÷40＝7.5(分)，つまり，**７**分**30**秒である。

(3) **【解き方】行列を２分以内になくすためには，１分ごとに300÷２＝150(人)以上行列を減らさなければならない。**

１分ごとに150人以上行列を減らすためには，１分ごとに150＋10＝160(人)以上受付をしなければならない。

160÷25＝６余り10より，窓口を最低**７**か所開ければよい。

5 (1) 展開図に頂点の記号を書くと右図のようになる。三角すいの辺ＡＦ，ＣＦ，ＡＨ，ＣＨ，ＦＨを解答用紙の図に書き入れればよい。

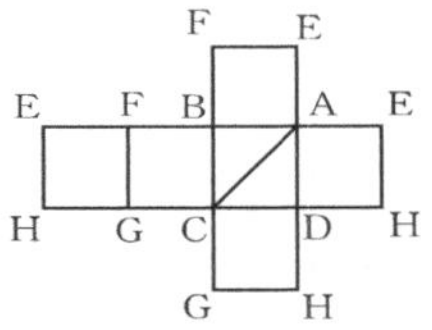

(2) **【解き方】三角すいＡＣＦＨは，立方体から合同な４つの三角すいＡＥＦＨ，ＣＧＨＦ，ＢＡＣＦ，ＤＣＡＨを取り除くとできる。**

三角すいＡＥＦＨの体積は，立方体の体積の，(１×１÷２)×１÷３＝$\frac{1}{6}$(倍)だから，

三角すいＡＣＦＨの体積は立方体の体積の，$1-\frac{1}{6}\times 4=\frac{1}{3}$(倍)である。

よって，三角すいＡＣＦＨの体積は，$9\times 9\times 9\times\frac{1}{3}$＝**243**(㎤)

(3) **【解き方】大きさをａ倍に縮小(または拡大)すると体積はａ×ａ×ａ(倍)になることを利用する。**

ＣＰ：ＣＡ＝ＣＱ：ＣＨ＝ＣＲ：ＣＦ＝１：３だから，三角すいＣ－ＰＱＲは三角すいＣ－ＡＨＦを$\frac{1}{3}$倍に縮小した立体である。よって，体積は，$\frac{1}{3}\times\frac{1}{3}\times\frac{1}{3}=\frac{1}{27}$(倍)となるので，求める体積は，$243\times\frac{1}{27}$＝**９**(㎤)

6 (1) **【解き方】正六角形は右の点線によって６つの合同な正三角形に分けられる。色をつけた部分を三角形ＢＣＤと三角形ＢＰＤに分けて考える。**

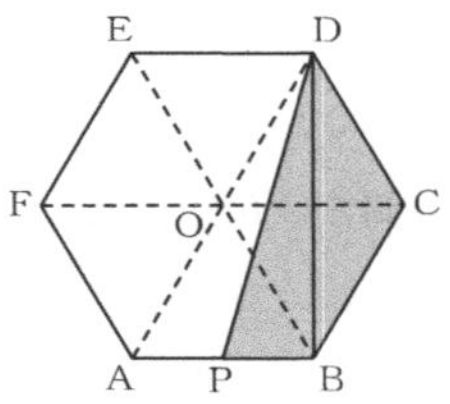

四角形ＯＢＣＤの面積は正三角形の面積２つ分だから，三角形ＢＣＤの面積は正三角形の面積２÷２＝１(つ)分である。

三角形ＡＢＤの面積は正三角形の面積２つ分だから，ＡＢ：ＰＢ＝２：１より，三角形ＢＰＤの面積は正三角形の面積２÷２＝１(つ)分である。

よって，色をつけた部分の面積は正三角形の面積１＋１＝２(つ)分だから，$24\times\frac{2}{6}$＝**８**(㎠)

⑵　**【解き方】ＰＨ：ＤＨとＨＩ：ＤＩを別々に求める。**

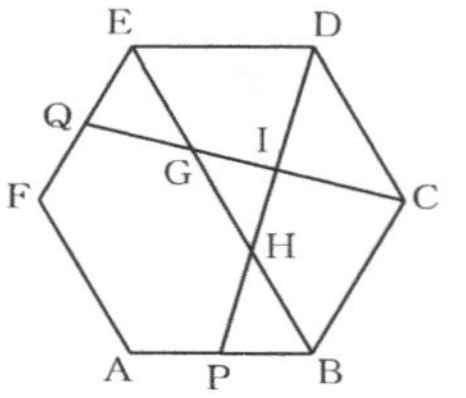

ＥＤとＡＢが平行だから，三角形ＢＰＨと三角形ＥＤＨは同じ形で，対応する辺の比がＢＰ：ＥＤ＝１：２なので，ＰＨ：ＤＨ＝１：２…①，ＢＨ：ＥＨ＝１：２…②

ＥＦとＣＢが平行だから，三角形ＢＣＧと三角形ＥＱＧは同じ形で，対応する辺の比がＢＣ：ＥＱ＝２：１なので，ＢＧ：ＥＧ＝２：１…③

②，③の比の数の和はともに３だから，ＢＨ：ＨＧ：ＧＥ＝１：（２－１）：１＝１：１：１

ＥＢとＤＣが平行だから，三角形ＧＩＨと三角形ＣＩＤは同じ形で，ＢＥ＝ＤＣ×２なので，

ＨＩ：ＤＩ＝ＨＧ：ＤＣ＝$(\mathrm{BE}\times\frac{1}{1+1+1})$：ＤＣ＝$(\mathrm{DC}\times 2\times\frac{1}{3})$：ＤＣ＝２：３…④

①，④より，ＰＨ：ＨＩ：ＩＤ＝１：$(2\times\frac{2}{2+3})$：$(2\times\frac{3}{2+3})$＝**５：４：６**

⑶　**【解き方】⑴より三角形ＢＰＤの面積は正六角形ＡＢＣＤＥＦの面積の$\frac{1}{6}$だから，三角形ＢＰＤの面積を求める。**

三角形ＧＩＨと三角形ＢＩＨは，底辺をそれぞれＨＧ，ＢＨとしたときの高さが等しいから，面積比はＨＧ：ＢＨ＝１：１となるので，三角形ＢＩＨの面積は三角形ＧＩＨの面積と同じ４㎠である。

三角形ＢＩＨと三角形ＢＰＤの面積比はＨＩ：ＰＤ＝４：（５＋４＋６）＝４：15となるので，

三角形ＢＰＤの面積は，（三角形ＢＩＨの面積）×$\frac{15}{4}$＝４×$\frac{15}{4}$＝15（㎠）

よって，正六角形ＡＢＣＤＥＦの面積は，15×６＝**90**（㎠）

《2023　特選コース 第１回　理科　解説》

1　**問２**　文章より，すでにアメリカザリガニを捕《つか》まえて飼っている人が大勢いることがわかる。もし，飼育を禁止し，飼育している人に罰金《ばっきん》などが科されることになれば，現在アメリカザリガニを飼っている人達が近くの池などに捨てる可能性が考えられる。大量のアメリカザリガニが捨てられると，資料にあるように，その地域の生態系に大きな影響《えいきょう》を及《およ》ぼす。

問３　入手しやすく，多くの人がペットとして飼育していると考えられるのはＢとＣである。これらのうちＢは在来種だから，Ｃを選べばよい。

2　**問１**　⑴100ｇが１Ｎだから，36㎏→36000ｇは36000÷100＝360（Ｎ）である。　⑵直径が２㎝→0.02ｍだから，半径は0.01ｍである。よって，0.01×0.01×３＝0.0003（㎡）となる。　⑶0.0003㎡を360Ｎの力で押《お》すから，圧力（１㎡あたりを押す力）は360÷0.0003＝1200000（Pa）である。　⑷体重が100倍であれば重力も100倍になるので，ゾウにはたらく重力は360×100＝36000（Ｎ）である。ゾウの足の直径が40㎝→0.4ｍであれば半径は0.2ｍであり，面積は0.2×0.2×３＝0.12（㎡）である。よって，圧力は36000÷0.12＝300000（Pa）である。　⑸ハイヒールの片足のかかとの圧力の大きさはゾウの足一本の圧力の大きさより1200000÷300000＝４（倍）大きい。　⑹1200000Paは１㎡→10000㎠あたり1200000Ｎ→120000㎏の重さがかかっているということだから，１㎠あたりでは120000÷10000＝12（kg）である。　⑺２リットル→2000㎤より，２リットルの水の重さは2000ｇ→２kgである。よって，12÷２＝６（本）が正答となる。　⑻80＋40＝120（ｍ）　⑼80－40＝40（ｍ）　⑽3000÷５＝600（秒）→10分

問３　Ｃ〇…風は気圧が高いところから低いところへ移動する空気の流れだから，台風の中心に向かって風がふきこむ。このとき，地球の自転の影響を受けて，中心にまっすぐ進む向きから少し右にずれる。

問４　日本付近では，台風は上空をふく西風（偏西風《へんせいふう》）の影響を受けて北東に進路を変えることが多い。台風の進行方向に向かって右側では，台風の進行方向と台風の中心に向かってふきこむ風の向きが同じになるため，風が強くなることが多い。

3　**問１，２**　水以外の成分が多く含《ふく》まれているほど，凍《こお》りにくくとけやすい氷ができるということである。あずき

バーでは，甘《あま》さを抑《おさ》えるために甘さの元になる成分を少なくし水の量が増えたため，水が氷になる割合が増え，以前より固くなった。これに対し，焼いもアイスでは水以外の成分が多く含まれるため，やわらかくとけやすい。

問３　冷凍庫《れいとうこ》内で水が凍るとき，容器の外側から冷やされて凍っていく。すべてが凍らず，内側に凍っていない水が残っているとき，ここには水以外の成分も集まっているので，この部分を捨てて新しい水を追加すれば，水以外の成分が少ない，透明《とうめい》な氷をつくることができる。

《2023　特選コース 第１回　社会　解説》

1 **問１**　フランス　　2024 年夏季オリンピック・パラリンピックは，パリで開催される。また，2028 年にはアメリカ合衆国のロサンゼルスで開催される。

問２　③　　2018 年の北海道以外の５つの県の生産量の和は 1215(千ｔ)と，北海道の生産量に及ばない。
①誤り。熊本県・群馬県・千葉県では減っている。②誤り。岩手県と千葉県が逆転している。④誤り。2015 年の北海道以外の５つの県の生産量の和は 1262(千ｔ)と，北海道の生産量に及ばない。

問３　④　　釧路湿原が登録されているのは，京都議定書ではなくラムサール条約である。

問４　カルデラ湖　　田沢湖・十和田湖・洞爺湖などがカルデラ湖であり，比較的深い湖が多い。

問５　②　　別府温泉は大分県にある。

問６　④　　日本でチーズが人気となったのは，第二次世界大戦後の食生活の洋風化が進んだころである。

問７　インド／②　　インドは，牛を神の使いとするヒンドゥー教徒が多く，牛を食用としないが，乳牛の飼育頭数は世界一である。

問８　飲用牛乳消費量が，８月・12 月・３月と長期休暇期間に減っていることに着目する。

2 **問１**　あ＝薩摩　い＝応仁の乱　う＝有田　　あ．鹿児島県南部に位置する西の半島が薩摩半島，東の半島が大隅半島である。　い．「京都を中心に 1467 年から 11 年間争乱の続いた」から応仁の乱と判断する。応仁の乱は，室町幕府の第八代将軍足利義政のあとつぎ問題と，守護大名の権力争いが原因であった。　う．連れて帰った朝鮮の陶工が開いた窯には，有田焼・薩摩焼・唐津焼などがある。

問２　将軍が御家人の所領を認めたり，新たに所領を与えたりすることを御恩，御家人が将軍のために命をかけて戦ったり，警備をしたりすることを奉公と呼ぶ。土地をめぐる御恩と奉公で結ばれた社会を封建社会と呼ぶ。

問３　④　　「足利尊氏の側について」とあることから北朝側で戦ったことがわかる。北朝側が足利尊氏，南朝側が後醍醐天皇である。

問４　②　　江戸時代に制定された武家諸法度の内容である。

問５　③　　琉球王国は，東南アジア・中国・日本を結ぶ海路の中間点に位置し，中継貿易で栄えていた。

問６(1)　戊辰戦争　　図Ⅰが薩摩藩(島津氏)，図Ⅱが長州藩(毛利氏)の家紋である。

3 **問１**　④　　日本国憲法は 1946 年 11 月３日に公布され，1947 年５月３日から施行された。５月３日は憲法記念日，11 月３日は文化の日として国民の祝日となっている。

問２　あ＝違憲立法審査　い＝内閣　う＝不断　　あ．違憲立法審査権は法令審査権ともいう。い．三権のうち，行政権は内閣，立法権は国会，司法権は裁判所にある。う．「不断」は「絶え間なく続く」という意味である。

問３(1)　④　　日本国憲法第 21 条に，「集会，結社及び言論，出版その他一切の表現の自由は，これを保障する」とある。①は居住移転の自由(経済活動の自由)，②は参政権，③は自己情報コントロール権。

(2)　公共の福祉とは，社会全体の利益のことであり，社会全体の利益が個人の権利より優先されることがある。

問４　④　　働く権利は一定の年齢に達したすべての日本国民がもつ権利であり，勤労の義務を果たしている人以外の人も持つ権利である。

2022 解答例 令和４年度

東京都市大学等々力中学校
【Ｓ特選コース　第１回】

《国　語》

一　１．さなえ　２．しょうけん　３．にゅうわ　４．しゅぎょう　５．うやま
６．武者　７．根幹　８．至急　９．編集　10．告

二　問一．ア　問二．エ　問三．Ｂ．エ　Ｃ．イ　問四．切羽〔別解〕せっぱ　問五．１．「僕」の誕生による嬉しさ　２．マサキを失った悲しみ　問六．何か壊せる　問七．ウ　問八．１．イ　２．ウ　問九．エ

三　問一．ア　問二．Ｃ　問三．文脈　問四．最初…それまでに　最後…リー化する　問五．ア，イ
問六．ア　問七．ウ　問八．映像記憶　問九．天敵や食物ではないものでも、さまざまな表象表現を認識し、カテゴリー化できるようになるらしいから。

四　問一．新型コロナウイルスの世界的な流行によって訪日外国人の買い物客が激減したこと。　問二．ウ，エ，キ

《算　数》

1　(1)22　(2)$\frac{7}{15}$　(3)$\frac{2}{3}$

2　(1)38　(2)2　(3)73.12　(4)3　(5)50

3　(1)4951　(2)$\frac{10}{11}$　(3)5529

4　(1)$26\frac{2}{3}$　(2)112　(3)$32\frac{2}{3}$

5　(1)$8\frac{8}{11}$　(2)$36\frac{12}{13}$　(3)$8\frac{8}{23}$

6　(1)$21\frac{1}{3}$　(2)24　(3)200.96

《理　科》

1　問１．(1)22　(2)2.5　(3)2.5　(4)0.5　問２．Ｄ〔別解〕Ｂ　問３．Ａ

2　問１．①×　②○　③×　④×　問２．右図　問３．右図

3　問１．③　問２．⑤　問３．(1)５㎎　(2)20㎎
問４．Ａ．①　Ｂ．⑥　Ｃ．⑤　Ｄ．⑤

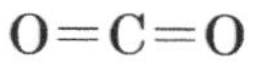

2問２の図

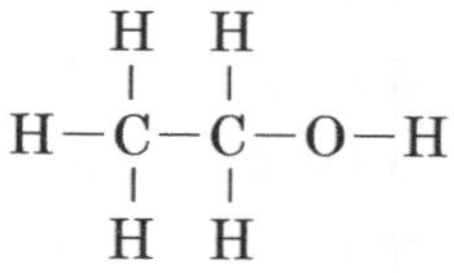

2問３の図

《社　会》

1　問１．④　問２．(1)温室効果ガス　(2)②　問３．(1)④　(2)中京工業地帯　問４．イ　問５．④
問６．(1)記号…ア　都市名…長崎(市)　(2)ア

2　問１．藤原道長　問２．①　問３．③　問４．④　問５．福沢諭吉　問６．原敬
問７．第四次中東戦争　問８．③

3　問１．(1)ＳＤＧｓ　(2)③　問２．④　問３．あ．天皇　い．貴族　問４．②　問５．(1)①，②　(2)①，③

4　問１．少子高齢化により，選挙権を持つ18歳以上の人の割合が高くなったから。　問２．太平洋戦争に20代から30代の男性が多く徴兵されて亡くなったため，その部分の人口が急激に減少している。

2022 解答例
令和４年度

東京都市大学等々力中学校
【特選コース 第１回】

《国 語》

一 1．けいだい　2．ぜんりょう　3．しんしゃ　4．せんがん　5．たがや
6．承知　7．郵便　8．展示　9．収支　10．延

二 問一．ブリキでできたロボットたちが、おもちゃを作る工場。　問二．ア
問三．ぼくは〔別解〕えだいちは　問四．A．オ　B．ウ　C．ア　問五．エ
問六．1．ロボットが作るおもちゃ工場　2．薄汚いただの工場　問七．エ　問八．イ　問九．ウ

三 問一．1．記憶　2．具体的　3．確かな目安　問二．エ　問三．自分で自分にちゃんと指さす
問四．最初…言葉で言え　最後…られる問題　問五．A．イ　B．エ　C．ア　問六．自分の心に思いえがいたものと、言い表すことのむずかしかったもの。　問七．比例　問八．ウ

四 問一．驚き　問二．読み手に自分の目と頭で考えてもらう　問三．ウ　問四．遊び心　問五．ア

《算 数》

1 (1) $\frac{14}{17}$　(2) $\frac{26}{255}$　(3) $\frac{5}{6}$

2 (1)1250　(2)2600　(3)2.28　(4)5　(5)5

3 (1)157　(2)400　(3)ア．薬　イ．506

4 (1)3　(2)5　(3)55

5 (1)38　(2)4　(3)38

6 (1)90　(2)54　(3)200

《理 科》

1 問１．右図　問２．A，F，I
問３．回路あ…⑧　回路い…⑦　回路う…⑦　回路え…①

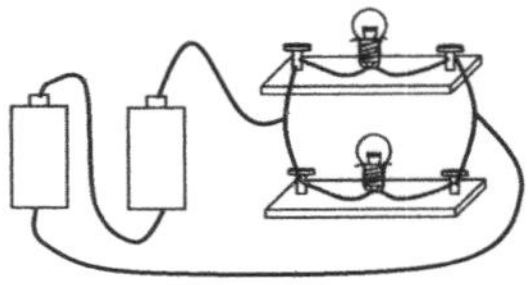

2 問１．④　問２．体温を作る効果。／体温を上げる効果。／空気の層をあたためる効果。などから１つ　問３．毛が立つことで空気の層を分厚くして，冷たい外気に触れにくくしている。　問４．空気を多く含んでいる。

3 問１．イ　問２．右グラフ　問３．ア．30　イ．20
問４．ア．④　イ．⑦　ウ．③　エ．⑦　オ．①

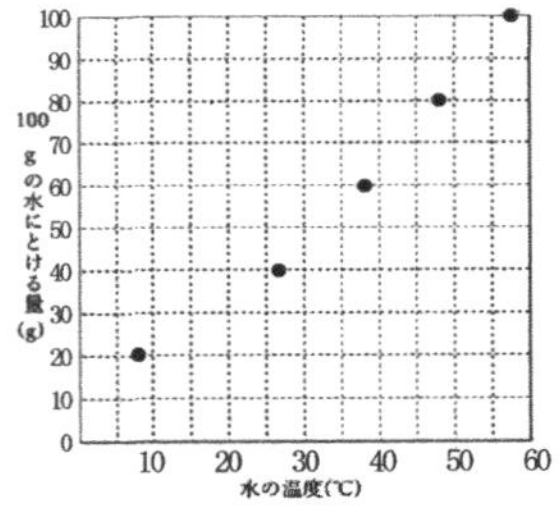

4 問１．南中時刻…①　形…④　問２．④　問３．1
問４．南中時刻…⑧　形…①

《社　会》

1　問1．(1)東京都…①　大阪府…③　愛知県…④　福岡県…⑥　(2)②　(3)あ．菊　い．昼　問2．(1)②　(2)②
(3)外国人観光客が増加する。　問3．③

2　問1．あ．平将門　い．菅原道真　う．元寇〔別解〕蒙古襲来　問2．②　問3．後白河天皇　問4．④
問5．坂上田村麻呂　問6．16世紀にポルトガル人が種子島に持ちこんだ。

3　問1．あ．よくする　い．残さない　問2．①　問3．③　問4．③　問5．フェイクニュース　問6．②
問7．政権の安定が崩れることを防ぐため。

東京都市大学等々力中学校
【Ｓ特選コース　第１回】

←解答例は前のページにありますので，そちらをご覧ください。

《2022　Ｓ特選コース 第１回　国語　解説》

二　**問一**　「ママ、再婚《さいこん》しようと思ってね」という母の言葉に対して、「僕《ぼく》」は――線①のようになった。この言葉は「僕」にとって「あまりに予想外の展開」で、この後に、「母の新しい人生を素直に喜ぶことができない」「僕の～哀《かな》しみは、どうなってしまうのだ」とあることから、「僕」が母の結婚に対して、反感をもったことがうかがえる。しかし、それらを「僕」が「母に正直に打ち明けること」はできなかった。よってアの「言いたいことが多くあるものの、ためらっていたから」が適する。

問三Ｂ　「母の新しい人生を素直に喜ぶことができない自分にますますむかつ」いている気持ちを表すのにふさわしい言葉を選ぶ。また、直前に「砂が入り込《こ》んだみたいに」とあることも参照。　**Ｃ**　「僕」の目に「涙が込《こ》みあげて」きている様子を表すのにふさわしい言葉を選ぶ。

問五　――線③は、「僕」の「ママは嬉《うれ》しかった？僕が生まれた時。それとも、悲しかった？」という質問に対する答えの一部。母は「(僕が生まれた時)もちろん、嬉しかった～でも、やっぱりマサキを失った悲しみの方が大きかったの」と答えた。そのため、「僕の誕生より、正喜《まさき》さんの死の方が大きかった」と「僕」は思った。このことをまとめればよい。「僕の誕生」を、母は「嬉しかった」と言っているので、［１］は「僕の誕生」に「嬉しさ」や「喜び」という母の感情を表す言葉を加えてとまとめる。

問七　――線⑤は、直前の母の「人は、ひとりじゃ生きていけないってことが、はっきりわかったわ。もちろん、ママには薫《かおる》がいてくれるけど、親子とは、少し意味が違《ちが》うのよ」という言葉を指している。母は、「ある人からのプロポーズ」を受け入れ、夫婦になろうとしている。夫婦の愛情と親子の愛情とは、「違う」と母は言っているのである。

問八１　本文前のリード文に、「母がいまだに～正喜さんを失った哀《かな》しみも癒《い》えていない～この哀しみは『僕』の心の奥深くにひっそりと沈殿《ちんでん》していった」とある。また、［Ｂ］の２行後にも「僕の体と心に蓄積《ちくせき》されたこの哀しみは、どうなってしまうのだ」とある。　**２**　「幼い頃《ころ》のあの努力は、無駄《むだ》ではなかった」ことが感じられ、――線⑥のようになった。この「努力」については、母の「毎日毎日、今日はどんなことして笑わせてくれるんだろうって」という言葉から推察できる。また、注６にもくわしい説明がある。

問九　母は「マサキと過ごした時間より、薫と一緒《いっしょ》にいる時間の方が長い」ことに気づき、ベルリンで過ごすうちに自分の人生は幸せだと心の底から思えた。そして、「ある人」のプロポーズを受け入れ、その人と「僕」と共に、「新しい人生を、歩み始めよう」と決意できたのである。その内容をまとめたエが適する。　ア．「僕」は最終的に母が結婚することを受け入れ、応援《おうえん》しているので、「戸惑いの表情を見せ」以下が合わない。　イ．このようなことは書かれていない。　ウ．母は「ある人」と結婚しようとしているので、「今後は『僕』だけのために」が本文と合わない。

三　**問一**　――線①をふくむ一文に「長期記憶《きおく》のなかから検索《けんさく》して、最も似ている知識表象を選択《せんたく》する」と説明がある。

問二　［Ｃ］には、「また」など、前の内容に後の内容を付け加えることを表す接続詞が入る。他は、空欄《くうらん》の前後で反対の内容が書かれているので、「しかし」「だが」「けれども」などの逆接の接続詞が入る。

問三　――線②は、同じ段落の最初の一文「モノが置かれた文脈によって、同じ形のモノでも別の『何か』として認識されることがある」ことの具体例である。「文脈」は、文章の流れの中での意味のつながりぐあいのこと。また、物事の背景のこと。ここでは、(モノが置かれた)集団といった意味で使われている。

問四　――線③の直前にある「この」は、同じ段落の最初の一文「知識や記憶を総動員して、『何か』としてカテゴリー化する」を指す。同じことを制限字数内で述べたのが、第１段落の最後の「それまでにもっていた知識や記憶と照らし合わせて、『何か』としてカテゴリー化する」である。

問五　「見たモノを頭のなかでカテゴリー化し、シンボルに置き換《か》え」ることで、「複雑な思考や効率的なコミュニケーションができる」ようになり、ヒトが文化や技術を発展させる「原動力」になった。このカテゴリー化してシンボルに起き換えることの例が、壁《かべ》のしみが「何か」に見えることや、月でウサギが餅《もち》つきしているように見えることである。よってウとエは「原動力」の例。アの「医学の知識で解釈《かいしゃく》すること」や、イの「論理的整合性に疑問を抱くこと」は、下線部の例として、適当でない。

問六　アだけが「(下の漢字)を(上の漢字)する」(古い(時代の)ことを考える)の形になっている。他は同じような意味の漢字の組み合わせ。

問七　「認知的流動性」について、次の段落で「社会的知能」「博物学的知能」「技術的知能」の「三つの知能の間に認知的な流動性を得たことだ」と説明し、人間は「概念《がいねん》や思考方法、知識を別のことに応用して使うことが得意だ」と述べている。そのため、人間は「比喩」(たとえること)や「類推」(推測する)を好むという。よって、ある知識を他の事をするときに生かし、何かをたとえたり、推測したりすることが、「認知的流動性」の例にあてはまる。ウは、歩くという行為《こうい》を続けているだけなので、例として適当でない。

問八　―― 線⑥は、言いかえれば「記号的な見方」である。(中略)の直前の段落で、このような「記号化して覚える方法」と対比されているのが「直観像記憶や映像記憶」である。

問九　多くの動物が「天敵や食物」について「基本的なカテゴリー化」を行っている。しかし、チンパンジーは「花のように食物でないものも、ある程度のカテゴリー化ができるようになる」点で例外である。また、若いか、アイのようにシンボルを学習したチンパンジーは、「(イラストや線画などの)さまざまな表象表現を認識し、カテゴリー化ができるようになる」らしいことも述べられている。

四　**問一**　「需要《じゅよう》」は、あるものを求めること、または、ある商品を買おうとする欲求。資料Bに「訪日中国人観光客による『爆《ばく》買い』現象」とあるように、ここでは、(「インバウンド」＝「訪日外国人」による)買い物といった意味で使われている。

問二　ウ.「これまで～好調だった百貨店」が適当ではない。資料Aに「消費形態～の変化で百貨店離《ばな》れが加速し、ここ数年は撤退《てったい》や閉店が全国で相次いでいる。コロナ禍《か》はこれに拍車《はくしゃ》をかけ」、資料Cに「2019年の年間売上高は～前年より1.4％減で～市場規模は縮小傾向《けいこう》だ」とあるので、(2020年２月頃からの)コロナ禍前から好調ではなかった。　エ.「二〇二一年四月」の数字は「前年同月比」の数字であり、資料Hから、コロナ禍前の数字よりはとても低いことがわかる。よって、「過去に類のない大幅《おおはば》な収益」ではない。　キ.「海外の人に好まれるコンテンツのアピール不足」は「訪日外国人が激減した原因」として適当ではない。資料Dに、「アピール力が不充分でした」とあるが、それでも2019年には、訪日外国人数が過去最高だったので、激減の原因は、新型コロナ感染拡大のみである。

《2022　S特選コース 第１回　算数　解説》

1　(1)　与式$=\frac{3}{4}\times\frac{7}{9}\div\frac{1}{8}\div\frac{7}{10}+\frac{23}{4}\div\frac{3}{8}=\frac{3}{4}\times\frac{7}{9}\times 8\times\frac{10}{7}+\frac{23}{4}\times\frac{8}{3}=\frac{20}{3}+\frac{46}{3}=\frac{66}{3}=22$

(2)　**【解き方】**$\frac{1}{n\times(n+k)}=\frac{1}{k}\times(\frac{1}{n}-\frac{1}{n+k})$**を利用する。**

与式$=\frac{1}{1\times3}+\frac{1}{3\times5}+\frac{1}{5\times7}+\frac{1}{7\times9}+\frac{1}{9\times11}+\frac{1}{11\times13}+\frac{1}{13\times15}=$

$\frac{1}{2}\times(1-\frac{1}{3})+\frac{1}{2}\times(\frac{1}{3}-\frac{1}{5})+\frac{1}{2}\times(\frac{1}{5}-\frac{1}{7})+\frac{1}{2}\times(\frac{1}{7}-\frac{1}{9})+\frac{1}{2}\times(\frac{1}{9}-\frac{1}{11})+\frac{1}{2}\times(\frac{1}{11}-\frac{1}{13})+\frac{1}{2}\times(\frac{1}{13}-\frac{1}{15})=$

$\frac{1}{2}\times(1-\frac{1}{15})=\frac{1}{2}\times\frac{14}{15}=\frac{7}{15}$

(3)　与式より，$2\frac{2}{3}+(□-\frac{1}{2})\times\frac{8}{5}=\frac{22}{10}\div\frac{3}{4}$　　$\frac{8}{3}+(□-\frac{1}{2})\times\frac{8}{5}=\frac{44}{15}$　　$(□-\frac{1}{2})\times\frac{8}{5}=\frac{44}{15}-\frac{8}{3}$

$(□-\frac{1}{2})\times\frac{8}{5}=\frac{4}{15}$　　$□-\frac{1}{2}=\frac{4}{15}\times\frac{5}{8}$　　$□-\frac{1}{2}=\frac{1}{6}$　　$□=\frac{1}{6}+\frac{1}{2}=\frac{4}{6}=\frac{2}{3}$

2　(1)　**【解き方】3年前のとしおくんの年齢を①とすると，3年前のお父さんの年齢は⑤になる。**

3年前の2人の年齢の和は，48－2×3＝42(歳)だから，①＋⑤＝⑥が42歳にあたる。

3年前のお父さんの年齢は，$42\times\frac{⑤}{⑥}$＝35(歳)だから，現在のお父さんの年齢は，35＋3＝38(歳)

(2)　**【解き方】すべての面が垂直に交わる，空洞《くうどう》などがない立体の表面積は，上下前後左右の6方向から見える面積の和に等しい。**

6方向のどの方向から見ても，正方形は1＋2＋3＋4＝10(個)見えるから，この立体の表面積は，立方体の1つの面の面積の，10×6＝60(個)分に等しい。立方体の1つの面の面積は，240÷60＝4(cm²)だから，2×2＝4より，もとの立方体の一辺の長さは2cmである。

(3)　**【解き方】右のように作図して，直線部分と曲線部分に分けて求める。**

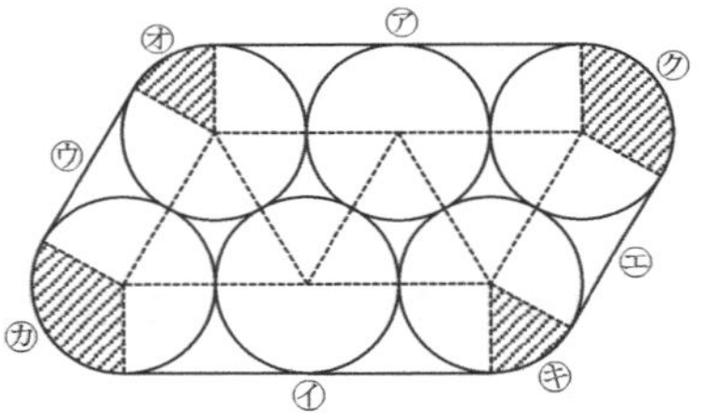

直線部分について，㋐と㋑の長さは，4×4＝16(cm)

㋒と㋓の長さは，4×2＝8(cm)だから，直線部分の長さの和は，

16×2＋8×2＝48(cm)

正三角形の1つの内角の大きさは60°だから，㋔を曲線部分とするおうぎ形の中心角の大きさは，360°－90°×2－60°×2＝60°，㋕を曲線部分とするおうぎ形の中心角の大きさは，360°－90°×2－60°＝120°になる。したがって，㋔，㋕，㋖，㋗の4つのおうぎ形を合わせると，半径が4cmの円になるから，曲線部分の長さの和は，4×2×3.14＝25.12(cm)

よって，必要なロープの長さは，48＋25.12＝73.12(cm)

(4)　**【解き方】はじめ，花子さんは太郎くんより2段上にいるから，この位置関係で花子さんが負けると，太郎くんに追い越されることになる。逆にこの位置関係で花子さんが勝つと，2人の差が2＋3＋2＝7(段)となり，次の回で太郎くんが勝っても花子さんを追い越すことはできない。**

1回勝って1回負けると，2人の位置関係はもとにもどるから，4回じゃんけんをしたときの位置関係は，もとの位置関係と同じでなければならない。したがって，5回目に太郎くんが勝つと，花子さんが2段下がり，太郎くんは3段上がるから，花子さんは太郎くんより，3＋2－2＝3(段)下にいる。

(5)　**【解き方】特急電車は，A駅からB駅までを，25÷75＝$\frac{1}{3}$(時間)＝($\frac{1}{3}$×60)分＝20分で進む。**

普通電車はA駅からB駅までを20＋10＝30(分)で進む。30分＝$\frac{30}{60}$時間＝$\frac{1}{2}$時間より，普通電車の平均の速さは，時速(25÷$\frac{1}{2}$)km＝時速50km

3　(1)　**【解き方】**$\frac{1}{1}$ | $\frac{2}{1}$，$\frac{1}{2}$ | $\frac{3}{1}$，$\frac{2}{2}$，$\frac{1}{3}$ | $\frac{4}{1}$，$\frac{3}{2}$，$\frac{2}{3}$，$\frac{1}{4}$ | $\frac{5}{1}$，…**とグループ分けすると，第nグループにはn個の分数が，分母が1ずつ増え，分子が1ずつ減るように並んでいる。**

分子に初めて100が現れるのは，第100グループの1番目である。第1グループから第99グループまでは，

1＋2＋…＋99＝(1＋99)×99÷2＝4950(個)の分数が並ぶから，第100グループの1番目は4951番目である。

(2)　**【解き方】第何グループにあるかを調べる。**

第20グループまでに，(1＋20)×20÷2＝210(個)の分数があるから，第19グループまでは，210－20＝190(個)の分数がある。よって，201番目は第20グループの，201－190＝11(番目)の分数である。

第20グループの11番目の分数の分母は11で，第20グループの分母と分子の和は常に21になるから，

11番目の分数の分子は，21－11＝10になる。よって，201番目の分数は，$\frac{10}{11}$

(3)　**【解き方】(2)をふまえると，37＋69－1＝105より，$\frac{37}{69}$は第105グループの69番目の分数である。**

第104グループまでは，(1＋104)×104÷2＝5460(個)の分数があるから，$\frac{37}{69}$は5460＋69＝5529(番目)である。

4　(1)　**【解き方】Aの速さは秒速(120÷16)m＝秒速7.5m，Bの速さは秒速(120÷20)m＝秒速6m，Cの速さは秒速(120÷24)m＝秒速5mである。**

AとBの速さの差は，秒速(7.5－6)m＝秒速1.5m，BとCの速さの差は，秒速(6－5)m＝秒速1mだから，AがBに追いつく方が，BがCに追いつくより早い。スタート時のAとBは120÷3＝40(m)離れているから，追いつくまでに40÷1.5＝$\frac{80}{3}$(秒)＝$26\frac{2}{3}$(秒)かかるから，求める時間は，スタートしてから$26\frac{2}{3}$秒後

(2)　**【解き方】2回目に停止するのはAがCに追いつくときで，3回目に停止するのはAがBに追いつくときである。**

AがBに追いついて停止したあと逆向きに走るとき，CはAより40＋(7.5－5)×$\frac{80}{3}$＝$\frac{320}{3}$(m)前を走っている。

2回目に停止するのは，$\frac{320}{3}$÷(7.5－5)＝$\frac{128}{3}$(秒後)である。次に再び逆向きに走るとき，Aが先ほどBにつけた差の分だけを走るとBに追いつくから，3回目に追いつくのは2回目に追いついてから$\frac{128}{3}$秒後である。

よって，求める時間は，$\frac{80}{3}$＋$\frac{128}{3}$＋$\frac{128}{3}$＝112(秒後)

(3)　**【解き方】(1)をふまえると初めのルールで$26\frac{2}{3}$秒後に停止したから，AチームとBチームはメンバーがかわっている。**

Bチームがバトンパスして再び走り始めるのは，スタートしてから20＋1＝21(秒後)である。

スタートしてからの21秒間でAチームはバトンパスに2秒かかっているから，21秒後のAチームとBチームの間の距離は，40－7.5×(21－16－2)＝17.5(m)離れている。ここからAチームがBチームに追いつくまでに

17.5÷(7.5－6)＝$\frac{35}{3}$＝$11\frac{2}{3}$(秒)かかる。よって，求める時間は，21＋$11\frac{2}{3}$＝$32\frac{2}{3}$(秒後)

5　(1)　**【解き方】水槽をいっぱいにする水の量を32と24の最小公倍数の96とすると，Aからは1分間に96÷32＝3，Bからは1分間に96÷24＝4の水が入ることになる。**

Aだけが開いている時間とBだけが開いている時間の比が1：2だから，Aだけで入れた水の量と，Bだけで入れた水の量の比は，(3×1)：(4×2)＝3：8になる。Aだけで入れた水の量は，96×$\frac{3}{3+8}$＝$\frac{288}{11}$だから，Aだけを開けていた時間は，$\frac{288}{11}$÷3＝$\frac{96}{11}$(分間)＝$8\frac{8}{11}$(分間)である。

(2)　**【解き方】32と24と10の最小公倍数は480だから，水槽をいっぱいにする水の量を480とすると，Aからは1分間に480÷32＝15，Bからは1分間に480÷24＝20の水が入り，Cからは1分間に480÷10＝48が排水される。**

A，B，Cを同時に開けると，1分間に48－15－20＝13の割合で水が減るから，480の水がなくなるまでに，480÷13＝$\frac{480}{13}$＝$36\frac{12}{13}$(分間)かかる。

(3)　**【解き方】(1)をふまえる。**

Aだけで入れた水の量と，Bだけで入れた水の量と，AとBの両方で入れた水の量の比は，

$(3\times2):(4\times3):\{(3+4)\times4\}=3:6:14$ になる。比の数の和の $3+6+14=23$ が 96 にあたるから，2 本とも開いて入れた水の量は，$96\times\frac{14}{23}$になる。よって，求める時間は，$(96\times\frac{14}{23})\div(3+4)=\frac{192}{23}=8\frac{8}{23}$(分間)

6 ⑴ **【解き方】直線ＰＱと直線ＤＱを通る平面でこの立方体を切断すると，切り口は右図アのようになる。Ｐの位置を調べるために，図イのように直線ＰＱ，直線ＤＱを含む平面だけの展開図を考える。**

図ア

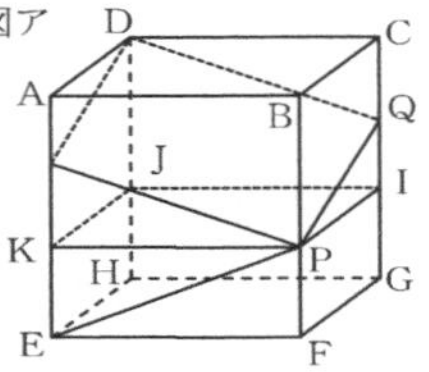

図イ

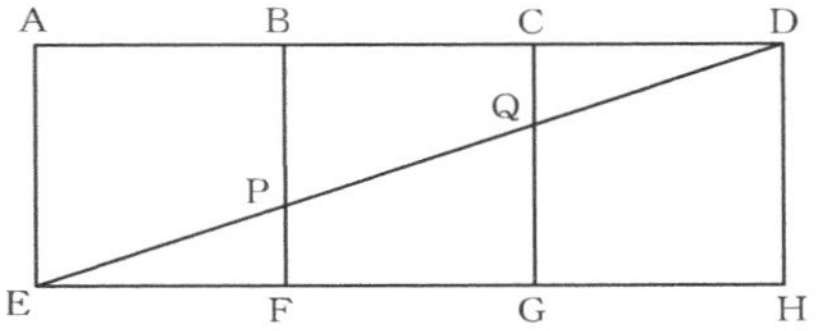

図イにおいて，三角形ＥＰＦと三角形ＤＰＢは同じ形の三角形で，ＦＰ：ＢＰ＝ＥＦ：ＤＢ＝１：２だから，

$BP=4\times\frac{2}{1+2}=\frac{8}{3}$(㎝)になる。

切断された立体のうち，頂点Ｂが含まれる立体の体積は，図アの直方体ＡＢＣＤ－ＫＰＩＪの体積の半分に等しいから，求める体積は，$4\times4\times\frac{8}{3}\div2=\frac{64}{3}=21\frac{1}{3}$(㎤)

⑵ **【解き方】⑴の解説図イの三角形ＤＥＨの面積を求めればよい。**

図イにおいて，$EH=4\times3=12$(㎝)，ＤＨ＝４㎝だから，求める面積は，$12\times4\div2=24$(㎠)

⑶ **【解き方】紙が通る部分は，右図のような円すいを$\frac{1}{4}$にした立体が３つできる。３つの立体は同じ形をした立体で，対応する辺の長さの比は，ＰＦ：ＱＧ：ＤＨに等しい。同じ形をした立体の対応する辺の長さの比がａ：ｂのとき，体積比は(ａ×ａ×ａ)：(ｂ×ｂ×ｂ)を利用する。**

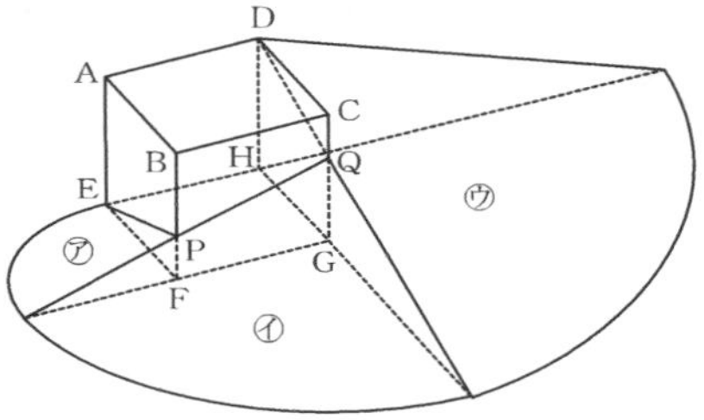

⑴の解説図より，ＰＦ：ＱＧ：ＤＨ＝１：２：３だから，

㋐と㋑と㋒の立体の体積比は，

$(1\times1\times1):(2\times2\times2):(3\times3\times3)=1:8:27$ になる。

$PF=4-\frac{8}{3}=\frac{4}{3}$(㎝)，ＥＦ＝４㎝だから，

㋐の体積は，$4\times4\times3.14\times\frac{4}{3}\times\frac{1}{3}\times\frac{1}{4}=\frac{16}{9}\times3.14$(㎤)

よって，求める体積は，$\frac{16}{9}\times3.14\times(1+8+27)=\frac{16}{9}\times3.14\times36=200.96$(㎤)

《2022　Ｓ特選コース 第１回　理科　解説》

1 **問１**　⑴水１㎤あたりのおもさが１ｇだから，水22㎤あたりのおもさは22ｇである。　⑵$2\times4\times5=40$(㎤)の金属のおもさが100ｇだから，その密度は$100\div40=2.5$(ｇ/㎤)である。　⑶40㎤の物体が水中に入ると，物体のおもさが40ｇ小さくなるから，20ｇの木片が浮くとき，水中にある木片の体積は20㎤である。木片は縦２㎝，横４㎝，高さ５㎝で，体積が40㎤だから，高さの半分の2.5㎝が水中に入っている。　⑷$20\div40=0.5$(ｇ/㎤)

問２　密度が小さいものは上に，大きいものは下に移動する。

問３　０℃の水は４℃の水に比べ密度が小さいため，池の水面の方に集まり，水面の方から凍りはじめる。

2 **問１**　①×…Ｃ(炭素原子)の手は４本だが，図では１本しかない。③×…Ｈ(水素原子)の手は１本だが，右のＨには２本ある。④×…Ｈの手は１本だが，左右のＨに３本ずつある。

問２　Ｃの手が４本，Ｏ(酸素原子)の手が２本であることに注意する。

問３　Ｈの手が１本，Ｃの手が４本，Ｏの手が２本であり，アルコールは構造式の中に「－Ｏ－Ｈ」という構造があることに注意する。

3 **問１**　③○…オオカナダモに光があたったＡでは光合成と呼吸，光があたらなかったＢでは呼吸のみが行われた。

Bのオオカナダモは酸素を取り込み，二酸化炭素を出す呼吸のみを行うので，水に二酸化炭素が多く含まれ，石灰水が白くにごった。

問２　⑤○…この実験の結果からわかるのは，光があたらないときにオオカナダモが二酸化炭素を放出しているということだけである。また，Aに石灰水を入れてにごらなくても，「光をあてたときに二酸化炭素が吸収される」と，この実験だけから言うことはできない(実験前後で石灰水による反応が変わらないため)。

問３(1)　光があたっているかどうかにかかわらず，呼吸は行われる。したがって，光があたっていない(０キロルクスの)ときに放出する二酸化炭素と同じ量の１時間あたり５mgを常に放出している。　**(2)**　Dのときの全体の二酸化炭素の吸収量は１時間あたり15mgで，呼吸による二酸化炭素の放出量は１時間あたり５mgだから，光合成による二酸化炭素の吸収量は１時間あたり15＋５＝20(mg)である。

問４　●Aは光があたっていないので，呼吸のみを行っている。●Bは呼吸で放出する二酸化炭素と光合成で吸収する二酸化炭素の量が等しいため，全体として二酸化炭素の出入りは０に見える。●Cと●Dは呼吸で放出する二酸化炭素より光合成で吸収する二酸化炭素の量が多いため，全体として二酸化炭素を吸収しているように見える。

《2022　S特選コース 第１回　社会　解説》

1　**問１**　④が誤り。リニア中央新幹線は，品川駅-新大阪駅間の東京都・神奈川県・山梨県・静岡県・長野県・岐阜県・愛知県・三重県・奈良県・大阪府を通過する。なお，静岡県には通過のみで停車しない。

問２(1)　二酸化炭素などの温室効果ガスが大量に排出されると，地球表面の気温が高くなっていく地球温暖化現象が引き起こされる。　**(2)**　②電気自動車は電気モーターを動力源として走行する。

問３(1)　④が正しい。2018年の北関東工業地域の割合は，1960年の9.4÷3.3＝2.8…(倍)である。　①2018年は中京工業地帯の割合が最も大きい。　②中京工業地帯の割合は2018年の割合が最も大きい。　③阪神工業地帯は1980年において２番目に割合が大きい。　**(2)**　中京工業地帯は製造品出荷額が日本一であり，自動車生産が盛んなので機械工業の割合が高い。

問４　中京大都市圏を形成する愛知県は企業や学校が多いので，昼夜間人口比率が最も高いイと判断する。昼間の人口が夜間の人口より多いと，昼夜間人口比率が100を超える。逆に昼間の人口が夜間の人口より少ないと100を下回る。アは滋賀県，ウは静岡県，エは三重県。

問５　④が誤り。長距離移動の航空機の代わりに自家用車を利用することはほとんどない。また，航空機を利用する人や国際線の航空機の本数は増えている。

問６(1)　アが正しい。長崎市には三菱長崎造船所があるので造船業が盛んである。イは高知市，ウは新潟市，エは仙台市。　**(2)**　航空輸送では小型・軽量である半導体などの電子部品が取り扱われるから，最も貨物輸送量が少ないアと判断する。イは自動車，ウは鉄道，エは水運。

2　**問１**　藤原道長は平安時代の有力な貴族であり，藤原氏の摂関政治(娘を天皇のきさきとし，生まれた子を次の天皇に立て，自らは天皇の外戚として摂政や関白となって実権をにぎる政治)が全盛だった頃の摂政であった。和歌には，自分の娘が立后したことを喜んだ道長の満ち足りた様子が詠まれている。

問２　①が正しい。藤原不比等は中臣(藤原)鎌足の子で，奈良時代に実権を握った。また，藤原不比等の４人の息子たちは，聖武天皇の治世に長屋王(天武天皇の孫)を策略で自殺に追い込んだことで知られる。②は鎌倉時代，③は飛鳥時代，④は江戸時代。

問３　③が正しい。徳川綱吉は，身分制度を維持するために，君臣や父子の上下関係を重んじた朱子学を重視した。

①は3代将軍徳川家光，②は8代将軍徳川吉宗，④は老中田沼意次。

問4　④が誤り。板垣退助らが民撰議院設立建白書を明治政府に提出し，受理された。

問5　福沢諭吉は『学問のすゝめ』の著者であり，慶應義塾大学の創設者でもある。

問6　原敬内閣は，陸軍・海軍・外務以外の大臣すべてを衆議院の第一党である立憲政友会の党員から選んだ，初の本格的な政党内閣であった。また，原敬は初の平民出身の内閣総理大臣であったため，平民宰相と呼ばれ親しまれた。

問7　第四次中東戦争をきっかけとして，1973 年にアラブの産油国が原油価格の大幅な引き上げなどを実施したために，世界経済が大きく混乱して石油危機が起こった。

問8　③が正しい。「あ」について，1854 年の日米和親条約では函館・下田の2港，1858 年の日米修好通商条約では横浜・函館・長崎・新潟・神戸の5港が開かれた。「い」と「う」について，日清戦争は 1894～1895 年，日露戦争は 1904～1905 年。「え」について，第一次世界大戦は 1914～1918 年，第二次世界大戦は 1939～1945 年。「お」について，溥儀は清朝最後の皇帝・満洲国の元首。孫文は辛亥革命の指導者・中華民国の建国者。

3 **問1(1)**　17 の目標の「ＳＤＧｓ(持続可能な開発目標)」が掲げられ，環境・経済・人間社会のバランスがとれた社会を取り戻し継続していくことが世界中で目指されている。　**(2)**　③が正しい。　①東北電力グループが水力発電所を山形県に，地熱発電所を岩手県に建設した。　②東急パワーサプライが再エネ電気サービスを提案し，東急電鉄が採用した。　④東北電力グループでは，水力発電は発電所数が，地熱発電は発電量が国内トップである。

問2　④が正しい。法律の公布は天皇が行う国事行為である。　①法律案は内閣も作成・提出できる。　②法律案は，衆議院と参議院のどちらへ先に提出してもよいことになっている。　③専門家から意見を聴くのは「両院協議会」ではなく「公聴会」である。

問3　貴族院は皇族・華族のほか，天皇が任命した議員で構成されていた。開会式では，両議院の議員が参議院の議場に集まって行われる。衆議院議長が両議院を代表して式辞を述べ，陛下からお言葉を賜る。

問4　②が正しい。　ア．主権者である国民が代表者を選挙で選び，その代表者がさまざまな物事を話し合って決める議会制民主主義(間接民主制)を採用している。　イ．国民審査は，衆議院議員総選挙のときに最高裁判所の裁判官の適任・不適任を審査する制度である。国民投票は憲法改正のときに行われる。

問5(1)　①と②が正しい。飲食店Ａは 20 時で閉店すると 10 万から 20 万までの売り上げが予想される。飲食店Ｂは 24 時まで営業すると 40 万から 50 万までの売り上げが予想される。飲食店Ａは 24 時まで営業すると 40 万から 50 万までの売り上げが予想されるから③は誤り。飲食店Ｂは 20 時で閉店すると 10 万から 20 万までの売り上げが予想されるから④は誤り。　**(2)**　①と③が正しい。閉店時間が早まることで売り上げが下がり，他店に顧客を取られてしまうので，それらを解決する政策を実施する。②と③は集客効果があるため，逆効果である。

4 **問1**　選挙権年齢の人の全体に占める割合が増えていることから，反対に子どもの数が減っていることを導きだす。

問2　［グラフ］ＢとＣを1つにまとめれば，20 歳～39 歳の男性の人口が大きく減っていることが読み取れる。少子高齢化が進むにつれて人口ピラミッドの底辺の若年人口が少なくなっていくこと，1945 年の人口ピラミッドは戦死によって 20 歳～39 歳の男性の人口が 1940 年よりも少なくなることから，Ｃ．1940 年→Ｂ．1945 年→Ａ．2015 年と変化していくと判断できる。

《2022　特選コース 第１回　国語　解説》

二　**問一**　後の会話に「ロボットのおもちゃ工場そのものじゃん！」とあることを手がかりに読み進めると、「ぼく」がその工場を実際に目にして、「ブリキでできた四角い顔のロボットたちが、一生懸命《けんめい》におもちゃを作っているところ」を想像している場面がある。この部分を中心にして、まとめる。

問二　(中略)の前の場面でも、「気が急《せ》いて」自転車を立ち漕《こ》ぎしている。その時の気持ちが、──線②のときにも続いている。もうすぐ目的の工場に着くので、「ぼく」と押野《おしの》は気持ちが高ぶっているのである。

問三　この一文では主語が省略されていることに注意する。この文章は「ぼく」が語り手なので、主語は「ぼくは」(「えだいちは」)。

問四Ａ　［Ａ］に続けて、「押野が聞いた」とあるので、質問する文が入る。また、これに対して「なんの工場かだって？」と男が聞き返していることからもわかる。　**Ｂ**　「押野が頭を下げた」とあり、［Ｂ］も［Ａ］と同様に押野の言葉である。［Ａ］に対する返答がされていないため、同じ内容をくり返したと考えられる。　**Ｃ**　この言葉の直後に押野は「階段側へと走っていった」。その流れにふさわしい言葉を選ぶ。

問六１　６行前に「ぜんぜん、ロボットが作るおもちゃ工場じゃなかったよ」とあること、最初の場面にも「ロボットのおもちゃ工場そのものじゃん！」とあることから、「ぼく」も押野もこの建物を「ロボットが作るおもちゃ工場」だと思っていたと分かる。　**２**　──線⑤の直後で、どのような様子であったかが具体的に語られ、続く会話で「薄汚《うすぎたな》いただの工場だったんだ」とまとめている。

問七　「ぼく」と押野は、建物を「ロボットのおもちゃ工場」かもしれないと期待してやってきたのに、そこは「薄汚いただの工場」だった。しかし、それを直接見たのは押野だけで、「ぼく」は「実際に自分の目で確かめたわけじゃなかった」。だから、それが「どんな光景だったのかわからない」。押野だけに現実を押し付けたことに、「ぼく」は「申し訳ないような気持ちになった」。そして、──線⑥のような無念な気持ちがわいてきたのである。押野が「作業着の男」から解放された直後でも、「ぼく」が「自分が情けなくて仕方なかった。友達に協力したり、助けたりできないなんて」と感じていたことも参照。押野だけを建物に行かせたことを後悔《こうかい》している。

問八　「ロボットのおもちゃ工場」かもしれないという夢を打ち砕かれたことに加え、「作業着の男」に不快な思いもさせられたこともあり、押野は──線⑦のように感じたのである。

問九　(中略)前の場面では、きっと「ロボットのおもちゃ工場」にちがいないと「ぼく」は期待に胸をふくらませている。しかし、「作業着の男」にとがめられ、またその後、押野が男につかまると「ぼくは本当に怖くなった」。その後、正門で守衛さんと言葉をかわすと「ぼくは、すごくほっとした」。しかし、最後の場面での会話では、問七で確認したように、押野だけを現実に向き合わせてしまったことを後悔するのであった。

三　**問一**　直前の一文で、日本人が道や場所を「記憶《きおく》」するときの「確かな目安、当てにできる目印」がなくなってきていると述べている。この「記憶」と「目安」について、第３段落に「記憶というのは具体的な目安が手がかりなのです」とあることから、２には「具体的」が入る。

問二　述語は文の終わりにくるので、エが適する。間にはさまれた「絶えず新しくされてゆかなければィならないために、情報というのは人の記憶の目安にはゥならない」の中の、イとウの主語は「情報というのは」である。

問三　「自分の言葉を見つけるということは、自分の心のなかにもっている問題を、みずからいま、ここに確かめる、確かめなおすということ」と、ほぼ同じ内容が書かれているのが、７～８行後の、「そういう心のなかにもっている問題を、自分で自分にちゃんと指さすことができるかどうか、そのことが人の言葉との付きあい方の深さを決める」である。

問四　「自分ではなかなか気づかない」ことについて、言葉で言い表せないと感じるうちに、「自分の心のなかにある問題を発見する」とあるから、この「心のなかにある問題」が、答えに当たる部分。これについて具体的に述べた部分を探す。続く段落の初めに「そのように」と前の内容を受ける語があることから、その後にある「言葉で言えない～感じられる問題」が解答部分となる。

問六　「そういうものを同時に」とあることから、二つの内容を読み取る必要がある（設問にも「何と何」とある)。続く部分に「『社会』という言葉」が例としてあげられ、そのような言葉は、具体的に指して言うことができないため、「自分の心のなかに思いえがくもの」だと述べられている。さらに後の段落に、「その言葉によって自分の心に思いえがいたものを伝え、そして同時に～言い表すことのむずかしかったもの、むずかしいものを伝える」と詳《くわ》しく説明されているので、この部分の表現を用いてまとめる。

問七　２つめの「反 $\boxed{\text{D}}$ 」の後に続く「情報がふえればふえるほど、逆にコミュニケーションはすくなくなってゆく。あるいは、浅く、小さくなってゆく」に着目する。一方が「ふえればふえるほど」、他方が「すくなくなってゆく」のだから、「反 比例」が適する。反対に、一方が「ふえればふえるほど」、他方もふえてゆくという状態を「比例（する)」という。

問八　── 線⑥の直前の一文に「ですから」とあることから、その前に理由が書かれていると見当がつく。２段落前の「読書のコミュニケーションというのは、言葉のコミュニケーション」であり、「言葉のコミュニケーションというのは～模範《もはん》回答があるというコミュニケーションとは違《ちが》います」や、１段落前の「答えの決まっていない～落着を求めないコミュニケーションというのが、言葉のコミュニケーション」などから、ウが適する。

$\boxed{\text{四}}$ **問三**　$\boxed{\text{A}}$ 画風とは「うらはら」(反対)に、「画業は順風続きではなかった」とあることを参照。言いかえれば安野さんの画風は「順風続き」と言えるということ。「順風」は、船の進む方向に吹《ふ》く風。追い風。物事がうまくいっているときのたとえにも使われる。つまり、激しさや荒々《あらあら》しさのない、「穏《おだ》やかな」画風であった。

問四　『散語拾語《さんごじゅうご》』はかけ算の「三五十五」を、『私捨悟入《ししゃごにゅう》』は算数で用いる「四捨五入」をそれぞれ下じきにした造語であり、目にすると思わずほほえんでしまうような面白さがある。そういった様子を表す語としてふさわしい、安野さんの創作について説明した語を読み取る。

問五　$\boxed{1}$と$\boxed{2}$は続きの話であるため、$\boxed{1}$─$\boxed{2}$となる。$\boxed{3}$、$\boxed{4}$、$\boxed{5}$は絵についての話なので横並びになる。$\boxed{6}$が$\boxed{1}$～$\boxed{5}$のまとめになっている。

《2022　特選コース 第１回　算数　解説》

$\boxed{1}$ (1)　与式 $=(\frac{3}{4}-\frac{1}{3}+\frac{6}{5}-\frac{11}{12})\div 0.85=(\frac{45}{60}-\frac{20}{60}+\frac{72}{60}-\frac{55}{60})\div\frac{85}{100}=\frac{42}{60}\times\frac{20}{17}=\frac{14}{17}$

(2)　**【解き方】$\frac{1}{n\times(n+k)}=\frac{1}{k}\times(\frac{1}{n}-\frac{1}{n+k})$ を利用する。**

与式 $=\frac{1}{4}\times(\frac{1}{3}-\frac{1}{7})+\frac{1}{4}\times(\frac{1}{5}-\frac{1}{9})+\frac{1}{4}\times(\frac{1}{7}-\frac{1}{11})+\frac{1}{4}\times(\frac{1}{9}-\frac{1}{13})+\frac{1}{4}\times(\frac{1}{11}-\frac{1}{15})+\frac{1}{4}\times(\frac{1}{13}-\frac{1}{17})=$
$\frac{1}{4}\times(\frac{1}{3}+\frac{1}{5}-\frac{1}{15}-\frac{1}{17})=\frac{1}{4}\times(\frac{85}{255}+\frac{51}{255}-\frac{17}{255}-\frac{15}{255})=\frac{1}{4}\times\frac{104}{255}=\frac{26}{255}$

(3)　与式より，$(1\frac{7}{30}\div\square+\frac{3}{25})=1\times\frac{8}{5}$　　$1\frac{7}{30}\div\square=\frac{8}{5}-\frac{3}{25}$　　$\frac{37}{30}\div\square=\frac{37}{25}$　　$\square=\frac{37}{30}\div\frac{37}{25}=\frac{37}{30}\times\frac{25}{37}=\frac{5}{6}$

$\boxed{2}$ (1)　１時間＝60 分，１km＝1000mより，時速 75 km＝分速(75×1000÷60)m＝分速 1250m

(2)　**【解き方】定価は，2500×(１＋0.30)＝3250(円)になる。**

定価の２割引は，3250×(１－0.2)＝2600(円)

(3)　【解き方】右図の斜線部分の面積は，（正方形の面積）×0.57 で求めることができる。

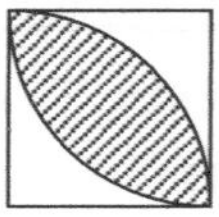

問題では，１辺の長さが４÷２＝２(cm)の正方形の中に，右図のような部分が見られるから，
求める面積は，２×２×0.57＝2.28(cm²)

(4)　【解き方】仕事の量を，６，36，18 の最小公倍数の 36 とすると，１人が１日にする仕事は，Ａさんは，36÷６＝６，Ｂさんは 36÷36＝１，Ｃさんは 36÷18＝２になる。

ＡさんとＣさんが１日だけ仕事をすると，６＋２＝８の仕事をするから，残りは 36－８＝28 になる。
これをＡさんとＢさんで終わらせると，28÷(６＋１)＝４(日)かかるから，全部で，１＋４＝５(日)かかる。

(5)　【解き方】108 から順々に逆算していく。

□に４を足し，さらに５倍した数の十の位と一の位を入れ替えた数は，108÷２＝54 だから，□に４を足し，さらに５倍した数は 45 である。□に４を足した数は，45÷５＝９だから，□＝９－４＝５

3　**(1)　【解き方】実際にある程度まで求めると右図のようになる。**

親指	人差し指	中指	薬指	小指
1	2	3	4	
	8	7	6	5
9	10	11	12	
	16	15	14	13
17	18	19	20	
	24	23	22	21

１から８までを１つの周期とすると，周期の５番目に小指が現れる。
20 回目に数えられる数は，５＋８×(20－１)＝157

(2)　【解き方】(1)と同様に１から８までを１つの周期とすると，１つの周期の中に人差し指は２回現れる。

100 回目の人差し指は，100÷２＝50(周期目)の８番目(最後)に現れるから，100 回目の人差し指は，８×50＝400

(3)　【解き方】(2)までをふまえて，周期を考える。

2022÷８＝252 余り６より，2022 は８で割ると６余るから，周期の６番目の薬指に現れる。
これは，252＋１＝253(周期目)だから，薬指が 253×２＝506(回目)に数えられる番号である。

4　**(1)　【解き方】最初に１段上ると２段の上り方が残る。最初に２段上ると１段の上り方が残る。**

３段からなる階段の上り方は，（２段からなる階段の上り方）＋（１段からなる階段の上り方）＝２＋１＝３(通り)

(2)　【解き方】と同様に考えると，（４段からなる階段の上り方）＝（３段からなる階段の上り方）＋（２段からなる階段の上り方）になる。

３＋２＝５(通り)

(3)　【解き方】５段，６段，…と調べていく。このような規則性で並ぶ数を，フィボナッチ数と呼ぶ。

５段の場合は，５＋３＝８(通り)　　６段の場合は，８＋５＝13(通り)　　７段の場合は，13＋８＝21(通り)
８段の場合は，21＋13＝34(通り)　　９段の場合は，34＋21＝55(通り)

5　**(1)　【解き方】同じ形をした図形の対応する辺の長さの比がａ：ｂのとき，面積比は(ａ×ａ)：(ｂ×ｂ)になることを利用する。**

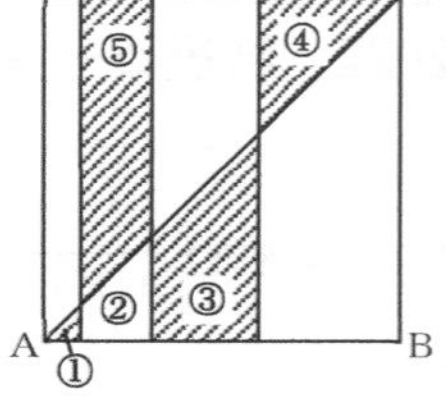

右図で，①の三角形は三角形ＡＢＣと同じ形で，対応する辺の長さの比は，
１：10 だから，面積比は(１×１)：(10×10)＝１：100
①＋②も三角形ＡＢＣと同じ形，①＋②＋③も同じ形で，対応する辺の長さの比は，（１＋２）：（１＋２＋３）：10＝３：６：10 だから，面積比は，（３×３）：（６×６）：(10×10)＝９：36：100 になるので，③と三角形ＡＢＣの面積比は，（36－９）：100＝27：100
同じように考えると，④と三角形ＡＢＣの面積比は，16：100
⑤と三角形ＡＢＣの面積比は，（９×９－７×７）：100＝32：100 になる。

①＋③＋④＋⑤と三角形ＡＢＣの面積比は，（１＋27＋16＋32）：100＝76：100 で，三角形ＡＢＣの面積は，
10×10÷２＝50(㎠)だから，求める面積は，$50\times\frac{76}{100}$＝38(㎠)

⑵　**【解き方】縦の長さが変わっても，三角形の位置関係は変わらないので，⑴と同様の考え方が使える。**

⑴をふまえると，斜線部の面積の和が 22.8 ㎠だから，もととなる三角形の面積は，$22.8\div\frac{76}{100}$＝30(㎠)になる。
面積が 30 ㎠，底辺の長さが 10 ㎝である三角形の高さは，30×２÷10＝６(㎝)になる。よって，□＝10－６＝４(㎝)

⑶　**【解き方】右図のように正方形の内部にできた三角形を面積が変わらないように変形すると図１と同じになる。つまり，線を引き直しても，位置関係が変わらないので，斜線部分の面積の和は変わらない。**

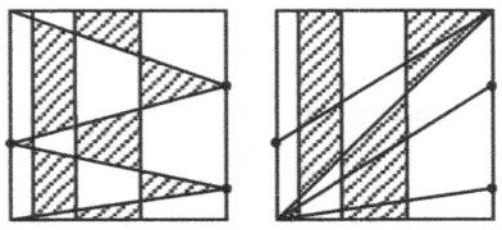

図３の面積は，図１の面積に等しく 38 ㎠である。

6　⑴　**【解き方】Ａさんはスタートからゴールまでを，20÷10＝２(時間)で走ったから，Ｂさんも２時間で走っている。**

Ｂさんが時速４㎞で２時間走ると，４×２＝８(㎞)しか走らないから，時速 12 ㎞で走った時間は，
(20－８)÷(12－４)＝1.5(時間)，つまり，1.5×60＝90(分間)である。

⑵　**【解き方】ＡさんがＣさんに追い抜かれたのは，スタートから 20－２＝18(㎞)の地点である。**

Ａさんはスタートから 18 ㎞の地点までを，18÷10＝1.8(時間)で走ったから，Ｃさんも 1.8 時間で 18 ㎞走ったことになる。時速 12 ㎞で 1.8 時間走ると，12×1.8＝21.6(㎞)走ってしまうから，時速８㎞で走った時間は，
(21.6－18)÷(12－８)＝0.9(時間)，つまり，0.9×60＝54(分間)である。

⑶　**【解き方】ＣさんがＡさんを追い抜いたとき，Ｂさんがどこを走っているかを考える。**

Ａさんは２㎞走るのに，２÷10＝0.2(時間)かかるから，Ｂさんは，ＡさんがＣさんに追い抜かれたとき，
ゴールから，４×0.2＝0.8(㎞)の地点にいる。このときのＢさんとＣさんは，２－0.8＝1.2(㎞)離《はな》れている。
ＢさんとＣさんのゴール前の速さの比は，４：12＝１：３だから，同じ時間に走る道のりの比も１：３になる。
ＣさんがＢさんに追いつくのは，比の数の差の３－１＝２が 1.2 ㎞になるときだから，ＣさんはＡさんを追いぬいた地点から，$1.2\times\frac{3}{2}$＝1.8(㎞)の地点でＢさんを追い抜く。これは，ゴールから，２－1.8＝0.2(㎞)，つまり，200ｍの地点である。

《2022　特選コース 第１回　理科　解説》

1　**問１**　豆電球の数とつなぎ方が同じとき，乾電池を直列につなぐと豆電球は明るくなり，並列につなぐと明るさは変わらない。また，乾電池の数とつなぎ方が同じとき，豆電球を直列につなぐと明るさは暗くなり，並列につなぐと明るさは変わらない。したがって，乾電池２個を直列，豆電球２個を並列につなげばよい。

問２　ソケットから出した豆電球を点灯させるためには，ねじの部分と下のでっぱった部分に導線をつなぐ必要がある。したがって，２本の導線が下のでっぱった部分につながれているＡは点灯しない。乾電池と豆電球，豆電球と豆電球が直接ふれている部分が導線でつながれていると考えると，Ｆは２本の導線がねじの部分につながれていることになり点灯しない。なお，Ｆのねじの部分が導線の役割をするから，Ｇは点灯する。また，豆電球はねじの部分と下のでっぱった部分のどちらが乾電池の＋極(または－極)につながれていても点灯するので，ＤとＥは点灯する。ＨとＩの回路では，Ｈと乾電池で回路ができてしまい，Ｉは電気が流れないので点灯しない。

問３　［回路あ］では，ａ～ｃのうち，どれか１つが切れていると回路全体に電気が流れないので，３個とも点灯しない。［回路い］では，ａ～ｃのうち，切れている豆電球の部分にだけ電気が流れないので，切れている豆電球のみ

点灯しない。[回路う]では，ａまたはｂが切れている場合は切れている豆電球だけ点灯せず，ｃが切れている場合は全ての豆電球が点灯しない。[回路え]では，ａが切れている場合はａのみが点灯せず，ｂまたはｃが切れている場合はａのみが点灯する。

3 **問１** 食塩の結晶はイのような形，ミョウバンの結晶はウのような形になる。

問２ 会話文より，水100ｇに硝酸カリウムは，8.5℃で20ｇ，26.5℃で40ｇ，38.5℃で60ｇ，48.0℃で80ｇ，56.2℃で100ｇとけるとわかる。

問３ア 同じ温度では，とける硝酸カリウムの量は水の量に比例する。38.5℃の水100ｇに硝酸カリウム60ｇがとけるから，半分の水50ｇには半分の硝酸カリウム30ｇがとける。　**イ** 26.5℃の水100ｇに硝酸カリウム40ｇがとけるから，２倍の水200ｇには２倍の硝酸カリウム80ｇがとける。したがって，100－80＝20(ｇ)の硝酸カリウムがとけきれずに結晶となって出てくる。

4 **問１** 満月の南中時刻は真夜中０時ごろであり，月の南中時刻は１日につき約50分遅くなるから，満月の２日後の９月23日の月の南中時刻は午前１時40分ごろと考えられる。したがって，最も近い①(午前２時)を選べばよい。また，月の形は，満月→下弦の月(左半分が光る月)→新月→上弦の月(右半分が光る月)→次の満月と変化するから，満月から２日後は右側が少し欠けた④のような形になる。

問３ 一日中，月を観測することができなかったから，この日の月の形が新月であったと考えられる。問２より，満月から次の満月までの周期は約29.5日だから，2021年９月21日の次の満月を１回目とすると，約４か月後(2022年１月)の４回目の満月は９月21日の29.5×４＝118(日後)である。各月の日数(９月と11月は30日，10月と12月は31日)に注意して考えると，30×２＋31×２－118＝４(日)より，４回目の満月は2022年１月21日の４日前の１月17日とわかる。新月は満月の29.5÷２＝14.75(日後)だから，１月17日(満月)の次に新月になるのは２月１日と考えられる。なお，この次に新月になるのは３月２日か３日である。

問４ 問３解説と同様に考える。12回目の満月は，2021年９月21日の29.5×12＝354(日後)であり，2022年はうるう年ではないので，365《1年の日数》－354＝11(日)より，2022年９月21日の11日前の９月10日とわかる。したがって，2022年９月10日の中秋の名月は満月であり，満月は真夜中０時ごろに南中する。

《2022　特選コース 第１回　社会　解説》

1 **問１⑴** ①は東京都，②は鳥取県，③は大阪府，④は愛知県，⑤は群馬県，⑥は福岡県，⑦は大分県，⑧は宮城県。

⑵ ②が正しい。トヨタ自動車がある愛知県は自動車や自動車部品の生産が盛んなので，工業出荷額が日本一である。①は東京都，③は大阪府，④は福岡県。　**⑶** 愛知県の渥美半島で，人工的に光を当てて開花時期を遅らせる電照菊の抑制栽培が盛んである。

問２⑴ ②が誤り。白鵬の連勝記録の半分は 63÷２＝31.5(連勝)なので，朝青龍(35 連勝)と日馬富士(32 連勝)の方が長い。　**⑵** ②標準時子午線は，日本が東経 135 度，ハワイが西経 150 度，モンゴルが東経 106 度。日付変更線(経度 180 度経線にほぼ沿って引かれる)に西側から近づくほど時刻は早く，東側から近づくほど時刻は遅くなるから，時刻は早い方から日本→モンゴル→ハワイの順になる。　**⑶** 訪日観光客の多い東アジア諸国やアメリカ合衆国出身者が多いことから考える。

問３ ③が正しい。　①[資料Ⅰ]より，平成22年と比べて平成27年時点で人気が最も低迷している「するスポーツ」のスポーツ施設提供業はボウリング場である。　②[資料Ⅰ]より，平成 22 年と比べて平成 27 年時点では，人気が最も上昇している「するスポーツ」のスポーツ施設提供業はフィットネスクラブ，人気最も低迷している「観るスポーツ」はゴルフである。　④[資料Ⅱ]より，若貴ブームは平成５年から平成 12 年ごろなので，平成 27 年ごろの「観るスポーツ」としての相撲の人気急上昇と関連性はない。

2 **問１(あ)**　平将門は，平安時代中期の 10 世紀に自らを新皇と称し，関東で反乱を起こした。　**(い)**　菅原道真は，摂関政治で実権を握った藤原氏の策略によって，長らく派遣されていなかった遣唐使に選ばれた。そのため，道真は遣唐使の派遣の停止を宇多天皇に意見し，これが聞き入れられた。　**(う)**　元寇は，南宋を滅ぼして中国を統一したフビライ＝ハンが，日本に服属を求めて遠征軍を送った戦いである。鎌倉幕府８代執権北条時宗が元による服属の要求を無視すると，元軍は二度にわたり北九州を襲ったが，いずれも暴風雨の影響などにより損害を受け，引きあげた。

問２　②が正しい。菅原道真は，藤原氏によってあらぬ罪をかけられて大宰府(福岡県)に左遷されてしまい，そこで亡くなった。①は京都府，③は東京都，④は大阪府にある。

問３　平安時代後期，鳥羽上皇の息子の崇徳上皇と後白河天皇の対立に，藤原氏一族や源氏平氏の争いが結びついて保元の乱が起こった。その後，保元の乱で活躍した平清盛と源義朝の対立や貴族間の対立から平治の乱が起こった。

問４　④が正しい。京都の祇園祭は，疫病・災厄の除去を祈った祇園御霊会を始まりとする。①は５月，②は 10 月の京都で行われる。③は５月の東京で行われる。

問５　征夷大将軍の坂上田村麻呂は蝦夷を平定して，東北地方の支配を固めた。

問６　1543 年に種子島に漂着したポルトガル人が鉄砲を伝えた。

3 **問１(い)**　財政における不足分を補うために国が発行する国債は借金にあたり，2021 年度末時点では 1000 兆円を超えているため，将来世代の負担が増えることが課題である。

問２　①を選ぶ(右表参照)。

国会の種類	召集	主な議題
常会(通常国会)	毎年１月中に召集され会期は 150 日間	翌年度の予算の議決
臨時会(臨時国会)	内閣が必要と認めたとき，またはいずれかの議院の総議員の４分の１以上の要求があったとき	臨時の議題の議決
特別会(特別国会)	衆議院の解散による衆議院議員総選挙が行われた日から 30 日以内	内閣総理大臣の指名
参議院の緊急集会	衆議院の解散中に，緊急の必要がある場合	緊急を要する議題の議決

問３　ゆうじろうは「多少の借金は仕方がない」，きみひこは「借金をしてでも景気をよくするために，お金を使うべき」と言っていることから「大きな政府」，りょうこは「借金をするべきじゃない」と言っていることから「小さな政府」と判断し，③を選ぶ。

問４　③が正しい。一般会計歳出において，社会保障は防衛の 358608÷53133＝6.7…(倍)である。　①令和２年度の一般会計歳出総額は 102 兆 6580 億円である。　②令和２年度の一般会計歳出総額と一般会計歳入総額は同額である。　④一般会計歳入総額において，税収が最も多いのは消費税である。

問５　インターネットでは誰でも手軽に情報を発信できるので，間違った情報が含まれていることもある。そのため，インターネットで得られた情報をそのまま受け取らず，正しい情報かどうかを本で調べたり，詳しい人に聞いたりして確かめるメディアリテラシーを養うことが必要となる。

問６　②が誤り。立候補ができるのは，参議院が満 30 歳以上，衆議院が満 25 歳以上である。

問７　ヒトラー率いるナチスは，ドイツ民族の優越を説いて，ユダヤ人排斥・絶滅政策を推し進め，独裁政権を維持していた。プロパガンダ(政治的思想へ誘導する意図を持った宣伝)映画をつくるなど，政治的に利用していた。

■ ご使用にあたってのお願い・ご注意

（1）問題文等の非掲載

著作権上の都合により，問題文や図表などの一部を掲載できない場合があります。

誠に申し訳ございませんが，ご了承くださいますようお願いいたします。

（2）過去問における時事性

過去問題集は，学習指導要領の改訂や社会状況の変化，新たな発見などにより，現在とは異なる表記や解説になっている場合があります。過去問の特性上，出題当時のままで出版していますので，あらかじめご了承ください。

（3）配点

学校等から配点が公表されている場合は，記載しています。公表されていない場合は，記載していません。

独自の予想配点は，出題者の意図と異なる場合があり，お客様が学習するうえで誤った判断をしてしまう恐れがあるため記載していません。

（4）無断複製等の禁止

購入された個人のお客様が，ご家庭でご自身またはご家族の学習のためにコピーをすることは可能ですが，それ以外の目的でコピー，スキャン，転載（ブログ，ＳＮＳなどでの公開を含みます）などをすることは法律により禁止されています。学校や学習塾などで，児童生徒のためにコピーをして使用することも法律により禁止されています。

ご不明な点や，違法な疑いのある行為を確認された場合は，弊社までご連絡ください。

（5）けがに注意

この問題集は針を外して使用します。針を外すときは，けがをしないように注意してください。また，表紙カバーや問題用紙の端で手指を傷つけないように十分注意してください。

（6）正誤

制作には万全を期しておりますが，万が一誤りなどがございましたら，弊社までご連絡ください。

なお，誤りが判明した場合は，弊社ウェブサイトの「ご購入者様のページ」に掲載しておりますので，そちらもご確認ください。

■ お問い合わせ

解答例，解説，印刷，製本など，問題集発行におけるすべての責任は弊社にあります。

ご不明な点がございましたら，弊社ウェブサイトの「お問い合わせ」フォームよりご連絡ください。迅速に対応いたしますが，営業日の都合で回答に数日を要する場合があります。

ご入力いただいたメールアドレス宛に自動返信メールをお送りしています。自動返信メールが届かない場合は，「よくある質問」の「メールの問い合わせに対し返信がありません。」の項目をご確認ください。

また弊社営業日（平日）は，午前９時から午後５時まで，電話でのお問い合わせも受け付けています。

2025春

株式会社教英出版
〒422-8054　静岡県静岡市駿河区南安倍３丁目 12-28
TEL　054-288-2131　　FAX　054-288-2133
URL　https://kyoei-syuppan.net/
MAIL　siteform@kyoei-syuppan.net

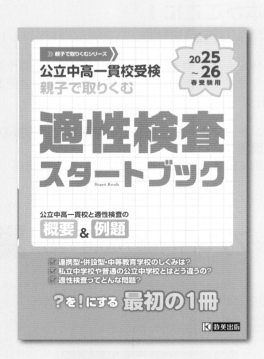

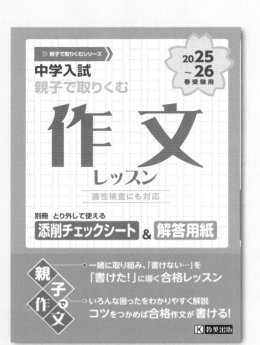

教英出版　2025年春受験用　中学入試問題集

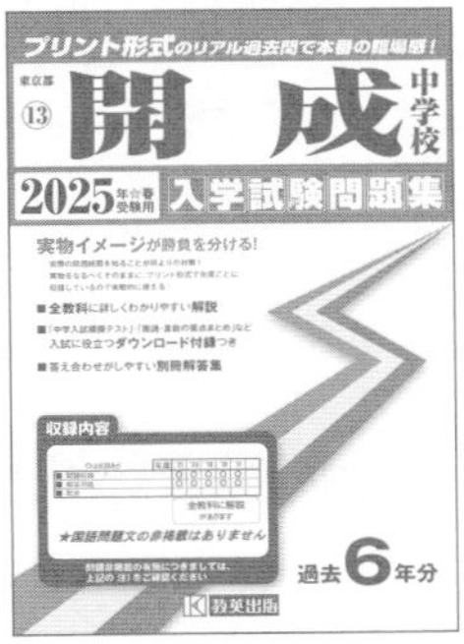

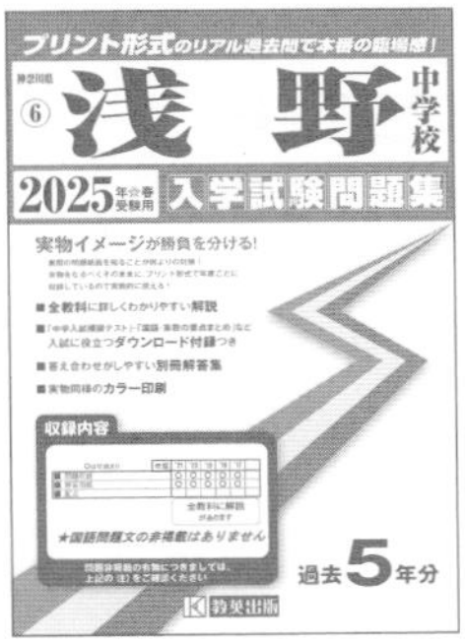

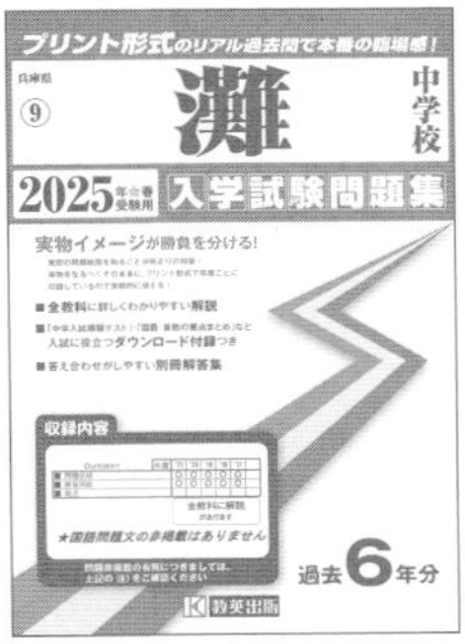

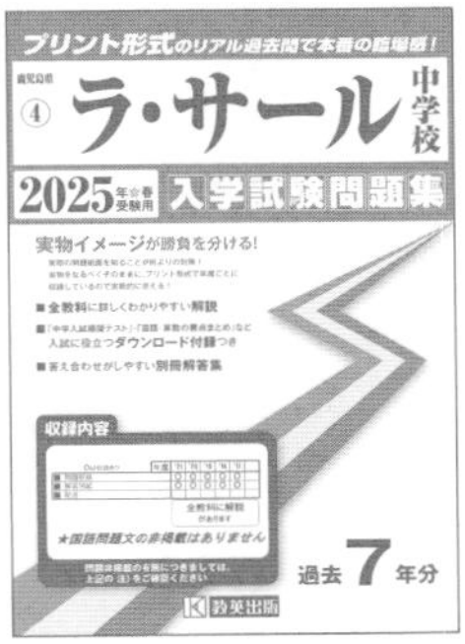

学校別問題集

✿はカラー問題対応

北海道

①[市立]札幌開成中等教育学校
②藤女子中学校
③北嶺中学校
④北星学園女子中学校
⑤札幌大谷中学校
⑥札幌光星中学校
⑦立命館慶祥中学校
⑧函館ラ・サール中学校

青森県

①[県立]三本木高等学校附属中学校

岩手県

①[県立]一関第一高等学校附属中学校

宮城県

①[県立]宮城県古川黎明中学校
②[県立]宮城県仙台二華中学校
③[市立]仙台青陵中等教育学校
④東北学院中学校
⑤仙台白百合学園中学校
⑥聖ウルスラ学院英智中学校
⑦宮城学院中学校
⑧秀光中学校
⑨古川学園中学校

秋田県

①[県立]
- 大館国際情報学院中学校
- 秋田南高等学校中等部
- 横手清陵学院中学校

山形県

①[県立]
- 東桜学館中学校
- 致道館中学校

福島県

①[県立]
- 会津学鳳中学校
- ふたば未来学園中学校

茨城県

①[県立]
- 日立第一高等学校附属中学校
- 太田第一高等学校附属中学校
- 水戸第一高等学校附属中学校
- 鉾田第一高等学校附属中学校
- 鹿島高等学校附属中学校
- 土浦第一高等学校附属中学校
- 竜ヶ崎第一高等学校附属中学校
- 下館第一高等学校附属中学校
- 下妻第一高等学校附属中学校
- 水海道第一高等学校附属中学校
- 勝田中等教育学校
- 並木中等教育学校
- 古河中等教育学校

栃木県

①[県立]
- 宇都宮東高等学校附属中学校
- 佐野高等学校附属中学校
- 矢板東高等学校附属中学校

群馬県

①
- [県立]中央中等教育学校
- [市立]四ツ葉学園中等教育学校
- [市立]太田中学校

埼玉県

①[県立]伊奈学園中学校
②[市立]浦和中学校
③[市立]大宮国際中等教育学校
④[市立]川口市立高等学校附属中学校

千葉県

①[県立]
- 千葉中学校
- 東葛飾中学校

②[市立]稲毛国際中等教育学校

東京都

①[国立]筑波大学附属駒場中学校
②[都立]白鷗高等学校附属中学校
③[都立]桜修館中等教育学校
④[都立]小石川中等教育学校
⑤[都立]両国高等学校附属中学校
⑥[都立]立川国際中等教育学校
⑦[都立]武蔵高等学校附属中学校
⑧[都立]大泉高等学校附属中学校
⑨[都立]富士高等学校附属中学校
⑩[都立]三鷹中等教育学校
⑪[都立]南多摩中等教育学校
⑫[区立]九段中等教育学校
⑬開成中学校
⑭麻布中学校
⑮桜蔭中学校
⑯女子学院中学校
✿⑰豊島岡女子学園中学校
⑱東京都市大学等々力中学校
⑲世田谷学園中学校
✿⑳広尾学園中学校(第2回)
✿㉑広尾学園中学校(医進・サイエンス回)
㉒渋谷教育学園渋谷中学校(第1回)
㉓渋谷教育学園渋谷中学校(第2回)
㉔東京農業大学第一高等学校中等部(2月1日 午後)
㉕東京農業大学第一高等学校中等部(2月2日 午後)

神奈川県

- ①[県立]相模原中等教育学校
- 　　　平塚中等教育学校
- ②[市立]南高等学校附属中学校
- ③[市立]横浜サイエンスフロンティア高等学校附属中学校
- ④[市立]川崎高等学校附属中学校
- ✿⑤聖光学院中学校
- ✿⑥浅野中学校
- ⑦洗足学園中学校
- ⑧法政大学第二中学校
- ⑨逗子開成中学校（1次）
- ⑩逗子開成中学校（2・3次）
- ⑪神奈川大学附属中学校（第1回）
- ⑫神奈川大学附属中学校（第2・3回）
- ⑬栄光学園中学校
- ⑭フェリス女学院中学校

新潟県

- ①[県立]村上中等教育学校
- 　　　柏崎翔洋中等教育学校
- 　　　燕中等教育学校
- 　　　津南中等教育学校
- 　　　直江津中等教育学校
- 　　　佐渡中等教育学校
- ②[市立]高志中等教育学校
- ③新潟第一中学校
- ④新潟明訓中学校

石川県

- ①[県立]金沢錦丘中学校
- ②星稜中学校

福井県

- ①[県立]高志中学校

山梨県

- ①山梨英和中学校
- ②山梨学院中学校
- ③駿台甲府中学校

長野県

- ①[県立]屋代高等学校附属中学校
- 　　　諏訪清陵高等学校附属中学校
- ②[市立]長野中学校

岐阜県

- ①岐阜東中学校
- ②鶯谷中学校
- ③岐阜聖徳学園大学附属中学校

静岡県

- ①[国立]静岡大学教育学部附属中学校（静岡・島田・浜松）
- ②[県立]清水南高等学校中等部
- 　[県立]浜松西高等学校中等部
- 　[市立]沼津高等学校中等部
- ③不二聖心女子学院中学校
- ④日本大学三島中学校
- ⑤加藤学園暁秀中学校
- ⑥星陵中学校
- ⑦東海大学付属静岡翔洋高等学校中等部
- ⑧静岡サレジオ中学校
- ⑨静岡英和女学院中学校
- ⑩静岡雙葉中学校
- ⑪静岡聖光学院中学校
- ⑫静岡学園中学校
- ⑬静岡大成中学校
- ⑭城南静岡中学校
- ⑮静岡北中学校
- ⑯常葉大学附属常葉中学校
- 　常葉大学附属橘中学校
- 　常葉大学附属菊川中学校
- ⑰藤枝明誠中学校
- ⑱浜松開誠館中学校
- ⑲静岡県西遠女子学園中学校
- ⑳浜松日体中学校
- ㉑浜松学芸中学校

愛知県

- ①[国立]愛知教育大学附属名古屋中学校
- ②愛知淑徳中学校
- ③名古屋経済大学市邨中学校
- 　名古屋経済大学高蔵中学校
- ④金城学院中学校
- ⑤椙山女学園中学校
- ⑥東海中学校
- ⑦南山中学校男子部
- ⑧南山中学校女子部
- ⑨聖霊中学校
- ⑩滝中学校
- ⑪名古屋中学校
- ⑫大成中学校
- ⑬愛知中学校
- ⑭星城中学校
- ⑮名古屋葵大学中学校（名古屋女子大学中学校）
- ⑯愛知工業大学名電中学校
- ⑰海陽中等教育学校（特別給費生）
- ⑱海陽中等教育学校（I・II）
- ⑲中部大学春日丘中学校
- 新刊⑳名古屋国際中学校

三重県

- ①[国立]三重大学教育学部附属中学校
- ②暁中学校
- ③海星中学校
- ④四日市メリノール学院中学校
- ⑤高田中学校
- ⑥セントヨゼフ女子学園中学校
- ⑦三重中学校
- ⑧皇學館中学校
- ⑨鈴鹿中等教育学校
- ⑩津田学園中学校

滋賀県

- ①[国立]滋賀大学教育学部附属中学校
- ②[県立]河瀬中学校
- 　　　守山中学校
- 　　　水口東中学校

京都府

- ①[国立]京都教育大学附属桃山中学校
- ②[府立]洛北高等学校附属中学校
- ③[府立]園部高等学校附属中学校
- ④[府立]福知山高等学校附属中学校
- ⑤[府立]南陽高等学校附属中学校
- ⑥[市立]西京高等学校附属中学校
- ⑦同志社中学校
- ⑧洛星中学校
- ⑨洛南高等学校附属中学校
- ⑩立命館中学校
- ⑪同志社国際中学校
- ⑫同志社女子中学校（前期日程）
- ⑬同志社女子中学校（後期日程）

大阪府

- ①[国立]大阪教育大学附属天王寺中学校
- ②[国立]大阪教育大学附属平野中学校
- ③[国立]大阪教育大学附属池田中学校

- ④[府立]富田林中学校
- ⑤[府立]咲くやこの花中学校
- ⑥[府立]水都国際中学校
- ⑦清風中学校
- ⑧高槻中学校（Ａ日程）
- ⑨高槻中学校（Ｂ日程）
- ⑩明星中学校
- ⑪大阪女学院中学校
- ⑫大谷中学校
- ⑬四天王寺中学校
- ⑭帝塚山学院中学校
- ⑮大阪国際中学校
- ⑯大阪桐蔭中学校
- ⑰開明中学校
- ⑱関西大学第一中学校
- ⑲近畿大学附属中学校
- ⑳金蘭千里中学校
- ㉑金光八尾中学校
- ㉒清風南海中学校
- ㉓帝塚山学院泉ヶ丘中学校
- ㉔同志社香里中学校
- ㉕初芝立命館中学校
- ㉖関西大学中等部
- ㉗大阪星光学院中学校

兵庫県

- ①[国立]神戸大学附属中等教育学校
- ②[県立]兵庫県立大学附属中学校
- ③雲雀丘学園中学校
- ④関西学院中学部
- ⑤神戸女学院中学部
- ⑥甲陽学院中学校
- ⑦甲南中学校
- ⑧甲南女子中学校
- ⑨灘中学校
- ⑩親和中学校
- ⑪神戸海星女子学院中学校
- ⑫滝川中学校
- ⑬啓明学院中学校
- ⑭三田学園中学校
- ⑮淳心学院中学校
- ⑯仁川学院中学校
- ⑰六甲学院中学校
- ⑱須磨学園中学校（第1回入試）
- ⑲須磨学園中学校（第2回入試）
- ⑳須磨学園中学校（第3回入試）
- ㉑白陵中学校
- ㉒夙川中学校

奈良県

- ①[国立]奈良女子大学附属中等教育学校
- ②[国立]奈良教育大学附属中学校
- ③[県立]
  - 国際中学校
  - 青翔中学校
- ④[市立]一条高等学校附属中学校
- ⑤帝塚山中学校
- ⑥東大寺学園中学校
- ⑦奈良学園中学校
- ⑧西大和学園中学校

和歌山県

- ①[県立]
  - 古佐田丘中学校
  - 向陽中学校
  - 桐蔭中学校
  - 日高高等学校附属中学校
  - 田辺中学校
- ②智辯学園和歌山中学校
- ③近畿大学附属和歌山中学校
- ④開智中学校

岡山県

- ①[県立]岡山操山中学校
- ②[県立]倉敷天城中学校
- ③[県立]岡山大安寺中等教育学校
- ④[県立]津山中学校
- ⑤岡山中学校
- ⑥清心中学校
- ⑦岡山白陵中学校
- ⑧金光学園中学校
- ⑨就実中学校
- ⑩岡山理科大学附属中学校
- ⑪山陽学園中学校

広島県

- ①[国立]広島大学附属中学校
- ②[国立]広島大学附属福山中学校
- ③[県立]広島中学校
- ④[県立]三次中学校
- ⑤[県立]広島叡智学園中学校
- ⑥[市立]広島中等教育学校
- ⑦[市立]福山中学校
- ⑧広島学院中学校
- ⑨広島女学院中学校
- ⑩修道中学校
- ⑪崇徳中学校
- ⑫比治山女子中学校
- ⑬福山暁の星女子中学校
- ⑭安田女子中学校
- ⑮広島なぎさ中学校
- ⑯広島城北中学校
- ⑰近畿大学附属広島中学校福山校
- ⑱盈進中学校
- ⑲如水館中学校
- ⑳ノートルダム清心中学校
- ㉑銀河学院中学校
- ㉒近畿大学附属広島中学校東広島校
- ㉓ＡＩＣＪ中学校
- ㉔広島国際学院中学校
- ㉕広島修道大学ひろしま協創中学校

山口県

- ①[県立]
  - 下関中等教育学校
  - 高森みどり中学校
- ②野田学園中学校

徳島県

- ①[県立]
  - 富岡東中学校
  - 川島中学校
  - 城ノ内中等教育学校
- ②徳島文理中学校

香川県

- ①大手前丸亀中学校
- ②香川誠陵中学校

愛媛県

- ①[県立]
  - 今治東中等教育学校
  - 松山西中等教育学校
- ②愛光中学校
- ③済美平成中等教育学校
- ④新田青雲中等教育学校

高知県

- ①[県立]
  - 安芸中学校
  - 高知国際中学校
  - 中村中学校

福岡県

① [国立] 福岡教育大学附属中学校（福岡・小倉・久留米）
② [県立] 育徳館中学校
　　　　門司学園中学校
　　　　宗像中学校
　　　　嘉穂高等学校附属中学校
　　　　輝翔館中等教育学校
③西南学院中学校
④上智福岡中学校
⑤福岡女学院中学校
⑥福岡雙葉中学校
⑦照曜館中学校
⑧筑紫女学園中学校
⑨敬愛中学校
⑩久留米大学附設中学校
⑪飯塚日新館中学校
⑫明治学園中学校
⑬小倉日新館中学校
⑭久留米信愛中学校
⑮中村学園女子中学校
⑯福岡大学附属大濠中学校
⑰筑陽学園中学校
⑱九州国際大学付属中学校
⑲博多女子中学校
⑳東福岡自彊館中学校
㉑八女学院中学校

佐賀県

① [県立] 香楠中学校
　　　　致遠館中学校
　　　　唐津東中学校
　　　　武雄青陵中学校
②弘学館中学校
③東明館中学校
④佐賀清和中学校
⑤成穎中学校
⑥早稲田佐賀中学校

長崎県

① [県立] 長崎東中学校
　　　　佐世保北中学校
　　　　諫早高等学校附属中学校
②青雲中学校
③長崎南山中学校
④長崎日本大学中学校
⑤海星中学校

熊本県

① [県立] 玉名高等学校附属中学校
　　　　宇土中学校
　　　　八代中学校
②真和中学校
③九州学院中学校
④ルーテル学院中学校
⑤熊本信愛女学院中学校
⑥熊本マリスト学園中学校
⑦熊本学園大学付属中学校

大分県

① [県立] 大分豊府中学校
②岩田中学校

宮崎県

① [県立] 五ヶ瀬中等教育学校
② [県立] 宮崎西高等学校附属中学校
　　　　都城泉ヶ丘高等学校附属中学校
③宮崎日本大学中学校
④日向学院中学校
⑤宮崎第一中学校

鹿児島県

① [県立] 楠隼中学校
② [市立] 鹿児島玉龍中学校
③鹿児島修学館中学校
④ラ・サール中学校
⑤志學館中等部

沖縄県

① [県立] 与勝緑が丘中学校
　　　　開邦中学校
　　　　球陽中学校
　　　　名護高等学校附属桜中学校

もっと過去問シリーズ

北海道

北嶺中学校
　7年分（算数・理科・社会）

静岡県

静岡大学教育学部附属中学校
（静岡・島田・浜松）
　10年分（算数）

愛知県

愛知淑徳中学校
　7年分（算数・理科・社会）
東海中学校
　7年分（算数・理科・社会）
南山中学校男子部
　7年分（算数・理科・社会）
南山中学校女子部
　7年分（算数・理科・社会）
滝中学校
　7年分（算数・理科・社会）
名古屋中学校
　7年分（算数・理科・社会）

岡山県

岡山白陵中学校
　7年分（算数・理科）

広島県

広島大学附属中学校
　7年分（算数・理科・社会）
広島大学附属福山中学校
　7年分（算数・理科・社会）
広島学院中学校
　7年分（算数・理科・社会）
広島女学院中学校
　7年分（算数・理科・社会）
修道中学校
　7年分（算数・理科・社会）
ノートルダム清心中学校
　7年分（算数・理科・社会）

愛媛県

愛光中学校
　7年分（算数・理科・社会）

福岡県

福岡教育大学附属中学校
（福岡・小倉・久留米）
　7年分（算数・理科・社会）
西南学院中学校
　7年分（算数・理科・社会）
久留米大学附設中学校
　7年分（算数・理科・社会）
福岡大学附属大濠中学校
　7年分（算数・理科・社会）

佐賀県

早稲田佐賀中学校
　7年分（算数・理科・社会）

長崎県

青雲中学校
　7年分（算数・理科・社会）

鹿児島県

ラ・サール中学校
　7年分（算数・理科・社会）

※もっと過去問シリーズは
　国語の収録はありません。

教英出版
〒422-8054
静岡県静岡市駿河区南安倍3丁目12－28
TEL 054-288-2131
FAX 054-288-2133
詳しくは教英出版で検索
教英出版　検索
URL https://kyoei-syuppan.net/

令和6年度　S特選コース

第1回　入学試験問題　（2月1日　午後）

国　語

（50分）

注　意

1　この問題用紙は、試験開始の合図で開くこと。
2　問題用紙および解答用紙に受験番号・氏名を記入すること。
3　答えはすべて解答用紙に記入すること。
4　**字数制限のある場合は、特別な指示がない限り、すべて句読点や「」（）などの記号を含んだ字数として解答すること。**
5　印刷がわからない場合は申し出ること。
6　試験終了の合図でやめること。

東京都市大学等々力中学校

受験番号		氏名	

一　次の――線の漢字はひらがなに、カタカナは漢字に直して答えなさい。

1、機織りの音が聞こえる。
2、子細について説明する。
3、人事の刷新をはかる。
4、長い間の苦役にたえる。
5、重要な役割を担う。
6、ノウドウ的に取り組む。
7、食材をチョゾウ庫にしまう。
8、激しいトウロンが繰り広げられた。
9、カンレイとなっている事柄に従う。
10、水面につり糸をタらす。

二　次の文章を読んで、あとの問いに答えなさい。

小学五年生の時田秀美《ひでみ》は、他の子供と同じような価値観を植えつけたくないという教育方針の母親と、秀美が困ったときには何かと相談に乗ってくれる祖父と三人で暮らしている。転校したばかりの学校で、秀美は事あるごとに奇異な行動をとり、担任である奥村をうんざりさせていた。

算数の時間、最初の挨拶《あいさつ》が終わると、奥村は、定規と分度器を出すように言った。教室じゅうがざわめいていた。そして、それに紛《まぎ》れるように、奥村が、赤間ひろ子の席に近付いた。彼は、自分のポケットから、小さな包みを出して、ひろ子の机の上に置いた。ひろ子は、頰《ほお》を真っ赤に染めて、奥村を見た。

「赤間は、これを使いなさい」

秀美は、その言葉の意味が呑《の》み込めずに、隠れて行なわれた二人のやり取りを横目で見ていた。

「こら、時田、何、よそ見してる」

秀美は、うんざりしたように、前を見詰めた。教壇《きょうだん》に立っている奥村は、いつもの憎々しい表情を浮かべ授業を始めた。

何か、変だ。秀美は、一瞬、教室の空気が、動きを止めたように感じたのだった。彼は、自分の周囲をきょろきょろと見渡した。そして、①ある事に気付いて、ぎょっとしたのだった。子供たちは、皆、奥村と赤間ひろ子のやり取りを見ていたのだ。それも、はしゃいで雑音を作り、見ていないというアリバイを作りながら、視線をひろ子の席に動かしていたのだ。

実は、秀美には、②最初から不思議に思っていたことがあった。その疑問が、自分のみに湧《わ》いて来るのだと確信していたので、口に出すこともなかったのだ。謎が解けた。秀美は、気付いて愕然《がくぜん》(注1)とした。

赤間ひろ子は、いつも給食が終わる頃に、立ち上がって、こう言った。

「パン残した人は、受け付けまーす。あたしんちのお庭に来る鳥さんたちの餌《えさ》に、ご協力お願いしまーす」

皆、給食の食器を戻す前に、ひろ子の席に来て、残したパンを置いて行くのだった。あっと言う間に、ひろ子の机の上は、パンの山になった。秀美は、それを横目で見ながら、鳥の餌にするくらいなら、自分で食った方がましだと思っていた。第一、他人より食欲の旺盛《おうせい》な彼は、給食のパン一個では、とても放課後まで持ちこたえられそうになかった。愛鳥週間でもあるまいし。秀美は、そう思い、ひろ子の机の上の大量のパンを恨めし気に見た。彼女は、あらかじめ用意してあった紙袋に、丁寧にそのパンを入れていた。

しかし、あんなに沢山《たくさん》のパン。しかも毎日だ。いったい、ひろ子の家の庭には、どれだけ沢山の鳥がやって来ると言うのだろう。秀美は、不思議でならなかった。

「ありがと、助かっちゃう。うちに来る鳥さんたち、すごく食べるんだよ」

ひろ子は、パンを置いて行く子供たちに、そんなふうに礼を言っていた。ほんとに、鳥の餌付《えづ》けって大変、とでも言うように、肩をすくめながら、袋の口を慎重に折り曲げていたひろ子。

秀美は、思わず片手で自分の額を軽くぶった。自分を間抜けだと心から反省した。あのパンは、鳥の餌などではなかったのだ。彼女の家の貴重な食料だったのだ。定規を買えない程の貧しい家庭があることなど、彼には、それまで予想もつかなかった。自分の家の家計がかなり苦しいということは知っている。しかし、それは、生活費に事欠くという種類のものでは、決してない。笑いとばせる程度のものだ。しかし、赤間ひろ子の家は、冗談の入る余地などないものだ。あの嫌味な奥村でさえ、こっそりと、ひろ子のために定規を渡さなくてはならない程、彼女の家は困窮《こんきゅう》しているのだ。口に出せない程の貧しさが、あったなんて。

それ以上に、秀美の心に［A］を与えたのは、そのことをクラス全員が知っていたことだ。鳥の餌だと言うひろ子の嘘《うそ》を、黙認していたということだ。皆、共犯で、秀美だけが、仲間外れにされていたのだ。彼は、唇を噛《か》み締めた。誰を責めるのでもなく、③自分を殴ってしまいたい思いに駆《か》られて、算数の授業どころではなかった。

「三角形を各自で書いてごらん」

奥村の声が、はるかかなたで聞こえているような気がした。

「そして、三つの角を分度器で計ってごらん」

秀美は、机に肘《ひじ》をつき、両手で顔を覆《おお》いながら、指の隙間《すきま》をこっそりと開け、ひろ子を盗み見た。

「ほうら、すごいだろう。どの三角形も三つの角を足すと百八十度になる」

ひろ子は、感動したような表情を浮かべていた。どうして、そんなことに感動出来るんだ。秀美は自分の心が苛立《いらだ》つのを感じた。

あちこちから、どうしてなんだろうという素朴な驚きの声が洩《も》れていた。(中略)

やがて、給食の時間が来た。いつもなら、真っ先に献立を調べに行く秀美だったが、今日は気分が重かった。しかし、食べ始めると、急に体は空腹を訴え始め、彼は、貪《むさぼ》るように、食べ物を口に運んだ。

ふと、パンをちぎる手が止まった。秀美は、そっと、ひろ子を見た。彼女は、行儀良くスープを啜《すす》っていた。彼は、それ以上、パンを食べるのを止めた。

食事が終わると、いつものように、ひろ子は、大きな声で言った。

「パンを残した人、うちの庭にやって来る鳥さんたちのために協力してね」

皆、例のごとく、残ったパンを、ひろ子の机の上に載せて行った。机の上に、パンの山が出来、ひろ子は、皆に、お礼を言いながら、持参した紙袋に、それを入れた。

「あの、赤間さん」

秀美は、おそるおそる彼女に声をかけた。ひろ子は、怪訝《けげん》そうな表情を浮かべ、何の用かと目で問いかけた。

「これ、ぼくも、残しちゃったんで、きみんちの鳥に……」

秀美は、半分程残したパンを、ひろ子に差し出した。見る間に、ひろ子の顔が赤くなり、目は、[B]を感じたかのように見開かれた。ひろ子は、ゆっくりと、秀美に向かって手を出したが、それは震えていた。秀美は、一刻も早くパンから手を離したいというように、彼女にパンを握らせた。しばらくの間、そのパンは、彼女の手の内にあった。秀美は、ほっとして、自分の食器を片付けようと立ち上がった。その瞬間である。ひろ子が、そのパンを秀美に投げつけたのは。

秀美は、最初、いったい何が起こったのか、まったく理解出来なかった。しかし、床に落ちてつぶれたパンを目にした途端《とたん》、自分が、とんでもないことをしてしまったことに気付いた。慌てて、ひろ子の顔を見ると、彼女は、目に涙をなみなみとたたえ、秀美をにらみつけていた。

「ごめん……ぼく……」

ひろ子は、机につっ伏して大声で泣き始めた。秀美は、言葉を失って、床に落ちたパンを拾った。つぶれたパンには、ひろ子の指の跡が、くっきりと付き、④彼女の気持を物語っていた。

秀美は、自分の背後から、音のない溜息《ためいき》が押し寄せて来るように感じて、思わず後ろを振り返った。そこには、いくつもの彼をとがめる目があった。彼は、パンを手にしたまま、 C の視線を受け止めた。子供たちは、無言で秀美をののしり、⑤そうすることで、ようやく、彼を、この教室の仲間として受け入れたのであった。

秀美は、それまで味わったことのない感情を抱えて帰宅した。隆一郎(注2)は、モーツァルトを聴きながら釣《つ》り竿《ざお》を磨いていたが、秀美の様子を見るなり、それを止めた。

「どうした。学校で、御不幸でもあったかな?」

秀美は、隆一郎の側に駆け寄り、畳に伏して泣き始めた。なんだか、ひどく悲しかった。同時に、いくらでも涙を流せるこの場所が、とても心地良く感じられた。

「ぼく、ひどいことしちゃったのかなあ?」

秀美は、隆一郎に、事の顛末《てんまつ》(注3)を話した。その間じゅう隆一郎は、秀美の頭を撫《な》でていた。

「だから言っただろうが。おまえのやり方にも、ちいっとばかし、問題があるって」

「だけど、ぼく、赤間さんを心配したんだ。皆のするように、あの子の手助けをしようとしただけなんだ。昨日(注4)、おじいちゃんの言ってた同情ってことじゃないよ。本当に、そうしなければって気持になったんだ」

「ふむ」

隆一郎は、再び釣り竿を点検し始めた。

「プライドって言葉は知ってるだろう?」

「うん」

「おまえは、赤間さんって子のプライドを粉々にしちゃったんだなあ。誰もが、その子に同情してた。でも、おまえは、それに気付かなかった。それで、その子の気持が、どれだけ救われていたことか。そして、他の子たちが、おまえに、それを教えないことで、どれだけ、赤間さんを助けていたことか。でも、自分で、気付いちゃったんだなあ」

秀美は、涙を拭《ふ》きながら起き上がった。

「でも、そんなつもりじゃなかったんだよ。赤間さんのプライドをつぶそうなんて、思いもよらなかったんだよ」

「そんなつもりじゃないのが一番悪い」

隆一郎は、不貞腐《ふてくさ》れたように足を投げ出す秀美を、おもしろそうに見詰めた。

「悪意を持つのは、その悪意を自覚したからだ。それは、自覚して、失くすことも出来る。けどね、そんなつもりでなくやってしまうのは、［D］だということだよ。賢くなかったな、今回は。おじいちゃんの言ってること解《わか》るか」

秀美は、負けを認めたかのように頷《うなず》いた。

（山田 詠美「眠れる分度器」より）

（注1）「愕然」……………………意外な事実を知って、ひどく驚く様子。
（注2）「隆一郎」…………………秀美の祖父。
（注3）「顛末」……………………事の初めから終わりまでの詳しい事情。
（注4）「昨日、おじいちゃんの言ってた同情」……前日、秀美がおじいちゃんから「同情を覚えると、優しい顔付になる。ただし、それは本当の優しさではなく一種のお芝居だ。同情仮面は便利だぞ」と言われたことを指す。

問一、――線①「ある事に気付いて、ぎょっとした」とありますが、「ある事」とはどのようなことですか。それを説明した次の文の空欄にあてはまる言葉を、文章中の言葉を使って指定された字数でそれぞれ答えなさい。

教室じゅうがざわめいていたのは、［1、十五字程度］ところを見ていながら、それを見ていないという［2、八字以内］ために、［3、二十字以内］からだということ。

問二、――線②「最初から不思議に思っていたこと」とありますが、それはどのようなことですか。それが分かる箇所を文章中からひと続きの三文で探し、最初の五字を抜き出して答えなさい。

問三、［A］～［C］にあてはまる言葉の組み合わせとして最も適当なものを次から選び、記号で答えなさい。

ア、A―衝撃　B―羞恥《しゅうち》　C―同情
イ、A―衝撃　B―恐怖　C―非難
ウ、A―疑問　B―恐怖　C―同情
エ、A―疑問　B―衝撃　C―非難

問四、――線③「自分を殴ってしまいたい思い」とありますが、このときの秀美自身に対する感情を具体的に表している一文を文章中から探し、最初の五字を抜き出して答えなさい。

問五、――線④「彼女の気持を物語っていた」について、次の各問いに答えなさい。

1、この時の「彼女」の「気持」が表われている具体的な行動を文章中から十一字と二十四字で二つ探し、それぞれ抜き出して答えなさい。ただし、二十四字のものは、最初と最後の三字を抜き出して答えること。

2、「彼女」が1で答えたような「気持」になったのはなぜだと考えられますか。その理由を説明した次の文の空欄にあてはまる言葉を文章中から八字で探し、抜き出して答えなさい。

秀美によって［　八字　］されたから。

問六、——線⑤「そうすることで、ようやく、彼を、この教室の仲間として受け入れた」とありますが、それはどういうことですか。その説明として最も適当なものを次から選び、記号で答えなさい。

ア、子供たちは、秀美がひろ子に同情してパンの残りを渡したことで、ひろ子の家庭の事情を理解する仲間として秀美を歓迎したということ。

イ、子供たちは、秀美が事情も分からずパンの残りをひろ子に渡したことで、ひろ子の気持を救ってくれる存在として秀美に感謝をしたということ。

ウ、子供たちは、事情も分からずパンの残りをひろ子に渡した秀美を責めることで、ひろ子の秘密を秀美とも共有すべきだと決めたということ。

エ、子供たちは、ひろ子に同情してパンの残りを渡した秀美を責めることで、ひろ子の家庭の事情を知る者同士として秀美を認めたということ。

問七、［D］にあてはまる言葉として最も適当なものを次から選び、記号で答えなさい。

ア、天然　　イ、傲慢《ごうまん》　　ウ、鈍感《どんかん》　　エ、敏感

三　次の文章を読んで、あとの問いに答えなさい。なお、設問の都合上、一部省略した箇所があります。

【文章Ⅰ】

コープの法則

「同じ系統の中では、大きなサイズの種は進化の過程で、より遅れて出現する傾向がある」

【文章Ⅱ】

大きいということは、それだけ環境に左右されにくく、自立性を保っていられるという利点がある。動物は体の表面を通して環境に接している。サイズが大きいほど体積あたりの表面積は小さくなるので、表面を通しての環境の影響を受けにくくなると考えられる。

このよい例が体温である。サイズの大きいものほど恒温性[注1]を保ちやすい。これは、茶碗のお湯はすぐさめるが、風呂のお湯は、暖めるにも時間がかかるけれど、さめるのもゆっくりだ、というのと①同じ原理である。体積は長さの三乗[注2]に比例するが、表面積は長さの二乗[注3]に比例する。だから〈表面積／体積〉は、長さ（サイズ）が[A]なるのに反比例して[B]なっていく。[C]風呂の方が、寒い外気に接する面積が茶碗と比べて相対的に[D]ことになる。だからさめにくいのである。このことから類推すれば、サイズの大きい動物ほど環境の急激な温度変化に耐えることができるだろう。

体温が一定であるということには、もっと大きな利点がある。体内で起こっている化学反応の速度は温度によって変わり、温度が高い方が速度は速くなる。筋肉の収縮ももちろん化学反応にもとづいているから、収縮速度は温度によって違ってくる。だから、さっきと同じタイミングで腕を伸ばしても、そのとき前より体温が下がっていたら獲物を逃してしまう。これは、はなはだ都合が悪い。

[E]恒温性の利点の一つは恒時性[注4]にある。温度によって時計の進み方が変わるのでは、正確な運動や細かい制御は困難だろう。もう一つの利点は高温性である。鳥類や哺《ほ》乳類では、体温はかなり高いところで一定になっている。体温を高く保つことは、速い運動を可能にする。高温性と恒時性。これらにより、安定した[F]速い運動が保証される。こうした利点があるからこそ、相当なエネルギー的な代価を支払っても、鳥類や哺乳類は体温を高く一定に保っているのである。恒温動物では、体重あたりにして比べれば、サイズの大きいものほど恒温性を保つのに必要なエネルギーは少なくてすむし、変温動物といわれているものでも、サイズの大きいものは、かなり体温を一定に保っておける。恐竜が恒温動物だったか変温動物だったかに関しては議論のあるところだが、何十トンもある巨大なサイズの恐竜は、たとえ鳥や哺乳類のような体温調節機構をもっていなくとも、体温はほとんど一定だったろうと想像している人もいる。

サイズの大きいものほど乾燥にも強い。表面から逃げていく水分の量が、②相対的に少ないからである。ラクダは砂漠の船と呼ばれるが、大きな体を長い毛で覆《おお》うことにより、体表からの水分と熱の出入りをおさえ、砂漠の生活に耐えている。

サイズの大きい方が飢えにも強い。飢餓状態では、体に蓄えられた脂肪などを使いながらしのいでいくのだが、体重が半分に減少した時点で、多くの動物が耐えきれずに死んでしまう。体重あたりのエネルギー消費量はサイズの大きいものほど少ないので、大きいものはより長期間の飢餓に耐えられることになる。もちろん、大きいものは歩く速度も、歩き回れる範囲も大きいので、その分、よい環境を求めて移動でき、その点でも飢餓や乾燥、寒冷や酷暑という環境の［G］に対処する能力が高いといえる。

サイズが大きいということは、一般的にいって、余裕があるということである。動物が生きていくうえで必要な基本的な機能の種類は、サイズが変わっても、ほとんど変わらないだろう。ところがサイズの大きいものほど細胞の数は多いのだから、余裕の分を、新しい機能の開発にまわすこともできるだろう。細胞そのものの代謝にしても、大きいものでは代謝率が低いので、細胞のレベルで見ても能力に余裕があると考えてもいいだろう。だから、大きければたぶん、知能が発達する余裕もできてくるし、また大きければ長生きなので、じっくり学ぶこともできるだろう。頭がいいといわれているヒトやイルカは、サイズの大きな生き物である。

小さいものは体の割には大飯食らいである。アメリカムシクイという小さな鳥は、なんと三〇秒に一回の割で虫を捕まえて食べる。これでは安楽椅子《いす》に座って、よしなしごと(注5)を考えるという生活は、とてもできそうにない。つまり、大きいものほど食事にあてる時間は少なくてすみ、時間的にも余裕があるということだ。

体が大きいということは、それだけ強いことを意味するだろう。足の速さや体重で圧倒すれば、捕食者にも負けないし、食物を手に入れる際にも優位に立てるだろう。違う種の間での競争において、大きいものの方が強いことは、いろいろな場面で知られており、たとえば、アフリカのサバンナの水場での観察によると、ゾウが水を飲み終わるまで、ほかの動物はおとなしく待っているそうだ。水場での順位はゾウ、サイ、カバ、シマウマ……と大きい順になっている。また、同じ種内での比較でも、大きい雄が雌を独占してハーレム(注6)をつくる③アザラシの例に典型的に見られるように、大きいものは雄同士の争いにも打ち勝って、より多くの子孫を残せる可能性が高いだろう。

（中略）

さて、ここまでの話だけ聞けば、大きいことはいいことで、世の中にはサイズの大きい動物しかいなくなってしまうように思えるが、現実はそうではない。小さいものも、ちゃんと生きている。それでは今までの議論に、どこかおかしなところがあるのだろうか。

コープの法則の再検討が行われたのは、二〇年ほど前のことである。確かに系統をたどってみると、進化の過程で、大きいものは遅れて出現することが多い。④コープの法則は正しいのだが、その理由は、大きいものがいつも優位だからというわけではなく、進化は小さいものからスタートするからだ、とスタンレー(注7)はアンモナイトの化石を詳細に検討して結論を出した。新しい系統の祖先となるものは、多くの場合サイズの小さい動物である。哺乳類の場合もそうだったし、霊長類(注8)の場合でも、リスほどのサイズのものからスタートした。

6　下の図のようにＡからＦのマスがあります。

Ａ	Ｂ	Ｃ	Ｄ	Ｅ	Ｆ

【ルール】

はじめコマはＡにあります。
サイコロを１つ投げ，出た目の数だけＦに向かって進みます。
ただし，サイコロの出た目の数が，Ｆまでのマス目の数より大きいときには，
その差の分だけＡの方に戻《もど》ります。
ちょうどＦに止まったときゲームを終了し，それ以外のときは再《ふたた》びサイコロを
投げ，Ｆに向かって進みます。

例えば，サイコロの目が，３→５→２の順に出たときはコマはＤ→Ｃ→Ｅの順に移動します。
次の問いに答えなさい。

（１）２回サイコロを投げてゲームが終了するとき，目の出方は何通りありますか。

（２），（３）では，次のように一部ルールを変更します。

【ルール変更《こう》】

一度Ｆを経由しＡの方に戻った場合，その次からは，サイコロの出た目の数の半分だけ
移動します。（ただし，小数点以下は切り上げます）

（２）２回サイコロを投げてゲームが終了するとき，目の出方は何通りありますか。

（３）３回サイコロを投げてゲームが終了するとき，目の出方は何通りありますか。

5 下のグラフは，太郎くんが自転車に乗って家から公園まで行く様子を表したものです。太郎くんは途《と》中で坂を上るときに速度を落としますが，それ以外の場所では常に一定の速度で進みます。次の問いに答えなさい。

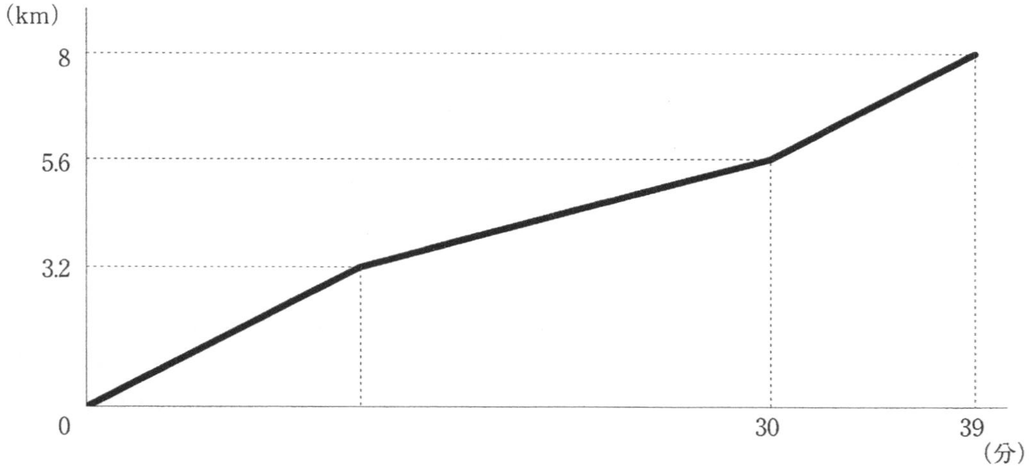

（1）太郎くんが自転車で坂を上る速度は時速何kmですか。

（2）太郎くんの姉である花子さんは，家から公園に行くときにバイクを使います。
太郎くんが家を出発した18分後に花子さんが家を出発するとき，太郎くんを追い越すのは太郎くんが家を出発してから何分後ですか。ただし，バイクの速度は坂であるかどうかにかかわらず時速48 kmであるとします。

（3）太郎くんは自転車の代わりに電動アシスト自転車を使えば，坂を上るのが速くなる分だけ，追い越される場所がより家から遠くなるのではないかと考えました。
（2）において太郎くんが家から電動アシスト自転車に乗った場合，太郎くんが花子さんに追い越されるのは，太郎くんが家を出てから何分何秒後になりますか。ただし，電動アシスト自転車は坂を上るときは自転車で坂を上る速度の1.5倍の速度が出ますが，それ以外の場所では自転車と同じ速度しか出ないものとします。

4　15人をA，B，Cの3つの班に分け，ある製品を作ります。製品1つ作るのにAは10時間，Bは12時間，Cは15時間かかります。ただし，1人あたりの製品を作る速さは同じとします。次の問いに答えなさい。

（1）3つの班で1つの製品を作るのにかかる時間は何時間ですか。

（2）製品5つをAが3つ，Bが2つ，受け持って同時に作り始めました。Cははじめ A の手伝いをし，途中からBの手伝いをしたので，AとBは同時に製品を作り終えました。CがAを手伝った時間は何時間ですか。

（3）A，B，Cで100個の製品を作っていました。作り始めてから200時間がすぎたとき，製品が20個追加され，さらにあと100時間で作り終えなければならなくなりました。そこで新たに人数を増やしてD班をつくり，A，B，C，Dの4つの班で作ることにしました。D班の人数は少なくとも何人必要ですか。

月の表面の写真

月の裏面の写真

4 次の文章を読み、あとの問いに答えなさい。

2025年の国際博覧会（万博）は大阪で開催《さい》されます。大阪万博は1970年にも開かれており、その時には、アメリカ館で「月の石」が展示されました。月に関する以下の文章を読んで問題に答えなさい。

月の表面は、明るく輝《かがや》いて見える部分と暗く見える部分の２種類に分けられます。明るい部分は斜長岩と呼ばれる白っぽい岩石でできており、円形にへこんだ地形が多く見られます。暗い部分は（１）と呼ばれる黒っぽい岩石でできており、表面は比較《かく》的滑《なめ》らかで、円形にへこんだ地形はほとんど見られません。この（１）は、日本でも多く見られる岩石で、火山から噴《ふん》出したマグマが固まってできることが知られています。（１）ほど黒くない（２）も日本でよく見られますが、その名前はアンデス山脈が由来という説もあります。これらの岩石は、昔、月で火山活動があったことを示しており、斜長岩よりも（１）の方が後から形成されたことがわかっています。

1970年の大阪万博で展示された「月の石」はアポロ計画によって採取されたサンプルですが、地球上には現在、これ以外にも「月の石」が存在しています。旧ソビエト連邦《ぼう》や中華人民共和国による月面探査によるサンプルです。また、このような月の調査で採取されたサンプル以外にも地球には「月の石」が存在しています。それは（３）が形成された際の破片が（４）として地球に届いたものであると考えられています。

問１　文章中の空らん（１）～（４）に当てはまる適当な言葉を答えなさい。ただし、同じ数字には同じ言葉が入ります。

問２　月を地球から見ると、いつも同じ模様を観察することができますが、それはなぜですか。「転」という漢字を２回以上用いて説明しなさい。

問３　文章中の下線部について、なぜこのように推測することができるのか説明しなさい。次のページに示す、月の表と裏の写真を参考にしても構いません。

問１　【図 1】の Z を顕微鏡で観察した図として適当なものは、【図 2】～【図 4】のうちからひとつ選び、番号で答えなさい。

問２　文中の(　ア　)～(　ウ　)にあてはまる仮説を考え、答えなさい。

問３　タマネギの根が伸びる時、細胞はどのようにして分裂、成長すると考えられるでしょうか。成長の方法をあらわした模式図として正しいものを、次の１～４のうちから１つ選び、番号で答えなさい。

1

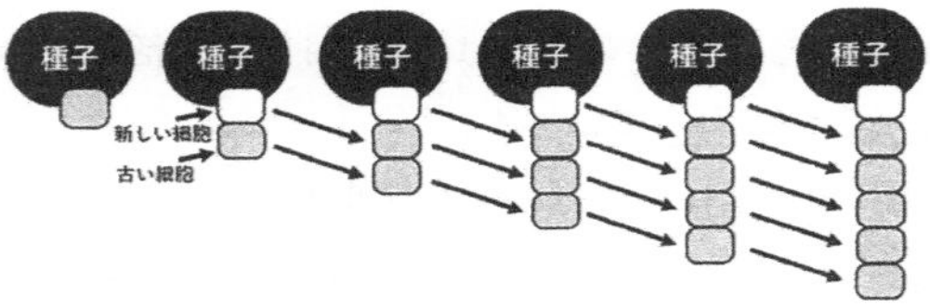

2

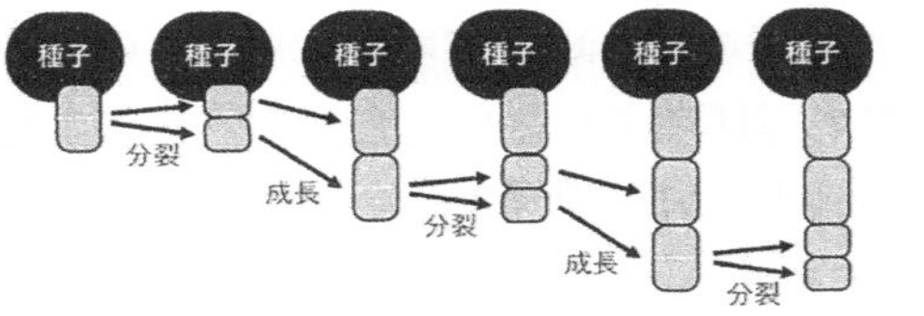

3

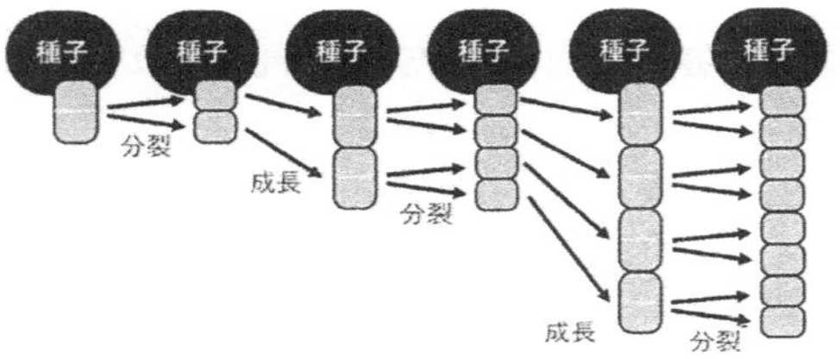

4

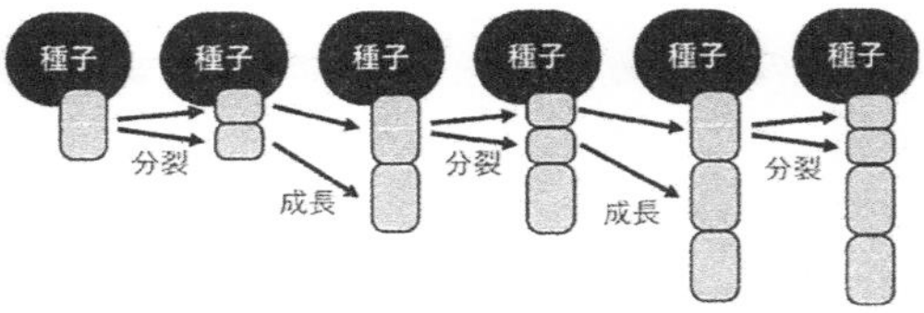

問４　ソラマメの根も、タマネギと同じような成長のしかたをします。いま、ソラマメの種子を水につけて発根させ、根の長さが 5 cmになったところでペンを用い、種子側から 1 cmごとに印 A～E をつけました【図５】。ソラマメの根をこのまま成長させると、この印はどのように変化するでしょうか。次の１～４のうちから１つ選び、番号で答えなさい。

1　AB 間、BC 間、CD 間、DE 間の距離は変化しない。
2　AB 間、BC 間、CD 間、DE 間の距離は等しく長くなる。
3　AB 間の距離は DE 間の距離よりも長くなる。
4　DE 間の距離は AB 間の距離よりも長くなる。

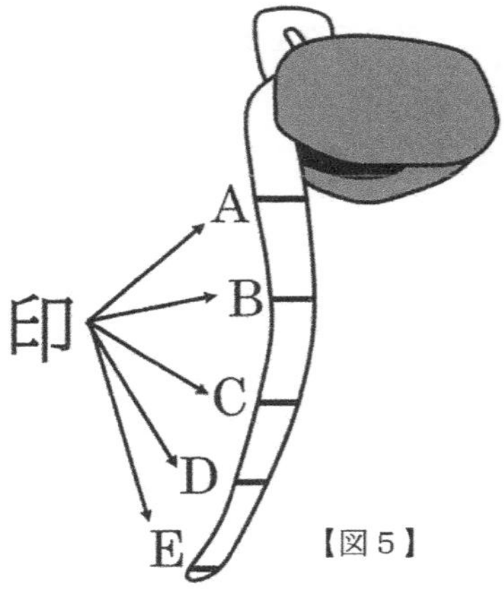

【図５】

[写真Ⅱ] 遺跡の外観

a

b

[地図Ⅱ]

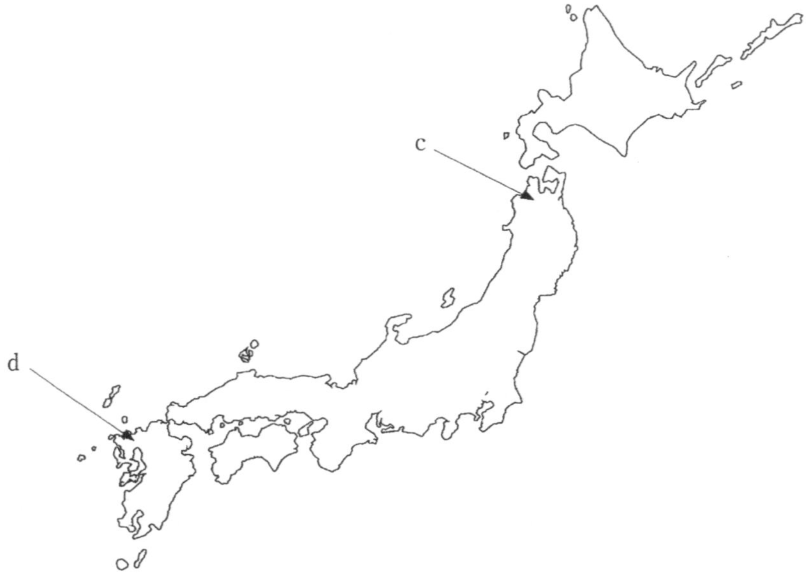

① aとc　　② aとd　　③ bとc　　④ bとd

3 次の会話文を読んで、後の問いに答えなさい。

はなこ：昨年5月に A 広島サミットが行われたわよね。
父　：岸田首相は広島市などの選挙区から選出されているということもあり、かなり大きな話題をよんだね。
はなこ： B 広島市と言えば、原爆投下よね。
父　：そうだね。広島市は平和記念都市として C 世界の核兵器廃絶《はいぜつ》を訴《うった》えているよね。
はなこ：日本の平和主義に関しては、憲法の前文と第9条に載《の》っているわよね。
父　：これまでも、 D 特に憲法第9条に照らし合わせて、自衛隊の存在や役割が議論されてきたんだ。
はなこ：へえ、そうなんだ。

問1　下線部 A について、次の問いに答えなさい。

（1）1975年に初めてサミットが行われました。サミットが行われるようになった理由となる、国際経済上のできごとを漢字4字で答えなさい。

（2）次の［文章Ⅰ］の（　あ　）にあてはまる国名として正しいものを、後の①～④から選びなさい。

［文章Ⅰ］

G7広島サミットで、参加国の首脳が広島市の原爆資料館をそろって訪れたあと、その中の一人である、（　あ　）のトルドー首相が「展示内容をじっくり見たい」と希望し、滞在《たいざい》の最終日の午後に、再訪していたことがわかりました。

①　アメリカ　　②　カナダ　　③　イギリス　　④　オーストラリア

問2　下線部 B について、第二次世界大戦後の広島に関するできごととして誤っているものを、次の①～④から選びなさい。

① 広島に原爆が投下された直後に、放射性物質を含むいわゆる「黒い雨」を浴びて健康被害《ひがい》を受けたと住民などが訴えた裁判で、2021年政府は上告しないことを決めた。
② 2016年、アメリカのトランプ大統領は、伊勢志摩サミットの日程を終えた後、現職の大統領として初めて被爆地・広島を訪れ、「核兵器のない世界」を追求していくと訴えた。
③ 1954年にアメリカがおこなった水爆実験によって第五福竜丸の乗組員が犠牲《ぎせい》になったことから1955年に第1回原水爆禁止世界大会が広島で行われた。
④ 広島市教育委員会は、市立小学校3年生向けの平和学習教材に引用掲載《けいさい》してきた漫画《まんが》『はだしのゲン』を、2023年度から削除《さくじょ》し、別の被爆者体験談に差し替《か》えることを決めた。

問３　下線部 **C** について、次の問いに答えなさい。

（１）次の［**文章Ⅱ**］は核兵器に関するある条約を説明したものです。この条約の名前を解答らんに合うように漢字３字で答えなさい。

［**文章Ⅱ**］

> 1996 年に国連総会で採択《さいたく》された、宇宙空間、大気圏内《けんない》、水中、地下を含《ふく》むあらゆる空間での核兵器の実験的爆発及《およ》びその他の核爆発を禁止した条約

（２）国際連合の関連機関として、原子力の平和的利用を促進《そくしん》するとともに、原子力の軍事的利用への転用を防止することを目的とする国際機関があります。この組織をアルファベットで何とあらわしますか。次の①～④から選びなさい。

①　ＩＡＥＡ　　②　ＷＨＯ　　③　ＵＮＩＣＥＦ　　④　ＵＮＥＳＣＯ

問４　下線部 **D** について、次の問いに答えなさい。

（１）次の［**資料**］は、ある首相が日本国憲法第９条の解釈《かいしゃく》について述べたものです。この談話は誰《だれ》のものですか。後の①～④から選びなさい。

［資料］憲法第９条に関する首相談話

> わが国と密接な関係にある他国に対する武力攻撃《こうげき》が発生し、これによりわが国の存立が脅《おびや》かされ、国民の生命、自由及び幸福追求の権利が根底からくつがえされる明白な危険がある場合において、必要最小限度の実力を行使することは、自衛のための措置《そち》として、憲法上許される。

①　鳩山一郎　　②　安倍晋三　　③　海部俊樹　　④　菅直人

（2）次の［図］について述べた文として誤っているものを、後の①～④から選びなさい。

［図］自衛隊への関心についての世論調査

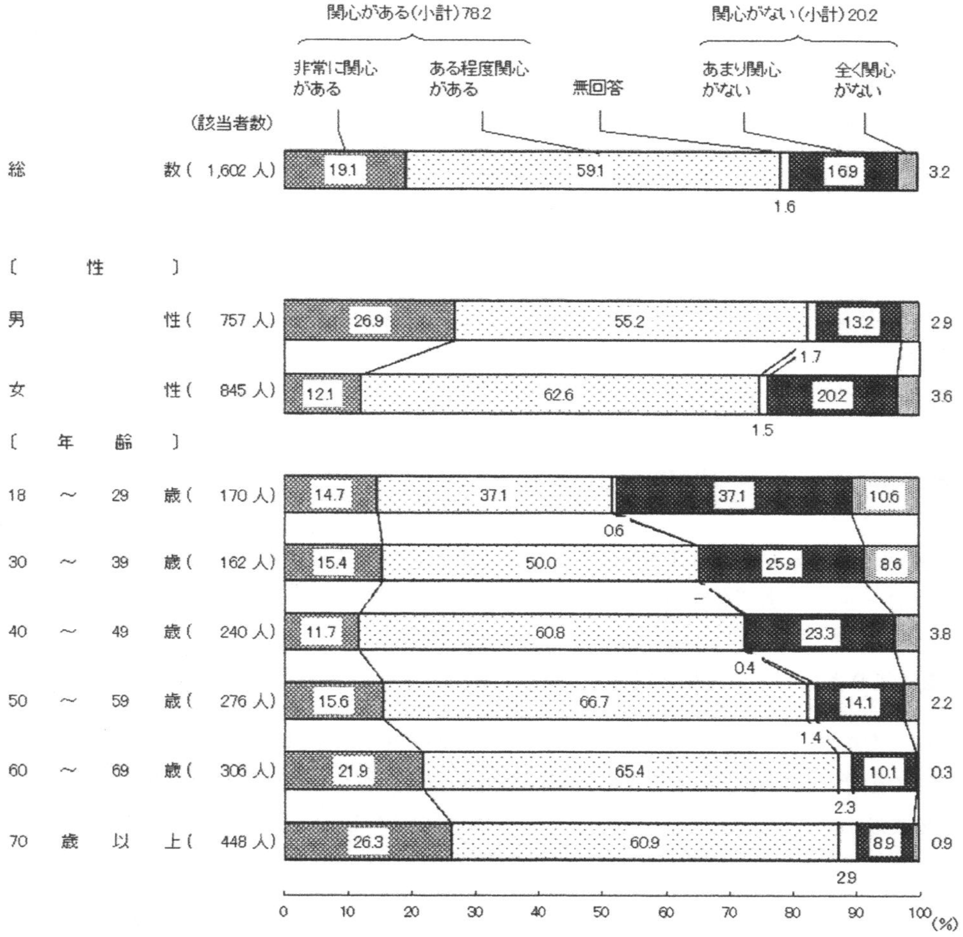

（内閣府『令和４年度　世論調査』）

①　「ある程度関心がある」の割合に関して、一番多い年齢《ねんれい》層と一番少ない年齢層の差は、25％以上ある。

②　「非常に関心がある」と「ある程度関心がある」とを合わせた割合は、どの年齢層においても、50％をこえている。

③　「あまり関心がない」と「全く関心がない」とを合わせた割合で、3番目に多い年齢層は「50～59歳《さい》」である。

④　「非常に関心がある」と答えた男性の割合は、女性の割合の２倍以上ある。

（問題は次のページに続く）

4 次の会話文を読み、後の問いに答えなさい。

先生：今日は、世界遺産について考えてみましょう。お二人は世界や日本の世界遺産を、どのくらい知っていますか。また、実際に行ったことがある世界遺産はありますか。

花子：私はローマのコロッセウムや、エジプトのピラミッドなどを知っています。

太郎：僕《ぼく》は群馬県の富岡製糸場や兵庫県の姫路城に行ったことがあります。

先生：そうですか。それでは、日本の世界遺産の登録数は全部でどのくらいあるか知っていますか。

花子：10くらいかな。

太郎：50くらいかな。

先生：ちなみに世界遺産は2つの種類があり、文化遺産と自然遺産とに分かれます。日本の世界遺産としては、文化遺産が20、自然遺産が5、つまり合計で25の世界遺産が登録されています。

花子：先生、世界全体の中で、日本の世界遺産は多い方なのですか。

先生：一概《いちがい》に多いとか、少ないとか答えにくいのですが、日本の登録数25という数字は、世界では11番目になります。ところで、事前に配布した［表］を見て、何か傾向《けいこう》や特徴《とくちょう》などで気づいたことがありますか。

［表］世界遺産の登録数ランキング（2023年12月現在）

順位	国　名	登録数	順位	国　名	登録数
1	イタリア	59	11	日本	25
2	中華人民共和国	57	11	アメリカ合衆国	25
3	ドイツ	52	13	ブラジル	23
3	フランス	52	14	カナダ	22
5	スペイン	50	15	トルコ	21
6	インド	42	16	オーストラリア	20
7	メキシコ	35	17	ギリシャ	19
8	イギリス	33	18	ポーランド	17
9	ロシア	31	18	ポルトガル	17
10	イラン	27	18	チェコ	17

（UNESCO HPより本校作成）

花子：観光地として有名な国が多い気がします。

太郎：僕は地域的に考えたのですが、例えばアジアの国々が少なく、ヨーロッパの国々が多いような気がします。

先生：たしかに太郎くんが指摘した通り、地域的なかたよりという点は、これまでも問題とされてきました。これは「先進国」と「開発途上国」との差ではないか、とも言われています。また、A そもそもヨーロッパの建造物の特徴とアジアの建造物の特徴の違いも、登録数の差の理由だと指摘されています。世界遺産の登録の基準という面から考えると、その理由が分かってくるかも知れませんよ。また調べてみて下さい。

太郎：もう一つ質問です。世界全体では、現在どのくらいの世界遺産が登録されているのですか。

先生：2023年12月現在で、計1199です。B ただ、最近では、この増え過ぎてしまった世界遺産の保護や管理が難しくなっています。また、昔と比べて登録に必要な書類の量も増え、更に審査も厳しくなっているようです。

花子：色々と大変なのですね。

太郎：「武家の古都・鎌倉」の街が登録されなかったと聞いたことがあります。やはり審査が厳しくなっているからでしょうかね。

問１　下線部 **A** について、登録数ランキングを見ると、特にヨーロッパの国々が多く、アジアの国々が少ないといえます。これにはさまざまな理由が考えられますが、その理由の１つを、次の［**写真Ⅰ**］・［**写真Ⅱ**］・［**資料Ⅰ**］を参考にして、解答らんにあてはまるように45字以内で説明しなさい。

［写真Ⅰ］ギリシャ・パルテノン神殿《しんでん》の柱（約2500年前に建造）

［写真Ⅱ］日本・法隆寺の柱（約1400年前に建造）

［資料Ⅰ］太郎くんが調べた世界遺産への登録条件

・世界遺産に登録されるためには、その候補となる物件が本物であるか、つまり、本来の材料が保存されているか、本来の技術が継承《けいしょう》されているかが重要である。また、その候補となる物件に、十分な保全管理が確保されているかも重要である。

問２　下線部Ｂについて、［資料Ⅱ］は富岡製糸場の見学者数の推移を示しています。富岡製糸場が世界遺産に登録されたことで、どのような効果が期待でき、また逆にどのような課題があると考えられますか。［資料Ⅱ］・［資料Ⅲ］を参考にして、60字以内で説明しなさい。

［資料Ⅱ］富岡製糸場の年度別見学者数

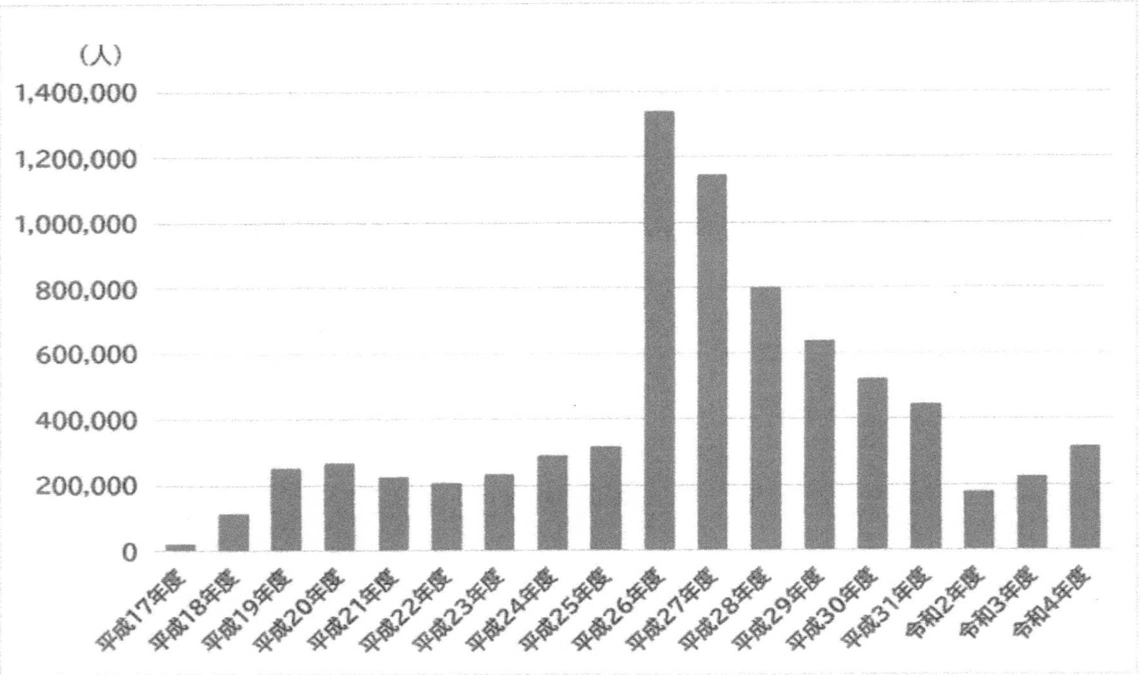

※富岡製糸場の世界遺産の登録は平成26年度　　（世界遺産　富岡製糸場HP）

［資料Ⅲ］「富岡製糸場基金」について

市は、継続的に保存整備事業を進めるため、支出の平準化や将来に備えて、入場料収入の一部や寄付金などを原資として「富岡製糸場基金」を設けている。2016年度には10億円近く積み上がったが、入場料収入の減少で残高も年々減り、2021年度中に残金7000万円ほどを使い切る見通しだ。

（2021年6月28日　読売新聞　一部改変）

用紙ヨコ 上 こちらを上にしてください

三

一	二	三	四 G	四 F	五	六	七	八	九

四

一	二	三	四	五

七

三

問一

問二

問三

問四

F

G

問五

9

問六

15

10

問七

45 〈35〉

40 30 20 10

問八

問九

四

問一

問二

問三

問四

7

問五

評価点	令和６年度 Ｓ特選コース （２月１日午後） 第１回 中学入学試験問題 〔算数〕 解答用紙
※100点満点 （配点非公表）	氏名

受験番号		
		0 1 2 3 4 5 6 7 8 9
		0 1 2 3 4 5 6 7 8 9
		0 1 2 3 4 5 6 7 8 9
		0 1 2 3 4 5 6 7 8 9

（記入例）

良い例	●	
悪い例	✓	◉ ●

≪注意事項≫

・解答は解答欄の枠内に濃くはっきりと記入して下さい。

・解答欄以外の部分には何も書かないで下さい。

用紙タテ 上 こちらを上にしてください

1

(1)		(2)		(3)	

2

(1)	cm^2	(2)	kg	(3)	cm^3
(4)	通り	(5)	秒速　　m		

【解答

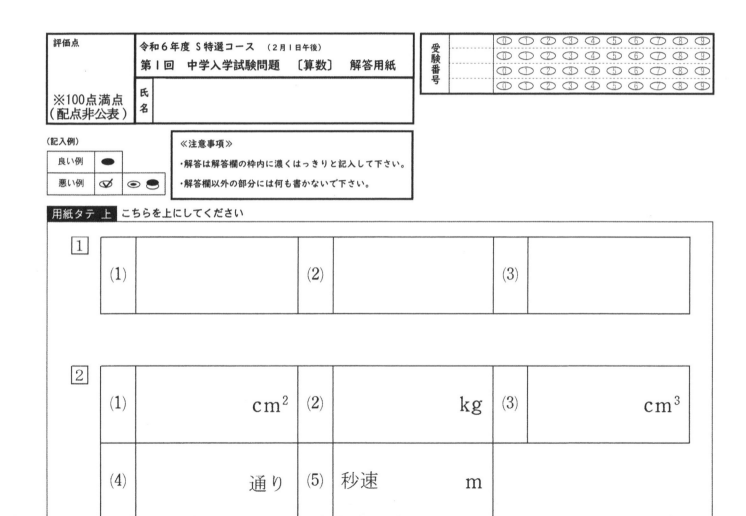

評価点 ※50点満点 （配点非公表）	令和６年度　S特選コース **第１回　中学入学試験問題　〔理科〕　解答用紙**　（２月１日午後）
	氏名

受験番号											
		0	1	2	3	4	5	6	7	8	9
		0	1	2	3	4	5	6	7	8	9
		0	1	2	3	4	5	6	7	8	9
		0	1	2	3	4	5	6	7	8	9

記入例

良い例	●	
悪い例	✓	◎ ●

≪注意事項≫

・解答は解答欄の枠内に濃くはっきりと記入して下さい。

・解答欄以外の部分には何も書かないで下さい。

用紙タテ 上　こちらを上にしてください

1

問1	
問2	
問3	
問4	

2

	（ア）	（イ）	（ウ）
問1			

問2	約70°Cでは、
問3	

【解答用

評価点	令和６年度　Ｓ特選コース 第Ｉ回　中学入学試験問題　〔社会〕　解答用紙　（２月１日午後）
※50点満点 （配点非公表）	氏名

受験番号	
	⓪ ① ② ③ ④ ⑤ ⑥ ⑦ ⑧ ⑨
	⓪ ① ② ③ ④ ⑤ ⑥ ⑦ ⑧ ⑨
	⓪ ① ② ③ ④ ⑤ ⑥ ⑦ ⑧ ⑨
	⓪ ① ② ③ ④ ⑤ ⑥ ⑦ ⑧ ⑨

記入例

良い例	●	
悪い例	✓	⊙ ●

≪注意事項≫

・解答は解答欄の枠内に濃くはっきりと記入して下さい。

・解答欄以外の部分には何も書かないで下さい。

用紙タテ 上　こちらを上にしてください

この場所に解答しないこと

1

問1

問2　県と　県の間

問3

問4

問5

問6　月　日　時

問7　牛肉　豚肉

2

問1

問2

問3

問4

【解答用

(3)

問6 (1) (2)

3 問1 (1) (2)

問2

問3 (1) 核実験禁止条約 (2)

問4 (1) (2)

4 問1 ヨーロッパの登録が多い理由は、

問2

3

問1		
問2	(ア)	
	(イ)	
	(ウ)	
問3		
問4		

4

	(1)	(2)	(3)	(4)
問1				
問2				
問3				

SN-P0445

3

(1)		(2)		(3)	

4

(1)	時間	(2)	時間	(3)	人

5

(1)	時速　　km	(2)	分後	(3)	分　　秒後

6

(1)	通り	(2)	通り	(3)	通り

SN-P0437

令和6年度 S特選コース
第1回 中学校入学試験問題〔国語〕解答用紙（2月1日午後）

注意事項
・解答は解答欄の枠内に濃くはっきりと記入して下さい。
・解答欄以外の部分には何も書かないで下さい。

氏名

受験番号

0	0	0	0
1	1	1	1
2	2	2	2
3	3	3	3
4	4	4	4
5	5	5	5
6	6	6	6
7	7	7	7
8	8	8	8
9	9	9	9

評価点

※100点満点（配点非公表）

一

1	2	3	4	5	6	7	8	9	10

二

一			二	三	四
1	2	3			

〈受験生はこれより上段には記入しないこと〉

一

1 機織（り） り

2 子細

3 刷新

4 苦役

5 担（う） う

6 ノウドウ

7 チョゾウ

8 トウロン

9 カンレイ

10 タ（らす） らす

二

問一 1 2 3

問二

問三

問四

問五 1 最初〜最後 2

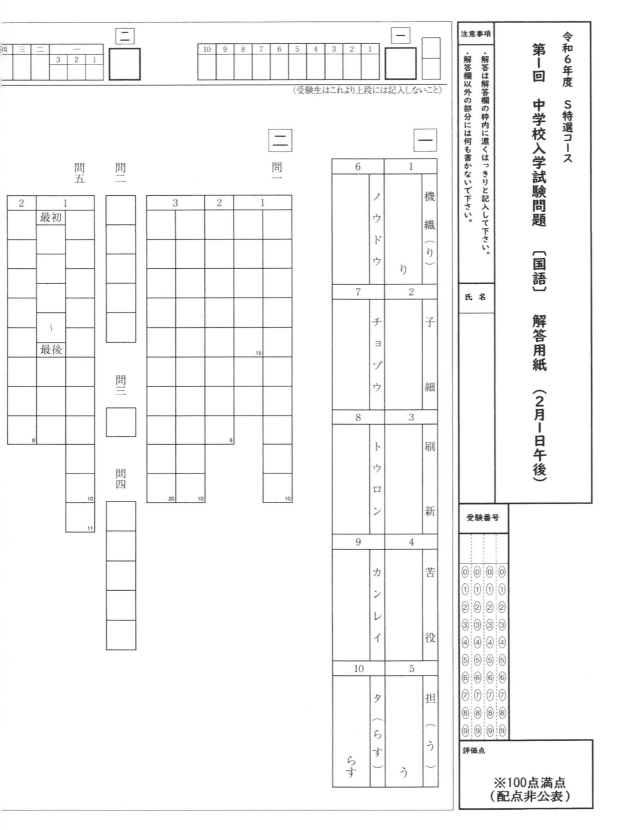

1　次の［資料Ⅰ］・［資料Ⅱ］は、東京都市大学等々力中学校の中学１年生２人が「食」について地理の授業中に発表するために準備したスライドです。これを見て、後の問いに答えなさい。

［資料Ⅰ］太郎君のスライド

カップ麺《めん》の世界展開

1958年　世界初のインスタントラーメン「チキンラーメン」が発売

1971年　「Aカップヌードル」が発売

1972年　B浅間山荘事件をきっかけに、カップ麺が日本に普《ふ》及《きゅう》

1973年　「カップヌードル」がアメリカに進出

1991年　オランダとインドに日清食品のC工場設立

1995年　日清食品がD被災地を訪問し、「チキンラーメン」を配布

（日清食品 HP）

［資料Ⅱ］花子さんのスライド

世界のハンバーガーメニュー

Eインドネシアのソーセージマックマフィン…F豚肉が使用されていない

Gインドのマハラジャマック…H牛肉が使用されていない

（マクドナルド HP）

（問題は次のページに続く）

問１　下線部 A について、現在カップヌードルミュージアムがある桜木町周辺の［**地図Ⅰ**］と 1983 年から 1987 年の桜木町周辺を示した［**地図Ⅱ**］を見て、読み取れることとして誤っているものを、後の①～④から選びなさい。

［地図Ⅰ］現在の桜木町周辺

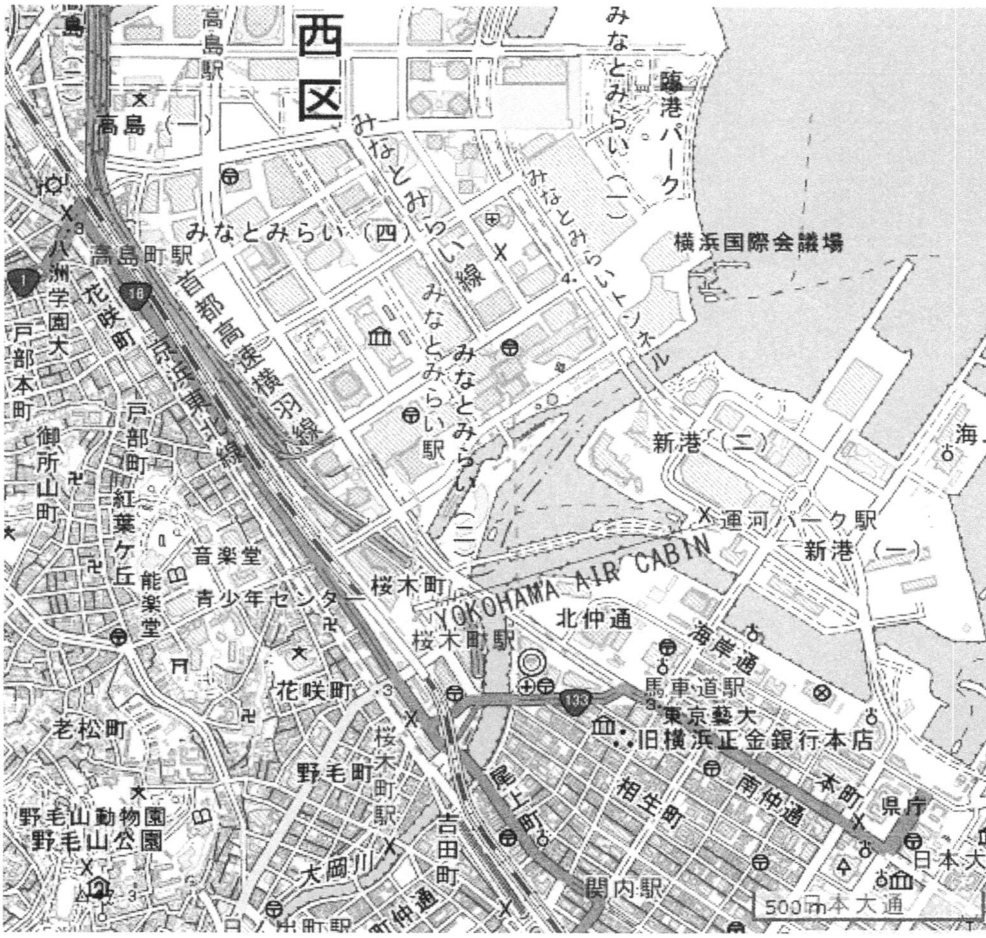

（地理院地図）

［地図Ⅱ］1983 年から 1987 年の桜木町周辺

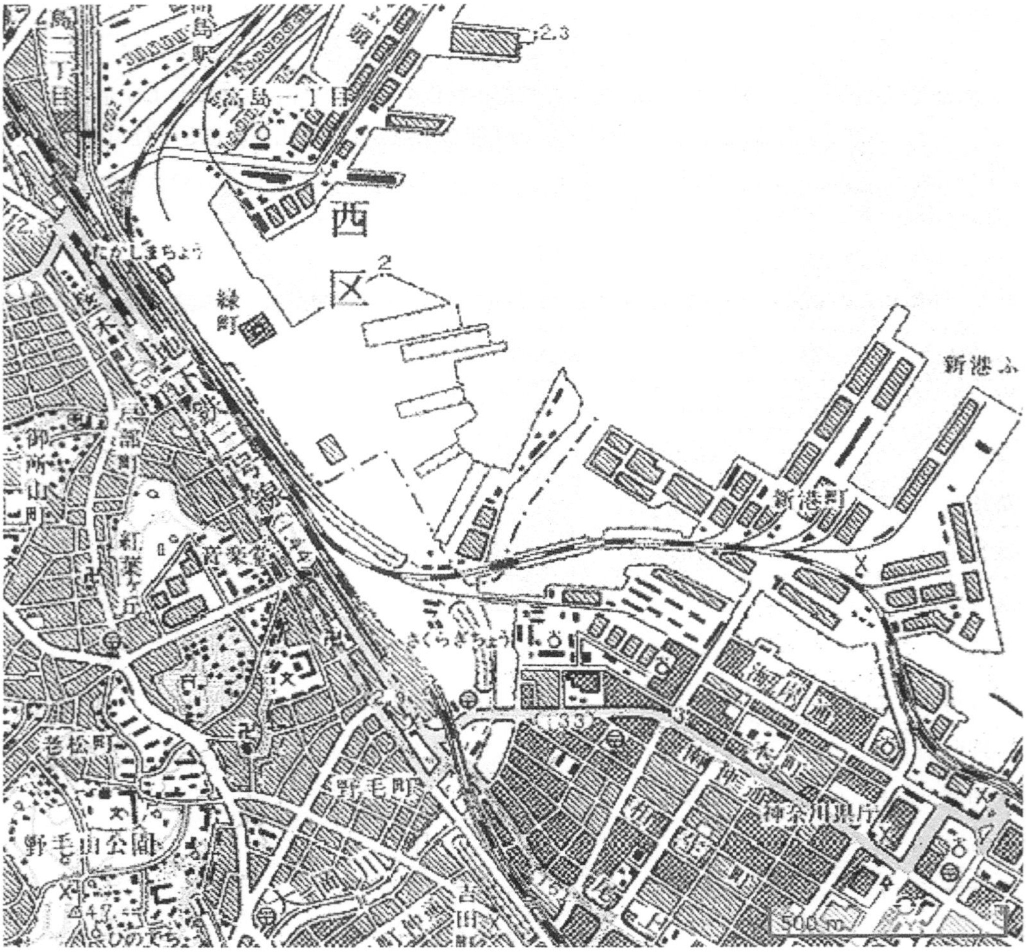

（今昔マップ）

① ［地図Ⅰ］について、現在の「桜木町駅」周辺からは「YOKOHAMA AIR CABIN」というロープウェイが運行している。

② ［地図Ⅱ］中の標高について、「野毛山公園」と最も低いところの差は 40 m以上ある。

③ ［地図Ⅰ］中の「臨港パーク」は、もともとは海だった場所に土砂などを積み上げて干拓してできた場所である。

④ ［地図Ⅱ］中には、港に運ばれた荷物を運ぶための貨物鉄道が通っていたことが分かる。

問2　下線部 B について、浅間山は何県と何県の間に位置していますか。解答らんにあてはまるように答えなさい。

問3　下線部 C について、［表Ⅰ］は即席《そくせき》めんの都道府県別の出荷額上位 10 地域および産出事業所数を示したものです。［表Ⅱ］は地域ごとの即席めんへの 1 世帯あたり年間支出額上位と下位 10 地域と支出額の平均を示したものです。この［表Ⅰ］と［表Ⅱ］から読み取れることとして正しいものを、後の①～④から選びなさい。

［表Ⅰ］即席めんの都道府県別の出荷額上位 10 地域および産出事業所数（従業者 4 人以上の事業所）

都道府県	金額（百万円）	産出事業所数
茨城県	65,329	4
静岡県	54,025	8
群馬県	50,822	5
兵庫県	44,755	8
埼玉県	37,014	3
千葉県	20,662	4
北海道	15,403	6
福岡県	14,833	6
愛知県	14,371	7
佐賀県	10,771	6
全国計	440,913	99

（経済産業省 HP）

［表Ⅱ］ 地域ごとの即席めんへの１世帯あたり年間支出額上位と下位 10 地域

上位地域	年間平均支出額（円）	下位地域	年間平均支出額（円）
鳥取市	3,149	千葉市	1,957
佐賀市	2,813	長野市	1,952
熊本市	2,705	盛岡市	1,943
大分市	2,637	浜松市	1,941
高知市	2,588	札幌市	1,894
北九州市	2,581	仙台市	1,855
新潟市	2,562	秋田市	1,833
福岡市	2,541	前橋市	1,771
山口市	2,485	那覇市	1,685
松江市	2,470	水戸市	1,532

（総務省 HP）

① 即席めん出荷額上位 10 位に入る都道府県では、1 世帯あたりの即席めんへの支出下位 10 地域には入っていない。

② 即席めん出荷額上位 5 位までの都道府県はすべて東日本にある。

③ 即席めんへの年間平均支出額上位 10 位と下位 10 位それぞれに、政令指定都市が含まれている。

④ 年間平均支出額の最大金額と最小金額で、2000 円以上の開きがある。

問4　下線部 D について、次の［写真］は、当時の被災地の様子を写したものです。この災害名を答えなさい。

［写真］当時の被災地の様子

（朝日新聞 HP）

問5　下線部 E と下線部 G について、それぞれの国のハンバーガーのメニューは、各国の宗教に配慮《はいりょ》し、豚肉や牛肉が使用されていません。インドネシアとインドで大多数を占《し》める宗教の組み合わせとして正しいものを、次の①～④から選びなさい。

①　インドネシア…イスラーム　　　インド…ヒンドゥー教
②　インドネシア…ヒンドゥー教　　インド…イスラーム
③　インドネシア…仏教　　　　　　インド…道教
④　インドネシア…道教　　　　　　インド…仏教

問6　下線部 E について、インドネシアのジャカルタ（東経 105 度）でソーセージマックマフィンを食べた花子さんは、現地を 8 月 31 日 20 時に飛行機で出発し、7 時間かけて東京に到着《とうちゃく》しました。東京には何月何日何時に到着しましたか。解答らんにあてはまるように 24 時間表記で答えなさい。なお、サマータイムは考慮しないものとします。

問７　下線部 **F** と下線部 **H** について、**［表Ⅲ］**中の①～④は、世界におけるチーズ・牛肉・豚肉・鶏卵《けいらん》の生産割合上位５か国を示しています。このうち、牛肉と豚肉に該当《がいとう》するものを、**［表Ⅲ］**中の①～④からそれぞれ選びなさい。

［表Ⅲ］世界におけるチーズ・牛肉・豚肉・鶏卵の生産割合上位５か国

	１位	２位	３位	４位	５位
①	中国 34.1%	アメリカ 8.0%	インド 6.9%	インドネシア 5.7%	ブラジル 3.8%
②	中国 38.6%	アメリカ 11.4%	ドイツ 4.8%	スペイン 4.2%	ブラジル 3.7%
③	アメリカ 26.9%	ドイツ 10.3%	フランス 7.4%	イタリア 5.2%	オランダ 4.1%
④	アメリカ 18.1%	ブラジル 14.9%	中国 8.7%	アルゼンチン 4.6%	オーストラリア 3.4%

（『データブック　オブ・ザ・ワールド 2022 年版』より本校作成）

2 次の文章と［表］を見て、後の問いに答えなさい。

中学１年生になった私は、夏の自由研究として曽祖父《そうそふ》から私までの四世代の「生まれた時に何があった？」を調べることにしました。家族で父の田舎に帰省した時に、祖父から直接聞き取りをし、写真や日記、資料などを見せてもらいとても面白かったです。

［表］自由研究のノート

生まれた年	主な出来事	家族や私の記録・感想
曽祖父　1945(昭和20)年	ポツダム宣言を受諾《じゅだく》 A 太平洋戦争の終結 衆議院議員選挙法の改正	とても暑い８月に曽祖父は生まれた 親戚《しんせき》がたくさん亡くなった 女性は緊張していたそうだ
祖父　1967(昭和42)年	B 公害対策基本法の公布 C 吉田茂元首相の国葬 D 非核三原則の表明	都会は大変だと思ったそうだ 体育の日に祖父は生まれた 被爆国として当然だと思ったそうだ
父　1989(昭和64／平成元)年	E 昭和天皇の崩御《ほうぎょ》 F 吉野ヶ里遺跡から銅剣発見 消費税の導入	１月１日生まれの父は昭和生まれだ 家族の誰一人覚えていない １円玉がめんどうだったそうだ
私　2011(平成23)年	東日本大震災の発生 サッカー女子ワールドカップで優勝	３月生まれだったので大変だったそうだ すごいことを成し遂《と》げてくれた

問１　下線部 A について、次の［写真Ⅰ］は戦争の終結直後のものです。［写真Ⅰ］の説明として正しいものの組み合わせを、後の①～④から選びなさい。

［写真Ⅰ］戦争の終結直後の様子

a　ラジオ放送を聞いている。
b　テレビ放送を見ている。
c　広島・長崎に原爆が投下された後のものである。
d　天皇が人間宣言をした後のものである。

①　aとc　　②　aとd　　③　bとc　　④　bとd

問２　下線部 **B** について、次の［**資料Ⅰ**］は小学生の日記です。この日記に記されている公害病がきっかけとなって、この法律が公布されました。この公害病が発生した場所を、［**地図Ⅰ**］の①～④から選びなさい。

［資料Ⅰ］小学生の日記

> ある時、学校でべんきょうをしていたら、へんなにおいがしてきた。先生もおもわずへんなにおいがするねとおっしゃった。家にかえっておかあさんにきくと、今日はとってもガスのにおいがして、ノドがカラカラになり、あかちゃんなんか死にそうになったのだといっていた。私もこのごろ、ノドがよわいせいか、ノドがいたくてたまらない。このままだとみんながそうなってしまうことだろう。一日でよいからきれいな空気をはらいっぱいすってみたいきもちでおります。夏休みには、いなかのおばあちゃんのところへ行ってきれいな空気をみんなの分まですうてきて、私たちのよごれた町の空気を入れかえてやろうと思っている。

［地図Ⅰ］

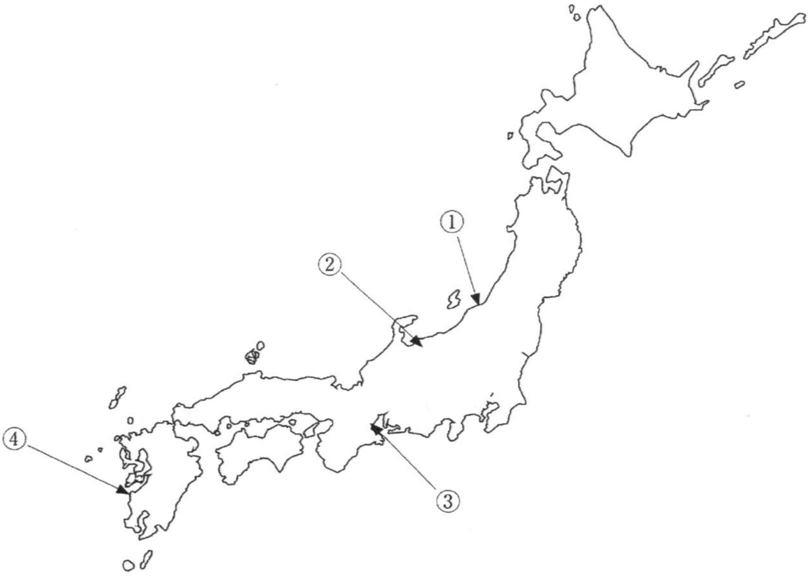

問３　下線部 **C** について、吉田茂が首相の時におきた出来事として正しいものを、次の①～④から選びなさい。

①　ドイツでベルリンの壁《かべ》が崩壊《ほうかい》した。
②　サンフランシスコで平和条約が結ばれた。
③　ニューヨークのビルに航空機が突っ込むテロ事件がおきた。
④　占領下にあった沖縄の日本復帰が実現した。

問４　下線部 **D** について、これを表明したのは佐藤栄作元首相です。首相退任後、彼はある国際的な賞を受賞しました。マンデラ大統領（南アフリカ）、マララ＝ユスフザイ（パキスタン）なども受賞したその賞とは何ですか。７字で答えなさい。

問５　下線部Ｅについて、昭和天皇在位中のある期間のできごとに関して、次の問いに答えなさい。

（１）[グラフ] の期間の年平均経済成長率は10％を上まわりました。この期間を何といいますか。

（２）[グラフ] の期間におきた出来事として誤っているものを、次の①～④から選びなさい。

①　「夢の超特急」として東海道新幹線が開通し、東京～大阪間が４時間で結ばれた。
②　10年間で国民の所得を２倍にするという計画を首相が発表した。
③　「人類の進歩と調和」をテーマとして、大阪で万国博覧会が開催《かいさい》された。
④　京都議定書が採択《さいたく》され、先進国の温室効果ガス排出削減《はいしゅつさくげん》目標が定められた。

[グラフ] 実質経済成長率

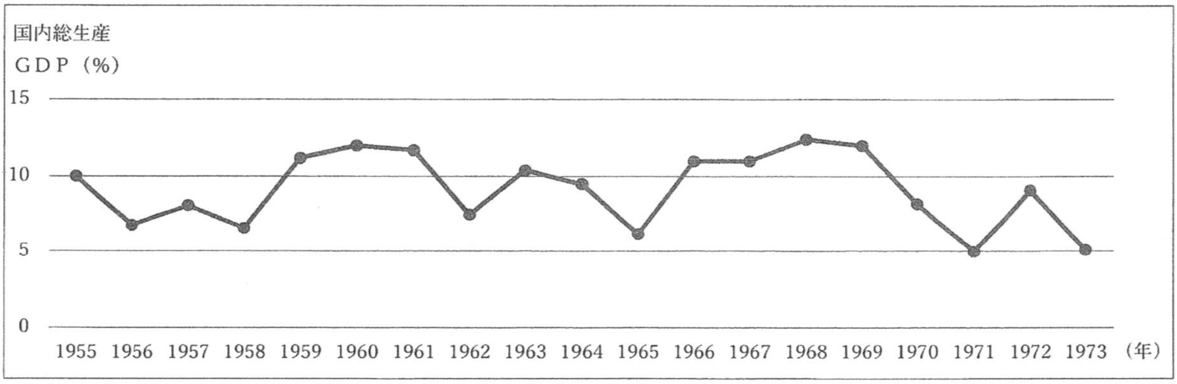

（『国民経済計算年報』などを参考に本校作成）

（３）[資料Ⅱ] は [表] 中の人物の日記です。[表] 中の誰《だれ》の日記ですか。後の①～④から選びなさい。

[資料Ⅱ] [表] 中の人物の日記

　学校が夏休みになったらみんなでりょこうに行きたいとお母さんがいっています。電車はきっぷを買うのがたいへんだから、早くお父さんにめんきょをとってもらいドライブしたいといっています。でもぼくは、白黒でなくカラーテレビでライダーが見たいです。おばあちゃんもうちわでなくクーラーがほしいと言っています。

①　曽祖父　　②　祖父　　③　父　　④　私

問６　下線部Ｆについて、次の問いに答えなさい。

（１）吉野ヶ里遺跡は、女王が統治していた国の集落跡《あと》ではないかといわれています。女王が統治していた国は何といいますか。

（２）[写真Ⅱ] と [地図Ⅱ] を見て、吉野ヶ里遺跡の写真と位置の組み合わせとして正しいものを、後の①～④から選びなさい。

令和６年度　Ｓ特選コース

第１回　入学試験問題（２月１日　午後）

社　会

（※社会と理科２科目60分）

注　意

1　この問題用紙は、試験開始の合図で開くこと。

2　問題用紙と解答用紙に受験番号・氏名を記入すること。

3　答えはすべて解答用紙に記入すること。
漢字で書くべき解答は、漢字で答えること。

4　印刷がわからない場合は申し出ること。

5　試験終了の合図でやめること。

受験番号		氏名	

東京都市大学等々力中学校

3　次の文章を読み、あとの問いに答えなさい。

生物のからだは、「細胞」とよばれる構造が集まったり、細胞１つでできていたりします。

わたしたちは、たくさんの細胞が集まってできている生き物を多細胞生物、細胞１つでできている生物を単細胞生物と呼び分けています。多細胞生物は、成長したり、けがをして新しい部品をつくったりするときに、細胞を増やします。単細胞生物は、自分と同じ生き物を増やすとき、細胞が２つにわかれます。

どちらの場合も、１つの細胞から２つの細胞がつくられます。こうしたはたらきは「体細胞分裂」と呼ばれています。

体細胞分裂や生物の成長は、どのような過程で起こるのでしょうか。観察で確かめてみましょう。

いま、タマネギの種子を湿らせた脱脂綿の上で発芽させました。種子からは、まず根が一本だけ出てきます。【図１】

この芽生えたタマネギの種子を、酢酸カーミンという染色液につけます。酢酸カーミンは、タマネギの細胞の中の「核《かく》」と呼ばれる構造を赤く染める染色液で、核には、その生物の遺伝情報が入っています。酢酸カーミンにつけておいたところ、根の先端《たん》付近(Z)が強く赤く着色されました。

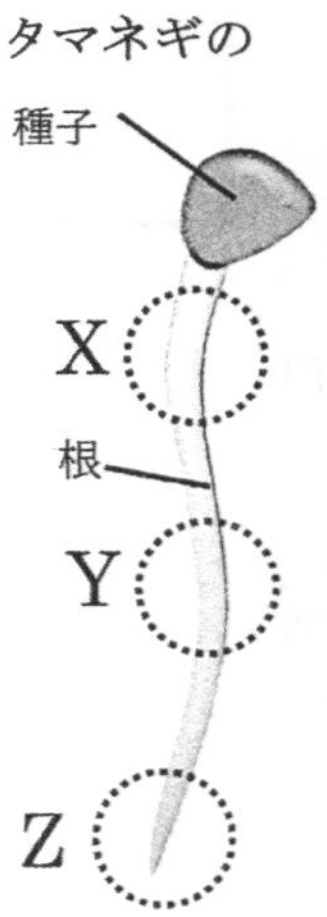

【図１】

観察結果から考察してみましょう。

まず、肉眼で観察した時に、「先端付近(Z)が強く赤く染色された」という観察事実から、次の３つの仮説が考えられます。

・Zの部分の細胞ひとつの(　ア　)のではないか。
・Zの部分の細胞ひとつに(　イ　)のではないか。
・Zの部分の細胞ひとつが(　ウ　)のではないか。

そこで、このタマネギの根を、先端から10㎜付近の場所(X)、5㎜付近の場所(Y)、1㎜付近の場所(Z)でそれぞれ切り取り、この部分の細胞を顕微《けんび》鏡で観察したところ、次の【図２】～【図４】のいずれかの観察結果が得られました。さらに、A核の大きさはX～Zのいずれの細胞でも同じであり、またB細胞１つに含まれる核の数もX～Zで変わらないことがわかりました。

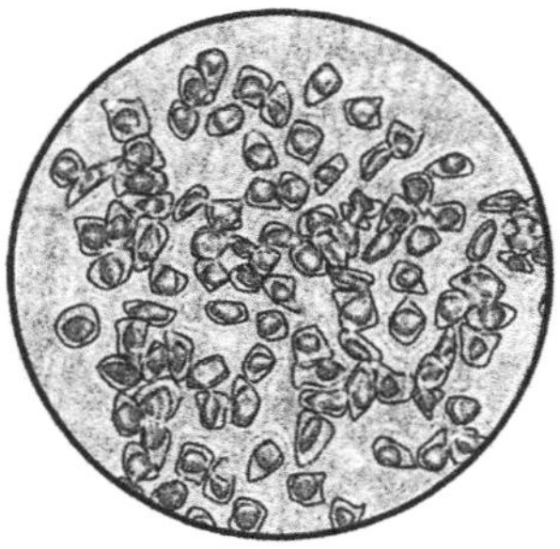
【図２】

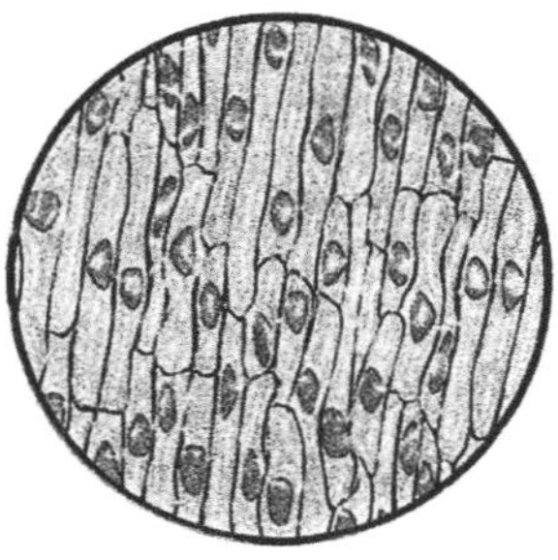
【図３】

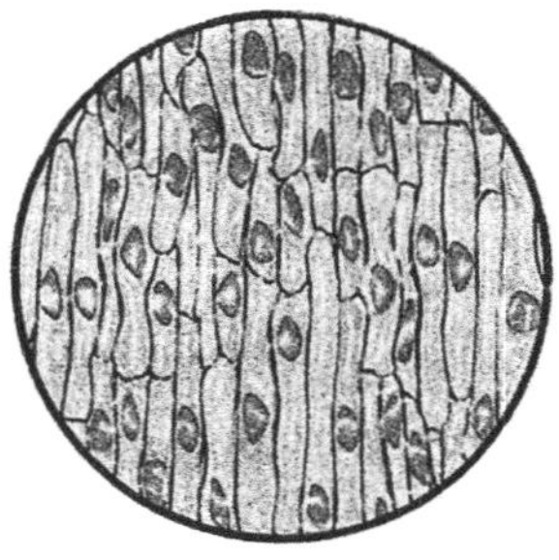
【図４】

これによって、下線部Aより、Zの部分の細胞ひとつの(　ア　)のではないかという仮説は否定できます。また、下線部Bより、Zの部分の細胞ひとつに(　イ　)のではないかという仮説も否定できます。細胞の大きさは、Zの部分だけが異なっていたので、先端付近が強く赤く染色されるのは、Zの部分の細胞ひとつが(　ウ　)からという結論を出すことができました。

牛乳の主な成分（200mL あたり）	
（　ア　）	6.8g
（　ウ　）	7.9g
主に乳糖	9.9g
カルシウム	227mg

最初にできた膜の主な成分	
（　ア　）	20～25%（主にラクトブリン）
（　ウ　）	70%以上
乳糖	少々
カルシウムなど	2%程度

問１　（　ア　）～（　ウ　）に当てはまる語句を答えなさい。ただし、（　ア　）と（　ウ　）には三大栄養素がそれぞれ入ります。

問２　下線部Ａの種類の１つである温泉卵は、約 70℃のお湯に 30 分以上つけておき、白身が黄身よりとろっと柔《やわ》らかくなったものです。もちろん白身も黄身も（　ア　）が主成分ですが、種類の違う（　ア　）でできています。なぜ温泉卵ができるのかを答えなさい。ただし、「約 70℃では～」に続くかたちで答えること。

問３　牛乳の膜の成分が下線部Ｂのようになっている理由を答えなさい。

問４　下線部Ｃにあるように、お父さんと翔子さんは牛乳を温めるとき膜をできにくくするには、どのように温めればよいか考えてまとめました。＜1＞＜2＞の文章の≪ⅰ≫～≪ⅲ≫に適語を入れなさい。

＜1＞電子レンジでコップに入れた牛乳を温めるときは、コップに≪　ⅰ　≫などをして牛乳表面から水分の（　イ　）をできるだけ防ぐと膜ができにくい。

＜2＞ガスコンロ等で温めるときは、できるだけ火は≪　ⅱ　≫にして、お玉などで≪　ⅲ　≫温めると膜ができにくい。

2 次の会話文を読み、あとの問いに答えなさい。

翔子さん：牛乳を温めた時に、表面に浮き出てくる膜《まく》、好きじゃないんだよね。

お父さん：それは（　ア　）の熱変性が原因だね。三大栄養素の一つである（　ア　）は熱を加えると固まったり形を変えたりするんだよ。これを熱変性と言うんだ。（　ア　）はいろいろな種類があるのだけど、熱変性する温度もそれぞれなんだよ。

さて、（　ア　）の熱変性の身近な例は、A ゆで卵だね。ゆで卵はどうやって作るか知っているね。

翔子さん：もちろん卵を殻《から》のままゆでるのでしょう？

お父さん：そうだね。じゃあ牛乳の膜に話を戻すと、牛乳を電子レンジ等で温めるとき、牛乳の温度が 40℃以上になってくると、表面に目にはよく見えないうすい膜ができ始めるんだよ。もっと温度が上がると、明らかに肉眼で確認できるくらいの膜になる。

翔子さん：（　ア　）は温められると熱変性するのに、なんで表面だけにできるの？全体的に固まるんじゃないの？

お父さん：確かにね。牛乳は水分が多く、（　ア　）が全体に広がっているんだ。だけど、牛乳の温度が高くなってくると、その水分が牛乳の表面から（　イ　）するんだ。そうすると、（　ア　）の濃度が濃くなって、固まってくるんだよ。

翔子さん：じゃあ、あの膜は（　ア　）が主な成分なのね？

お父さん：そうでもないらしいんだ。この膜の主な栄養成分を見てみると、B（　ウ　）が 70%以上、（　ア　）が 20〜25%となってるそうだよ。

翔子さん：（　ア　）が一番多いんじゃないの？

お父さん：そうなんだ。父さんもなんでかなと思って、いろいろ調べたり聞いたりしたんだよ。お店で一般的に販売されている牛乳は、ホモジナイズといって、（　ウ　）の粒を小さくしているんだ。高速でかき混ぜたり超音波を当てたりする方法があるそうだよ。こうすることで、（　ウ　）が表面に浮き出ることを抑えている。でも、ホモジナイズしてもやはり比重の関係から（　ウ　）は牛乳の上部の方に多いそうだよ。

ノンホモ牛乳といって、（　ウ　）を細かくしていない牛乳もあるけれど、静置しておくと、（　ウ　）が浮いてきてしまうからよく振ってから飲むと良いらしいんだ。

翔子さん：（　ウ　）が細かくないと、コクがあっておいしいから好きなんだけど。ホモジナイズしなくてもいいんじゃない？

お父さん：そうだね。ホモジナイズしていない牛乳だとバターが作りやすいね。だけどもホモジナイズしないと、口あたりが悪くなったり、牛乳に砂糖や塩を混ぜるときに、均一に混ざらないんだ。

翔子さん：結局のところ、ホモジナイズされた牛乳を温めるときに、牛乳の表面に膜ができないようにするにはどうすればいいの？

お父さん：そうだね。牛乳を温めるときは、表面だけが高温になったり、（　ア　）の濃度が部分的に濃くないようにすると膜ができにくいのだろうね。

翔子さん：C さっそくやってみよう。動かないままなら始まらないから。

海斗くん　：　そうだ、明日の理科の授業ではペットボトルロケットを飛ばすんだってさ。だから家に炭酸飲料のペットボトルがある人は持って来てって言われたよ。

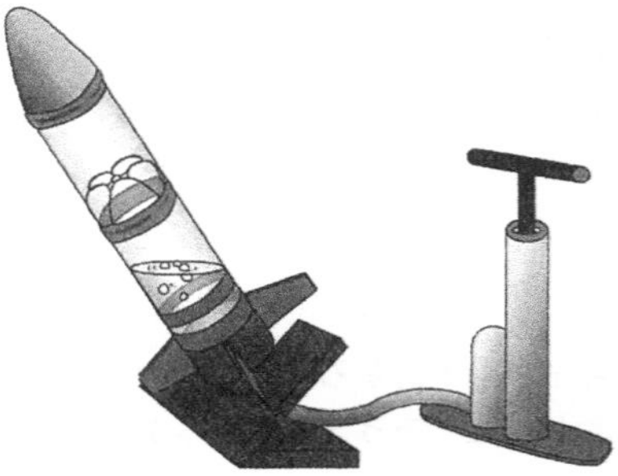

誠也くん　：　そういえば、去年ペットボトルロケット作ったよ！あの時は、たしかロケットの中に水を３分の１くらい入れて、自転車の空気入れを使って中に空気を入れて飛ばしたよ。ロケットが飛び出したときに、すごいいきおいで水を後ろにはき出しながら飛んで行ったのをよく覚えてるなぁ。

海斗くん　：　そうなんだー、じゃあ、お兄ちゃんよりも遠くに飛ばしたいから、お兄ちゃんよりもペットボトルの中に水を多く入れて、半分くらい入れてやってみようかな…。

誠也くん　：　やめた方がいいよ！それじゃあ、たぶん水が多すぎて遠くに飛ばないと思うよ…。

海斗くん　：　そうなんだ…。身の周りには「空気や水の性質」を利用したものって他にもあるの？

誠也くん　：　自転車のタイヤとか、霧吹《きりふ》きとか、お湯をわかす電気ポットもそうだよ！ほら、この豆腐《とうふ》もそうだよ！

問１　**実験１**のような結果になったのはなぜですか。他の実験結果などを参考にしながら説明しなさい。

問２　文中の空欄［　A　］に当てはまる文として正しいものを、次のア～エのうちから１つ選び、記号で答えなさい。

ア　①のときより、さらによく飛んだ。

イ　①のときとほとんど変わらなかった。

ウ　①のときより、飛ぶ距離が少しだけ短くなった。

エ　①と比べると、ほとんど飛ばなかった。

問３　誠也くんが下線部のように答えたのはなぜだと考えられますか。その理由を説明しなさい。

問４　豆腐をそのまま何個も重ねると、下の豆腐はつぶれてしまいます。しかし、スーパーマーケットなどで売られているとき、豆腐の容器が何個も重なって置かれているのを見かけます。なぜ容器を何個も重ねても、中のやわらかい豆腐はつぶれないのでしょうか。どのような工夫がされているのか、なぜそのような工夫をすることでつぶれにくくなるのかを、左ページの学校の実験を参考にして説明しなさい。

1　夏の暑い日に、誠也くんは、弟の海斗くんと一緒に家の庭で、水鉄砲《みずでっぽう》（ウォーターガン）を使って遊ぶことにしました。家には、水をポンプに入れて引き金を引いて飛ばすタイプのものと、水をタンクに入れたあとに空気を圧縮《あっしゅく》しながら加えて水を飛ばすタイプの２種類があることがわかりました。

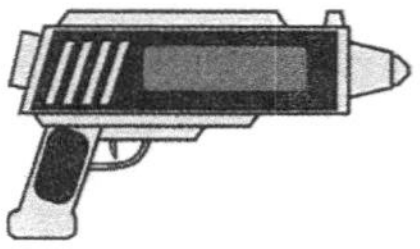

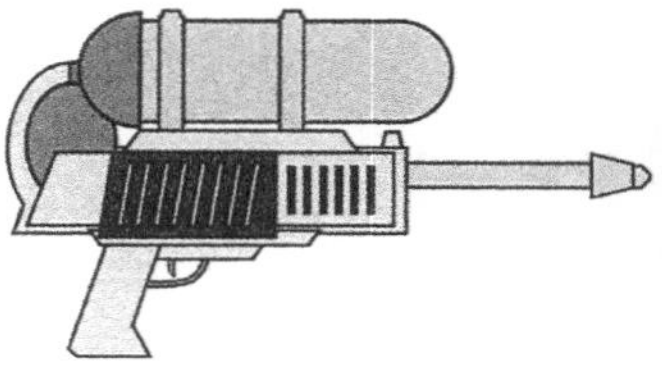

海斗くん　：　お兄ちゃん、水鉄砲で遊ぼうよ！
誠也くん　：　いいよ。海斗はどっちの水鉄砲がいい？
海斗くん　：　こっちのタンクがある方がいいなー。こっちの方が遠くまで飛ぶし、いきおいよく水が飛び出すんだよ！実は今日の理科の授業で習ったんだ。
誠也くん　：　へー、他にどんなこと習ったの？教えてよ～。
海斗くん　：　いいよー。今日はいろいろ実験やったんだ！これが実験結果をまとめたものだよ。

今日の学校の授業でやった実験

実験１　ビーチボールのはずみ方

ビーチボールを教室の床ではずませたとき、空気があまり入っていないボールよりも空気がたくさん入っているボールの方がよくはずんだ。

実験２　注射器《ちゅうしゃき》のピストンを手で押す

<注射器の中に空気を閉じこめた場合>
・手でピストンに力を加えて押すとピストンが下がっていった。
・ピストンを押せば押すほど手ごたえが大きくなった。
・ピストンを一番下まで押し下げようとしたが、押し下げることはできなかった。
・ピストンが下がった分だけ注射器の中の空気の体積が小さくなった。
・ピストンに力を加えるとピストンが下がり、手をはなすと、ピストンは上がり、押す前と同じところまで戻って止まった。

<注射器の中に水を閉じこめた場合>
・手でピストンに力を加えて押したが、ピストンはまったく下がらなかった。

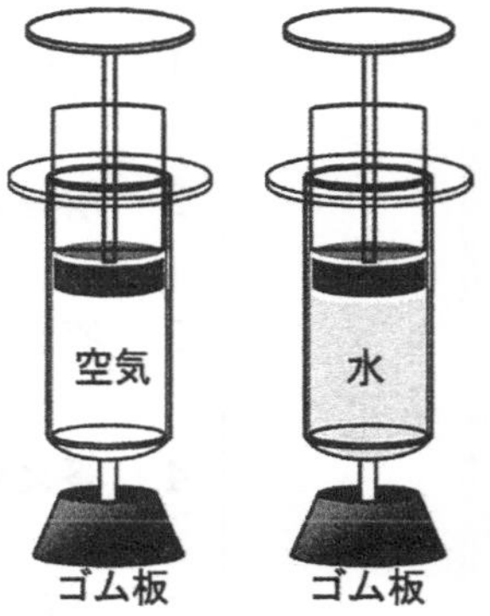

実験３　空気鉄砲

筒《つつ》と２個の玉（前玉と後玉）を用いて空気鉄砲を組み立て、後玉の位置を変えて、前玉の飛び方のちがいを調べた。

①後玉を棒でいきおいよく押すと、前玉がいきおいよく飛び出した。
②後玉の位置が後ろにあると前玉の飛び方は強く、前の方にあると飛び方は弱かった。
③筒の中を全部水で満たして①と同じように押したとき、前玉の飛び方は[A]。

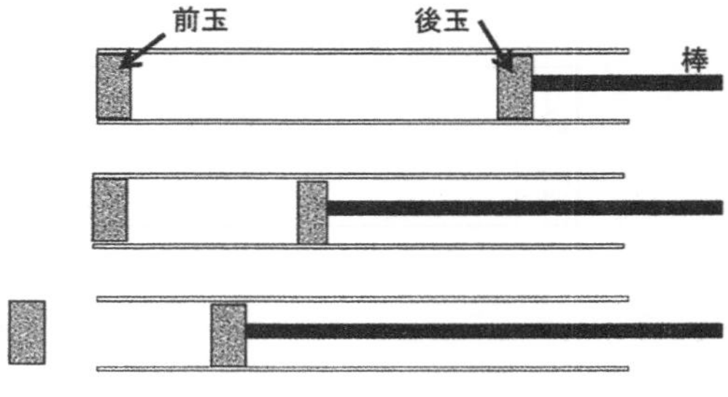

令和６年度

S特選コース

第１回　入学試験問題（２月１日　午後）

理　　科

（※理科と社会２科目60分）

注　意

1　この問題用紙は試験開始の合図で開くこと。

2　解答用紙に氏名・受験番号を記入し受験番号をマークすること。

3　答えはすべて解答用紙の枠内に記入すること。

4　答えに単位が必要なものは、単位をつけて答えること。

5　印刷が不鮮明な場合は申し出ること。

6　試験終了の合図でやめること。

受験番号		氏名	

東京都市大学等々力中学校

3　整数Ａと，１以上９以下の整数Ｂについて，

①　ＡをＢで割った商と余りのうち，余りを書く。
②　①の商をＢで割った商と余りのうち，余りを①で書いた数の左に書く。
③　②の商をＢで割った商と余りのうち，余りを②で書いた数の左に書く。

・
・
・

この作業を商が０になるまで繰《く》り返し，最終的に書かれた数の列を（Ａ，Ｂ）で表すことにします。

（例１）$A = 125$，$B = 7$ のとき，
$125 \div 7 = 17$ あまり 6，$17 \div 7 = 2$ あまり 3，$2 \div 7 = 0$ あまり 2
であるから，（125，7）は 236

（例２）$A = 135$，$B = 5$ のとき，
$135 \div 5 = 27$ あまり 0，$27 \div 5 = 5$ あまり 2，$5 \div 5 = 1$ あまり 0，$1 \div 5 = 0$ あまり 1
であるから，（135，5）は 1020

次の問いに答えなさい。

（１）（2024，9）はいくつですか。

（２）（Ａ，7）が 3561 となるとき，整数Ａはいくつですか。

（３）（Ａ，5）が５文字となるとき，Ａのとり得る最大の数はいくつですか。

2 次の □ に当てはまる数を答えなさい。

（1）三角形ＡＢＣの面積は１cm^2です。辺ＡＢ上，辺ＡＣ上にそれぞれ点Ｄ，Ｅがあり，

ＡＤ：ＤＢ＝４：３，ＡＥ：ＥＣ＝１：１です。このとき三角形ＢＤＥの面積は □ cm^2です。

（2）Ａ君，Ｂ君，Ｃ君の３人の体重の比について，Ａ君とＢ君は12：11，Ａ君とＣ君は６：７で３人の体重の和は185kgです。このときＢ君の体重は □ kgです。

（3）右の展開図を組み立てた立体の体積は

□ cm^3です。

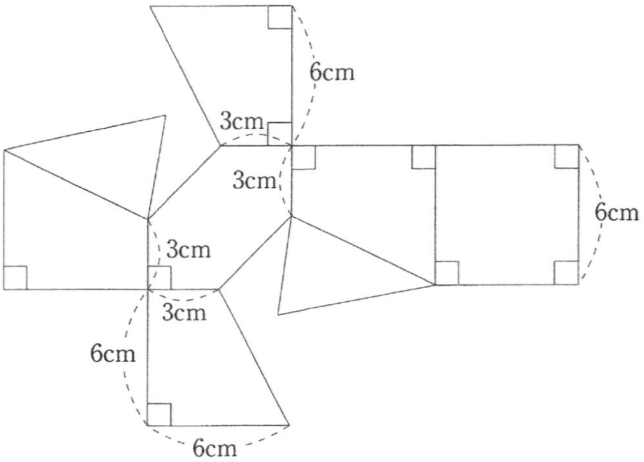

（4）２つの整数ａとｂについて，次の条件が成り立ちます。

【１】ａとｂの最小公倍数は240

【２】ａとｂをかけると1440

ａよりｂが大きいとき，ａとｂの組み合わせは全部で □ 通りあります。

（5）Ａ，Ｂ，Ｃ，Ｄの４人が1500ｍの徒競走をし，そのときの結果について次のように話しています。

Ａ「Ｃがゴールしたとき，私はゴールまで375ｍの地点にいた」

Ｂ「私がゴールまで半分の地点で，Ｄより30ｍ先を走っていた」

Ｃ「私はＢより50秒早くゴールした」

Ｄ「私は秒速4.8ｍで走った」

このとき，Ａの走る速さは秒速 □ ｍです。

ただし，４人はスタートからゴールまでそれぞれが一定の速さで走ったものとします。

1 次の $\square$ に当てはまる数を答えなさい。

（1）$\left\{0.1+2\dfrac{3}{10}+\left(\dfrac{3}{4}-1.1\times0.5\right)\right\}\times\dfrac{1}{5}=\square$

（2）$1.4\times2.3+1.6\times1.7+1.7\times1.4+2.3\times1.6=\square$

（3）$\dfrac{1}{92}-\dfrac{\square}{2024}=\dfrac{1}{1012}+0.625\times\dfrac{1}{23}\times\left(2.5-\dfrac{53}{22}\right)$

令和６年度　S特選コース

第１回　入学試験問題（２月１日　午後）

算　　　数（50分）

注　　意

1　この問題用紙は、試験開始の合図で開くこと。

2　問題用紙と解答用紙に受験番号・氏名を記入すること。

3　答えはすべて解答用紙に記入すること。

4　印刷がわからない場合は申し出ること。

5　試験終了の合図でやめること。

受験番号		氏名	

東京都市大学等々力中学校

こうして、小さいものからはじまったその系統は、時間とともにさまざまな動物を生みだしていく。サイズもいろいろと変化するが、もともとが小さかったのだから、多様性が増すにつれ、サイズの大きいものが後から出現するのは当然だ。だから大きいものだけに注目すればコープの法則が成り立つが、それは多様さが増したことの一面を見ているにすぎない。ある時代に生きていたアンモナイトの化石のサイズの分布図を描き、このような図をいろいろな時代について作って比べると、確かに時代とともに最大のサイズは大きくなるが、サイズ分布の中央値は、時代が変わってもほとんど変化していない。

コープの法則の述べている事実は正しい。しかし、この事実だけを聞くと「定向進化説」(注9)や「大きいことはいいことだ説」という誤った考えに陥りやすい。⑤科学というものは自然の一面だけを切りとってきて考えるという性癖《せいへき》をもっている。一面だけの事実が指し示す方向が、必ずしも正しい方向ではないことを、いつも忘れないようにしたいものだ。

(本川 達雄「ゾウの時間 ネズミの時間―サイズの生物学」より)

(注1)「恒温性」……………温度が一定であること。
(注2)「三乗」………………同一の数を三回掛け合わせること。
(注3)「二乗」………………同一の数を二回掛け合わせること。
(注4)「恒時性」……………つねに定まっていて変わらないこと。
(注5)「よしなしごと」……つまらないこと。とりとめもないこと。
(注6)「ハーレム」…………ここでは、一匹の雄が複数の雌を付き従わせること。
(注7)「スタンレー」………アメリカの生物学者。
(注8)「霊長類」……………人間を含めたサルの仲間のこと。
(注9)「定向進化説」………生物は、特定の方向に進化しようとする性質が本来備わっているとする説。

問一、――線①「同じ原理」とありますが、何と何が「同じ原理」なのですか。それを説明したものとして最も適当なものを次から選び、記号で答えなさい。

ア、サイズの大きい動物ほど環境の影響を受けやすい。このよい例が体温で、風呂のお湯は暖めるのに時間がかかるが、さめるのもゆっくりであることと同じ原理である。

イ、サイズの大きい動物ほど環境の影響を受けやすい。このよい例が体温で、茶碗のお湯はすぐさめるが、暖まるのも早いことと同じ原理である。

ウ、サイズの大きい動物ほど環境の影響を受けにくい。このよい例が体温で、環境の急激な温度変化には対応できないことと同じ原理である。

エ、サイズの大きい動物ほど環境の影響を受けにくい。このよい例が体温で、茶碗のお湯より風呂のお湯の方がさめるのもゆっくりであることと同じ原理である。

問二、[A]～[D]に入る言葉の組み合わせとして最も適当なものを次から選び、記号で答えなさい。

ア、A―大きく　B―小さく　C―大きい　D―小さい

イ、A―大きく　B―小さく　C―小さい　D―大きい

ウ、A―小さく　B―大きく　C―大きい　D―小さい

エ、A―小さく　B―大きく　C―小さい　D―大きい

問三、[E]にあてはまる言葉として最も適当なものを次から選び、記号で答えなさい。

ア、だから　イ、つまり　ウ、なぜなら　エ、たとえば

問四、[F]・[G]にあてはまる言葉を【文章Ⅱ】の中から[F]は三字、[G]は二字で探し、それぞれ抜き出して答えなさい。

問五、――線②「相対的に少ない」とありますが、何と比べて「相対的に少ない」のですか。【文章Ⅱ】の中から九字で探し、抜き出して答えなさい。

問六、――線③「アザラシの例に典型的に見られる」とありますが、どういうことが「典型的に見られる」のですか。【文章Ⅱ】の――線③より前から十五字以内で探し、抜き出して答えなさい。

問七、――線④「コープの法則は正しい」とありますが、どういう点で正しいと言えるのですか。【文章Ⅱ】の中の言葉を使って、三十五字以上四十五字以内で答えなさい。ただし、「大きい」・「小さい」という言葉を必ず使うこと。

問八、――線⑤「科学というものは自然の一面だけを切りとってきて考えるという性癖をもっている」とありますが、このことに対する筆者の考えとして最も適当なものを次から選び、記号で答えなさい。

ア、一面だけを切り取って考え、証明することによって、普遍的な法則を発見できる。
イ、一面だけを切り取って考え、さらにその面を深く掘り下げて考える必要がある。
ウ、一面だけを切り取って考えるだけでなく、他の面を否定する必要がある。
エ、一面だけを切り取って考えるだけでなく、他の面からも考える必要がある。

問九、【文章Ⅰ】・【文章Ⅱ】の内容にあてはまるものを次から二つ選び、記号で答えなさい。

ア、大きなサイズの種は、小さなサイズの種よりつねに優位な立場をとっている。
イ、小さなサイズの種は、食事時間が長く、大きなサイズの種に比べて余裕がない。
ウ、進化は、小さなものからつねに始まり、大きなものから始まることはない。
エ、コープの法則は、現代生物学にも通用する画期的な法則である。
オ、コープの法則は、進化の過程について一部分ではあてはまるが、全体にはあてはまらない。
カ、恒温動物も変温動物も、大きなサイズの種は、正確な運動や細かい制御を容易にできる。

四 中学二年生の生徒が、「自己発見と共生の旅」で福島を訪れるにあたり、現地の状況を調べ、いくつかの意見をまとめました。
次の文章は、【資料】から読み取れたことを文章にしたものです。生徒同士の会話もあわせて読み、あとの問いに答えなさい。

> 全体として八割弱が被災地での「防災意識の薄れ」を感じている結果となった。主な理由としては、「同規模の災害が起きていないこと」が挙げられる。「注意報や避難情報が頻繁《ひんぱん》で慣れてしまった」との回答も少なくないことから、「警報慣れ」している実態もうかがえる。

生徒A――東日本大震災から十年以上経って、被災地の方たちにも、防災意識の変化は当然あったってことだよね。
生徒B――そりゃそうだよ。震災を経験していない層も、確実に増えているしね。
生徒C――「［Ⅰ］」に関しては、「防災意識の薄れ」をどう感じるかで、両極端の結果が出ているね。
生徒D――逆に考えれば、この点には、両面あるってことだから、よく考えなければいけないことなのかも。
生徒E――【資料B】で「防災意識の薄れが［Ⅱ］」のが「十八～二十九歳」だったのは意外だったな。
生徒A――それって、【資料E】の「［Ⅲ］事業」がうまく機能してるってことではないの？
生徒B――そうかな。その割に、県として充《あ》てる金額は、他の項目に比べて少ないんじゃない？
生徒C――【資料F】の「震災遺構」も、その表れかもしれないな。［Ⅰ］には欠かせないはずなのに、先行きは明るくないみたい。
生徒D――これじゃ、いくら「教育旅行復興」事業が軌道《きどう》に乗っても、真の復興にはつながっていかないんじゃないのかな？
生徒E――震災遺構を「［Ⅳ］」と位置づけ、被災地に住む人に限らず、［Ⅴ］を持つことがまず必要だと思う。

問一、［Ⅰ］にあてはまる内容を【資料C】・【資料D】から探し、抜き出して答えなさい。
問二、［Ⅱ］にあてはまる言葉を五字以内で考えて答えなさい。
問三、［Ⅲ］にあてはまる内容を【資料E】の中から探し、抜き出して答えなさい。
問四、［Ⅳ］にあてはまる言葉を【資料F】の中から七字で探し、抜き出して答えなさい。
問五、［Ⅴ］にあてはまる言葉として最も適当なものを次から選び、記号で答えなさい。
ア、被害者意識　イ、加害者意識　ウ、当事者意識　エ、大人目線　オ、傍観者《ぼうかんしゃ》目線　カ、子ども目線資料Ａ　震災から12年。被災地の防災意識は薄れていると思いますか？

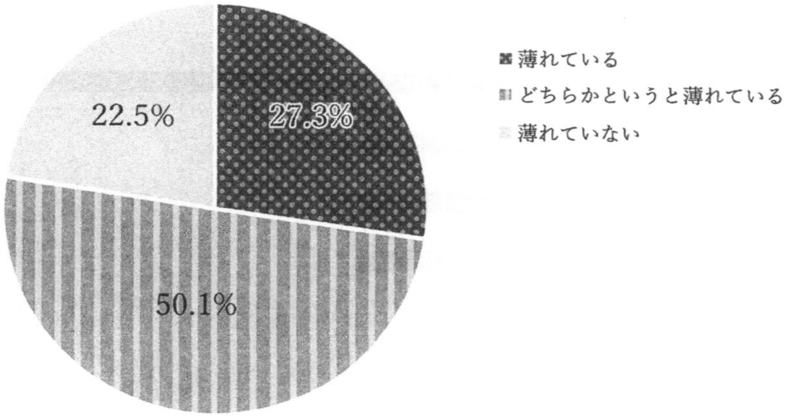

（出典：2023年2月17日～2月20日　　岩手・福島・宮城在住の18～69歳　1500人を抽出、インターネットによるアンケート　応用地質株式会社より作成
単一回答）

資料Ｂ　防災意識について（資料Aの年代別データ）

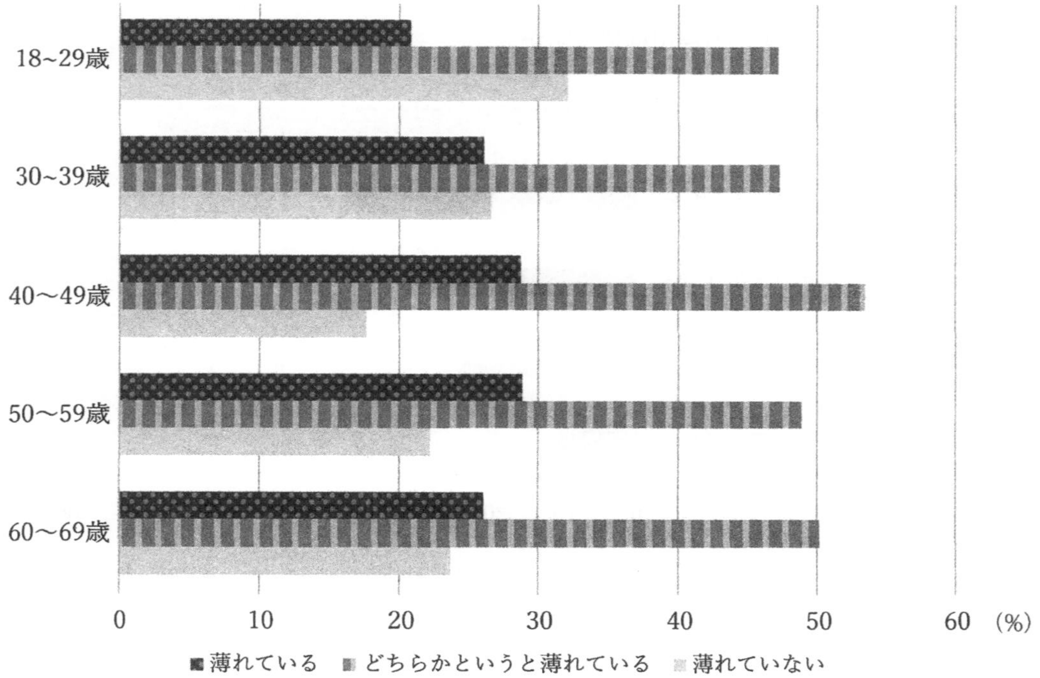

（出典：応用地質株式会社のアンケートより作成）

資料C　「薄れている」「どちらかというと薄れている」と感じる理由は何ですか？

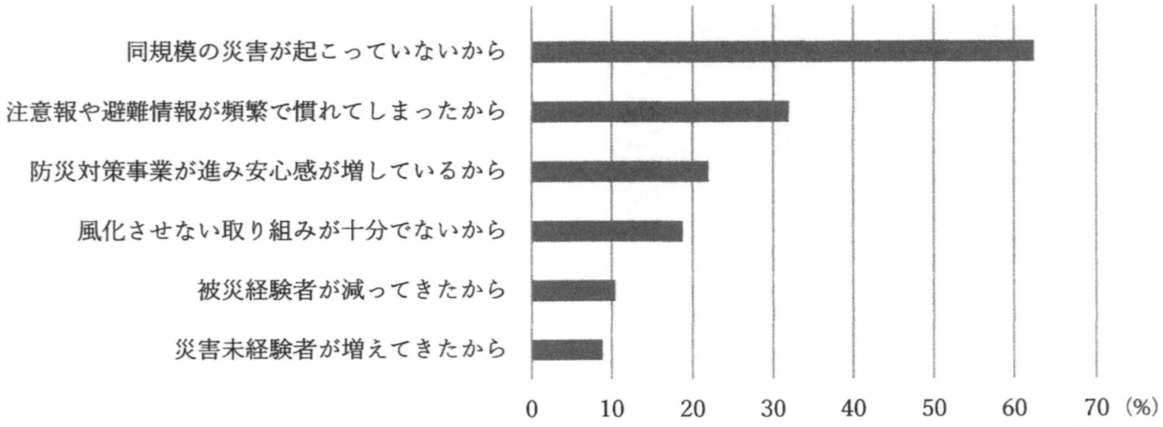

(出典:応用地質株式会社のアンケートより作成　複数回答/1162回答)

資料D　「薄れていない」と感じる理由は何ですか？

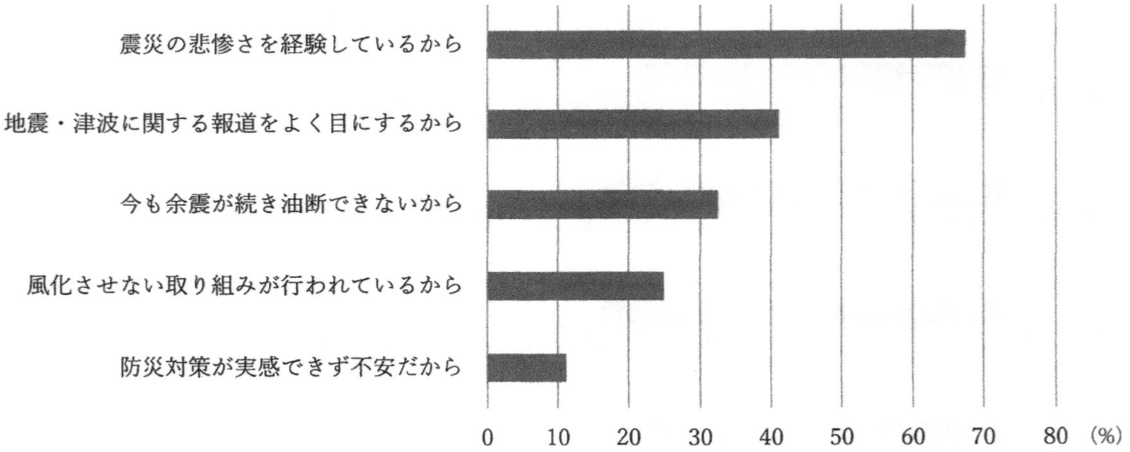

(出典:応用地質株式会社のアンケートより作成　複数回答/338回答)

資料Ｅ　令和５年度　福島県風評・風化対策主要事業

◆県産品の販路回復・開拓（ブランド力の強化と販路の拡大）

＜拡充＞県産品風評風化対策事業	71,309千円
＜拡充＞ふくしま県産品再生支援事業	42,634千円
＜拡充＞「売れるデザイン」(注1)イノベーション事業	17,282千円
＜新規＞福島ならではの農林水産物高付加価値化推進事業	135,745千円
＜拡充＞(注2)第三者認証ＧＡＰ等取得促進《そくしん》事業	299,894千円
＜継続＞ふくしまの園芸人育成・魅力発信事業	11,585千円
＜継続＞福島県水産物競争力強化支援事業	565,000千円

◆観光誘客の促進（来て、見て、実感できる多様な取組の推進）

＜拡充＞福島ゆかりの(注3)コンテンツによる地域活力創造事業	53,095千円
＜継続＞「来て。乗って。」絶景、只見《ただみ》線利活用事業	138,069千円
＜拡充＞ホープツーリズム運営・基盤整備事業	173,865千円
＜継続＞教育旅行復興事業	301,677千円
＜拡充＞福島(注4)インバウンド復興対策事業	254,882千円
＜拡充＞海外風評払拭《ふっしょく》情報発信事業	22,000千円
＜拡充＞ふくしま(注5)インフラツーリズム推進事業	25,000千円

◆国内外への正確な情報発信（ふくしまの今と魅力の発信）

＜拡充＞チャレンジふくしま戦略的情報発信事業	438,683千円
＜拡充＞風評・風化対策強化事業	76,740千円
＜新規＞戦略的復興関連情報発信事業	42,940千円
＜拡充＞(注6)相双地域の魅力戦略的情報発信事業	40,933千円
＜新規＞「転職なきふくしまぐらし。」推進事業	166,976千円
＜継続＞チャレンジふくしま消費者風評対策事業	145,142千円
＜拡充＞チャレンジふくしま世界への情報発信事業	53,086千円
＜拡充＞次世代へつなぐ震災伝承事業	11,419千円
＜拡充＞震災と復興を未来へつむぐ高校生語り部事業	18,162千円

(注1)「イノベーション」…………新たな価値を生み出すこと。
(注2)「第三者認証ＧＡＰ」………第三者機関の審査により確認された農場に与えられる認証のこと。
(注3)「コンテンツ」………………教養や娯楽の情報の内容。
(注4)「インバウンド」……………外から中に入ってくること。
(注5)「インフラツーリズム」……公共施設を観光すること。
(注6)「相双地域」…………………福島県浜通りの中北部に位置し、南北に長い地域のこと。

（出典：福島県ホームページより作成　http://www.pref.fukushima.lg.jp）

資料Ｆ　震災遺構、長期維持《いじ》に費用の課題　風化とコロナで来場減

東日本大震災の教訓を将来に受け継ぐ「震災遺構」が維持管理費の壁に直面している。国の支援制度はなく、管理する自治体は入館料や寄付金などで負担軽減を図るが、震災から10年がたち風化の影響は深刻だ。足元では新型コロナウイルスの感染拡大も影を落とし、社会全体によるサポート環境の充実が求められている。

校舎4階まで津波が到達した宮城県気仙沼向洋高旧校舎（気仙沼市）。窓ガラスのない建物に風が吹き込み、3階の教室に流されてきた車やがれきがそのまま残るなど津波の脅威《きょうい》を無言で物語る。2019年3月に「東日本大震災遺構・伝承館」として開館した。

20年度は目標を上回る約8万1千人が訪れたが、人件費や修繕費《しゅうぜんひ》など施設の維持管理に年間約5500万円かかり、約1300万円は入館料などで賄《まかな》えず市が負担した。市の担当者は「全国から修学旅行生が訪れる防災教育の拠点《きょてん》。長期的な運営のため、財政支援が必要だ」と訴《うった》える。

東日本大震災で被災した各地の震災遺構は、災害の教訓を後世に伝えて防災意識を高める地域の拠点だ。国は復興事業として13年に保存費用の支援を始め、これまでに9件の整備を支援したが、維持管理費は対象外のため自治体や運営団体が負担している。

岩手、宮城、福島の被災3県で整備済みか今後整備を終える主な遺構17件のうち、7件が入館を既《すで》に有料にしているか今後有料化する方針。岩手県陸前高田市は今後オープンする気仙中など2カ所の内部見学について、ガイド同伴《どうはん》を条件とした上で案内料の支払いを求めることを決めた。

（中略）

風化に加え、新型コロナも深刻な影響を与える。伝承館は20年春に2カ月近く開館を諦《あきら》め、同年4月から21年1月にかけての来場者数は前年同期比で6～7割減った。「大型連休中の休館が響いた」（佐藤克美館長）

関西大の永松伸吾教授（防災政策）は、遺構について「被災地以外からも『教訓を伝えるために残すべきだ』との声が上がった。国民全体の財産だ」と強調。自然災害の激甚化《げきじんか》や南海トラフ巨大地震などの発生が懸念《けねん》されるなか、防災意識を高める震災遺構は将来の災害で犠牲者を減らす事業だと指《し》摘《てき》する。

その上で「維持費を自治体だけの問題にせず、社会全体で負担を分かち合うべきだ」と訴えている。

（出典：「日本経済新聞」2021年3月8日記事（共同通信配信）より抜粋）

令和6年度　特選コース

第1回　入学試験問題（2月1日　午前）

国語（50分）

注意

1　この問題用紙は、試験開始の合図で開くこと。
2　問題用紙および解答用紙に受験番号・氏名を記入すること。
3　答えはすべて解答用紙に記入すること。
4　**字数制限のある場合は、特別な指示がない限り、すべて句読点や「」（）などの記号を含んだ字数として解答すること。**
5　印刷がわからない場合は申し出ること。
6　試験終了の合図でやめること。

東京都市大学等々力中学校

受験番号		氏名	

一　次の――線の漢字はひらがなに、カタカナは漢字に直して答えなさい。

1、常夏の島に移住する。
2、一切の責任を負う。
3、神の化身となる。
4、日本は極東の国だ。
5、父が会社を営む。
6、シュシャ選択をせまられる。
7、世の中にカクメイを起こす。
8、ヨウシの整った人。
9、大きなソンガイを受ける。
10、すっかり日がクれる。

二　次の文章を読んで、あとの問いに答えなさい。

麻生人生《あそうじんせい》は二十四歳のフリーターである。高校生の時、いじめにあって不登校になり、引きこもりになってしまった。大好きだった祖母マーサさんからの年賀状には、余命数ヶ月でもう一度会いたいと書かれてあり、人生は祖母に会いにいく。しばらくしてマーサさんは認知症になってしまう。

そう口をはさんだのは、つぼみ(注1)だった。
田端(注2)さんを警戒してひと言も口をきかなかったのに、ばあちゃんに呼応するかのように、田端さんの言葉に反応したのだった。
「おばあちゃん、もと通りになるのかな」
消え入りそうなか細い声。田端さんは微笑んで答えた。

「そうだね。そう信じて、話しかけてあげるといいよ」

いくら話しかけても、一生けんめい尽くしてあげても、無反応。介護をする家族にとって、それがいちばん辛《つら》いことに違いない。どうせ治らないんだから、話しかけるだけ無駄だ。そんなふうに考えてしまうのが、介護する側にもされる側にも、実はいちばんよくないんだよ、と田端さんは言った。

「君たちが、おばあちゃんに笑いかけて、おばあちゃんの大好きなことを話してあげて、そしていつも『ありがとう』って言い続けたら、それは絶対におばあちゃんに伝わるはずだよ。もうもとには戻らない、とは決して考えずに、具体的で、現実的な希望をひとつでも持つことが大切なんだ。どんな小さなことでもいい。明日目が覚めたら、おばあちゃんが何か話してくれるかも。笑ってくれるかも、ってね。おばあちゃんの田んぼでお米がとれたら、おにぎりを作ってくれるかも、とか」

どんなことでもいいんだよ。普通の人にとっては、別にどうってことないかもしれないけど、君たちにとっては、こんなことがあったらいいなあ、と思えるような、小さな希望で。

人生は、田端さんの一言一句に、①自分の耳が、心が震えるのを感じた。

具体的で、現実的な希望。小さな希望。

そうだ。おれ、ばあちゃんの作ってくれるおにぎりが食べたい。ばあちゃんは、おれが梅干しを苦手なことをちゃんとわかってくれていて、味噌とか佃煮《つくだに》とかを入れてくれた。ごろんと大きくて、しっとりと海苔が巻いてある、あのおにぎり。

いまはもう、どんなに望んでも、食べられなくなってしまったおにぎり。

同時に、人生の脳裡《のうり》に浮かんだのは、母が作ってくれたおにぎりだった。

かつては、母が漬《つ》けた梅干しを入れたおにぎりが何よりの好物だった。いまとなっては、あのおにぎりもまた、二度と食べることはできないのだ。

たったひとつのおにぎりは、たとえどんな高級レストランに行っても、決して手に入れられないものになってしまった。

「おれ、ばあちゃんのおにぎりが食べたい」

人生は、無意識に、そうつぶやいた。

「でもって、おれも、自分で作ったお米で、ばあちゃんにおにぎりを作ってあげたい」

志乃[注3]さんの隣に、身を隠すように座っていたつぼみが、「あたしも……」と、また消え入りそうな声を出した。

「あたし、料理、下手だけど。毎日作っても、全然、おばあちゃんみたいに上手になれないけど。でも、あたしもいつか、自分のお米で、おばあちゃんに、おにぎりを作ってあげたい……」

志乃さんと田端さんは、目を合わせて微笑んだ。田端さんは、「そう。そういうのが、いいんだ」と明るい声で言った。

「それ、すごく具体的で、現実的じゃないか。決してかなわない夢じゃない。がんばれば、きっと手が届く②『希望』だ」

そのとき、ばあちゃんが、大きく、こっくりとうなずいた。人生とつぼみは、③目を見開いてばあちゃんを見た。ばあちゃんは、小舟でも漕《こ》ぐように、もうひとつ、大きくうなずいた。けれど、やはり、目は虚《うつ》ろだった。

囲炉裏《いろり》に掛かっていた鉄瓶《てつびん》の湯でそば茶をいれ、そのまま、皆で話しこんだ。

田んぼ作り、米作りのためには村人たちの好意に甘えなければならない。特に、田植えは格別に大変だ。ばあちゃんは、近所の田植えが終わって一、二週間後に「自然の田んぼ」の田植えをすることにしていた。この時期は、農家の人は目が回るほど忙しいのだから、ばあちゃんもひどく気を遣っていたようだ。

「でもまあ、若い衆たちも、④マーサさんの田んぼは特別だからって、結構楽しみにしてたみたいよ。たった一反だから、みんなでやればそんなに負担じゃなかったしね。何より、田植えが終わったあとに、この家で酒盛りするのが、米作り期間の『中締め』みたいで、楽しかったんじゃないかな」

そう言って、志乃さんは思い出し笑いの顔になった。

六月には、雨で崩れてしまう畦《あぜ》の修復をしたり、シカよけを作ったりする。「この辺に住んでる人間の数より多いくらいだからね」と、志乃さんはア真顔で言った。

七月には、三日に一度、田んぼの草取りをする。イ農薬を使わないから、ウ雑草がどんどん伸びてくる。稲との生存エ競争で、稲よりも強くはびこる草だけを選んで、手で引っこ抜く。稲よりも先に朽《く》ちてしまう草は、そのまま枯れて田んぼの養分になるので残しておく、という手法だ。

「これが結構大変。ひょっとすると、いちばん大変かもね。この辺でも真夏は暑いし、陰のまったくない田んぼの真ん中で、草の種類を見分けながら引っこ抜いていくんだから……まあほんと、まったく、マーサさんもようやるわ」

九月には、徐々《じょじょ》に稲穂が実って、重たく頭を下げ始める。この時期には鳥よけを田んぼの周辺に張り巡らせたり、かかしを作って立てたりする。スズメやイノシシが稲穂を狙《ねら》って到来するのだ。イノシシ対策には人の気配がいちばんということで、何人かの村人たちが集まって、寝ずの番をする夜もある。そんなとき、いままでは、ばあちゃんの家には一晩中人の出入りがあり、ちょっとしたお祭りのようだった。囲炉裏では芋汁が準備され、甘酒がふるまわれる。酒を飲んで寝こんでしまっては元も子もないので、あくまでもアルコール抜きで。ばあちゃんは思い出話に［A］、自分も眠らずに、村人たちにつき合った。

「なんだか特別なイベントみたいっすね」

人生がわくわくして言うと、

「今年はあんたがそのイベントの主催者になるんだからね」

志乃さんに釘《くぎ》を刺されてしまった。

そして、十月。ついに、稲刈りのときを迎える。

その年の気候にもよるが、豊作の年は黄金色の稲田が目にも鮮やかに美しく輝く。いちめんに実った稲田の風景は、まさに圧巻だ。

通常であれば、稲刈り機で効率よく刈り取って、みるみるうちに田んぼを裸にしていく。が、ばあちゃんの田んぼはそうはいかない。最後まで手作業が原則なのだ。カマで刈り取り、束にして、稲木と呼ばれる木製の棚に穂を下にして掛けていく。これを「稲架《はさ》かけ」という。

「それ、見たことある。[B]の、ちっちゃい屋根みたいなのでしょ?」

つぼみが言うと、志乃さんが、「そ。これが[B]じゃないと、農家の人は悲しいわけ」と言った。稲が実らなければ、[C]になるのだから。

「この稲架かけの瞬間が、毎年、いちばん嬉しい瞬間ね。ああ、今年も実ってくれた、ほんとによかった、ありがとうってね」

志乃さんが[D]と言う。「ありがとうって、誰に言うんすか」と人生が訊《き》くと、

「決まってるでしょ、お米によ。実ってくれてありがとう、ってね。自然とそういう気持ちになっちゃうんだな、これが」

志乃さんの答えに、「ああ、それはよくわかるなあ」と田端さんが相槌《あいづち》を打った。

「なんだか、無性にありがたい気分になるんだよ。ほかの野菜の収穫のときでも、もちろんそうなんだけど……やっぱり、お米は特別だね。生きてる証しっていうか。自然と、命と、自分たちと。みんな引っくるめて、生きるぼくら。そんな気分になるんだ」

へえ、と人生は思わず声を漏《も》らした。

生きるぼくら。なんだかヘンテコだけど、そうとしか言いようのないフレーズ。その言葉が、ふっと手を伸ばして、人生の心の表面にそっと触れた気がした。

「そうね。⑤みんなで生きてるって感じ。マーサさんの田んぼは、耕さないし農薬も使わないから、ミミズやカエルやゲンゴロウとか、生き物がたくさん棲息《せいそく》してるの。ちゃーんと食物連鎖が起こって、命のリサイクルがあってね。みんなで手を結び合って生きている感じが、いっそうするのよね」

ふむ、と田端さんが、感じ入ったように鼻を鳴らした。

「雑草や害虫を殺さず、むしろ自然の食物連鎖や、生存競争に任せるっていう考え方なんだね。ユニークだなあ」

「普通はそんなふうにはできないね。手間がかかるのに収穫は少ない。商業的には成立しないわよ。マーサさんも、それは百も承知だったの」

それがかえって周囲の人の興味を誘ったようだ、と志乃さんは言った。

(原田 マハ「生きるぼくら」徳間書店より)

（注1）「つぼみ」………人生の父の再婚相手の連れ子。人生が訪ねた時にはマーサ婆《ばあ》さんと暮らしていた。
（注2）「田端さん」……人生の清掃業務の派遣先で知り合った男性。
（注3）「志乃さん」……駅前のそば屋のおかみさん。以前からマーサ婆さんの面倒をみていた。

問一、――線①「自分の耳が、心が震えるのを感じた」とありますが、それはなぜですか。その理由を説明した次の文の空欄にあてはまる言葉を、文章中の言葉を使って二十字程度で答えなさい。

それまでは思ってもみなかった、［二十字程度］したから。

問二、――線②「『希望』」とありますが、「『希望』」が指し示す内容として最も適当なものを次から選び、記号で答えなさい。

ア、ばあちゃんの田んぼでとれたお米で作ってもらったおにぎりを食べられる時がくること。
イ、ばあちゃんの田んぼのお米で作ったおにぎりに母が漬けた梅干しを入れる時がくること。
ウ、人生とつぼみの「ありがとう」という言葉がばあちゃんに通じる時がくること。
エ、人生とつぼみが作ったお米で、ばあちゃんにおにぎりを作ってあげる時がくること。

問三、――線③「目を見開いて」とありますが、それはなぜですか。その理由として最も適当なものを次から選び、記号で答えなさい。

ア、ばあちゃんが田畑さんの言葉を聞いて肯定《こうてい》したのがあまりにも意外だったから。
イ、ばあちゃんが田畑さんの言葉を聞いてうなずいたことに違和感を抱いたから。
ウ、ばあちゃんが田畑さんの言葉に大きく反応したことにたいへん驚いたから。
エ、ばあちゃんが田畑さんの言葉にきっと反応するだろうと予想していたから。

問四、――線④「マーサさんの田んぼは特別」とありますが、「特別」とはどういうことですか。その説明として適当でないものを次から一つ選び、記号で答えなさい。

ア、マーサさんの田んぼは、一般的な農家では決して受け容れようとしない特別な方法で栽培するものだということ。
イ、マーサさんの田んぼは、一般的な農家の人が機械で行う作業も徹底的に手作業で行う特別なものだということ。
ウ、マーサさんの田んぼは、一般的な農家で行う雑草駆除や害虫駆除を行わない特別なものだということ。
エ、マーサさんの田んぼは、一般的な農家とは異なり、特別なものを扱う感覚で接しているということ。

問五、――線ア「真顔」・イ「農薬」・ウ「雑草」・エ「競争」のうち、他と構成が異なる熟語《じゅくご》を一つ選び、記号で答えなさい。

問六、[A]にあてはまる慣用表現として最も適当なものを次から選び、記号で答えなさい。

ア、言葉をにごし　　イ、花を咲かせ　　ウ、舌を巻き　　エ、色をつけ

問七、[B]～[D]にあてはまる言葉の組み合わせとして最も適当なものを次から選び、記号で答えなさい。

ア、B―からから　C―ごちゃごちゃ　D―すっきり
イ、B―ふさふさ　C―すかすか　D―しみじみ
ウ、B―ぼさぼさ　C―だぶだぶ　D―ごちゃごちゃ
エ、B―ふわふわ　C―ぺこぺこ　D―つべこべ

問　八、――線⑤「みんなで生きてるって感じ」について、先生と生徒達が次のように話し合いました。［Ⅰ］～［Ⅲ②］にあてはまる言葉として最も適当なものをあとの語群から選び、それぞれ記号で答えなさい。

先　生――「みんなで生きてるって感じ」とありますが、どういうことだと思いましたか？

生徒A――お米を収穫する時に自然に「ありがとう」という気持ちになるのは、「自然と、命と、自分たちと。みんな引っくるめて、生きるぼくら」という言葉がその答えではないでしょうか？

先　生――その通り。よく読みとれましたね。みんなは、『手のひらを太陽に』っていう歌を知っていますか？「ぼくらはみんな生きている」から始まる歌なんですけど。作詞したやなせたかしさんは、みんなもよく知っている『アンパンマン』の作者として有名な人物です。

生徒B――歌は幼稚園の時に教わってよく知っているけど、『アンパンマン』の作者が作った歌とは知らなかったです。

先　生――『手のひらを太陽に』を作詞した当時のやなせさんは、ひどい鬱《うつ》状態で、生きがいを感じられず暗い部屋に閉じこもっていたそうなんです。ふと手元にあった懐中電灯を点《つ》け、手のひらに当てると、光と指の境目の血管が透《す》けて見えた。「……あ。こんなぼくでも、生きているんだ。」と思った。ここから「ぼくらはみんな生きている」「手のひらを太陽にすかしてみればまっかに流れるぼくの血潮」という歌詞ができたそうです。歌詞に出てくる生き物を見ていくと、あまり光の当たらない地味な生き物が多いですね。

生徒C――ミミズ・オケラ・アメンボ・トンボ・カエル・ミツバチとかですよね？

先　生――そんな生き物だって「生きている」。生きているもの同士という仲間意識を感じて「友達」という言葉を使ったのではないかと考えられます。

生徒D――問題文にもミミズやカエルやゲンゴロウが出てくるけど、『手のひらを太陽に』とは意味が違うと思うんです。問題文と『手のひらを太陽に』の違いは、問題文は、［Ⅰ］への感謝が起点となっているのに対して『手のひらを太陽に』は、「手のひらを太陽にすかしてみれば　まっかに流れるぼくの血潮」のフレーズに現れている通り、［Ⅱ］への感動が歌われているんだと思います。

先　生――登場する生物に向ける視点の位置も同様だよね。問題文にある「［Ⅲ①］」や「［Ⅲ②］」という言葉に注目すると、生き物たちも形を変えながら、いつか自分自身を形成する要素となるということへの感懐が述べられているのではないでしょうか。

【語群】

ア、生きてる証し　　イ、食物連鎖　　ウ、内なる生命　　エ、不可思議なる運命

オ、命のリサイクル　　カ、外なる生命　　キ、自然なる生命　　ク、手作業

三　次の文章を読んで、あとの問いに答えなさい。

『博士の愛した数式』を書いたのは、四年前のことですが、それを書くきっかけを与えてくれたのが藤原正彦先生でした。ある日テレビをつけていたら、ＮＨＫ教育テレビの番組で、世界中の天才数学者の人生を藤原先生が語るという番組をやっていました。

先生の見た目は、ご存《ぞん》じの方もあるかと思いますけれど、何というかあまりロマンティックな感じではないと言いましょうか（笑）、髪の毛がもやもやっとしていたりします。しかし、数学者ですから当然頭の中身はもやもやしておらず、非常に［Ａ］で、曖昧《あいまい》さを許さない、凡人《ぼんじん》には想像もつかない優れた能力をお持ちなのです。私はそれまで、そういう思考能力の優れた人、まして数学のような無機質なものを研究している人は、情緒《じょうちょ》的なものに対して冷たいんじゃないか、という先入観を持って見ていました。

［Ｂ］、たまたまその時はウイリアム・ハミルトンという十九世紀のアイルランド人の数学者についての回だったのですが、その番組の中で先生は、①ほとんど目に涙を浮かべんばかりの表情で、ハミルトンの悲恋について語っていたのです。「このハミルトンという数学者は非常に早熟《そうじゅく》な才能豊かな子どもで、美しい風景を前にして気分が高揚してくると、この美しさを英語ではとても表現できないと、ラテン語で即興《そっきょう》の詩を作るような少年だったといいます。彼は十九歳のときに大金持ちの娘のキャサリンに恋をするんですが、そのキャサリンのお父さんに反対されて泣く泣く引き裂《さ》かれます。それからハミルトンは学問の方面に精進《しょうじん》しまして、四元数という、数学の世界においては偉大なある発見をします。散歩の途中にそのアイデアを思いついたハミルトンは、感動のあまり、橋の途中にその四元数の基本式をナイフで刻んだというんです。そのように数学の世界で偉大な業績を残しながら、彼はなお昔別れたキャサリンの面影《おもかげ》が忘れられずに、四十五歳になったとき、いまではすっかり朽《く》ち果ててしまったキャサリンのかつての家を訪れて、二十六年前に彼女が立っていたその床に接吻《せっぷん》（注1）をしたんです」というふうに、先生がお話しになっていたのです。

まず、藤原先生の口から「接吻」というセンチメンタルな言葉が出てくることが、意外でした。②そこで私は、数学者に対して自分は間違ったイメージを抱いていたということに気づいたのです。

先生はまた、「数学が表す真理は、何事にも影響されない。物理的な影響も受けないし、永遠に真実でありつづける。百年経っても一億年経っても、人間が滅《ほろ》んだ後も間違いなく真実であり続ける。そしてそれは到底《とうてい》人間の手では作り出せないものだ。だから美しいんだ」「たとえば、山の天辺《てっぺん》に美しい花が咲いている。その花に手を触れたい、ただそれだけの願いを持って、険しい山道を一歩一歩登るように研究しているんです」とおっしゃっていました。

数学者たちは決して、無機質な対象を、無感動に研究しているのではなかったのです。そこにはとても人間味豊かな感情が存在していたのです。

6 100Lの水が入る水そうがあります。この水そうに，一定の割合で水を入れる給水管と，一定の割合で水をぬく排《はい》水管をつけました。この水そうにあらかじめ50Lの水をため，はじめに給水管と排水管を同時に開けます。その後，水そうの中にある水がなくなると，5分間排水管を閉め，5分経つとまた排水管を開けることを繰《く》り返します。下のグラフは給水管と排水管を同時に開け始めてからの時間と水そうの中にある水の量の関係を表したものです。次の問いに答えなさい。

（1）排水管から排水される水の量は毎分何Lですか。

（2）排水管が11回目に閉まるのは給水管と排水管を同時に開けてから何時間何分後ですか。

次に給水管を調節して水の入れる量を変えて最初からやり直したところ，排水管がはじめて閉まった時間が，（2）でかかった時間と同じになりました。

（3）このとき，給水管が入れる水の量は毎分何Lですか。

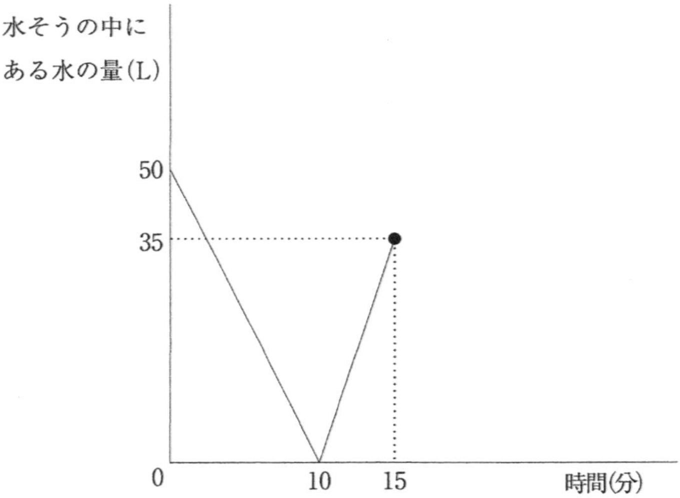

5 ある牧草地では1日に一定の割合で草が生えていて，牛にその草を食べさせます。牧草地に15頭を放つと草はちょうど30日でなくなり，35頭放つとちょうど10日でなくなります。
次の問いに答えなさい。

（1）1日あたりの，1頭の牛が草を食べる量と草が生える量の比を，最も簡単な整数の比で答えなさい。

（2）牛を20頭放つと草がなくなるのは何日目ですか。

（3）草をちょうど5日間でなくすために放つ牛は何頭ですか。

４　下の図のような辺ＡＢとＤＣが平行な台形ＡＢＣＤがあります。次の問いに答えなさい。

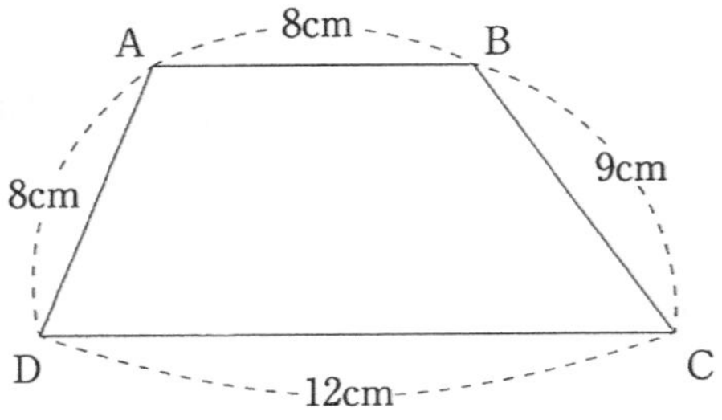

（1）図1のように点ＰをＤＣ上にとり，三角形ＡＤＰを作りました。
この三角形ＡＤＰの面積がもとの台形の面積の４分の１になるとき，ＤＰの長さは何cmですか。

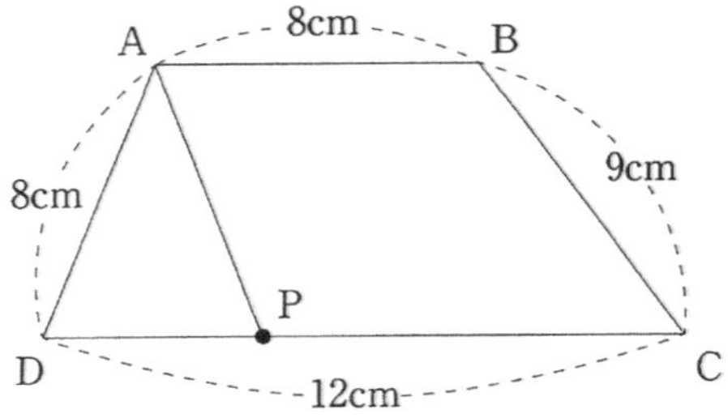

図1

（2）図２のようにＡＳ：ＳＤ＝２：１になるように点Ｓをとり，
直線ＢＤと直線ＣＳが交わっている点をＴとします。
ＳＴ：ＴＣを最も簡単な整数の比で表しなさい。

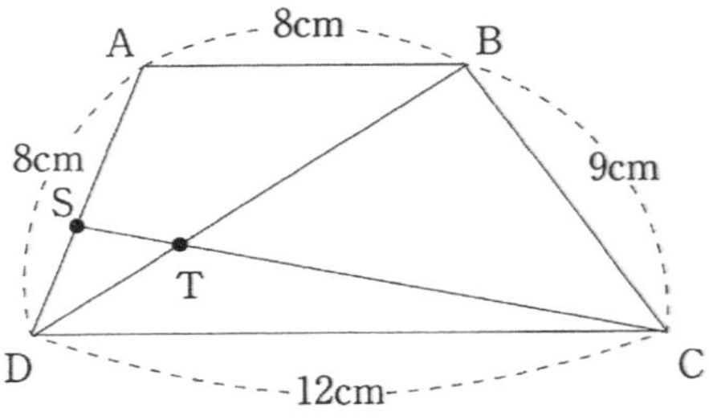

図２

（3）図３のようにＢＱ：ＱＣ＝２：１になるように点Ｑをとり，
点Ｒを辺ＡＤ上にとりました。直線ＱＲが台形の面積を２等分するとき，
辺ＡＲの長さは何cmですか。

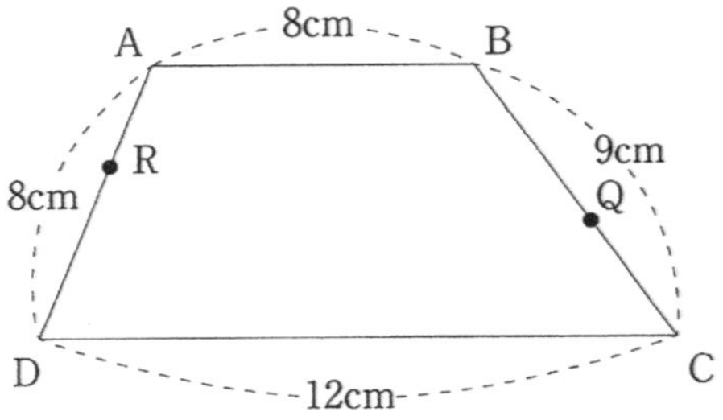

図３

問２　下線部１に関して、「年も明けるね」とありますが、12月31日から１月１日に日付が変わる瞬《しゅん》間を年明けとします。また、下線部２に関して、「初夢」とありますが、初夢とは１月１日の夜から２日の朝までに見る夢を指すものとします。

下線部１の月の形に最も近いものと、下線部２の月が下線部１の月と比べて膨らんでいるか欠けているかについての正しい組み合わせとして最も適切なものを、ア～クから１つ選び、記号で答えなさい。

	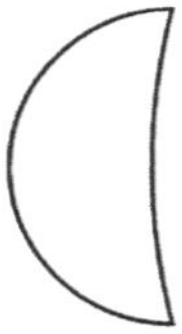			
膨らむ	ア	イ	ウ	エ
欠ける	オ	カ	キ	ク

問３　波線部に関して、下の文章中の空らん**(a)～(d)**にあてはまることばの組み合わせとして最も適切なものを、あとのア～クから１つ選び記号で答えなさい。

部屋の（a）空気に含まれる（b）が窓ガラスに触れて（c）ことで、（d）に変化したから。

	(a)	(b)	(c)	(d)
ア	内側の	水蒸気	冷やされる	水
イ	内側の	水蒸気	温められる	水
ウ	内側の	水	冷やされる	水蒸気
エ	内側の	水	温められる	水蒸気
オ	外側の	水蒸気	冷やされる	水
カ	外側の	水蒸気	温められる	水
キ	外側の	水	冷やされる	水蒸気
ク	外側の	水	温められる	水蒸気

問４　月の表面で太陽光が反射された瞬間と、地球にいる私たちがその光を見る瞬間には差があります。地球と太陽の距離《きょり》、地球と月の距離、光の速度がそれぞれ以下の大きさであるとすると、地球で見える月の光は、何秒前の月の光か答えなさい。ただし、分数での解答は認めませんので、割り切れない場合は小数第３位を四捨五入して少数第２位まで求めなさい。

地球と太陽の距離：149600000km　　　　地球と月の距離：384000km

光の速度：時速1080000000km

4 次の歌詞はレミオロメンの『大晦日の歌』のものです。それを読んで以下の問いに答えなさい。

等々力から年越しそば　買って帰って公園よって
歩きながら奇跡の様な　夕日を見たね 奇麗だったね
華やいだ街を後に　部屋に帰ってベランダに出た時

月は半月を少し欠いて　君が笑ってるだけで幸せ
星は幾千の時を奏でて　今光る

雲一つない晴れた夜空に　静まり返る星のハーモニー
響き渡る大晦日の歌　人それぞれの第九の様に
テレビはどれも賑やか　思い思いに今年を振り返る

そばは茹で過ぎて柔らかくて　君はごめんねって笑ってた
1 月が沈む頃はきっと　年も明けるね

何年先も同じ様に空を見上げて
何年経ってもこの響きを君と聴きたいな

月はビルとビルの間に　沈んで除夜の鐘が響いた
曇るガラスに手のひらで二つ　明けた未来
僕ら別々の眠りの中　どんな夢を求めていくだろう
2 初夢の中で逢うまでおやすみ　欠けた月の下で

問１　二重下線部に関して、南中した月を見たとすると、月の形と見えた時間の組み合わせとして最も適切なものをア～シから１つ選び記号で答えなさい。

17：30	ア	イ	ウ	エ
20：30	オ	カ	キ	ク
23：30	ケ	コ	サ	シ

厚生労働省の Web ページでは熱中症に関して以下のように表記されています。

> 熱中症とは、高温多湿な環境に長時間いることで、体温調節機能がうまく働かなくなり、体内に熱がこもった状態を指します。屋外だけでなく室内で何もしていないときでも発症し、 救急搬送されたり、場合によっては死亡したりすることもあります。 （厚生労働省 Web ページより）

この資料をもとに以下の問いに答えなさい。

問１　ヒトは暑いときに汗をかきます。ヒトが汗をかく理由を説明しなさい。

問２　体重 40 kgの人は何 L の水分を失うと熱中症の症状が現れ始めるのかを計算して答えなさい。ただし、体の中の水分 1g は 1mL であるものとします。

問３　下の≪表１≫は総務省がまとめた熱中症による救急搬送件数をまとめたものです。≪表２≫は気象庁の年度別月平均気温です。これらの表に関して以下の問いに答えなさい。

≪表１≫熱中症による救急搬送件数（単位は人）※総務省 Web ページより

	平成29年	平成30年	令和元年	令和2年	令和3年	令和4年	令和5年
5月	3,401	2,427	4,448	調査データなし	1,626	2,668	3,655
6月	3,481	5,269	4,151	6,336	4,945	15,969	7,235
7月	26,702	54,220	16,431	8,388	21,372	27,209	36,549
8月	17,302	30,410	36,755	43,060	17,579	20,252	34,835
合計	52,984	95,137	71,317	64,869	47,877	71,029	82,274

≪表 2≫各年の月平均気温　※気象庁 Web ページより

年	平成29年	平成30年	令和元年	令和２年	令和３年	令和４年	令和５年
5月	20.0℃	19.8℃	20.0℃	19.5℃	19.6℃	18.8℃	19.0℃
6月	22.0℃	22.4℃	21.8℃	23.2℃	22.7℃	23.0℃	23.2℃
7月	27.3℃	28.3℃	24.1℃	24.3℃	25.9℃	27.4℃	28.7℃
8月	26.4℃	28.1℃	28.4℃	29.1℃	27.4℃	27.5℃	29.2℃

(1)　≪表１≫のデータでは、平成 30 年の７月が最も熱中症による救急搬送が多いことが分かります。この年の７月に関して、救急搬送件数が多くなった理由を≪表２≫をもとに推測した場合、正しいと思われるものをア～カの中から１つ選び答えなさい。

（ア）過去７年間の中で最も７月の月平均気温が高かったから。
（イ）７月の月平均気温が８月の月平均気温より高かったから。
（ウ）５月と６月の月平均気温の合計が最も大きかったから。
（エ）６月と７月の月平均気温の差が最も大きかったから。
（オ）７月と８月の月平均気温の差が最も小さかったから。
（カ）過去７年間の中で最も５月の月平均気温が低かったから。

(2)　≪表１≫の中で、令和元年と令和２年だけが７月よりも８月の方が、救急搬送件数が多くなっています。この要因を≪表２≫をもとに考察し、解答らんに収まるように答えなさい。

問4　下線部 C について、土地支配に関して、1185 年に源頼朝は全国の荘園や公領の他に、ある一族の所領に新たな武士たちを置く権利を朝廷から認められました。ある一族と武士たちがつとめた新たな役職にふれながら、この権利について、次の 2 つの言葉を必ず使用して、25 字以内で説明しなさい。

【　壇の浦　】　【　守護　】

問5　下線部 D について、公平な裁判を行うための法律が武士たちには必要でした。この時代の法律についての説明として正しいものを、次の①～④から選びなさい。

① 公家の律令を参考にしながら、武家社会の慣習をわかりやすくまとめた。
② 朝廷の監視《かんし》を強化し、天皇は学問を第一とし政治には関わらないよう命じた。
③ 幕府への反抗《はんこう》を抑《おさ》えるために、城の修築や大名の婚姻《こんいん》にまで幕府への届け出を命じた。
④ 武士への抵抗を抑えるために、農民に対し刀を含《ふく》む武器の所有を禁止した。

3 次の文章は外務省HPにて発表されている、2022年6月10日の外務大臣の談話です。次の文章を読んで、後の問いに答えなさい。

1　現地時間6月9日、日本は、A国連総会において、安全保障理事会（安保理）の（　あ　）国に選出され、2023年1月1日から2年間の任期を務めることとなりました。1956年の国連加盟以来12回目の安保理入りであり、（　あ　）国に選ばれたのが国連加盟国中最多となります。

2　安保理は、国際の平和と安全の維持《いじ》に関する主要な責任を負っており、日本としてこれを重視しています。しかしながら、Bロシアのウクライナ侵略《しんりゃく》や、安保理決議への違反《いはん》を繰《く》り返し、我が国、地域、国際社会の平和と安全を脅《おびや》かす北朝鮮の核・ミサイル活動に対し、安保理は有効に機能できていない現状にあり、試練の時とも言えます。

3　一方で、世界は今なお多数のC紛争や様々な課題に直面しています。多くの国が、紛争の予防と平和的解決、平和の維持と構築等において、国連、そして安保理の役割に期待しています。

日本として、各国との緊密《きんみつ》な意思疎通《そつう》と丁寧《ていねい》な対話を通じ、安保理が所期の役割を果たすよう協力していく中で、法の支配に基づくD国際秩序《ちつじょ》の維持・強化を目指していきます。

※設問の都合により一部改変
（外務省HP）

問1　（　あ　）にあてはまる言葉を、漢字5字で答えなさい。

問2　下線部Aについて、次の問いに答えなさい。

（1）国際連合について述べた文として誤っているものを、次の①～④から選びなさい。

① 国際連合の本部は、スイスのジュネーブに置かれている。
② 国際連合の制裁措置《そち》として、経済制裁と武力制裁の両方がある。
③ 国際連合の原加盟国は51か国であったが、2023年現在、190を超《こ》える国と地域が参加している。
④ 国際連合の専門機関には、保健や衛生事業を進めるWHOなどがある。

（2）国際連合は、第二次世界大戦を防げなかった国際連盟の反省をふまえ設立されました。そのため、国際連合では総会での決議に多数決の原則を採用しました。国際連盟の総会では決議にどのような原則がとられていましたか。解答らんに合うように、漢字4字で答えなさい。

（3）国際連合には、事務局という機関があり、その代表は事務総長とよばれています。2023 年 12 月時点での事務総長は次の［**写真**］の人物です。この人物の名前を答えなさい。

［写真］国連事務総長

（国際連合センター HP）

問 3　下線部 **B** について、ロシアは、ソビエト連邦を構成していた国のひとつでした。ソビエト連邦の解体によって独立した国のなかには、いまだ紛争が終わらない国や地域が数多くあります。ソビエト連邦の解体をきっかけとして起きた紛争として正しいものを、次の①～④から選びなさい。

①　チェチェン紛争　　②　ルワンダ内戦　　③　東ティモール独立運動　　④　パレスチナ紛争

問 4　下線部 **C** について、次の問いに答えなさい。

（1）紛争地域における、停戦や選挙実施《じっし》の監視《かんし》、復興・復旧援助《えんじょ》などの平和維持活動の略称《りゃくしょう》として正しいものを、次の①～④から選びなさい。

①　FTA　　②　PKO　　③　NGO　　④　ODA

（2）アフリカは現在でも紛争が多くみられる地域です。その理由のひとつとして、一つの国家に異なる民族集団がともに暮らしている国が多いことがあげられます。一つの国家に異なる民族集団がともに暮らすことになった要因を、下の［地図］と［表］を参考に、次の言葉を必ず使用して25字以内で答えなさい。

【　国境　】

［地図］

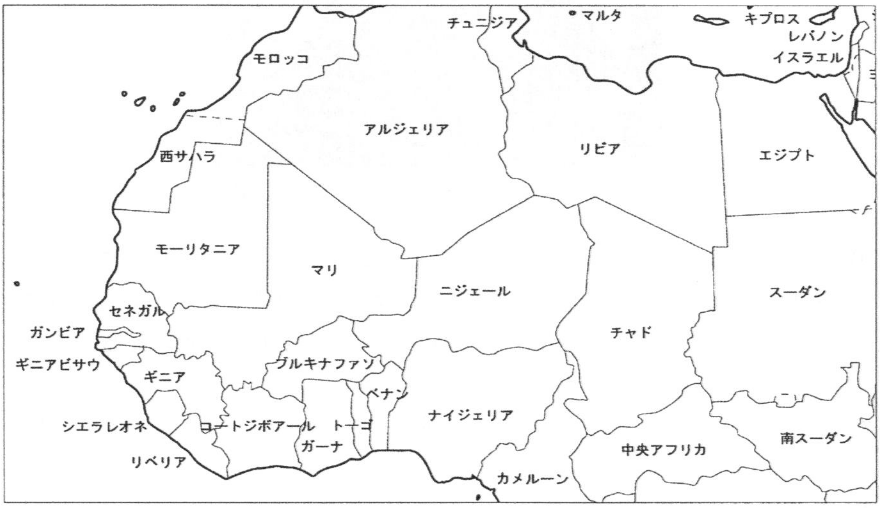

［表］アフリカの旧宗主国

国名	旧宗主国
エジプト	イギリス
スーダン	
アルジェリア	フランス
モーリタニア	
マリ	
ニジェール	
チャド	
リビア	イタリア

※宗主国…他の国に対して強い支配権を持つ国のこと。

アフリカのほぼすべての国はヨーロッパ諸国による植民地支配をうけていた。

問５　下線部Ｄについて、次の問いに答えなさい。

（１）第二次世界大戦後、アメリカ合衆国を中心とする資本主義諸国と、ソビエト連邦を中心とする社会主義諸国が対立し、国際的な平和秩序が脅かされる事態が発生しました。この対立はこの二か国で直接の交戦がなかったことから何とよばれましたか。漢字２字で答えなさい。

（２）第二次世界大戦後の国際的な動きについて述べた文として誤っているものを、次の①～④から選びなさい。

①　1972年、「かけがえのない地球」をテーマに開かれた地球サミットにて、SDGs（持続可能な開発目標）が採択《さいたく》された。

②　1989年、東西ベルリンをへだてていたベルリンの壁が崩壊《ほうかい》し、翌年東西ドイツが統一された。

③　2015年、気候変動に関する会議であるCOP 21がパリで開かれ、パリ協定が採択された。

④　EUはヨーロッパの政治・経済統合を目指した組織であるが、イギリスは2023年12月現在、参加していない。

用紙ヨコ　上　こちらを上にしてください

Ⅲ②	Ⅲ(

三

八	七		六	五		四	三	二			一
	2	1		2	1			D	C	B	

四

五	四	三	二	一

問三

問四　最初 〜 最後　イメージ。

問五　1 最初 〜 最後　2 最初 〜 最後

問六

問七　1 (10) (20) (30)　2 (8)

問八

四

問一　〈8〉 (10)

問二

問三

問四

問五

評価点	令和６年度 特選コース （２月１日午前） 第１回　中学入学試験問題　〔算数〕　解答用紙
※100点満点 （配点非公表）	氏名

受験番号										
	⓪	①	②	③	④	⑤	⑥	⑦	⑧	⑨
	⓪	①	②	③	④	⑤	⑥	⑦	⑧	⑨
	⓪	①	②	③	④	⑤	⑥	⑦	⑧	⑨
	⓪	①	②	③	④	⑤	⑥	⑦	⑧	⑨

（記入例）

良い例	⬬	
悪い例	✓	⊙ ●

≪注意事項≫

・解答は解答欄の枠内に濃くはっきりと記入して下さい。

・解答欄以外の部分には何も書かないで下さい。

用紙タテ 上 こちらを上にしてください

1

(1)		(2)		(3)	

2

(1)		(2)	度	(3)	km
(4)	：	(5)	円		

【解答

評価点 ※50点満点 （配点非公表）	令和６年度　特別選抜コース **第１回　中学入学試験問題　〔理科〕　解答用紙　（２月１日午前）**
	氏名

受験番号										
	0	1	2	3	4	5	6	7	8	9
	0	1	2	3	4	5	6	7	8	9
	0	1	2	3	4	5	6	7	8	9
	0	1	2	3	4	5	6	7	8	9

記入例

良い例	●	
悪い例	✓	◎ ●

≪注意事項≫

・解答は解答欄の枠内に濃くはっきりと記入して下さい。

・解答欄以外の部分には何も書かないで下さい。

用紙タテ 上 こちらを上にしてください

1

(1)	(2)	(3)	(4)	(5)

(6)	(7)

2

問1		
問2		
問3		
問4	残った物質	何g残ったか
問5		

【解答

評価点

※50点満点
(配点非公表)

令和６年度　特選コース

第１回　中学入学試験問題　〔社会〕　解答用紙　（２月１日午前）

氏名

受験番号

0	1	2	3	4	5	6	7	8	9
0	1	2	3	4	5	6	7	8	9
0	1	2	3	4	5	6	7	8	9
0	1	2	3	4	5	6	7	8	9

記入例

良い例	●	
悪い例	✓	◎ ●

≪注意事項≫

・解答は解答欄の枠内に濃くはっきりと記入して下さい。

・解答欄以外の部分には何も書かないで下さい。

用紙タテ 上　こちらを上にしてください

この場所に解答しないこと

1　問1

問2

問3 (1) 温室効果ガスの

ということ。

(2)

問4

問5

問6

問7

2　問1　あ　　い

【解答

問2

問3 (1)　　(2)　　氏

(3)

問4

問5

3 問1　　国

問2 (1)　　(2)　　の原則

(3)

問3

問4 (1)

(2)

問5 (1)　　(2)

SN-P0445

3		
問1		
問2		
問3	(1)	
	(2)	

4		
問1		
問2		
問3		
問4	秒前	

(1)	日間	(2)	人	(3)	日間

4

(1)	cm	(2)	:	(3)	cm

5

(1)	:	(2)	日目	(3)	頭

6

(1)	毎分　　L	(2)	時間　　分後	(3)	毎分　　L

SN-P0437

令和6年度　特選コース

第1回　中学校入学試験問題　〔国語〕　解答用紙　（2月1日午前）

注意事項

・解答は解答欄の枠内に濃くはっきりと記入して下さい。

・解答欄以外の部分には何も書かないで下さい。

氏名

受験番号

0	0	0	0
1	1	1	1
2	2	2	2
3	3	3	3
4	4	4	4
5	5	5	5
6	6	6	6
7	7	7	7
8	8	8	8
9	9	9	9

評価点

※100点満点（配点非公表）

一

1	2	3	4	5	6	7	8	9	10

二

一	二	三	四	五	六

〈受験生はこれより上段には記入しないこと〉

一

1 常夏

2 一切

3 化身

4 極東

5 営（む）　む

6 シュシャ

7 カクメイ

8 ヨウシ

9 ソンガイ

10 ク（れる）　れる

二

問一　（10・20）したから。

問二

問三

問四

問五

問六

問七

問八　Ⅰ　Ⅱ　Ⅲ　①　②

SN-P0447

1　次の［記事］を読んで後の問いに答えなさい。

［記事］「脱《だつ》炭素先行地域」に梼原《ゆすはら》町など５市町村が選ばれる

　A温室効果ガスのB排出量を実質ゼロにする取り組みを先行して進める政府の「C脱炭素先行地域」に高知県内の５つの市町村が選ばれ、D太陽光発電を利用したトマトの栽培など、地域の特性を生かして脱炭素を進めることにしています。
　環境省は自治体や民間団体などが共同で2030年度までに温室効果ガスの排出量を実質ゼロにする取り組みを先行して進めるモデル地域を「脱炭素先行地域」として選定し、優先的に予算を配分する取り組みを進めています。
　これまでに全国62の地域が選定され、このうち高知県内では５つの市町村が選ばれました。
　このうち、町の面積の90％以上を森林がしめる梼原町はE間伐《かんばつ》の際に出る木材を使った木質（　あ　）発電によって公共施設《しせつ》の電力をまかなうほか、発電で生まれる熱をプールや入浴施設に利用します。
　また、須崎市と日高村は、太陽光や地下水熱などの再生可能エネルギーを特産のミョウガやトマトのF栽培用ハウスに利用し、農家の経営安定化と脱炭素化を進める計画です。
　環境省によりますと、選定された県内の提案は地域の特性をいかしながら課題の解決が図られているものだということです。
　環境省は2025年度までに100地域を選定し、地域の脱炭素化を進めていく計画です。

（2023年７月４日 NHK NEWS WEB　作問の都合上、一部改変）

問１　（　あ　）にあてはまる言葉をカタカナ５字で答えなさい。

問２　下線部Aについて、家畜のげっぷや水田などから排出される温室効果ガスを答えなさい。

問３　下線部Bについて、次の問いに答えなさい。

（１）温室効果ガスの排出量を実質ゼロにするとはどのようなことですか。解答らんにあてはまるように、次の言葉を必ず使用して20字以内で答えなさい。

【　吸収量　】

（２）下線部Bを何というかカタカナで答えなさい。

問４　下線部Ｃについて、次の［図Ⅰ］を読み取った内容として正しいものを、後の①～④から選びなさい。

［図Ⅰ］脱炭素先行地域分布図

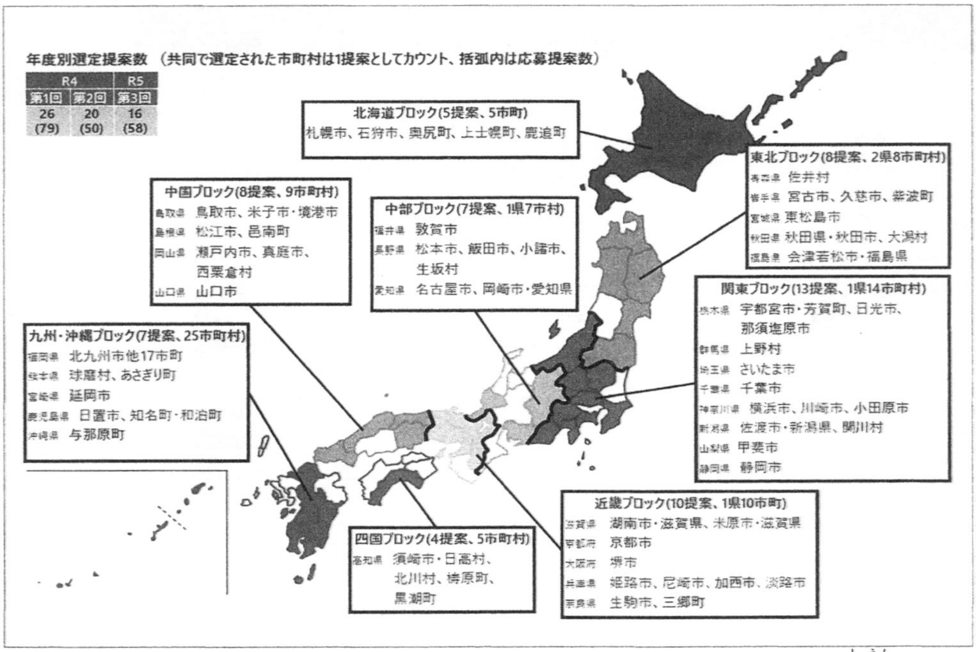

（環境省　脱炭素地域づくり支援《しえん》サイト）

① 令和４年から始まったこの選定は、回を重ねるごとに応募提案が増加しており、第３回が最も応募提案数が多い。

② ブロック別では選定された市町村が最も多いのは九州・沖縄ブロックだが、都道府県別では高知県となっている。

③ 北海道を除くすべてのブロックで認定された市町村が一つもない都府県があり、認定されていない都府県が最も多いのは中部ブロックである。

④ 取り組みの特性上、選定された団体は都市部から離れる傾向にあり、政令指定都市は一つも選定されていない。

問５　下線部 D について、次の［図Ⅱ］を読み取った内容として正しいものを、後の①～④から選びなさい。

［図Ⅱ］

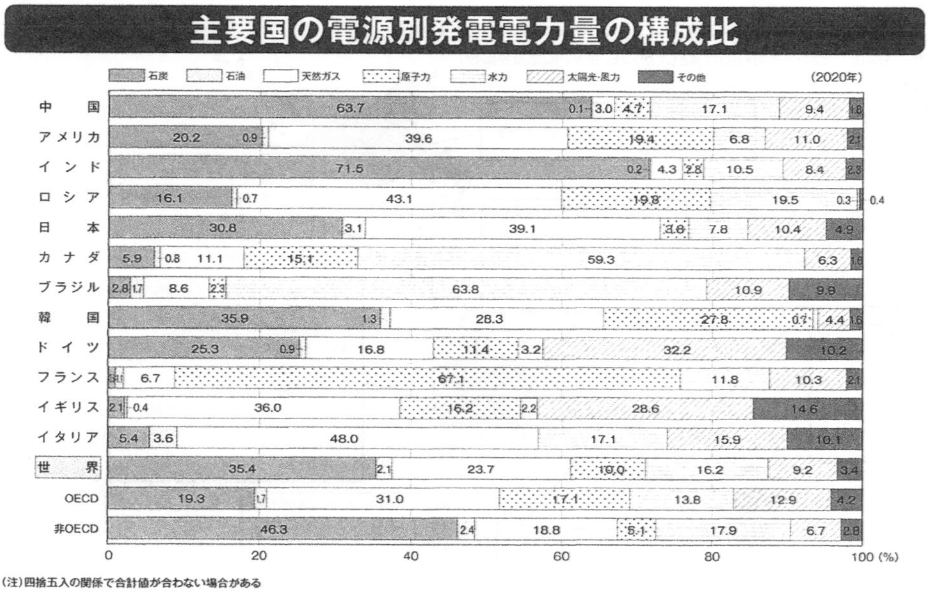

（日本原子力文化財団 HP）

①　太陽光・風力発電は発電量が天候に左右されやすいため、天候が安定しないイギリスやドイツではあまり普《ふ》及《きゅう》していない。

②　太陽光・風力発電は世界全体でみると水力発電よりも少ない割合になっているが、原子力発電よりは多くなっている。

③　主要国の中で最も太陽光・風力発電の割合が小さい国は、最も多い国の発電の割合の 10 分の 1 より多い。

④　主要国の中で、日本は太陽光・風力発電の割合が、アジアの国々の中では最も多く、OECDの平均よりも少ない。

問６　下線部Ｅについて、次の［図Ⅲ］を参考に、後の文章の（　い　）にあてはまる言葉を答えなさい。

［図Ⅲ］間伐の説明

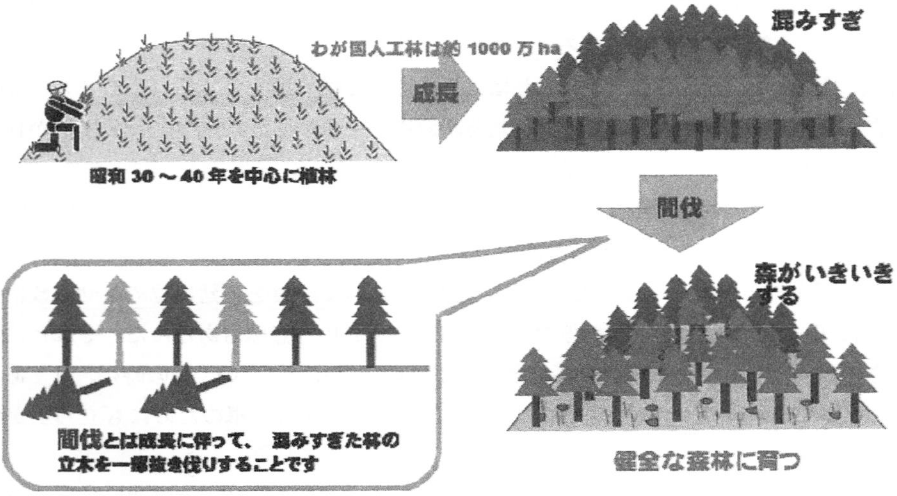

（林野庁HP）

間伐を行うことによって、（　い　）が森林の下層まで届き、下層の植生が繁茂《はんも》する。これによって森林が水分を保つことができるようになり、自然災害を軽減してくれる。

問７　下線部Ｆについて、栽培用ハウスを用いた促成栽培と抑制栽培について述べた文として正しいものを、次の①～④から選びなさい。

①　抑制栽培とは、普通栽培よりも遅《おく》らせて生産・出荷をする栽培方式のことで、通常よりも安い価格で出荷することができる。

②　促成栽培とは、普通栽培よりも遅らせて生産・出荷をする栽培方式のことで、通常よりも高い価格で出荷することができる。

③　栽培用ハウスでの抑制栽培は、普通栽培よりも設備費などのコストがかかるため、アフリカなどの発展途上国では行われていない。

④　栽培用ハウスでの促成栽培は、暖房《だんぼう》を活用するコストが他の地域より低くなる宮崎県や高知県などで盛んに行われている。

2 次の先生と生徒の会話を読んで、後の問いに答えなさい。

先生：ずいぶん日焼けした顔しているね。夏休みはどこに行ったのかな。

生徒：はい、鎌倉に家族と泳ぎに行きました。すごく沢山《たくさん》の人がいました。お父さんは、大河ドラマの舞台になったことがあるから、観光客も多いのだろうと言っていました。

先生：『鎌倉殿の 13 人』という題名だったよ。13 人とは、将軍である鎌倉殿を支える（　あ　）とよばれた家臣団のことだよ。A 源頼朝の義理の父である北条時政や、その子でドラマの主人公に描《えが》かれている北条義時などの武士や京都からやってきた貴族たちなんだ。

生徒：源頼朝が鎌倉殿とよばれているんですね。それと、北条時政が義理の父ということは、源頼朝は B 北条時政の娘と結婚したんですよね。誰だっけな。

先生：鎌倉殿とは単に将軍を指すのではなく、C 東国武士団の土地の支配権を朝廷に認めさせる政治力と、土地の裁判の時に D 公平な裁定を下す調停力をもっている人という意味もあるんだ。それと、時政の娘で頼朝の奥さんはかなり有名だぞ。鎌倉幕府と朝廷が戦いになった（　い　）の時に、（　あ　）たちの前で演説して皆をふるい立たせた人だよ。「今は亡き源氏三代の将軍のためにも立ち上がれ」って。

生徒：そうだ、北条政子でしたよね。確か尼将軍って言われてましたよね。でも政子と頼朝には二人の子供がいて将軍になっていたはずなのに。なんで「今は亡き」って言ったんですか。

先生：頼朝が亡くなった後、頼朝の子供には源頼家、（　う　）がいたんだけれど、二人とも政治力や調停力がないと判断され、殺されたといわれているんだ。その後は京都から幼い将軍を連れてきたのだけれど、政子が後ろ盾《だて》となっていたから尼将軍とよばれたんだ。

問1　（　あ　）～（　う　）にあてはまる語句を答えなさい。

問2　下線部 A について、源頼朝によって滅《ほろ》ぼされた氏族のうち次の［資料］［写真］と関連の深い氏族が滅ぼされた場所を、［地図］中の①～④から選びなさい。

[資料] ある人物が残した和歌

夏草や兵どもが夢の跡《あと》
五月雨の降のこしてや光堂

[写真] 寺院の中の様子

[地図]

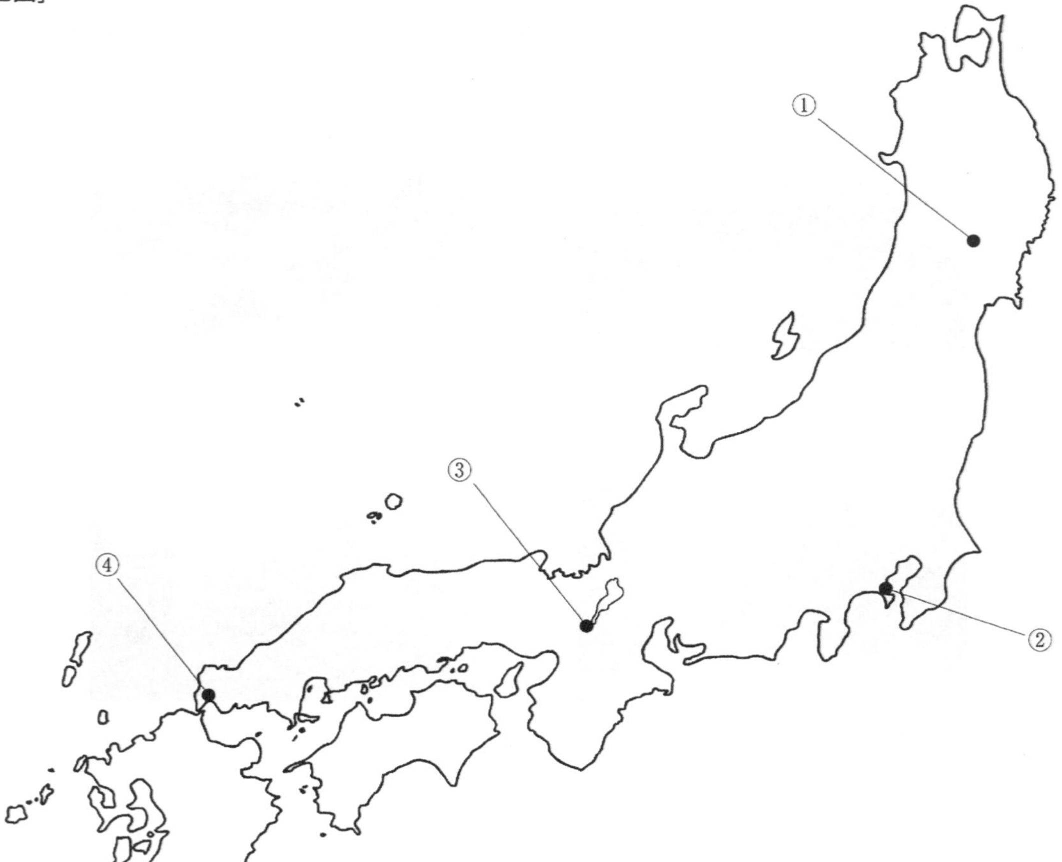

問3　下線部 B について、北条時政は孫の外祖父（母方の祖父）として権力を握《にぎ》りました。次の問いに答えなさい。

（1）北条時政は幕府の中で何という役職に就きましたか。次の①～④から選びなさい。

①　老　中　　②　関　白　　③　執　権　　④　管　領

（2）外祖父として政治の権力を握った一族は、これ以前にもいました。［文章］を参考に何氏か答えなさい。

［文章］

娘の彰子を一条天皇に気に入られるように、宮中で評判だった『源氏物語』の作者であった紫式部を家庭教師として招き入れた。その後彰子は皇子を産み、その子は後一条天皇となったことで、外戚《がいせき》関係を築いた一族の権勢は絶大なものになった。

（3）（2）の氏族が権力を握っていた時代の建造物として正しいものを、次の①～④から選びなさい。

①

②

③

④

令和６年度　特別選抜コース

第１回　入学試験問題（２月１日　午前）

社　　会

（※社会と理科２科目60分）

注　意

1　この問題用紙は、試験開始の合図で開くこと。

2　問題用紙と解答用紙に受験番号・氏名を記入すること。

3　答えはすべて解答用紙に記入すること。
漢字で書くべき解答は、漢字で答えること。

4　印刷がわからない場合は申し出ること。

5　試験終了の合図でやめること。

受験番号		氏名	

東京都市大学等々力中学校

1 以下の会話文を読んで、文中にある（1）～（7）に適当な数値を入れなさい。

トドロウ：あー暑いな。もうエネルギー切れだ！

先生：『エネルギー』の意味って知ってますか？

トドロウ：えっ？そう言われると、う～ん…。

トドロコ：あーあ、やっちゃった。

先生：『エネルギー』とは『仕事をすることができる能力』のことを表します。

トドロウ：仕事って、みんなが日々はたらいていることですか？

先生：理科の世界では、『仕事』という言葉は「物体にはたらいている力とその力がはたらいている向きに動かした距離《きょり》をかけ算したもの」です。ちなみに、距離の単位はm（メートル）を使用します。式で表すと以下の通りになります。

仕事 ＝ 物体にはたらいている力の大きさ × その力がはたらいている向きに動かした距離

トドロコ：へー。仕事って数値で表すことができるのですね！あとは『力』の意味ですね。

先生：はい。『力』はしっかり説明すると大変なので、重さで例えます。地球上で100gの物体にはたらく重力の大きさを1N（ニュートン）と決めます。重さを力としてイメージしてください。

トドロウ：確かに一番イメージしやすい！

先生：では早速計算をしてみましょう！今回は、10kgの荷物をトドロウさんが運ぶ仕事を考えていきたいと思います。

トドロウ：10kgって結構重いですよね…。

先生：まあまあ、では10kgの荷物の重さ、つまり重力の大きさはいくらですか？

トドロコ：（1）Nです。

先生：正解！では、仕事の計算をしてみましょう。ある建物の1階あたりの高さを3mとします。10kgの荷物を持ったトドロウさんが、1階から3階まで上がるとき、トドロウさんがその荷物にした仕事はどのくらいですか？あっ！そうそう。仕事の単位はJ（ジュール）といいます。

トドロウ：なるほど。それが仕事の計算なのですね！さっき先生に教えてもらった方法で計算すると（2）Jになります。

先生：素晴らしいです。ではもう一つ。3階にたどり着いた10kgの荷物を持ったトドロウさんが、同じ階の10m先にある入り口まで歩いたとき、トドロウさんが荷物にした仕事はどのくらいになりますか？ちなみに、入り口までの通路は、障害物などなく、水平であるとします。

トドロウ：えっ？ということは、式にあてはめて計算をすると1000Jですよね？

先生：ちがいま～す。

トドロウ：どうして！？

トドロコ：先生、ひょっとして（3）J？

先生：正解！さすがですね。仕事の意味、わかったようですね！！

トドロコ：だって、先生が説明してくれた『仕事』の計算方法で物体にはたらいている力の方向と動かす方向を考えれば、そうなりますよね。

トドロウ：なるほど。重たいものでも台車などをつかって運ぶと楽なのは、そういうことだったのですね。仕事ってすごい。

先生：そうなのです。では、最初の話にもどしますよ。エネルギー切れということは、トドロウさんが元々身体に持っていた仕事をする能力を使い切ってしまったということになります。

トドロウ：では、エネルギーの補充《じゅう》をしますか！おにぎりを食べよう。いただきまーす。あれっ？このおにぎりのパッケージに『エネルギー180kcal』とかいてあります。J ではないのですか？

先生：あー。食品のパッケージに表示されているエネルギーは、そのように書いてある場合が多いですよね。kcal はキロカロリーとよみます。km や kg で使われている k と同じ意味で、1000 倍という意味を持ちます。よって 180kcal は？

トドロコ：（4）cal です。

先生：その通りです。水 1g を 1℃上昇させるのに 1cal（カロリー）のエネルギーが必要であると決められています。さてここで問題。180kcal のエネルギーで 4L（リットル）のペットボトルの水の温度を何℃上昇《しょう》させることができますか？ただし、180kcal のエネルギーはすべて水の温度上昇に使われているものとします。

トドロウ：うーん、水は 1mL で 1g だから…。（5）℃です。

先生：正解！

トドロコ：でも水の温度を上昇させるエネルギーの単位と先ほど教えてもらった仕事の単位がちがうとよくわからないですね。

先生：ですよね。実は、カロリーをジュールに単位を変換《かん》することができるのです。その実験をしてくれたのがジュールなのです。苦労した結果、水 1g を 1℃上昇させるのに必要なエネルギーは、仕事の単位に変換するとおよそ 4.2J であることがわかりました。ということは、180kcal を J で考えると？

トドロコ：（6）J ということですか？

先生：その通りです！では最後にもう一つ。180kcal のおにぎりのエネルギーをすべて使い切るために、体重 45kg のトドロウさんは 1 階から何階まで上がらなければいけませんか？

トドロウ：えーと…（7）階ですか？

先生：そうなのです。

トドロコ：まあ、そんなになってしまうのですね！でもそこまで仕事をしないとエネルギーを使い切ることはできないのかな？

先生：実は、人間は常に仕事をしているのですよ！

トドロコ：そうなのですか？それはどういうことなのですか？？

先生：では、その問題にいきますか？

トドロウ：いえ、もう大丈夫です！

2　次の文章を読み、あとの問いに答えなさい。

都市大等々力の理科教育では「実体験」を大切にしており、授業では多くの観察・実験が行われています。観察・実験において最も大切なことの１つは安全に行うことであり、先生も生徒も安全第一を心掛けて取り組んでいます。本校のように、多くの中学校や高等学校で理科実験が行われていますが、残念ながら事故が起きてしまうこともあるようです。次のコラムを読み、あとの問いに答えなさい。

（東京新聞 Web 版より引用）

＜社説＞相次ぐ実験事故　理科の面白さを安全に

2023年6月16日 07時59分

全国各地の中学校で理科実験中の事故が相次いでいる。本年度に入り、名古屋市や東京都、埼玉、茨城県などの十校近くで、いずれも実験で発生させた硫化水素の腐卵臭で気分が悪くなり、計八十人ほどの生徒が病院に運ばれた。においをかぐこと自体が実験の目的に含まれるため、対処には難しい面もあるが、より安全な実験の手法を心掛けて、理科の面白さを伝える機会を維持したい。

事故が多発しているのは、鉄と硫黄《いおう》を混ぜ、加熱したできた「硫化鉄」に塩酸を加え、①<u>硫化水素</u>を発生させる実験。鉄が②<u>化学反応により磁石にくっつかなくなる</u>など、性質も変わることを学び、さらに、自然界にも存在する有害な硫化水素のにおいを身をもって知り、覚える意義もあるという。

問１　化学反応とは、反応前の物質が別の物質に変わることを指します。次のア～エのうち、化学反応といえるものを１つ選び、記号で答えなさい。

ア　部屋に洗濯物を干していたら乾いた。

イ　寒い日にカイロを買って包装の袋から取り出し、しばらく時間が経つと熱くなった。

ウ　寒い日に眼鏡のレンズがくもった。

エ　ドライアイスを台所に置いておき、時間が経ったらなくなっていた。

問２　下線部①について、硫化水素にはいくつかの性質があります。その１つが空気より重いという性質です。次のア～エの中から空気より重い気体を**すべて選び、**記号で答えなさい。ただし、ひとつも当てはまらない場合にはオを選びなさい。

ア　水素

イ　酸素

ウ　アンモニア

エ　二酸化炭素

オ　ア～エに当てはまるものはない

問３　下線部②について、鉄が硫化鉄という別の物質に変わることで磁石にくっつかなくなりました。鉄は金属の１つです。すべての金属に共通する性質として正しいものを次のア～オから**３つ選び、**記号で答えなさい。

ア　磁石にくっつく。

イ　水に溶けない。

ウ　磨くと光る。

エ　電気や熱を通しやすい。

オ　たたくとうすくひろがる。

問４　鉄の粉末4.2gと硫黄の粉末3.0gをよく混ぜたものを試験管にいれました。その試験管を加熱したところ粉末の一部が赤くなり、硫化鉄ができました。この試験管で反応せずに残った物質は何か答えなさい。また何g残ったか答えなさい。ただし、鉄と硫黄は７：４の重さの比で反応することがわかっています。

問５　今回のような「有毒なガスを発生させ、そのにおいをかぐ」という実験であっても、正しく実験すれば事故を防ぐことはできたはずです。これまでにこの実験で起きてしまった事故では、加える塩酸の量を間違えてしまった、実験室の換気が不十分であったなどが理由として考えられます。他に考えられる原因を簡潔に答えなさい。

3　次の資料は厚生労働省が出している熱中症に関するパンフレットです。

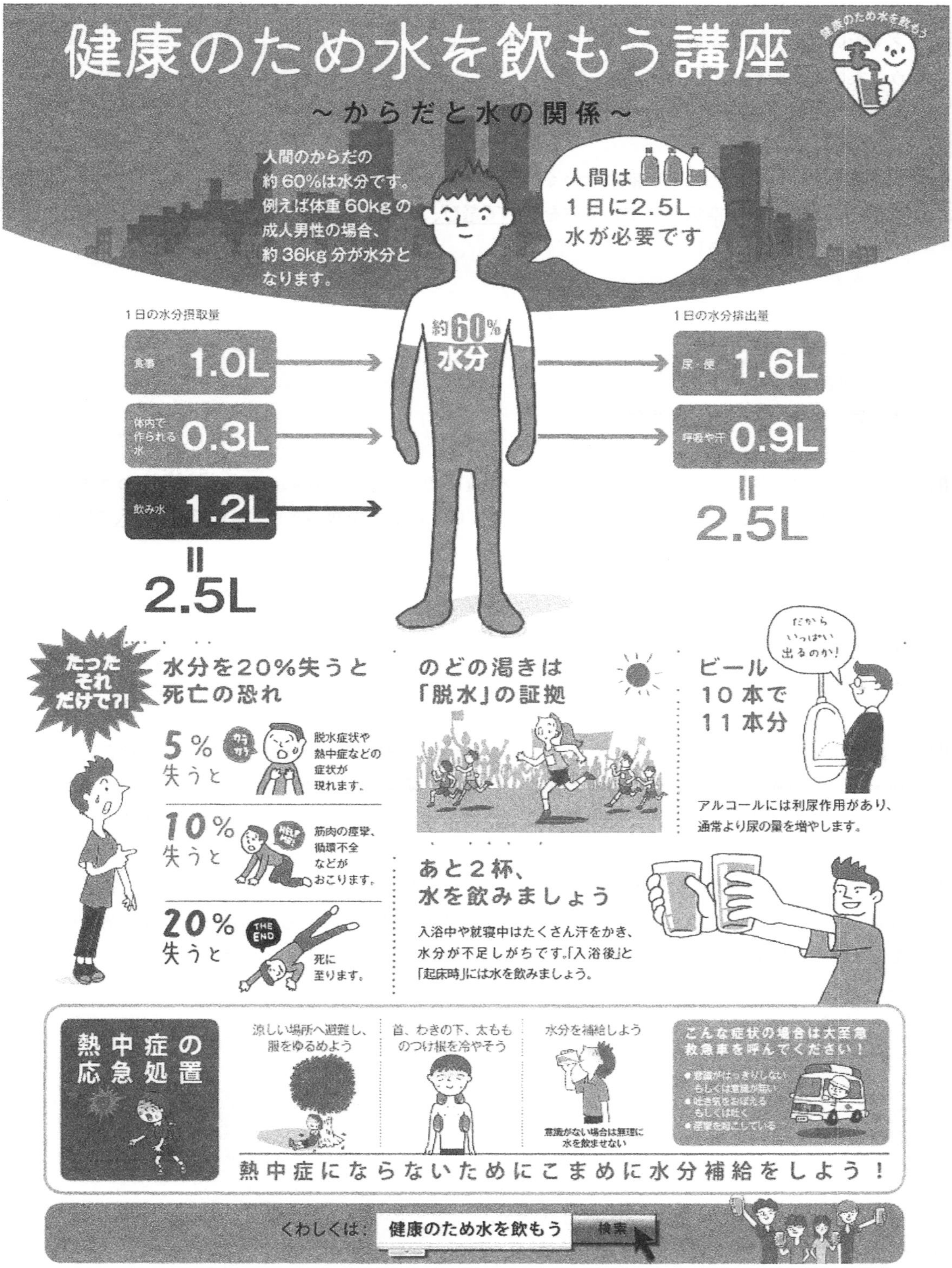

令和６年度

特別選抜コース

第１回　入学試験問題（２月１日　午前）

理　　科

（※理科と社会２科目60分）

注　意

1　この問題用紙は試験開始の合図で開くこと。

2　解答用紙に氏名・受験番号を記入し受験番号をマークすること。

3　答えはすべて解答用紙の枠内に記入すること。

4　答えに単位が必要なものは、単位をつけて答えること。

5　印刷が不鮮明な場合は申し出ること。

6　試験終了の合図でやめること。

受験番号		氏名	

東京都市大学等々力中学校

3 大学生４人で行うと９日間かかる仕事があります。この仕事を大学生２人で３日間行ったあと，残りを高校生５人で行うとさらに８日間かかります。次の問いに答えなさい。

（１）この仕事を，高校生１人で行うと何日間かかりますか。

（２）この仕事を，大学生２人で６日間行ったあと，残りを高校生だけで４日間で終わらせるためには，少なくとも高校生が何人必要ですか。

（３）この仕事は，大学生３人と高校生６人と大人２人で行うと３日間で終わります。
この仕事を大人１人と高校生１人で行うと何日間かかりますか。

2 次の □ に当てはまる数を答えなさい。

（1）$\frac{24}{35}$ にかけても，$\frac{15}{14}$ にかけても，答えが整数となるような最小の分数は □ です。

（2）右の図形において，AはBより70度小さく，

Cは A より10度大きいとき，Cは □ 度です。

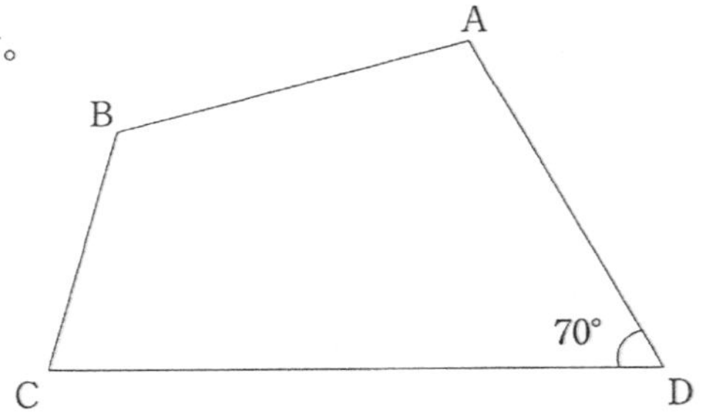

（3）T君は朝8時に家を出て学校に行くのに，時速3kmで行くと15分遅《ち》刻し，時速5kmで行くと，

5分前に着きます。家から学校までの道のりは □ kmです。

（4）右の図は 1 辺の長さが 4 cmの立方体です。この立方体と，4点A，C，F，Hを頂点とする三角錐《すい》との体積の比をもっとも簡単な整数の比で答えると

□ ： □ です。

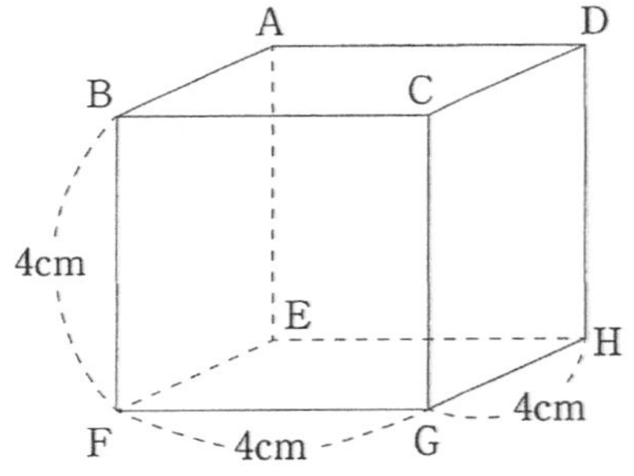

（5）A，B，Cのはじめの所持金の比は3：5：2でした。Aは所持金の$\frac{1}{6}$をCに渡《わた》し，Bは所持金から100円をCに渡しました。その結果，A，B，Cの所持金の比が3：5：4になりました。Aのはじめの所持金は □ 円です。

1　次の □ に当てはまる数を答えなさい。

（1）$1\frac{1}{2} \times 1\frac{1}{3} \times 1\frac{1}{4} \times 1\frac{1}{5} - 1\frac{7}{15} \times 1\frac{1}{2} + \frac{3}{20} \div \frac{3}{4} \div \frac{1}{8} - 1\frac{2}{5} = \square$

（2）$5 \times 5 \times 3.14 - 4 \times 4 \times 3.14 + 3.14 = \square$

（3）$\left\{ \frac{8}{41} \times \left(3\frac{1}{5} - 0.125 \right) + \square \right\} \div 6.6 = \frac{2}{11}$

令和６年度　特別選抜コース

第１回　入学試験問題（２月１日　午前）

算　　数　（50分）

注　　意

1　この問題用紙は、試験開始の合図で開くこと。

2　問題用紙と解答用紙に受験番号・氏名を記入すること。

3　答えはすべて解答用紙に記入すること。

4　印刷がわからない場合は申し出ること。

5　試験終了の合図でやめること。

受験番号		氏名	

東京都市大学等々力中学校

そのことを、藤原先生の人間的な魅力と言いますか、情緒の豊かさを通して教えられました。

③それとも一つ意外だったのは、数学者たちがとても謙虚《けんきょ》だということです。［Ｃ］、「三角形の内角の和は一八〇度である。それは人間がそういうふうに仕向けたからでもないし、人間の心が感じるからでもない。人間が生まれる前から、ずうっと世界はそういうふうに作られているんだ。ということは、人間よりももっと偉大な何者か、サムシング・グレイト（注2）によって、三角形の内角の和はどんなに小さな三角形も巨大な三角形も、すべて一八〇度になった。だから数学者は、偉大な何者かが世界のあちらこちらに隠したそういう秘密を、洞窟《どうくつ》から宝石を掘り返すようにして見つけ出す、それが仕事だ」というふうに考えているんです。つまりそういう目に見えない何か偉大なものに対する謙虚な気持ち、跪《ひざまず》く心を持って、世界の有り様を追求しているのです。

よくこういうことが言われると思います。「相対性理論（注3）は、アインシュタインが発見しなくても、何年後かに別な人が発見しただろう。しかし、モーツァルトの音楽は彼が居なければ決して生まれなかった」と。［Ｄ］、フェルマーの定理は、一九九四年にイギリスのアンドリュー・ワイルズという数学者によって証明されたが、ワイルズが証明できなくてもいずれ誰か他の天才が証明できた。しかし、④ピカソの絵はピカソにしか描けない、ということでしょうか。

このように、数学者を含めた科学者の人たちが、ある特別な謙虚さをもって自分の仕事に当たっていることが、大変魅力的な点でした。

以上のような出会いにより、私の数学に対するイメージは根底からくつがえされました。数学と耳にするだけで、自分には無関係と決めつけていたのに、そこに予想もしなかった不思議、驚きが隠れていたのです。すぐに私は、これは小説の題材になると直感しました。数の世界が、才能豊かな数学者たちが頭《こうべ》を垂《た》れるほどに美しいものであるなら、その美しさを言葉で表現してみたい。というところから作品が生まれてきたわけです。

まず、数学者を登場させるとしても、自分自身に数学の知識がないのですから、数学者を語り手にすることはできません。そこで、その数学者を観察しながら、少しずつ触れ合いを深めてゆき、同時に数の世界の美しさに気づいてゆくような立場の語り手が必要になってきます。家族ではあまりにも密接すぎる、恋人ではまた生々《なまなま》しくなりすぎる、もっと適切な距離を保ちつつ、尊敬の念を育めるような関係はないだろうか……と、あれこれ考えました。

その時、ふと思い浮かんだのが家政婦さんという職業です。家政婦さんなら、ずかずかと無遠慮に人の人生に踏み込んではきません。それでいて現実的な生活の面では大きな役割を果たす。相手がどんな人格を持っていようとも、とにかくすべてを受け入れ、耳を傾《かたむ》ける。しかも数学とは縁遠い職業でしょうから、きっと私自身が感じたのと同じ不思議と驚きに、心を揺さぶられるに違いない。⑤そうした思いの中から、数学者と家政婦さんという主要な登場人物が浮かび上がってきたのです。

当然、数学者の小説を書くにあたって、伝記や数学に関する簡単な読み物を手当たり次第に読みました。今までの自分なら恐らく手に取らなかっただろうというような種類の本ばかりでしたが、全く退屈しませんでした。それどころか、⑥読めば読むほど小説を書きたくてたまらない気持ちになっていったのです。『フェルマーの最終定理』も『放浪《ほうろう》の天才数学者エルデシュ』も、そこに書かれていることのほとんどすべては事実であるにもかかわらず、私にはどれもがドラマティックで詩的なエピソードに感じられました。

（小川 洋子「物語の役割」ちくまプリマー新書より）

（注1）「接吻」……尊敬や愛情のしるしとして、相手のくちびるや頬《ほほ》などに自分の口をあてること。

（注2）「サムシング・グレイト」……「創造主」とされる人智を超えた偉大なる存在のこと。また、生命、自然、宇宙などの素晴らしさに、人智の及ばない何かを感じること。

（注3）「相対性理論」……二十世紀始めにドイツの物理学者アインシュタインが提唱した、時間と空間に関する物理学の理論。現在もこの理論の内容をもとに、物理学の多様な実験や研究が行われている。

問一、［A］にあてはまる言葉として最も適当なものを次から選び、記号で答えなさい。

ア、規則的　イ、論理的　ウ、実用的　エ、具体的

問二、［B］～［D］にあてはまる言葉として最も適当なものを次から選び、それぞれ記号で答えなさい。

ア、たとえば　イ、つまり　ウ、一方で　エ、ところが

問三、——線①「ほとんど目に涙を浮かべんばかりの表情で、ハミルトンの悲恋について語っていたのです」とありますが、ここから読み取れることとして適当でないものを次から一つ選び、記号で答えなさい。

ア、偉大な業績を残した数学者ハミルトンの、結ばれることが叶わなかった昔の恋人を三十年近く想い続けたという意外な一面を紹介している。

イ、かつての恋人を長年想い続けた数学者ハミルトンの純粋さに心打たれ、思わず泣きそうになってしまう藤原先生の豊かな情緒を物語っている。

ウ、偉大な数学者でありながら、昔の恋人への想いにとらわれ続けたハミルトンの弱さを理解し寄り添おうとする、藤原先生の人間的な魅力を象徴している。

エ、五十歳近くになるまで昔の恋人を想い続けたハミルトンと、彼の想いに心を震わせる藤原先生という二人の数学者の、人間味あふれる様子を伝えている。

問四、——線②「そこで私は、数学者に対して自分は間違ったイメージを抱いていたということに気づいたのです」とありますが、「間違ったイメージ」とはどのようなものですか。それを説明した次の文の空欄にあてはまる言葉を、文章中から四十五字で探し、最初と最後の五字をそれぞれ抜き出して答えなさい。

［四十五字］イメージ。

問五、——線③「それともう一つ意外だったのは、数学者たちがとても謙虚だということです」とありますが、「数学者たち」の「謙虚」な姿勢とはどのようなものですか。それを説明した次の文の空欄にあてはまる言葉を、——線③より前の文章中から指定された字数で探し、最初と最後の三字をそれぞれ抜き出して答えなさい。

数学が表す真理とは、［1、十四字］ものであり、［2、二十一字］ものでもあるので、数学者の仕事とは自ら真理を発明しようとするのではなく、偉大な何者かによってすでに用意されたそれらを世界中から発見することにすぎない、と考える姿勢。

問六、——線④「ピカソの絵はピカソにしか描けない、ということでしょうか」とありますが、これはどういうことですか。最も適当なものを次から選び、記号で答えなさい。

ア、数学者たちの発見に対して、芸術家たちの作品はそれぞれが唯一無二のものであるということ。
イ、代わりが存在する数学者たちに対して、芸術家たちは一人ひとりが絶対的な存在であるということ。
ウ、数学者たちが発見してきた偉大な真理よりも、芸術家たちが遺してきた作品の方が価値があるということ。
エ、代わりがきく数学者たちよりも、それぞれが孤高の存在である芸術家たちの方が立場は上であるということ。

問七、——線⑤「そうした思い」とは、どのような思いですか。それを説明した次の文の空欄にあてはまる言葉を、それぞれ指定された字数で答えなさい。ただし、1は文章中の言葉を使い、2は文章中から抜き出して答えること。

「家政婦さん」という立場ならば、[1、三十字以内]とともに、数の世界の美しさに気づき、自分と同じように数学者に対して[2、八字]のではないか、という思い。

問八、——線⑥「読めば読むほど小説を書きたくてたまらない気持ちになっていったのです」とありますが、それはなぜですか。最も適当なものを次から選び、記号で答えなさい。

ア、才能あふれる数学者たちを惹《ひ》きつけてやまない数の世界の魅力に触れ、小説家として創作意欲が駆《か》り立てられたから。
イ、偉大な功績を残した数学者たちのドラマ性に満ちた生き方に惹かれ、数学と縁の遠い多くの人たちに広めたくなったから。
ウ、数学者たちの仕事に対する謙虚な姿勢に共感し、自分も一人の小説家としてなすべき役割を果たそうと思ったから。
エ、数の世界に魅了される数学者たちに刺激を受け、自分は言葉の世界でまだ誰もしたことがない挑戦をしたいと思ったから。

問題は次ページに続きます。

四 次の文章を読んで、あとの問いに答えなさい。

夕方のバス停でのこと。中学生らしき制服姿の女の子たちの会話が耳に入ってきた。「きのうさー、先生にさあ、ボロクソほめられちゃったんだ」。①えっと驚いて振り向くと、楽しげな笑顔があった。若者が使う表現は何とも面白い。

「前髪の治安が悪い」「気分はアゲアゲ」。もっと奇妙《きみょう》な言い方も②闊歩《かっぽ》する昨今だ。多くの人が使えば、それが当たり前になっていく。「ボロクソ」は否定的な文脈で使うのだと、彼女らを諭《さと》すのはつまらない。言葉は生き物である。

大正の時代、芥川龍之介は『澄江堂《ちょうこうどう》雑記』に書いている。東京では「とても」という言葉は「とてもかなはない(注)」など否定形で使われてきた。だが、最近はどうしたことか。「とても安い」などと肯定文でも使われている、と。時が変われば、正しい日本語も変化する。

今どきの若者は、ＳＮＳの文章に句点を記《しる》さないとも聞いた。「。」を付けると冷たい感じがするらしい。③元々、日本語に句読点がなかったのを思えば、こちらは先祖返りのような話か。

新しさ古さに関係なく、気をつけるべきは居心地の悪さを感じさせる表現なのだろう。先日の小欄で「腹に落ちない」と書いたら、間違いでは、との投書をいただいた。きちんと辞書にある言葉だが、［　　］方《かた》もいるようだ。

新語は生まれても、多くが廃《すた》れ消えてゆく。さて「ボロクソ」はどうなることか。それにしても、あの女の子、うれしそうだったなあ。いったい何を、そんなにほめられたのだろう。

（朝日新聞二〇二三年六月十一日「天声人語」より）

（注）「かなはない」……「かなわない」と同じ。

問一、――線①「えっと驚いて振り向くと」とありますが、それはなぜですか。その理由を説明した次の文の空欄にあてはまる言葉を文章中から八字以上十字以内で探し、抜き出して答えなさい。

「ボロクソ」という言葉は、本来なら［八字以上十字以内］ものだから。

問二、——線②「闊歩する」とありますが、ここではどのような意味で使われていますか。最も適当なものを次から選び、記号で答えなさい。

ア、威張《いば》って自由気ままに行動していること。
イ、間違ったことが好き勝手に行われていること。
ウ、勢いをもって広まっていること。
エ、周りを気にせず歩いていること。

問三、——線③「元々、日本語に句読点がなかったのを思えば、こちらは先祖返りのような話か」とありますが、これはどのようなことですか。最も適当なものを次から選び、記号で答えなさい。

ア、冷たい感じを相手に与えないように、日本語は昔から句読点を付けないという習慣を保っているということ。
イ、句点を使わないという現代の若者の傾向が、句読点を付けなかった昔の日本人の性質に似てきているということ。
ウ、句点を避《さ》けたがる現代の若者の心理は、相手に居心地の悪さを感じさせないようにする日本人らしい性質だということ。
エ、現代の若者の句点を付けないという傾向は、句読点が存在しなかった昔の日本語と同じ状態にあるということ。

問四、□にあてはまる言葉として最も適当なものを次から選び、記号で答えなさい。

ア、腑《ふ》に落ちない　　イ、胃に落ちない　　ウ、肝《きも》に落ちない　　エ、背に落ちない

問　五、この文章の内容や表現の説明として最も適当なものを次から選び、記号で答えなさい。

ア、「ボロクソほめられ」たなどの現代の若者たちの表現を面白がりつつも、筆者は新聞記者として日本語の乱れを憂《うれ》えている。

イ、芥川龍之介が指摘しているように、新語の移り変わりが激しい現代に限らず、日本語の変化は昔から起こっていることである。

ウ、新聞記事や小説を書く人は、読者が違和感を覚えるような表現ではなく、小学生でもわかるような表現を使わなければならない。

エ、時代によって日本語の正しさも変わっていくため、「前髪の治安が悪い」などの若者の表現を間違いだと決めつけてはならない。

令和5年度　S特選コース

第1回　入学試験問題（2月1日　午後）

国語

（50分）

注意

1　この問題用紙は、試験開始の合図で開くこと。
2　問題用紙および解答用紙に受験番号・氏名を記入すること。
3　答えはすべて解答用紙に記入すること。
4　字数制限のある場合は、特別な指示がない限り、すべて句読点や「」（）などの記号を含んだ字数として解答すること。
5　印刷がわからない場合は申し出ること。
6　試験終了の合図でやめること。

東京都市大学等々力中学校

受験番号		氏名	

一　次の――線の漢字はひらがなに、カタカナは漢字に直して答えなさい。

1、大仰な言い方をする。
2、人相を見て占う。
3、堅実な考え方をして生きる。
4、豊臣秀吉は大阪に築城した。
5、あの人には逆立ちしても敵わない。
6、木材を接着剤でコテイする。
7、工事中なので入らないようにケイコクする。
8、彼はわたしのメイユウだ。
9、機械をジザイにあやつる。
10、人員をサく。

二　次の文章を読んで、あとの問いに答えなさい。

奥沢叶《おくざわかなえ》と宮《みや》田《た》佳乃《よしの》は北海道の中高一貫校に通う高校二年一組の生徒である。学校の寮に住んでいる東京都出身の宮田は、かつて全国コンクールで入賞するほどのピアノの腕前を持っていたが、風変わりな後輩に打ちのめされ、今は自信を喪失《そうしつ》している。二人は第一回合唱コンクールに臨み、宮田は伴奏を務める。

お詫び
著作権上の都合により、文章は掲載しておりません。
ご不便をおかけし、誠に申し訳ございません。
教英出版

お詫び

著作権上の都合により、文章は掲載しておりません。

ご不便をおかけし、誠に申し訳ございません。

教英出版

お詫び

著作権上の都合により、文章は掲載しておりません。
ご不便をおかけし、誠に申し訳ございません。

教英出版

お詫び
著作権上の都合により、文章は掲載しておりません。
ご不便をおかけし、誠に申し訳ございません。
教英出版

（安壇 美緒「金木犀とメテオラ」より）

（注1）「佐田先生」……音楽の先生。
（注2）「馨」……宮田・奥沢の同級生。宮田と同じ寮生。
（注3）「麗奈」……奥沢叶の母親。
（注4）「戸越」……麗奈の恋人。
（注5）「落葉松」……奥沢や宮田がコンクールで演奏する曲のタイトル。
（注6）「杉本さん」……宮田佳乃が住む寮の寮母。

問一、――線ア「保護」・イ「後方」・ウ「座席」・エ「白衣」のうち、他と熟語の組み立てが異なるものを一つ選び、記号で答えなさい。

問二、――線①「時枝がそう呼びかける」とありますが、奥沢にとって時枝はどのような人ですか。「時枝は、」に続けて四十字以内で答えなさい。ただし、「指揮」・「担任」という言葉を使うこと。

問三、［A］～［D］にあてはまる言葉の組み合わせとして最も適当なものを次から選び、記号で答えなさい。

ア、A―ちゃんと　B―ふっと　C―ゆっくりと　D―ぐうっと
イ、A―ゆっくりと　B―ぐうっと　C―ちゃんと　D―ふっと
ウ、A―しっかりと　B―さっと　C―ゆっくりと　D―どかんと
エ、A―きちんと　B―ふっと　C―わさわさと　D―ばたんと

問四、――線②「世界で一番、暗い場所」の説明として適当でないものを次から一つ選び、記号で答えなさい。

ア、「ステージの上は、目も眩むほどまばゆい」と対照的な表現であり、今いるのは自分の悲哀《ひあい》に支配された世界である。
イ、「落葉松の、雨は、金色に光り輝いて」と対照的な表現であるが、皆で心を合わせて歌う時は光り輝く世界である。
ウ、「孤独の匂いに包まれ」と対照的な表現であり、音のない宇宙のようにただひたすら暗い世界である。
エ、「漏れた光」と対照的な表現であり、恐怖を感じる世界である。

問五、――線③「死に際の幼獣のように」の説明として最も適当なものを次から選び、記号で答えなさい。

ア、無邪気な生命力が宿る存在が、生きる希望を宿す様子で、希望の力を表している。
イ、幼く力ない存在が、力をふりしぼっている様子で、健気《けなげ》な在り方を表している。
ウ、幼くても獣であり、生来の強さがかすかに残っている存在で、最後の生命力を表している。
エ、もともとか弱くいよいよ死んでしまいそうな存在で、ひたすら力ない様子を表している。

問六、——線④「本人がずっと押し隠してきた彼女の本当の姿」とありますが、「本当の姿」を「押し隠して」いる時の「彼女」の姿はどのようなものですか。それを表している部分を文章中から十六字で探し、抜き出して答えなさい。

問七、——線⑤「不安も、恐れも、孤独も、緊張も、自分ひとりの持ち物ではないことを知った」とありますが、その瞬間を比喩を用いて表している部分を文章中から十二字で探し、抜き出して答えなさい。

問八、この文章の表現上の特徴として適当なものを次から二つ選び、記号で答えなさい。

ア、読者の想像力を喚起する印象的な直喩《ちょくゆ》法が用いられている。
イ、読者が思わず考えてしまうような隠喩《いんゆ》法が用いられている。
ウ、読者がその様子をありありと想像出来るような擬人法が用いられている。
エ、視覚、聴覚のみならず、嗅覚《きゅうかく》にも訴える表現が用いられている。
オ、視覚、嗅覚のみならず、触覚にも訴える表現が用いられている。
カ、聴覚、嗅覚のみならず、味覚にも訴える表現が用いられている。

問　九、Ａさん・Ｂさん・Ｃさん・Ｄさんの四人が、この文章の内容について意見を述べています。適当でないものを次から一つ選び、記号で答えなさい。短歌・俳句は一部表記を改めた箇所があります。

※お詫び：著作権上の都合により、イの俳句は掲載しておりません。ご不便をおかけし、誠に申し訳ございません。　教英出版

ア、Ａさん――僕は種田山頭火《たねださんとうか》の「このみちや　いくたりゆきし　われはきょうゆく」という句を見つけたよ。この道を多くの人が行き交っている。私は今日この道を歩いている、というような意味の句。みんな同じような苦しみや悲しみを背負って生きている。私も同じだ、ということなんだろうね。かなりこの小説と似たイメージを感じたよ。

イ、Ｂさん――私は塚本邦雄《つかもとくにお》さんの歌。いかにも青春、って感じで素敵よ。※」。どう？　ラグビーの試合の様子を歌っているんだけど、たとえずぶ濡れになっても、つまりは大変で辛いことがあっても、みんなが未来にむけて走っていくの。ね、似てるでしょ。

ウ、Ｃさん――「白鳥は　哀しからずや　空の青　海のあおにも　染まずただよう」。若山牧水《わかやまぼくすい》の代表的な歌だけど、決して周りに染まらない、あるいは染まれない確固とした自分の在り方を歌っている。まずは自分だ、ということ。仲間であろう、と思う前に、独立した存在があるのだ、という心意気がこの小説と似ている。

エ、Ｄさん――僕は釈迢空《しゃくちょうくう》さん。「葛《くず》の花　踏みしだかれて、色あたらし。この山道を行きし人あり」。人恋しさも感じられるけど、自分と同じ山道を歩いている人への共感性っていうのかな、仲間を見出した嬉《うれ》しさっていうのかな、そういう解釈でいくと、この小説で描こうとしている内容に通じていると思う。

三　次の文章を読んで、あとの問いに答えなさい。なお、設問の都合上、一部省略した箇所があります。

高度に発展した人工知能が登場したことの意味は、①人間の知性を超える存在が現れてしまった……という単純な話ではないのです。現在の人工知能には、明らかに得意な分野と苦手な分野があり、まだまだ万能の存在ではありません。それどころか、人間には簡単にできることが、まったくできないこともあります。

例えば、知らない人の家に行ってコーヒーを淹《い》れるのは、人間ならさほど難しくないでしょう。家のどの辺にコーヒー豆があり、カップやフィルターがあり、ここでお湯を沸《わ》かして……と、自分で見当をつけることが簡単にできると思います。

ところが、人工知能ロボットでは、そうはいきません。見知らぬ場所に行ったら、コーヒー豆の置き場所一つ取っても、あり得る無数の可能性を前にして、うまく探せなくなってしまいます。何十万桁《けた》の計算を一瞬で行う一方で、とても簡単なことができないのです。

とはいえ、社会のなかでどんどん人工知能が使われているのも事実で、その影響なしに生きていくことも難しいと思います。だとすれば、人工知能の言うことが絶対の正解ではないという前提で、私たちはその使い方を考えていく必要があります。

そのときに、まず私たちは「人間の思考」と「人工知能の思考」がどういう点で異なっているのかを、しっかりと理解するべきではないでしょうか。

そこで、その二つを具体的に比較していきます。まずは将棋の棋士が、一体どのようなメカニズムで指し手を選んでいるのか、私自身の経験も披露しながら、お伝えします。その上で、②人間と人工知能の似ている部分と異なる部分を明らかにしていきたいと思います。

対局の際、棋士は大まかには③三つのプロセスで将棋を考えます。

盤面に向き合った棋士は、相手の指し手を受けて、「直観」で大まかな判断をするところから始めます。

よく取材で、「何手先まで読めるのですか」と質問されます。実は、なかなか答えるのが難しい質問です。と言うのも、棋士は、あまり手を数えていないからです。実は、私たちは大量に手を読んでいるわけではありません。むしろ、棋士は「直観」によって、まずはパッと手を絞り込むのです。

将棋は一つの局面で、平均八〇通りの指し手があると言われています。それを、「ここは中心ではない。急所、要点ではない」と、思い切って二、三手に絞るのです。カメラで写真を撮る際、ピントを合わせるように、「これこそが問題の中心だ」と思うところにフォーカスしていくイメージです。そして、それ以外の可能性は最初から考えません。あり得る手を全て検討していたら膨大《ぼうだい》な時間がかかってしまいます。

つまり、ゼロから一つずつ積み上げて考えるよりも、まずは「大体、あの辺りだな」と目星をつけて、その上で［A］的に考えていく方が、よ

6　A 駅，B 駅間 7800 m を電車 a，電車 b が走ります。下の図は電車 a の先頭と電車 b の先頭の間の距《きょ》離《り》を表しています。まず a が A 駅を出発し，その後 b が A 駅を出発します。B 駅に到《とう》着後は直ちに A駅に向けて折り返します。そのとき，b の最後尾の車両が先頭車両となります。b が初めて B 駅に到着したのは a が出発してから 450 秒後でした。電車 a は秒速 12 m で進み電車の長さは 160 m，電車 b は秒速 20 m で進み電車の長さは 240 m です。次の問いに答えなさい。

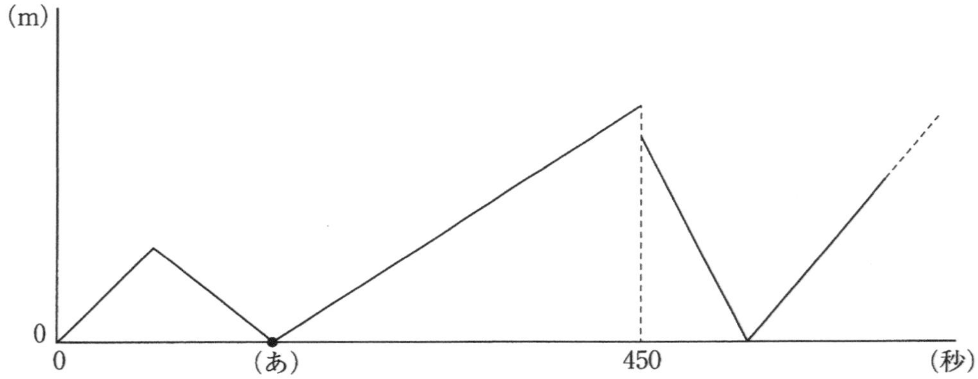

（1）電車 a，b が同じ方向に進むとき，b が a に追いついてから完全に追い越すのにかかる時間は何秒ですか。

（2）（あ）にあてはまる数字を求めなさい。

（3）電車 b が B 駅を折り返してから電車 a とすれ違い終わるのは電車 a が A 駅を出発してから何秒後ですか。

5 正多角形を直線で分割するとき，分割して分けられた多角形における辺の本数の合計と内角の和の合計について，次の問いに答えなさい。

（例）下の図のように正三角形を２本の直線で分割すると，４つの図形に分けられ，辺の本数の合計は14本，内角の和は1080度

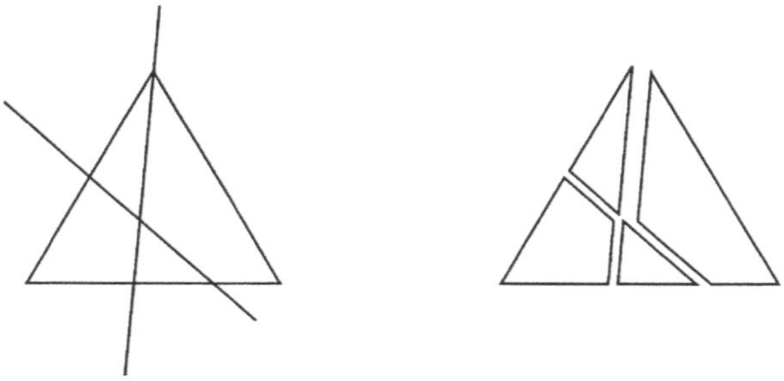

（１）正方形を２本の直線で分割するとき，分割されてできた図形の辺の本数の合計はもとの正方形の辺の本数より最大で何本増えますか。

（２）正五角形を３本の直線で分割するとき，分割されてできた図形の内角の和は最小で何度になりますか。

（３）正六角形を４本の直線で分割します。分割されてできた図形の内角の和の合計が最も大きくなるように分割すると，分割されてできたすべての図形の辺の本数の合計は何本になりますか。

4 次の図は，立方体を切って五角柱と三角柱に分けた図です。この２つの立体の表面積の差は 56 cm^2 で，辺BI，辺CI，辺CL，辺DL，辺FJ，辺GJ，辺GK，辺HKの長さはすべて等しいものとします。
次の問いに答えなさい。

（１）この立方体の１辺の長さを答えなさい。

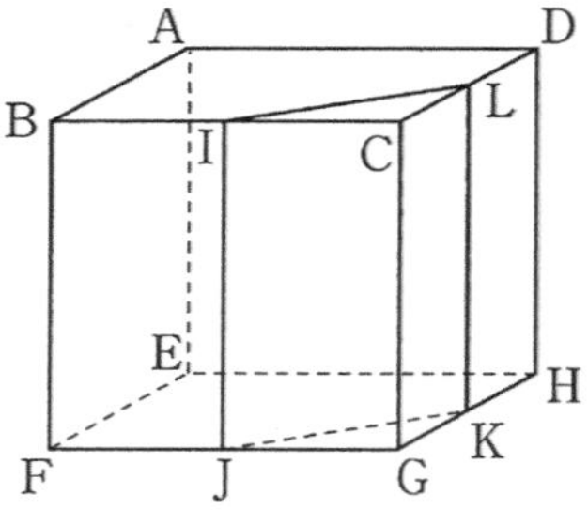

（２）切り分けた五角柱の上に，図１のように底面が正方形の四角柱をのせると，もとの五角柱と比べて体積が 72 cm^3，表面積が 96 cm^2 増えました。上にのせた四角柱の高さを答えなさい。

（３）辺ＥＡ上の点Ａ側の延長線上に（２）の四角柱の高さと同じ高さに光源Ｐを用意します。図２のように四角柱を取り除いたとき，光源Ｐによる五角柱の影《かげ》の面積を答えなさい。ただし，五角柱の底面積は除くものとします。

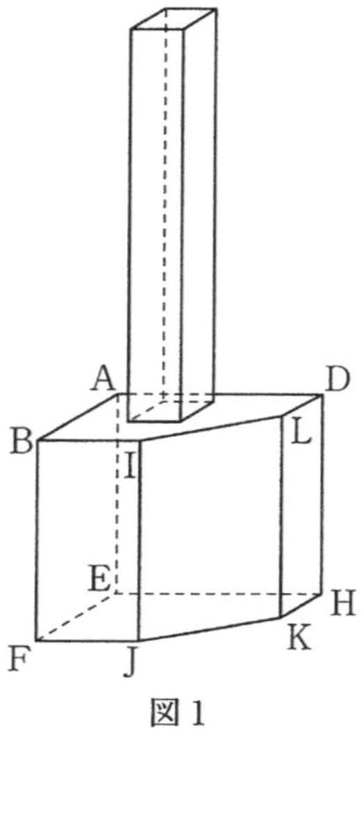

図１

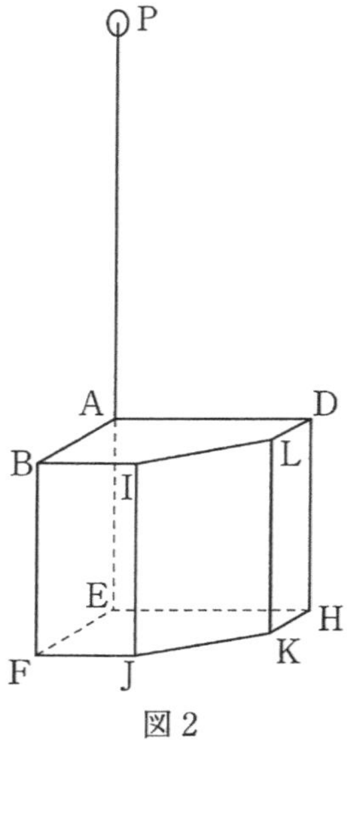

図２

問３　等々力から 630km 離れた四国地方のＢ地点で地震が発生しました。等々力でＰ波が観測されてからＳ波が観測されるまでにかかる時間は何秒か答えなさい。

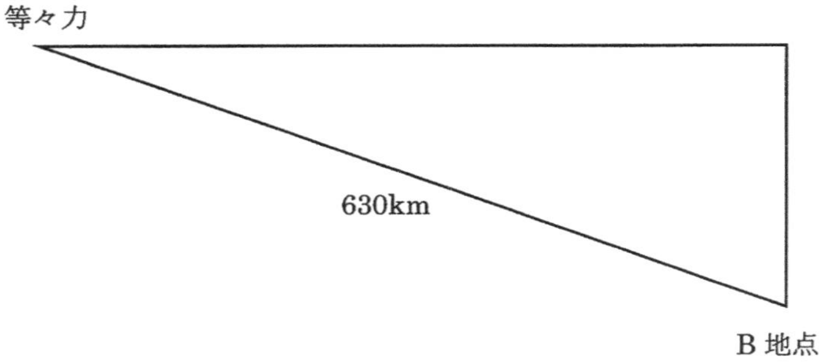

問４　等々力からいくらか離れた場所の地下Ｃ地点で地震が発生しました。等々力でＰ波が観測されてからＳ波が観測されるまでに 11.7 秒かかりました。等々力とＣ地点との距離を答えなさい。

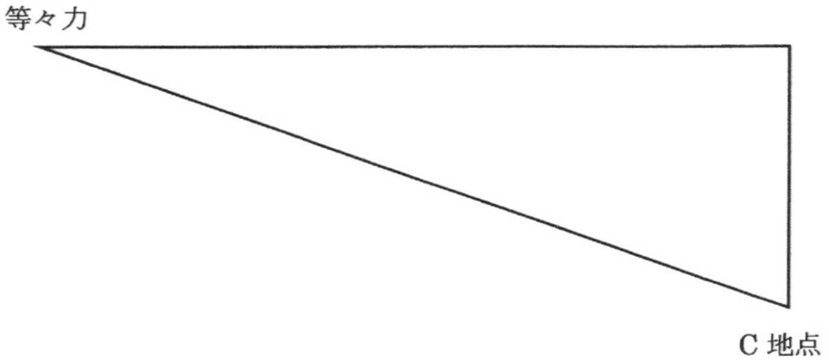

4 次の文章を読み、あとの問いに答えなさい。

地震が発生したとき、観測地点では、２回に分かれてゆれを感じることが知られています。最初のゆれはＰ波によるもので、２回目のゆれはＳ波（秒速４km）によるものです。この２種類の波は、一定の速さで進むものとして以下の問いに答えなさい。

必要であれば、直角三角形の辺に関する定理【三平方の定理】を用いて計算してもよい。ただし、計算結果が割り切れない場合は、小数第１位を四捨五入して整数で答えなさい。また、問題中の図は実際の縮尺とは一致しないものとします。

【三平方の定理】

直角三角形の直角をはさむ２つの辺の長さを X 、Y とし、もう１つの辺の長さを Z とするとき、

$$X \times X + Y \times Y = Z \times Z$$

が成り立つ。

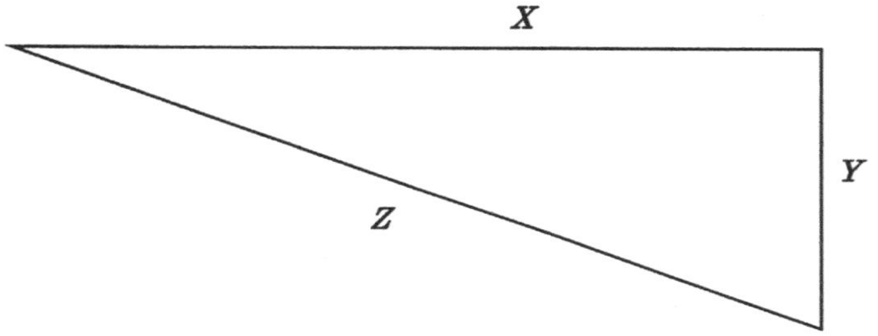

問１　等々力から84km離《はな》れた茨城県Ａ地点の深さ63km地点で地震が発生しました。Ｓ波が等々力で観測されるのは、地震発生から何秒後か答えなさい。

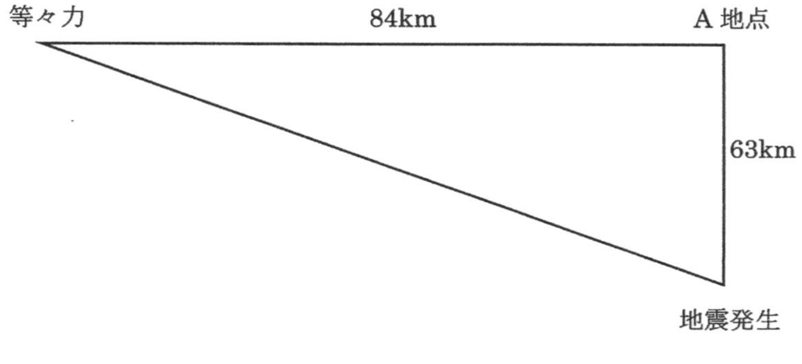

問２　問１の地震でＰ波が観測されたのは、Ｓ波が観測される11.25秒前でした。Ｐ波の速さを答えなさい。

問1　下線部Aについて、ペットボトルの中のボルボックスに横から光をあてると、ボルボックスが光に向かって泳いでいき、一か所に集まるという習性があります。このことを参考にして、水中を自由に泳ぎ回れることはボルボックスにとってどのような利点になると考えられるでしょうか。説明しなさい。

問2　表1から、このボルボックス1個は、何日に1回、娘群体を放出すると考えられるでしょうか。次の1～4のうちから1つ選び、番号で答えなさい。

1. このボルボックスは1日に1回、娘群体を放出する。
2. このボルボックスは2日に1回、娘群体を放出する。
3. このボルボックスは3日に1回、娘群体を放出する。
4. この結果からはボルボックスが娘群体を放出する日数の周期はわからない。

問3　表1から、最初にペットボトルに入れた3個のボルボックスがどのように増えているかについて説明した文章として適切なものを、次の1～4のうちから1つ選び、番号で答えなさい。

1. 全てのボルボックスで娘群体の放出は同じ日に起こっている。
2. 最初に入れた3個のボルボックスのうち、1つはほかの2つとは別の日に娘群体を放出している。
3. 最初に入れた3個のボルボックスは、どれも違う日に娘群体を放出している。
4. この結果からは3個のボルボックスが同じ日に娘群体を放出しているか異なる日に放出しているかを判断できない。

問4　6日目以降も続けてボルボックスを観察したところ、観察開始から10日目でボルボックスが増えなくなりました。そこで、蓋をあけて空気が自由に出入りするようにしたところ、再びボルボックスは増え始めました。この時、ボルボックスが増えなくなった理由として、（　X　）が不足したためと考えることができます。（　X　）にあてはまる言葉として最も適切なものを、次の1～4のうちから1つ選び、番号で答えなさい。

1.　容器の大きさ　　2.　二酸化炭素　　3.　光　　4.　水

（問題は次のページに続く）

3 太郎君はお父さんといっしょに国会議事堂の見学に行きました。次の会話文を読んで、後の問いに答えなさい。

太　郎：わあ、すごい大きな建物だね。これがＡ国会議事堂かあ！
父　：そうだよ。なんと言っても、日本国憲法では「Ｂ国権《こっけん》の最高機関」と位置づけられているからね。
太　郎：よく、衆議院とか参議院とかいう言葉がニュースでも出てくるよね。
父　：そうだね。日本はＣ二院制をとっているんだ。
太　郎：今ちょうどＤ国会が開かれているんだよね。国会の中にもいろいろな政党があるんでしょ。
父　：うん。国会の中で多数の議席を占めている政党が、政権を担当することが多いんだ。
太　郎：そもそも、国会って何をするところ？
父　：いろいろなことを行っているけど、一番大切な仕事は（　あ　）ことだよ。
太　郎：でも、なんだか国会って、国民から見ると遠い存在のような気がするなあ。
父　：そうだね。でも国民は選挙を通じて代表者を国会に送ることができるんだよ。
太　郎：そうかあ。じゃあ、その代表者によって国の様子が変わってくるんだね。なるほど。

問１　文中の（　あ　）にあてはまる文として正しいものを、次の①～④から選びなさい。

①　作られた法律が憲法に合っているかどうかを判断し、合っていなければ指摘《してき》する
②　決められた法律や予算にしたがって政治を行い、国を治める
③　国民の幸福や利益を考え、話し合って法律を作る
④　天皇の国事行為について、助言と承認を与《あた》える

問２　下線部Ａの写真として正しいものを、次の①〜④から選びなさい。

①

②

③

④

問３　下線部Ｂについて、国会・内閣・裁判所の中で、国会が日本国憲法において「国権の最高機関」と位置づけられている理由を、次の①〜④から選びなさい。

①　国会だけが辞職《じしょく》すべき議員がいるかどうかを判断する国民審査《しんさ》を受けているから。
②　国会だけが主権者である国民によって選ばれた代表者で構成されるから。
③　所属《しょぞく》する人数が一番多く、国会が一番大きな組織であるから。
④　日本国憲法の中で「衆議院の優越《ゆうえつ》」が認められているから。

問４　下線部Ｃについて、国会が二院制を採用する理由として誤っているものを、次の①〜④から選びなさい。

①　二院あるので、一院が機能しない場合では他院が機能して、緊急《きんきゅう》の案件を処理することができる。
②　二院を構成する議員の任期・選出方法などに違いを持たせているので、国民の多様な意見を国会に反映させることができる。
③　二院あるので、審議を２回行うことができ、慎重《しんちょう》に審議することができる。
④　二院あるので、審議を分担して行うことができ、さらに一方の院で可決された案件はもう一方の院では審議しなくてよいので、効率的に業務を進めることができる。

問５　下線部Ｄについて、次の問いに答えなさい。

（１）太郎君が見学した国会は以下のものです。この国会を何といいますか。解答らんに合うように答えなさい。

毎年１月から開かれ、次年度の予算を審議することが大きな目的となっています。

（２）次の文章の空らん（　い　）にあてはまる言葉を漢字２字で答えなさい。

衆議院で内閣不信任案が可決された場合には、内閣は10日以内に総辞職するか、衆議院を（　い　）しなければならない。

（３）国会と関係している弾劾《だんがい》裁判について述べた文として正しいものを、次の①～④から選びなさい。

①　裁判官としてふさわしくない裁判官を、国会議員が裁判する。
②　国会議員としてふさわしくない国会議員を、裁判官が裁判する。
③　裁判官としてふさわしくない裁判官を、内閣総理大臣が裁判する。
④　国会議員としてふさわしくない国会議員を、内閣総理大臣が裁判する。

（問題は次のページに続く）

4 2022 年 7 月 10 日に参議院議員選挙が行われました。日本の選挙制度について、以下の［表Ⅰ］［表Ⅱ］［地図］を参考にして後の問いに答えなさい。

［表Ⅰ］2022年参議院議員選挙における
都道府県別有権者数（単位　1000人）

都道府県	有権者数
埼玉	6146
千葉	5261
東京	11455
神奈川	7697
鳥取	463
島根	557
徳島	619
高知	594

（総務省統計局 HP）

［表Ⅱ］選挙区ごとの改選数

選挙区	改選数
東京	6
埼玉、神奈川、愛知、大阪	4
北海道、千葉、兵庫、福岡	3
茨城、静岡、京都、広島	2

※上記以外の選挙区は改選数１。

※改選数とは、各選挙区において一回の選挙で選出される議員の数。

（本校作成）

［地図］

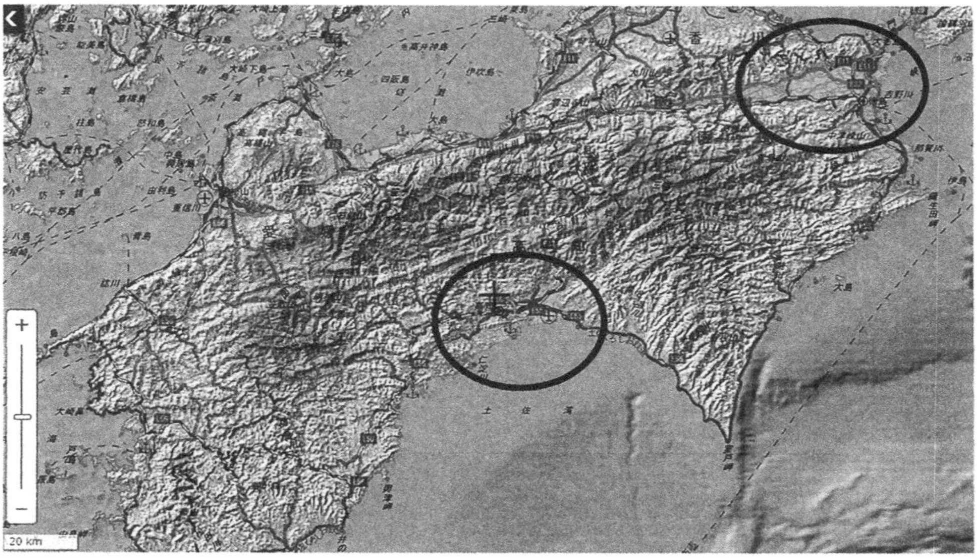

※地図上の◯は、徳島県と高知県で人口が集中している地域を示している。

（地理院地図）

問１　かつて参議院の選挙区は都道府県を一つの単位として行われてきましたが、2016年の選挙から「鳥取県と島根県」、「徳島県と高知県」が、それぞれ一つの選挙区となりました。このような選挙区を「合区」といいます。合区が作られた理由を、**［表Ⅰ］［表Ⅱ］**を参考にして、解答らんに合うように８字以上15字以内で説明しなさい。

問２　合区を設けることには反対意見もあります。反対意見の一つとして地理的な問題をあげる人もいます。**［地図］**を参考に、徳島県と高知県を合区にすることが難しいと考えられる地理的な理由を20字以内で説明しなさい。

問３　参議院議員選挙が初めて行われた1947年には議員定数は250とされていましたが、1970年には議員定数が２増加されました。定数の増加は２年後に迫ったある出来事に対応するために行われました。1972年に実現したその出来事を答えなさい。

用紙ヨコ 上 こちらを上にしてください

九	八	…

三

一	二	三	四	五	六	七	八	九
								1 / 2

四

一	二	三	四

問七

問八

問九

三

問一 最初 〜 最後 から。

問二

問三

問四

問五

10 20 30 (40) 50

問六

問七

問八 最初 〜 最後

問九 1 2

四

問一

問二

問三

問四

評価点	令和５年度 S特選コース （2月1日午後） 第１回 中学入学試験問題 〔算数〕 解答用紙
※100点満点 （配点非公表）	氏名

受験番号											
		⓪	①	②	③	④	⑤	⑥	⑦	⑧	⑨
		⓪	①	②	③	④	⑤	⑥	⑦	⑧	⑨
		⓪	①	②	③	④	⑤	⑥	⑦	⑧	⑨
		⓪	①	②	③	④	⑤	⑥	⑦	⑧	⑨

（記入例）

良い例	●	
悪い例	✓	◎ ●

≪注意事項≫

・解答は解答欄の枠内に濃くはっきりと記入して下さい。

・解答欄以外の部分には何も書かないで下さい。

用紙タテ 上 こちらを上にしてください

1

(1)		(2)		(3)	

2

(1)		(2)	cm^2	(3)	分後
(4)	度	(5)	cm^3		

【解答

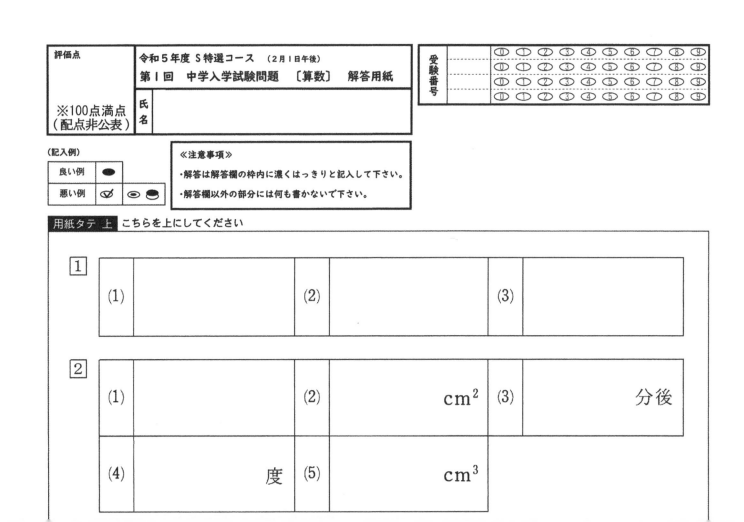

評価点

※50点満点
(配点非公表)

令和５年度　S特選コース

第１回　中学入学試験問題　〔理科〕　解答用紙　（２月１日午後）

氏名

受験番号

0	1	2	3	4	5	6	7	8	9
0	1	2	3	4	5	6	7	8	9
0	1	2	3	4	5	6	7	8	9
0	1	2	3	4	5	6	7	8	9

記入例

良い例	⬬
悪い例	✓　◎　⬬

≪注意事項≫

・解答は解答欄の枠内に濃くはっきりと記入して下さい。

・解答欄以外の部分には何も書かないで下さい。

用紙タテ 上　こちらを上にしてください

1

問1		
問2		
問3		
問4	番号	理由

2

問1	
問2	
問3	

【解答

評価点

※50点満点
（配点非公表）

令和５年度　Ｓ特選コース

第１回　中学入学試験問題　〔社会〕　解答用紙　（２月１日午後）

氏名

受験番号

⓪①②③④⑤⑥⑦⑧⑨
⓪①②③④⑤⑥⑦⑧⑨
⓪①②③④⑤⑥⑦⑧⑨
⓪①②③④⑤⑥⑦⑧⑨

記入例

良い例	●	
悪い例	✓	◎ ●

≪注意事項≫
・解答は解答欄の枠内に濃くはっきりと記入して下さい。
・解答欄以外の部分には何も書かないで下さい。

用紙タテ 上　こちらを上にしてください

この場所に解答しないこと

1

問1 (1)

(2) 国名　　　　国旗

(3)

問2

問3 新疆《しんきょう》　　　　自治区

2

問1　　→　　→　　→　　→

問2

問3

問5

問6 (1)　(2)

3 問1

問2

問3

問4

問5 (1)　国会

(2)　(3)

4 問1　改選数に対して

問2

問3

3

問1	
問2	
問3	
問4	

4

問1	秒後
問2	秒速　　km
問3	秒
問4	km

4

(1)	cm	(2)	cm	(3)	cm^2

5

(1)	本	(2)	度	(3)	本

6

(1)	秒	(2)		(3)	秒後

SN-P0437

令和5年度　S特選コース
第1回　中学校入学試験問題〔国語〕解答用紙（2月1日午後）

注意事項
・解答は解答欄の枠内に濃くはっきりと記入して下さい。
・解答欄以外の部分には何も書かないで下さい。

氏名

受験番号

0	0	0	0
1	1	1	1
2	2	2	2
3	3	3	3
4	4	4	4
5	5	5	5
6	6	6	6
7	7	7	7
8	8	8	8
9	9	9	9

評価点

※100点満点
（配点非公表）

一

1	2	3	4	5	6	7	8	9	10

二

一	二	三

〈受験生はこれより上段には記入しないこと〉

一

1 大仰

2 人相

3 堅実

4 築城

5 敵（わない）　わない

6 コテイ

7 ケイコク

8 メイユウ

9 ジザイ

10 サ（く）　く

二

問一

問二　時枝は、

10　20　30　40

問三

問四

問五

問六

10

1 次の［記事］を読んで後の問いに答えなさい。

［記事］北京オリンピックが閉幕 中国側は大会の成功をアピール

北京**A**オリンピックの閉会式が20日夜行われ、中国側は「冬のスポーツの新しい時代を切り開いた」と大会の成功をアピールしました。

習近平国家主席としては、共産党トップとして異例の３期目入りをにらんで、大きな実績にしたいものとみられます。

北京オリンピックの閉会式は20日夜、北京にある国家スタジアム、通称《つうしょう》「鳥の巣」で行われ、習近平国家主席やＩＯＣ＝国際オリンピック委員会のバッハ会長らが出席しました。

式では大会組織委員会の会長で、**B**北京市トップの蔡奇書記が「北京は夏と冬の両方の大会を開《かい》催《さい》した。今回の特別なオリンピックは冬のスポーツの新しい時代を切り開いた」と述べ、大会の成功をアピールしました。

中国は新型コロナウイルスのわずかな感染拡大も許さない「ゼロコロナ」政策を続けるとともに、選手や大会関係者が外部と接触《せっしょく》できないようにするいわゆる「バブル方式」を徹底《てってい》し、17日間の日程を予定どおり終えました。

また中国の人権状況を理由に政府関係者を派遣《はけん》しない「**C**外交的ボイコット」の動きが欧米などの間で相次いだ中でも、開会式にはロシアのプーチン大統領をはじめ、選手が参加しない国も含めて20か国余りの要人が出席しました。

さらに中国はノルウェー、ドイツに次いで３位となる９個の金メダルを獲得し、メダルの総数でも冬の大会で最多となりました。

習主席としてはことし開かれる共産党大会で党のトップとして異例の３期目入りをにらんで、オリンピックに続いて来月４日に開幕するパラリンピックも成功に導き、大きな実績にしたいものとみられます。

（2022年２月21日６時11分
NHK NEWS WEB）

問1　下線部**A**について、**[表]** は直近5回の冬季オリンピックについてまとめたものです。**[表]** に関連して後の問いに答えなさい。

[表] 直近5回の冬季オリンピックの開催年、開催都市、開催国、参加国・地域数

開催年	開催都市	開催国	参加国・地域数
2022	北京	中国	91
2018	平昌	韓国	92
2014	ソチ	ロシア	88
2010	バンクーバー	カナダ	82
2006	トリノ	イタリア	80

（公益財団法人日本オリンピック委員会 HP）

（1）次の **[地図]** 中の**ア**～**コ**の中から、北京、平昌、ソチ、バンクーバー、トリノの場所を示した組み合わせとして正しいものを、後の①～⑧から答えなさい。

[地図]

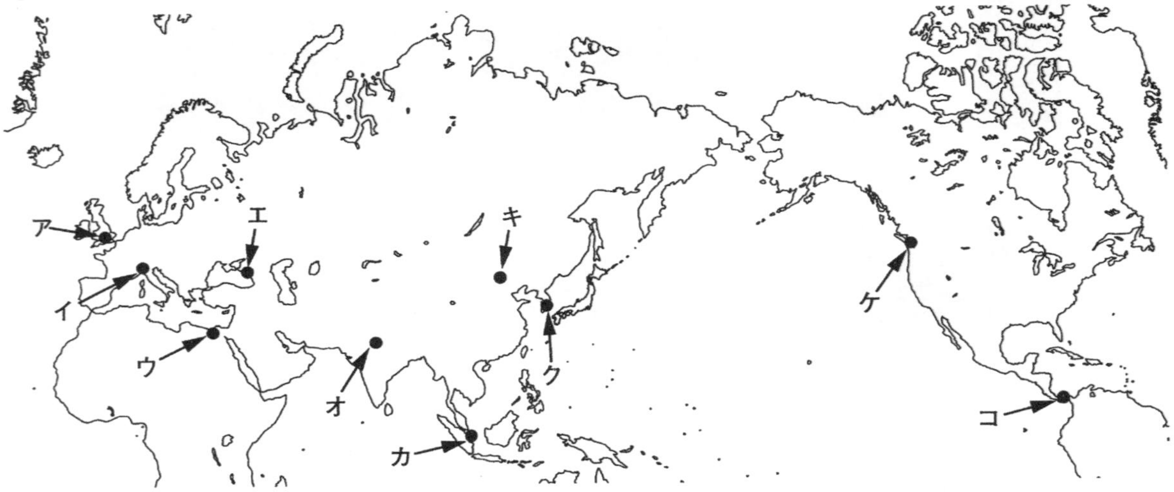

① 北京 ― キ　平昌 ― ク　ソチ ― エ　バンクーバー ― ア　トリノ ― ケ
② 北京 ― キ　平昌 ― ク　ソチ ― エ　バンクーバー ― ケ　トリノ ― イ
③ 北京 ― ケ　平昌 ― ク　ソチ ― キ　バンクーバー ― ウ　トリノ ― イ
④ 北京 ― ケ　平昌 ― ク　ソチ ― キ　バンクーバー ― カ　トリノ ― ア
⑤ 北京 ― ク　平昌 ― キ　ソチ ― オ　バンクーバー ― ア　トリノ ― コ
⑥ 北京 ― ク　平昌 ― キ　ソチ ― オ　バンクーバー ― ケ　トリノ ― ア
⑦ 北京 ― オ　平昌 ― キ　ソチ ― イ　バンクーバー ― ウ　トリノ ― コ
⑧ 北京 ― オ　平昌 ― キ　ソチ ― イ　バンクーバー ― カ　トリノ ― ケ

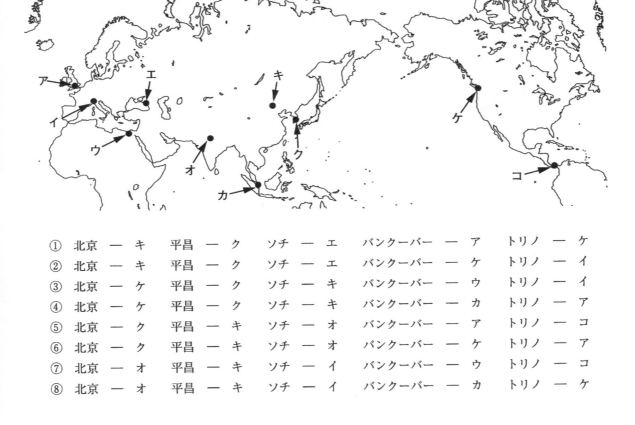

（２）次の［**写真**］は中国、韓国、ロシア、カナダ、イタリアのいずれかにある世界遺産の写真です。また、［**図**］は中国、韓国、ロシア、カナダ、イタリアのいずれかの国旗です。［**写真**］の世界遺産がある国を答え、さらにその国の国旗として正しいものを、［**図**］中の①～⑤から選びなさい。

［写真］ピサの斜塔

（Wikipedia）

［図］

①

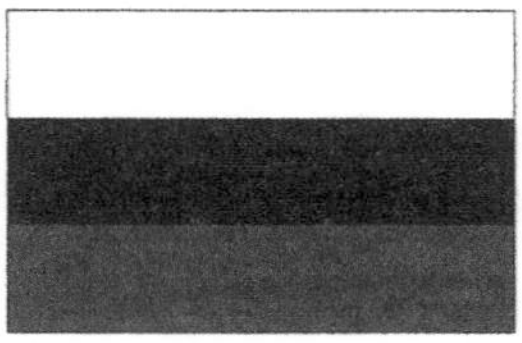

②

③

④

⑤

（３）次の［**国家・地域**］は2018年平昌大会に参加したものの、2022年北京大会には参加しなかった国家・地域です。［**国家・地域**］について説明した後の①～④のうち、誤っているものをすべて選びなさい。

［国家・地域］

バミューダ諸島	ケニア	朝鮮民主主義人民共和国	
シンガポール	南アフリカ共和国	トーゴ	トンガ

① 朝鮮民主主義人民共和国は東アジアに位置し、日本とは国交がない。

② シンガポールは西アジアに位置し、国際的な貿易港として有名である。

③ 南アフリカ共和国はアフリカ南部に位置し、かつてアパルトヘイトが行われた国である。

④ トンガは南大西洋に位置し、日本産の大豆の輸出が盛んにおこなわれている。

問２　下線部**B**について、北京市上空から撮影《さつえい》した航空写真として正しいものを、［**ヒント**］を参考にして後の①～④から選びなさい。

［**ヒント**］中国の街並みを参考にして作った京都の街並みを思い出してみよう。

①

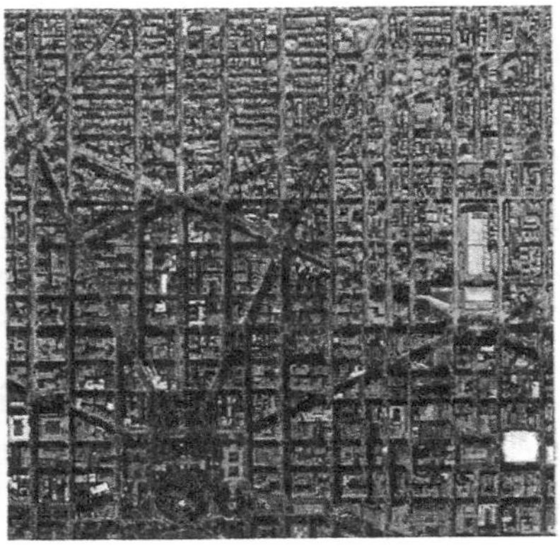

②

③

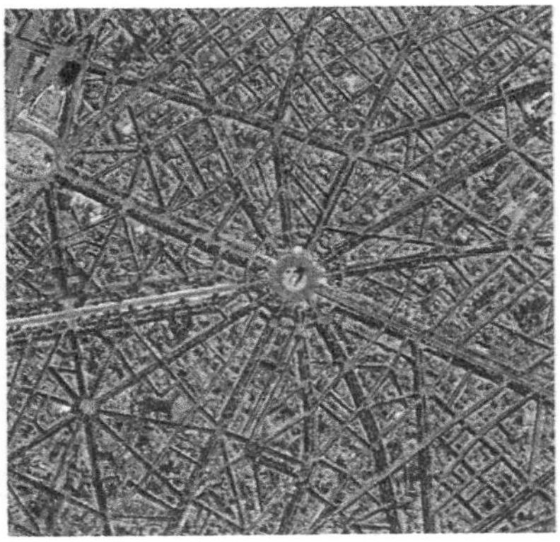

④

問３　下線部**C**について、これは中国のある自治区において、人権侵害が行われているという報告がなされたことで行われました。その自治区の名称を解答らんにあてはまるように答えなさい。

2 物価上昇が歴史上いかなる理由で発生し、どのような影響を及ぼしたのかを調べる学習活動が行われました。ア～オ班は以下のような発表を行いました。この発表内容を参考に後の問いに答えなさい。

ア　A 国内における戦争の費用を調達するため、信用度の低い政府紙幣が大量に発行された。このため、戦争後に大規模な物価高が生じた。政府はデフレ政策を行うが、農産物価格の下落を招き、埼玉県の農民たちは困民党を組織して借金のすえおきや減税を求めて立ち上がった。

イ　第一次世界大戦がおこったことで、国内における重化学工業・繊維業等の生産は急増し、輸入超過の傾向にあった貿易収支は大幅な黒字に転じて好況となった。この大戦景気による物価上昇とともに、シベリア出兵の社会的影響により不満が高まった民衆が暴動を起こした。

ウ　明暦の大火による江戸復興費や金山からの金産出量の大幅減少などで財政が悪化したため、幕府はB 貨幣の改鋳を行った。この貨幣の改鋳により幕府の財政は一時的には立ち直ったが、物価の上昇を招き政治への不満を高めることになった。

エ　C 第４次中東戦争がおこったことで、アラブ産油国によって構成されるアラブ石油輸出国機構は、原油生産の削減を行い、さらに西側諸国に対して、石油の禁輸と輸出制限を行った。この石油戦略により原油価格は上昇。輸送費とエネルギー価格上昇により物価上昇を招いた。

オ　第二次世界大戦後、国内では物資が不足。さらに交通機関の機能が低下したことで都市部では食料や生活必需品の配給状況が悪化した。この物資不足による物価上昇と、戦後復興のための国債の大量発行が物価のさらなる上昇を招いた。

問１　ア～オ班が発表した内容を時代の古い順に並びかえなさい。

問２　下線部 A について、この戦争名を答えなさい。

問3　イ班は、好景気にもかかわらず民衆の不満が高まって暴動にまで発展した原因を、［グラフⅠ］を参考に考えました。考え方として正しいものを、後の①～④から選びなさい。

［グラフⅠ］大戦開始後の物価指数

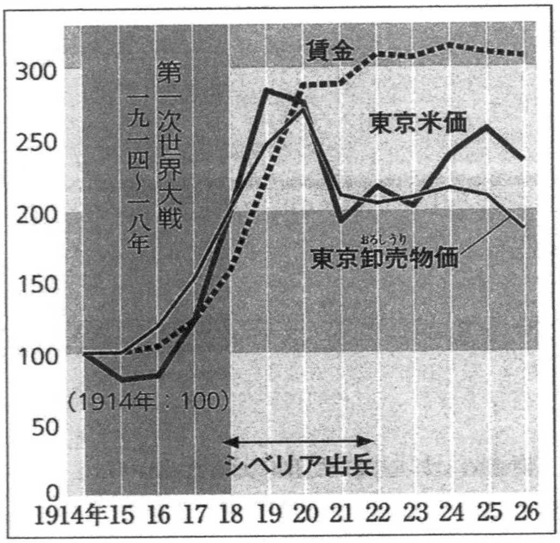

（「高校日本史　改」）

①　日本は、シベリア出兵により穀倉地帯の占領に成功した。このことにより、シベリア出兵当初から米価の急激な下落が起こったことによって暴動が発生した。

②　シベリア出兵により戦時体制が強化された。このことにより民衆の購買意欲が低下し、1921 年より東京卸売物価が下落したことによって暴動が発生した。

③　1917 年から 1920 年にかけて、米価や物価の上昇率に賃金の上昇率が追い付かなかったため、民衆の生活が圧迫されたことによって暴動が発生した。

④　シベリア出兵が終わる 1922 年まで東京米価や東京卸売物価は上昇し続け、賃金との格差が生じたことによって暴動が発生した。

問４　下線部Ｂについて、この当時の貨幣改鋳はどのように行われたでしょうか。［グラフⅡ］の小判の金含有率のうつりかわりと、それを選んだ理由の組み合わせとして正しいものを、後の①～④から選びなさい。

［グラフⅡ］小判の金含有率のうつりかわり

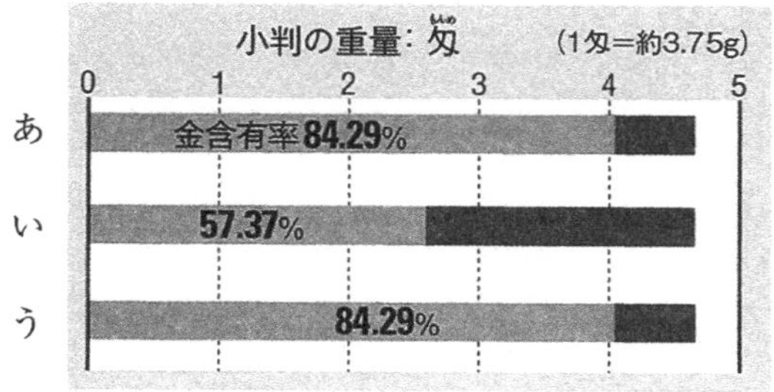

［理由］

a　金の含有率を減らし、小判の質を落としたことで物価の上昇を招いたと考えられるから。

b　金の含有率を増やし、小判の質を高めたことで物価の上昇を招いたと考えられるから。

①［グラフⅡ］あ　→　い　　［理由］a　　②［グラフⅡ］い　→　う　　［理由］b
③［グラフⅡ］あ　→　い　　［理由］b　　④［グラフⅡ］い　→　う　　［理由］a

問５　下線部Ｂの貨幣の改鋳が行われた時の将軍が行った政策として誤っているものを、次の①～④から２つ選びなさい。

①　力で支配する政治からの転換をはかり、学問や礼節を重んじる政治が行われた。
②　金銀の海外への流出を防ぐため、長崎での貿易を制限した。
③　大名に対して、米を納めさせる代わりに参勤交代をゆるめる上米の制を行った。
④　犬や各種の動物、捨て子などを保護する生類憐みの令が出された。

問６　下線部Ｃについて、次の問いに答えなさい。

（１）この戦争でアラブ諸国と戦った国はどこですか。

（２）この戦争が始まる２年前、世界経済のあり方に大きな転換をもたらすできごとが起こりました。このできごととして正しいものを、次の①～④から選びなさい。

①　アメリカで同時多発テロ事件が発生した。
②　マルタ会談が行われ、冷戦の終結宣言が出された。
③　ソ連を構成していたロシアなど15の共和国が独立して、ソ連が解体した。
④　アメリカが金ドル本位制を停止した。

令和５年度　S特選コース

第１回　入学試験問題（２月１日　午後）

社　　会

（※社会と理科２科目60分）

注　意

1　この問題用紙は、試験開始の合図で開くこと。

2　問題用紙と解答用紙に受験番号・氏名を記入すること。

3　答えはすべて解答用紙に記入すること。
　漢字で書くべき解答は、漢字で答えること。

4　印刷がわからない場合は申し出ること。

5　試験終了の合図でやめること。

受験番号		氏名	

東京都市大学等々力中学校

1　次の文章を読み、あとの問いに答えなさい。

アリは上空 1000m から落下しても、死なないことが知られています。Aアリを高いところから落下させると、地面に落ちた後、平然《へいぜん》と動き出します。しかし、これがアリではなく牛だった場合はこのようにはいきません。では、なぜアリは高いところから落下しても無事なのでしょうか。そもそも、1m の高さから落ちたときと 5m の高さから落ちたときでは、その衝撃《しょうげき》の大きさは異なります。なぜなら、物体は落下するにしたがって速さが大きくなり、それによって地面に落ちたときの衝撃も大きくなるからです。しかし、B地球上では、落下速度には上限があり、それ以上は速さが速くならないことが分かっており、Cアリの場合はおよそ時速 30km となります。アリは外骨格と呼ばれる硬《かた》いもので覆《おお》われているため、およそ時速 30km で落ちた程度での衝撃ではビクともしないというわけです。

問１　下線部Ａの運動の様子を、落下時間と速さの関係として表したグラフを、次の①～⑥の中から１つ選び、番号で答えなさい。

①

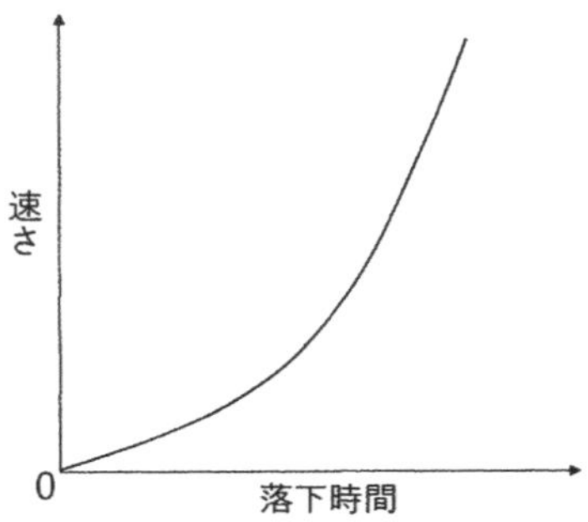

②

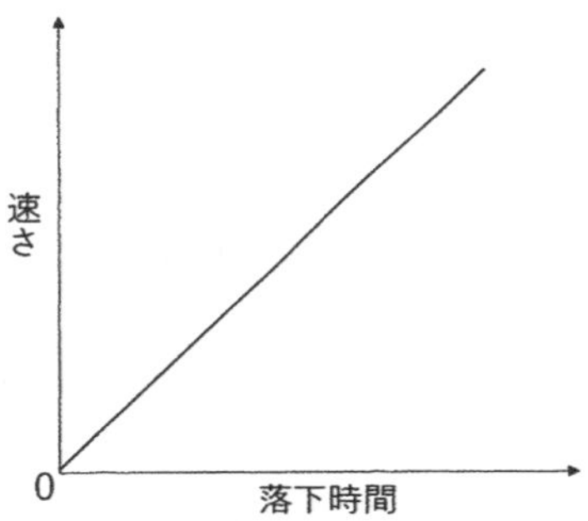

③

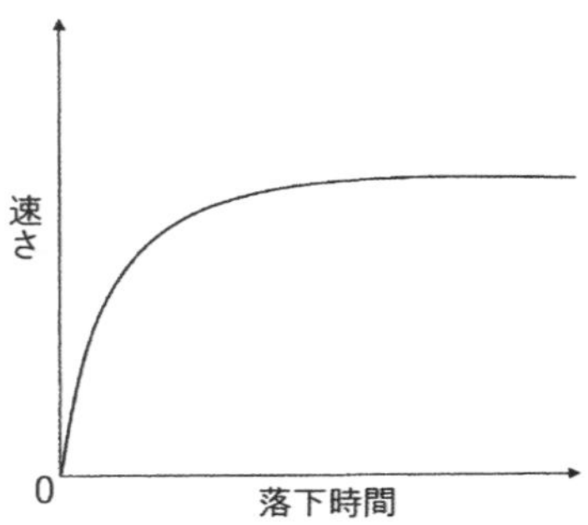

④

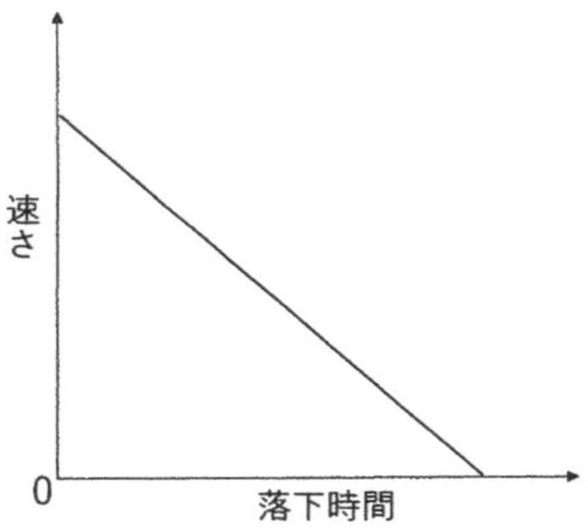

⑤

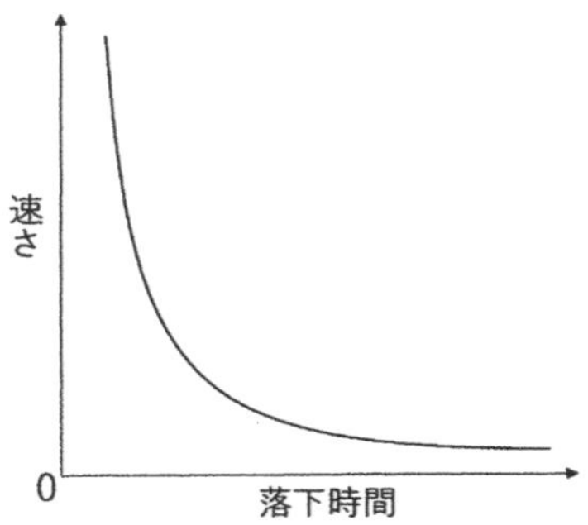

⑥

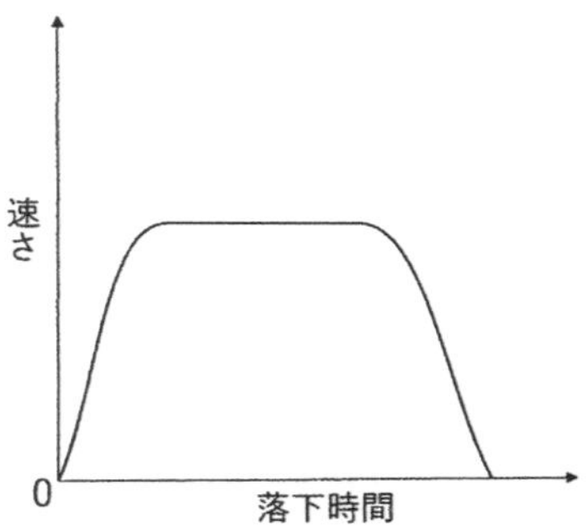

問２　下線部Ｂについて、なぜ地球上では、落下速度に上限があるのでしょうか。簡単に説明しなさい。

問3　下線部Cについて、アリの落下速度の上限値はおよそ時速30kmですが、一般的なボウリングの球の落下速度の上限値はおよそ時速400kmです。つまり、アリとボウリングの球を高いところから同時に落とせば、ボウリングの球の方が早く地面に到達するはずです。しかし、イタリアの科学者ガリレオ・ガリレイは、「物体の落下速度はその物体の重さによらず一定である」と述べています。では、地球上ではどのようにすれば、アリとボウリングの球が同時に地面に到達するでしょうか。次の文章の（　）に当てはまる言葉を答えなさい。なお、アリとボウリングの球は、十分に高い位置から同時に落とし、互いに空中で衝突《しょうとつ》することはないとします。また、アリとボウリングの球をつなぐことは禁止とします。

（　　　　　）状態で両者を同時に落とす。

問4　アリと同じサイズ・重さのアリの模型一匹とボウリングの球一個を用意しました。図のように、アリの模型をボウリングの球の上に乗せて、机の上に立って静かに落下させたとき、アリの模型の動きはどのようなものになると考えられますか。次の1～4の中から1つ選び、その理由も答えなさい。

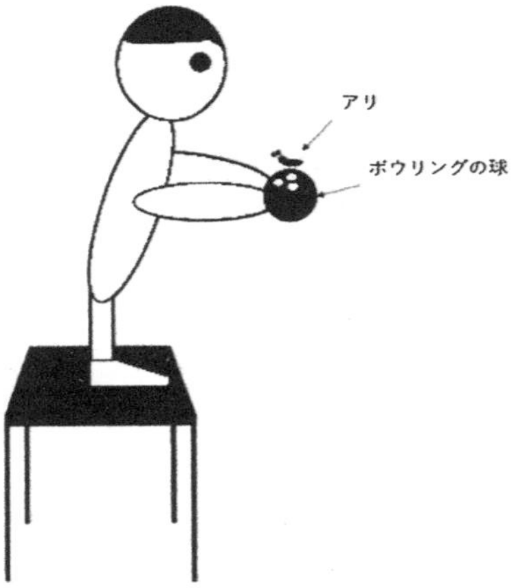

1. 手からはなした後、アリの模型は真上に飛び上がる。
2. 手からはなした後、アリの模型はボウリングの球からはなれ、ボウリングの球が地面に着いたあとに遅れて着地する。
3. 手からはなした後、アリの模型はボウリングの球からはなれることなく、一緒に落下していく。
4. 手からはなした後、アリの模型はその場にとどまる。

2 A酸性の物質とアルカリ性の物質を混ぜると、化学反応が起こりそれぞれの性質を打ち消し合います。

塩酸に水酸化ナトリウム水溶液《すいようえき》を加えると、化学反応が起こり、水と塩化ナトリウムが生じます。ある濃度《のうど》の塩酸 10mL に BTB 溶液を加え、そこに水酸化ナトリウム水溶液を加えていったとき、加えた水酸化ナトリウム水溶液と BTB 溶液の色の関係は、以下の表のようになりました。

加えた水酸化ナトリウム水溶液の量（mL）	1	2	3	4	5	6	7	8
BTB溶液の色	黄色	黄色	黄色	黄色	黄色	黄色	黄色	黄色

加えた水酸化ナトリウム水溶液の量（mL）	9	10	11	12	13	14	15
BTB溶液の色	黄色	緑色	（ B ）	（ B ）	（ B ）	（ B ）	（ B ）

問1 下線部Aのような化学反応を何といいますか。**漢字2文字**で答えなさい。

問2 表中の空らん（ B ）には同じ色が入ります。色を答えなさい。

問3 この塩酸と水酸化ナトリウム水溶液の化学反応が進むと、H^+,Cl^-,Na^+,OH^-の量は次のグラフのように変化します。ア～ウのグラフはH^+,Na^+,OH^-のどの量の変化を示していますか。以下の【考え方1】～【考え方5】をもとに、正しい組み合わせを下の（あ）～（か）のうちから1つ選び、記号で答えなさい。(ここでの「量」とは、個数と同じ意味を指します)

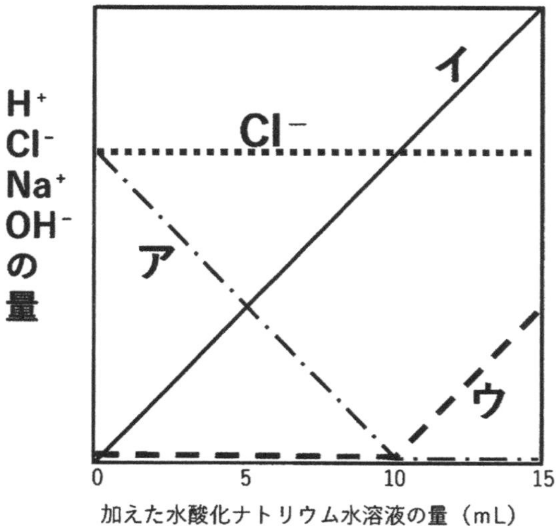

	ア	イ	ウ
（あ）	Na^+	H^+	OH^-
（い）	Na^+	OH^-	H^+
（う）	OH^-	H^+	Na^+
（え）	OH^-	Na^+	H^+
（お）	H^+	Na^+	OH^-
（か）	H^+	OH^-	Na^+

【考え方１】塩酸は、化学式では HCl（エイチ・シーエル）と表記され、水溶液中（塩酸中）では、H^+（エイチプラス）と Cl^-（シーエルマイナス）に分かれて存在している。つまり、ある濃度の塩酸を模式図《もしきず》として示すと、

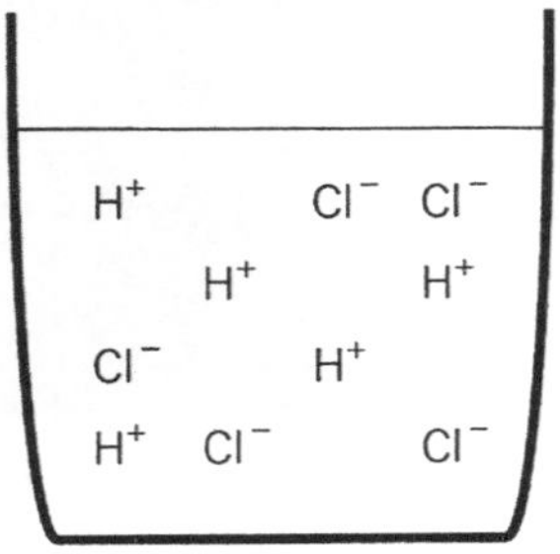

となる。
なお、酸性を示す水溶液には H^+ が多く存在している。

【考え方２】水酸化ナトリウムは、化学式では NaOH（エヌエー・オーエイチ）と表記され、水溶液中では、Na^+（エヌエープラス）と OH^-（オーエイチマイナス）と分かれて存在している。つまり、ある濃度の水酸化ナトリウム水溶液を模式図として示すと、

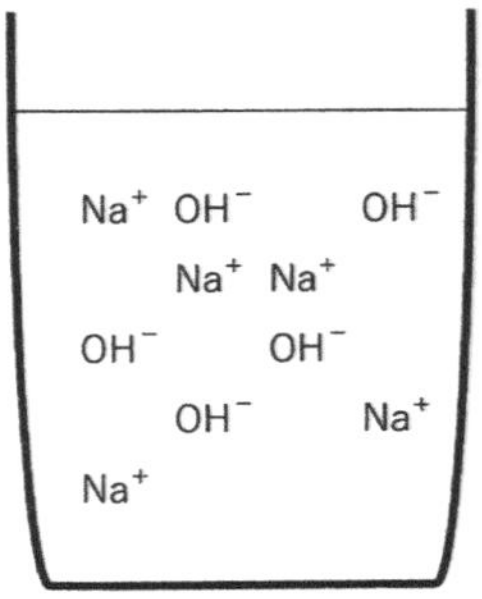

となる。
なお、アルカリ性を示す水溶液には OH^- が多く存在している。

【考え方３】H^+ と OH^- が混ざり合うと互《たが》いに反応し、H^+ １個と OH^- １個が反応し（くっつき）、水を１個生じる。

【考え方４】Na^+ と Cl^- によって生じる物質は塩化ナトリウム NaCl（エヌエー・シーエル）であるが、NaCl は水溶液中では Na^+ と Cl^- に分かれて存在している。

【考え方５】これまでの【考え方１】～【考え方４】をまとめると、塩酸に水酸化ナトリウム水溶液を少し加えたときの様子を模式図として示すと

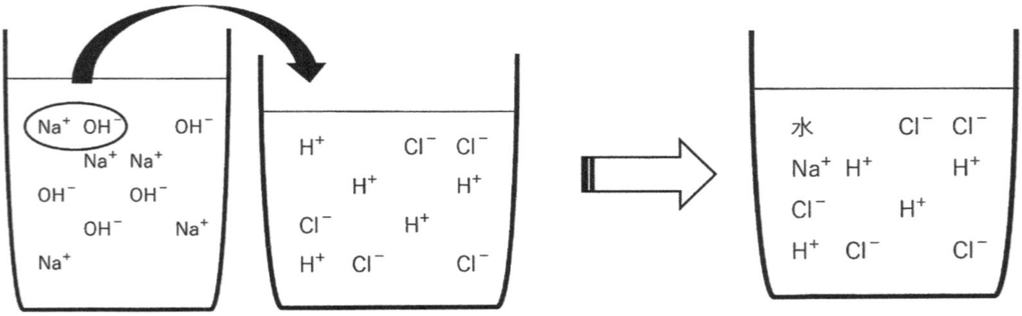

となる。

なお、この模式図によると、混合後の水溶液は酸性を示していることになる。

問４　塩酸と水酸化ナトリウム水溶液の濃度は変えず、はじめの塩酸の体積を 20mL にするとき、次のあ）～え）の量の水酸化ナトリウム水溶液を加えたときの BTB 溶液は何色を示しますか。それぞれ答えなさい。

あ）５mL　　い）10mL　　う）15mL　　え）20mL

3 次の文章を読み、あとの問いに答えなさい。

夏になり気温が高くなってくると、湖や水田の水の中にボルボックスという小さな植物性プランクトンを観察できることがあります。ボルボックスは直径0.5mmから1mmほどの緑色の球体で、内部にたくさんの小さな球体が観察できます【図1】。

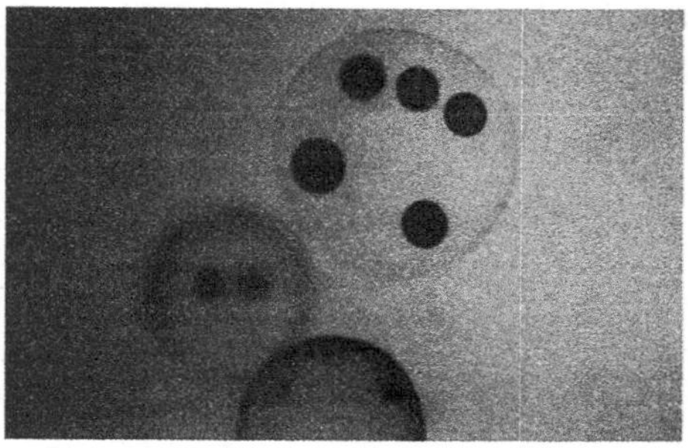
【図1】ボルボックス

ボルボックスの生活は、ほかの植物性プランクトンの生活と少し異なっています。

多くの植物性プランクトンは自分ではあまり動き回りませんが、ボルボックスは繊毛《せんもう》とよばれる細かい毛を動かして、A水の中を自由に動き回ります。

また、多くの植物性プランクトンは、分裂することで増えますが、ボルボックスは内部の娘群体《じょうぐんたい》（ボルボックスの内部にある多数の小さな粒）が成長すると、いっせいに外側のからだ（親）をつき破って外に出て成長し、新たなボルボックスになります。このとき、親となったボルボックスは消滅《しょうめつ》します(親の死)。この現象を「娘群体の放出」といいます【図2】。

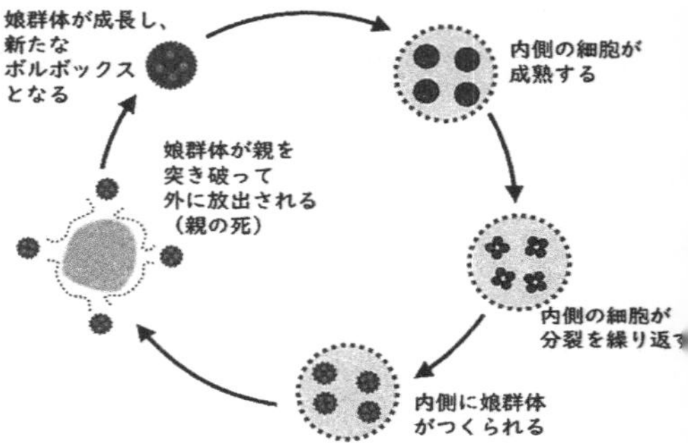

【図2】 ボルボックスの一生

いま、湖で採集したボルボックスをひとつ、ミネラルウォーターの入ったペットボトルに入れてしっかりと蓋《ふた》をしました。これに十分な光をあてて育てたところ、しばらくして4つの娘群体を放出するところが観察できました。

そこで、同様に4つの娘群体をもつボルボックスを3つ選び、ペットボトルに入れて毎日その数を観察したところ、下の表1のような結果がみられました。ただし、このボルボックスは1回の分裂で必ず一度に4個の娘群体を放出したとします。また、すべてのボルボックスが成長途中で枯《か》れることはなく、すべてが正常に娘群体を放出するものとします。

表1　ボルボックスの増加

観察を始めてからの日数	ボルボックスの数
0日目	3個
1日目	9個
2日目	12個
3日目	36個
4日目	48個
5日目	144個
6日目	192個

令和５年度

S特選コース

第１回　入学試験問題（２月１日　午後）

理　　科

（※理科と社会２科目60分）

注　意

1　この問題用紙は試験開始の合図で開くこと。

2　解答用紙に氏名・受験番号を記入し受験番号をマークすること。

3　答えはすべて解答用紙の枠内に記入すること。

4　答えに単位が必要なものは、単位をつけて答えること。

5　印刷が不鮮明な場合は申し出ること。

6　試験終了の合図でやめること。

受験番号		氏名	

東京都市大学等々力中学校

3 3つのねじ工場があります。工場Ａでは30日で150万個，工場Ｂでは45日で270万個作ることができます。工場Ｃの１日あたりの生産量は，工場Ａの２日分の生産量と工場Ｂの１日分の生産量の和の半分でした。次の問いに答えなさい。

（１）工場Ｃの１日当たりの生産量は何万個ですか。

（２）工場Ａと工場Ｂでねじをあわせて300万個作るとき，すべてのねじを作り終わるのは，最も早くて何日目ですか。

（３）３つのねじ工場であわせて300万個のねじを作ろうとしています。まず工場Ａのみで作り始めましたが，ある日から工場Ｂと工場Ｃでも同時に作り始めました。しかし，工場Ｃの機械が故障したため，工場Ｃが作り始めてちょうど６日目から工場Ｃの生産量が半減してしまいました。
工場Ａで作り始めてから24日目が終わるとき，ねじ300万個がちょうどすべてできあがりました。工場Ａのみで作っていたのは何日間でしたか。

2 次の □ に当てはまる数を答えなさい。

（1）1617 と 693 の最小公倍数と最大公約数の差は □ です。

（2）一辺の長さが 1 cm の立方体を 20 個組み合わせて右の図のような立体を作りました。この立体の表面積は □ cm² です。

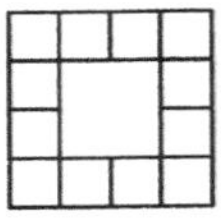

真上から見た図

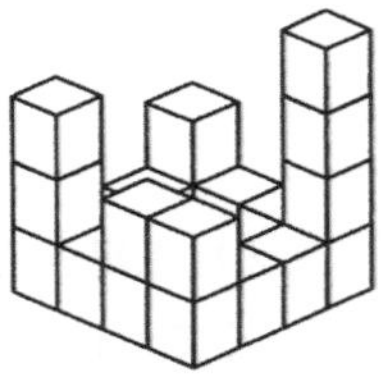

ななめ上から見た図

（3）A 君，B 君が同時に二子玉川駅を出発し，2.7 km 離《はな》れた学校へ向かいます。A 君は時速 6 km，B 君は分速 90 m で移動するとき，A 君が学校に到《とう》着してから □ 分後に B 君が学校に到着します。

（4）右の図において，A C と D E が平行であるとき，角アの大きさは □ 度です。

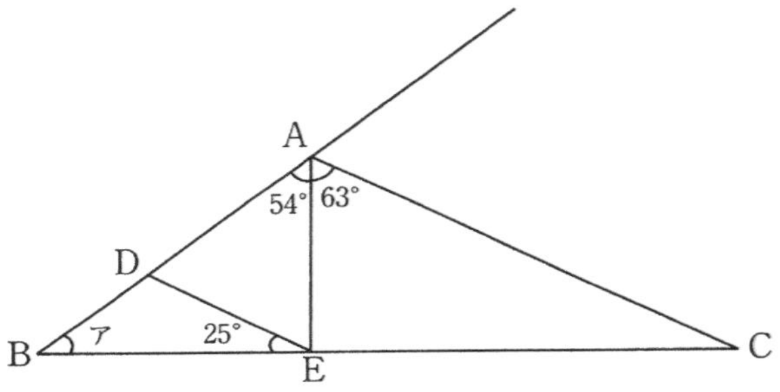

（5）下のような図形を直線 A B を軸として 1 回転させた立体の体積は □ cm³ です。
ただし，円周率は 3.14 とします。

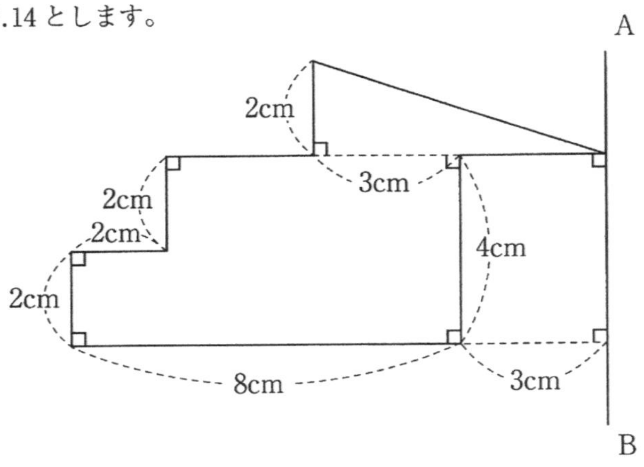

1　次の $\square$ に当てはまる数を答えなさい。

（1）$8+8\div 8+8\times 8-8+9+9\div 9+9\times 9-9+10+10\div 10+10\times 10-10=\square$

（2）$\dfrac{1}{2}+\dfrac{3}{4}-\dfrac{7}{8}+\dfrac{15}{16}-\dfrac{31}{32}+\dfrac{63}{64}-\dfrac{127}{128}+\dfrac{255}{256}=\square$

（3）$\left(\dfrac{1}{2}\div\dfrac{2}{5}+1\div\dfrac{2}{3}\right)-\left(1\div 3+\dfrac{7}{3}\div\dfrac{4}{3}\right)+\left(\dfrac{9}{2}\div 2+\dfrac{\square}{3}\div 2\right)=\dfrac{41}{4}$

令和５年度　S特選コース

第１回　入学試験問題（２月１日　午後）

算　　数（50分）

注　意

1　この問題用紙は、試験開始の合図で開くこと。

2　問題用紙と解答用紙に受験番号・氏名を記入すること。

3　答えはすべて解答用紙に記入すること。

4　印刷がわからない場合は申し出ること。

5　試験終了の合図でやめること。

受験番号		氏名	

東京都市大学等々力中学校

り早く答えに到達できるというわけです。

ただし、ここで言う「直観」は、決してやみくもなものではありません。あえて言葉で表現するなら、「経験や学習の集大成が瞬間的に現れたもの」です。あるいは「今、自分はどこにいてどの方向に進めばいいのか」を、大まかにつかむ〝羅針盤《らしんばん》〟のようなものです。これはその棋士の、これまでの歩みやストックしているデータによって裏づけられています。

こうして手を絞り込んだ後に、今度は「読み」に入ります。これが第二のプロセスです。

これは相手の次の手、それに返した場合の次の手、というように、とにかく先の手を予想して、シミュレーションしていく作業です。

しかし、ここで出てくるのが「数の爆発」です。なにせ、指し手の可能性は、掛け算で増えていきますから。こっちが三手を思いつき、それぞれに相手からの返しとして三手を思いついたとしたら、もうそれだけで九通りです。これを一〇手先まで続けると、三の一〇乗、六万弱の可能性を検討する羽目になります。

もちろん、これを全て読むことは人工知能にとっては一瞬ですが、④人間にとっては現実的ではありません。「直観」によって手を絞り込んでいるにもかかわらず、一〇手先を全て読むことは、多くの人が想像する以上にはるかに難しいことなのです。

そこで登場するのが、三番目の「大局観」です。その極意は、「 B 」ではなく、全体を見ることでしょうか。

そのためには、具体的な一手から離れることが大事です。例えば、「この飛車を動かすのか、維持するのか」。そういう一手一手を検討することからあえて離れ、序盤から終盤までの流れを総括して、先の戦略を考えるのです。

この「大局観」の一番のメリットもまた、第一のプロセスである「直観」と同じで、無駄《むだ》な考えを、ここでいっぺんに省略できることです。大局を見通すなかで、「ここが好機だ」と思えば、何万通りもの手のなかから、「攻める選択肢《せんたくし》」だけに絞って、考えれば良くなるというわけです。

「大局観」は、これまでの対局での経験値が活かせる部分です。

今、自分の将棋を振り返ってみると、一〇代や二〇代の頃《ころ》は、記憶力や計算力を中心に指していたような気がします。対局全体にかける思考のプロセスのうち、「読み」の部分の計算力の占める割合が圧倒的に高かったのでした。

 C 、若い頃は記憶力もあれば、勢いもありますし、冒険もできます。経験値がない分、いわば「いいとこ取り」の戦術が取れることもあるでしょう。

また、瞬発力も変わる気がします。実際、持ち時間一〇秒のような限られた時間で素早く手を選ぶように言われたら、若い頃の方がより良い手を選ぶ力も高かったかもしれません。

それでも、プロになって三〇年が経ち、四〇代になった今の私が、もし二〇代の私と対局したら——勝つかどうかは、なんとも言えませんが——、それなりにいい勝負になるとは思っています。

なぜなら四〇代の私は、対局の経験値を蓄積してきたことで、「大局観」においては若い頃より伸びていると思うからです。

そのことで着手（次の一手）を考える際も、四〇代半ばの今は、二〇代、三〇代の頃とは変わりました。最初に局面全体の方向性を大ざっぱに「直観」で捉《とら》えて、そこから細かいところを論理的に詰めていく「読み」のプロセスに入る――ここまでは以前とあまり変わりませんが、局面全体を捉える「大局観」に力を傾ける比率が以前に比べて、明らかに高まっています。

若い頃は、指し手を読んでいって、この筋はだめだとわかったら、おおもとに立ち返ることを繰り返していても、体力や勢いでどうにかなる部分もありました。

でも、年を取ると、このやり方では体力の消耗《しょうもう》が大きくなります。また、そもそも的外れなところにとらわれることは時間の無駄です。しかし今では、最初の段階で「見切りをつける」ことで、大幅に体力と時間が節約できるようになっています。

ただ、実戦での話を言うと、⑤それを対局の場でうまくまとめきれるかどうかは別問題です。ですから最近は戦略として、この経験値が活《い》かせるような局面に持ち込んでしまうことを最初から考えるようにもなっています。

つまり勝負における、「アクセルとブレーキの微妙な踏み加減」のような、⑥絶妙な感覚を活かせる勝負になれば、体力も記憶力も勢いもある、若手の棋士にも差をつけていけるというわけです。

「直観」、「読み」、そして「大局観」。まとめると、棋士は、この三つを使って対局中に思考します。

こうすれば、三〇分程度で手が選べます。もちろん、対局では一時間、二時間と絞り込んだ手の検討に時間を使うことがありますが、それは最善手を選ぶためです。

ただし、時間をかけるほど良い手が選べるかと言うと、必ずしもそうではないのが難しいところです。ちなみに、私がこれまで使った最大の長考は四時間弱ですが、今振り返ると五秒でも同じ手を指したと思います。

（羽生　善治／NHKスペシャル取材班「人工知能の核心」より）

問　一、――線①「人間の知性を超える存在が現れてしまった……という単純な話ではない」とありますが、その理由を具体的に示している箇所を、「～から。」に続くように文章中から二十五字以上三十字以内で探し、最初と最後の三字を抜き出して答えなさい。

問二、——線②「人間と人工知能の似ている部分と異なる部分を明らかにしていきたいと思います」とありますが、このあとの将棋の話は、人間と人工知能についてどのように説明していますか。最も適当なものを次から選び、記号で答えなさい。

ア、人工知能は確率の高い可能性を検討するが、人間はできるだけ全ての可能性を検討するという違いがある。
イ、人工知能は確率の高い可能性を検討するが、人間は検討すべき対象を最初に絞るという違いがある。
ウ、人工知能は全ての可能性を検討するが、人間は確率の高い可能性を検討するという違いがある。
エ、人工知能は全ての可能性を検討するが、人間は検討すべき対象を最初に絞るという違いがある。

問三、——線③「三つのプロセス」について、筆者はどのように考えていますか。最も適当なものを次から選び、記号で答えなさい。

ア、第一のプロセスである「直観」は、棋士の才能によるところが大きいと考えている。
イ、第二のプロセスである「読み」では、労を惜《お》しまなければ、最善手を選べると考えている。
ウ、第三のプロセスである「大局観」は、長年の経験が活かせるものだと考えている。
エ、三つのプロセスのうち、「直観」と「読み」が、「大局観」に比べて大事だと考えている。

問四、A にあてはまる言葉を文章中から漢字二字で探し、抜き出して答えなさい。

問五、——線④「人間にとっては現実的ではありません」とありますが、なぜ「現実的」ではないのですか。その理由を「直観」・「数の爆発」という言葉を使って、四十字以上五十字以内で答えなさい。

問六、B にあてはまる言葉として最も適当なものを次から選び、記号で答えなさい。

ア、負けるが勝ち　イ、終わり良ければすべて良し　ウ、先んずれば人を制す　エ、木を見て森を見ず問七、[C]にあてはまる言葉として最も適当なものを次から選び、記号で答えなさい。

ア、しかし　　イ、しかも　　ウ、ただし　　エ、なぜなら

問八、――線⑤「それ」が指し示す内容を文章中から一文で探し、最初と最後の三字を抜き出して答えなさい。

問九、――線⑥「絶妙な感覚を活かせる勝負になれば、体力も記憶力も勢いもある、若手の棋士にも差をつけていける」とありますが、それはなぜですか。その理由を説明した次の文の空欄にあてはまる言葉を文章中から指定された字数で探し、それぞれ抜き出して答えなさい。

これまでの対局で[1、三字]を積み重ねたことにより、[2、三字]が磨《みが》かれ、それを活かせる局面になれば、若手の棋士と互角以上の戦いができると思っているから。

問題は次ページに続きます。

四

次の資料を見て、あとの問いに答えなさい。

資料Ａ　事業系の食品廃《はい》棄《き》物等と食品ロスの発生量（令和２年度推計）

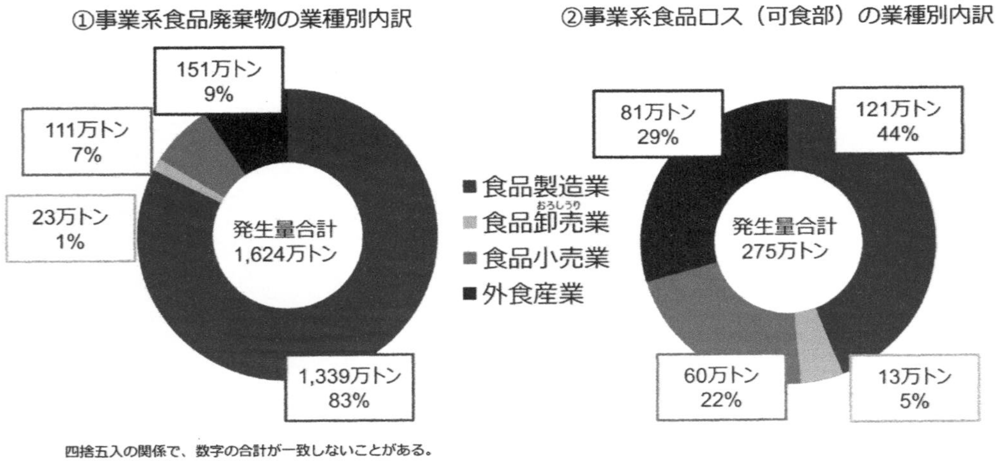

資料Ｂ　日本の食品ロスの状況（令和２年度）

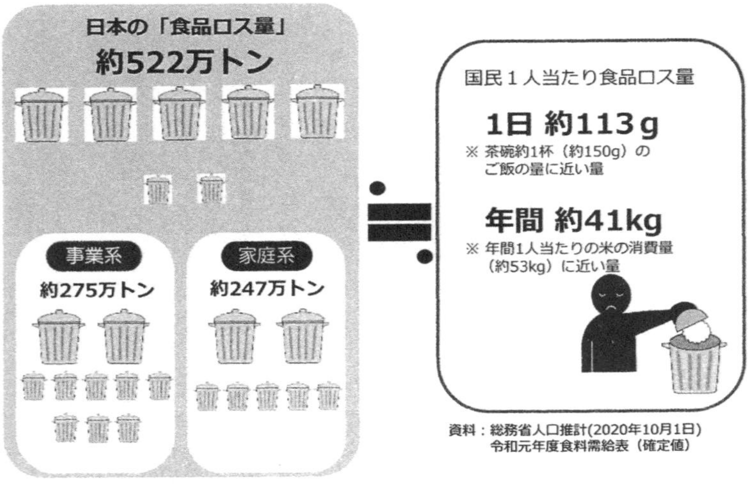

資料C　食品ロス量の推移（平成２４～令和２年度）

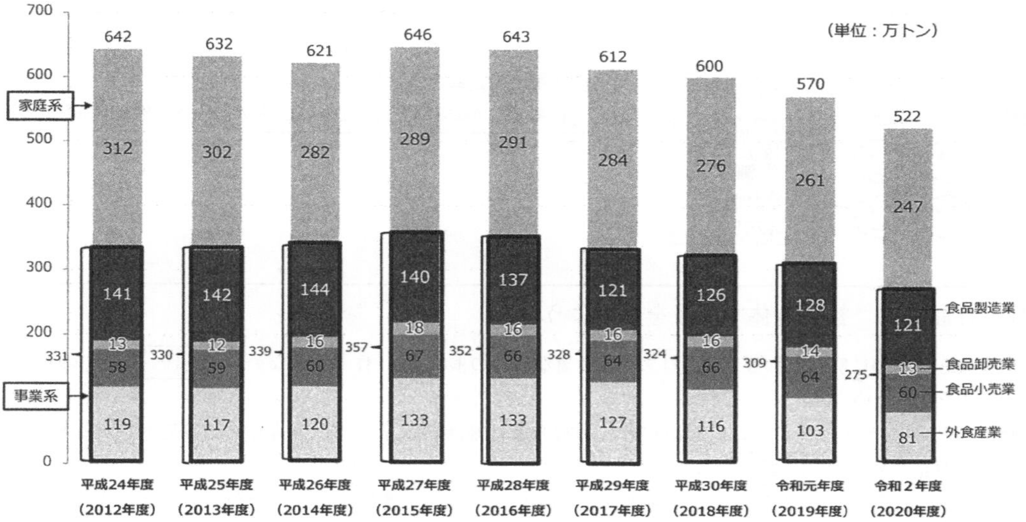

資料D　各地域における消費及び消費前の段階での１人当たり食料のロスと廃棄量

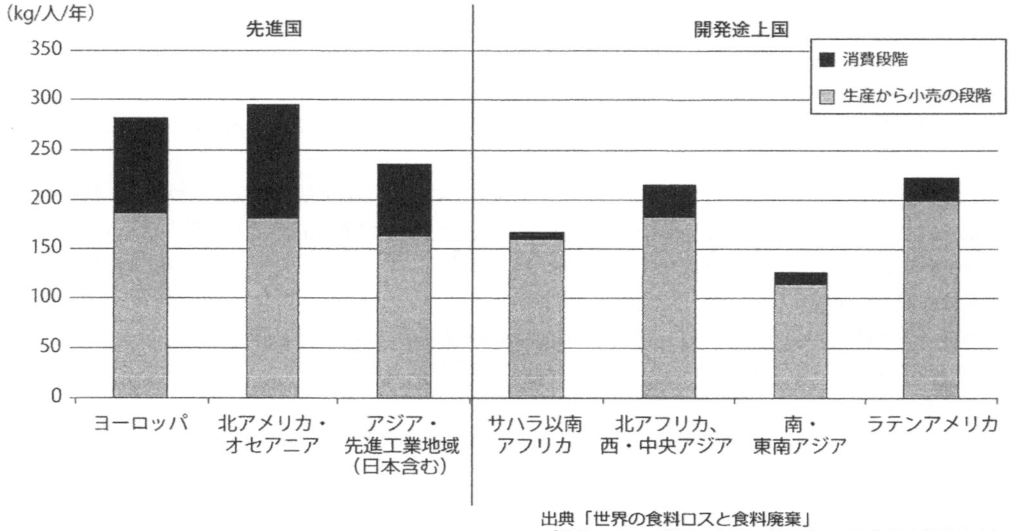

出典「世界の食料ロスと食料廃棄」
（編集：FAO、翻訳・発行：社団法人国際農林業協働協会）

資料E　食品ロスが引き起こす問題

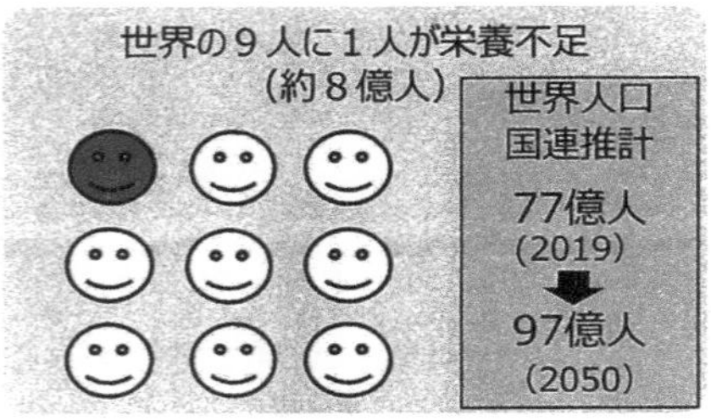

資料F

「食品廃棄物」は野菜の芯《しん》や魚の骨、貝殻《かいがら》など食べられない部分も含んでいます。食品ロスは食品廃棄物の一部、というのが日本での定義です。

（出典：The Asahi Shimbun SDGs ACTION! データで見るSDGs【13】より）

資料G　食品ロス　社会全体で削減《さくげん》を進めよう

本来は食べられるのに廃棄される「食品ロス」は貴重な資源の浪費《ろうひ》だ。「作りすぎない」「[Ⅰ]ない」の意識を共有し、削減を進めたい。

売れ残りや返品、食べ残しなどによる食品ロスは、2020年度は推計522万トンで、前年度の570万トンから8%減った。12年度の推計開始以降、[Ⅱ]だった。

食品メーカーや飲食店などの「事業系」が前年度比11%減の275万トン、個人が買いすぎた食材や食べ残しなどの「家庭系」は、5%減の247万トンだった。

政府は2000年度の980万トンから、30年度には489万トンに半減させる目標を掲《かか》げている。

20年度の数字だけ見れば、削減は着実に進んでいるが、外食産業がコロナ禍《か》で仕入れを控《ひか》えるといった特殊《とくしゅ》要因があったことに留意する必要がある。

これから社会生活がコロナ禍前に戻り、外食の需要が増えても、ロスの増加を最小限に抑《おさ》え、目標達成につなげることが重要だ。

ロシアのウクライナ侵略の影響で、世界的な食糧危機が懸念(注)されている。日本は食料自給率がカロリーベースで37%にとどまっている。社会全体で食品ロス削減の努力を続けねばならない。

食品業界の商慣習では、製造から賞味期限までの期間の3分の1を過ぎると、納品できないことが多い。これを2分の1に見直す動きや、賞味期限を年月日でなく、年月単位で表示することでより長くする試みが広がっている。

的確な需要予測に基づく生産体制も構築してもらいたい。

小売店では、製造から一定の時間を経た弁当の値引きや購入者へのポイント付与が普及しつつある。割引幅や対象となる商品を拡大してはどうか。①<u>恵方巻きやクリスマスケーキといった季節商品の予約販売</u>も効果が大きい。

飲食店の場合は、食が細い人用の「小盛り」をメニューに加えることや、希望者に食べ残しの持ち帰りを認めることが、廃棄量削減につながるだろう。

家庭での食品ロスを減らすには、消費者自身が過度な「鮮度志向」を変えることも大事だ。

賞味期限は「おいしく食べられる」目安で、傷みやすい生鮮食品の消費期限とは異なる。期限が来たからといって、ただちに捨てる必要はない。

何より、買いすぎを防ぐための工夫が大切だ。家庭にある食材の品目や量をチェックし、必要なものにしぼる習慣が削減につながるのではないか。

（注）「懸念」……気にかかって不安に思うこと。　（出典：「読売新聞」2022年6月17日社説より）

資料A・C・E出典：農林水産省「食品ロス及びリサイクルをめぐる情勢」より

問一、資料A～Fから読み取れることとして適当なものを次から二つ選び、記号で答えなさい。

ア、令和二年度では、事業系の食品廃棄物における食品ロスの割合は、食品製造業において最も低かった。
イ、家庭における令和二年度の食品ロス量は、食べ残しがほとんどであったと考えられる。
ウ、日本における国民一人当たりの食品ロス量は、先進国の中でも少ない方である。
エ、消費前の段階における食料ロスと食料廃棄の一人当たりの量は、どの地域を比較しても開発途上国より先進国の方が多い。
オ、家庭系の食品ロス量は、二年続けて増加した後、減少を続けている。
カ、二〇五〇年には、世界の人口のうち、栄養不足に陥る人々はさらに一億人増加することが予想される。

問二、資料Gの［Ⅰ］にあてはまる言葉を、資料Gから四字で探し、抜き出して答えなさい。

問三、他の資料を参考にして、資料Gの［Ⅱ］にあてはまる言葉として最も適当なものを次から選び、記号で答えなさい。

ア、最高　イ、最少　ウ、最悪　エ、最多

問四、――線①「恵方巻きやクリスマスケーキといった季節商品の予約販売」は何の例として挙げられていますか。資料Gから十五字で探し、最初の三字を抜き出して答えなさい。

令和5年度　特選コース

第1回　入学試験問題（2月1日　午前）

国　語（50分）

注意

1　この問題用紙は、試験開始の合図で開くこと。

2　問題用紙および解答用紙に受験番号・氏名を記入すること。

3　答えはすべて解答用紙に記入すること。

4　字数制限のある場合は、特別な指示がない限り、すべて句読点や「　」（　）などの記号を含んだ字数として解答すること。

5　印刷がわからない場合は申し出ること。

6　試験終了の合図でやめること。

東京都市大学等々力中学校

受験番号		氏名	

一 次の――線の漢字はひらがなに、カタカナは漢字に直して答えなさい。

1、旅行先で土産を買う。
2、山の頂上から見る景色。
3、努力が徒労に終わる。
4、類似の品物に注意する。
5、ピアノの音色が快い。
6、問題をカイケツする。
7、悪事にカタンする。
8、メイカクな答えを出す。
9、人の言うことをスナオに聞く。
10、職業にツく。

二 次の文章を読んで、あとの問いに答えなさい。

小学五年生の少年は、一人でバスに乗り、入院中の母を見舞っている。父から渡された一冊十一枚つづりの回数券を二冊使い切ってしまい、さらに三冊買うことになった。

次の日、バスに乗り込んだ少年は前のほうの席を選び、運転席をそっと覗《のぞ》き込んだ。あのひとだ、とわかると、胸がすぼまった。

初めてバスに一人で乗った日に叱《しか》られた運転手だった。その後も何度か、同じ運転手のバスに乗った。まだ二冊目の回数券を使いはじめたばかりの頃、整理券を指に巻きつけて丸めたまま運賃箱に入れたら、「数字が見えないとだめだよ」と言われた。叱る口調ではなかったが、それ以来、あのひとのバスに乗るのが怖くなった。たとえなにも言われなくても、運賃箱に回数券と整理券を入れてバスを降りるとき、いつもムスッとしているように見える。

嫌だなあ、運が悪いなあ、と思ったが、回数券を買わないわけにはいかない。『大学病院前』でバスを降りるとき、「回数券、ください」と声をかけた。

運転手は「早めに言ってくれないと」と[A]をしかめ、足元に置いたカバンから回数券を出した。制服の胸の名札が見えた。「河野《かわの》」と書いてあった。

「子ども用のでいいの?」

「……はい」

「いくらのやつ?」

「……百二十円の」

河野さんは「だから、そういうのも先に言わないと、後ろつっかえてるだろ」とぶっきらぼうに言って、一冊差し出した。「千二百円と、今日のぶん、運賃箱に入れて」

「あの……すみません、三冊……すみません……」

「三冊も?」

「はい……すみません……」

大きくため息をついた河野さんは、「ちょっと、後ろのお客さん先にするから」と少年に脇にどくよう顎《あご》を振った。

少年は頬《ほお》を赤くして、他の客が全員降りるのを待った。お父さん、お母さん、お父さん、お母さん、と心の中で両親を交互に呼んだ。助けて、助けて、助けて……と訴《うった》えた。

客が降りたあと、河野さんはまたカバンを探り、追加の二冊を少年に差し出した。

代金を運賃箱に入れると、「かよってるの?」と、さっきよりさらにぶっきらぼうに訊《き》かれた。「病院、かようんだったら、定期のほうが安いぞ」

わかっている、そんなの、言われなくたって。

「……お見舞い、だから」

かぼそい声で応え、そのまま、逃げるようにステップを下りて外に出た。全然とんちんかんな答え方をしていたことに気づいたのは、バスが走り去ってから、だった。

夕暮れが早くなった。病院に行く途中で橋から眺《なが》める街は、炎が燃えたつような色から、もっと暗い赤に変わった。帰りは夜になる。最初の頃は帰りのバスを降りるときに広がっていた星空が、いまはバスの中から眺められる。病院の前で帰りのバスを待つとき、いまはまだかろうじて西の空に夕陽が残っているが、あとしばらくすれば、それも見えなくなってしまうだろう。

買い足した回数券の三冊目が——もうすぐ終わる。

少年は父に「迎えに来て」とねだるようになった。車で通勤している父に、会社帰りに病院に寄ってもらって一緒に帰れば、回数券を使わずにすむ。

「今日は残業で遅くなるんだけどな」と父が言っても、「いい、待ってるから」とねばった。母から看護師さんに頼んでもらって、面会時間の過ぎたあとも病室で父を待つ日もあった。

それでも、行きのバスで回数券は一枚ずつ減っていく。最後から二枚目の回数券を——今日、使った。あとは表紙を兼ねた十一枚目の券だけだ。

明日からお小遣いでバスに乗ることにした。毎月のお小遣いは千円だから、あとしばらくはだいじょうぶだろう。

ところが、迎えに来てくれるはずの父から、病院のナースステーションに電話が入った。

「今日はどうしても抜けられない仕事が入っちゃったから、一人でバスで帰って、って」

看護師さんから伝言を聞くと、①泣きだしそうになってしまった。今日は財布を持って来ていない。回数券を使わなければ、家に帰れない。

母の前では涙をこらえた。病院前のバス停のベンチに座っているときも、必死に唇を嚙《か》んで我慢した。でも、バスに乗り込み、最初は混み合っていた車内が少しずつ空《す》いてくると、急に悲しみが胸に込み上げてきた。シートに座る。窓から見えるきれいな真ん丸の月が、[B]にじみ、揺れはじめた。座ったままうずくまるような格好で泣いた。バスの重いエンジンの音に紛《まぎ》らせて、うめき声を漏《も》らしながら泣きじゃくった。

『本町一丁目』が近づいてきた。顔を上げると、車内には他の客は誰もいなかった。降車ボタンを押して、手の甲で涙をぬぐいながら席を立ち、ウインドブレーカーのポケットから回数券の最後の一枚を取り出した。

バスが停まる。運賃箱の前まで来ると、運転手が河野さんだと気づいた。それでまた、悲しみがつのった。②こんなひとに最後の回数券を渡したくない。

整理券を運賃箱に先に入れ、回数券をつづけて入れようとしたとき、とうとう泣き声が出てしまった。

「どうした?」と河野さんが訊いた。「なんで泣いてるの?」——[C]ではない言い方をされたのは初めてだったから、逆に涙が止まらなくなってしまった。

「財布、落としちゃったのか?」

泣きながら③かぶりを振って、回数券を見せた。

じゃあ早く入れなさい——とは、言われなかった。

河野さんは「どうした?」ともう一度訊いた。

その声にすうっと手を引かれるように、少年は嗚咽《おえつ》交じりに、回数券を使いたくないんだと伝えた。母のこともしゃべった。新しい回数券を買うと、そのぶん、母の退院の日が遠ざかってしまう。ごめんなさい、ごめんなさい、と手の甲で目元を覆《おお》った。警察に捕まってもいいから、この回数券、ぼくにください、と言った。

④河野さんはなにも言わなかった。かわりに、小銭が運賃箱に落ちる音が聞こえた。目元から手の甲をはずすと、整理券と一緒に百二十円、箱に入っていた。もう前に向き直っていた河野さんは、少年を振り向かずに、「早く降りて」と言った。「次のバス停でお客さんが待ってるんだから、早く」――声はまた、ぶっきらぼうになっていた。

次の日から、少年はお小遣いでバスに乗った。お金がなくなるか、「回数券まだあるのか？」と父に訊かれるまでは知らん顔しているつもりだったが、その心配は要《い》らなかった。

三日目に病室に入ると、母はベッドに起き上がって、父と笑いながらしゃべっていた。会社を抜けてきたという父は、少年を振り向いてうれしそうに言った。

「お母さん、あさって退院だぞ」

退院の日、母は看護師さんから花束をもらった。車で少年と一緒に迎えに来た父も、「どうせ家に帰るのに」と母に笑われながら、大きな花束をプレゼントした。

帰り道、「ぼく、バスで帰っていい？」と訊くと、両親は D した顔になったが、「病院からバスに乗るのもこれで最後だもんなあ」「よくがんばったよね、寂しかったでしょ？　ありがとう」と笑って許してくれた。

「帰り、ひょっとしたら、⑤ちょっと遅くなるかもしれないけど、いい？　いいでしょ？　ね、いいでしょ？」

両手で拝んで頼むと、母は「晩ごはんまでには帰ってきなさいよ」とうなずき、父は「そうだぞ、今夜はお寿司とるからな、パーティーだぞ」と笑った。

バス停に立って、河野さんの運転するバスが来るのを待った。バスが停まると、降り口のドアに駆け寄って、その場でジャンプしながら運転席の様子を確かめる。

何便もやり過ごして、陽《ひ》が暮れてきて、やっぱりだめかなあ、とあきらめかけた頃――やっと河野さんのバスが来た。間違いない。運転席にいるのは確かに河野さんだ。

車内は混み合っていたので、走っているときに河野さんに近づくことはできなかった。それでもいい。通路を歩くのはバスが停まってから。整理券は丸めてはいけない。

次は本町一丁目、本町一丁目……とアナウンスが聞こえると、降車ボタンを押した。ゆっくりと、人差し指をピンと伸ばして。

バスが停まる。通路を進む。河野さんはいつものように不機嫌な様子で運賃箱を横目で見ていた。

目は合わない。それがちょっと残念で、でも河野さんはいつもこうなんだもんな、と思い直して、整理券と回数券の最後の一枚を入れた。

降りるときには早くしなければいけない。順番を待っているひともいるし、次のバス停で待っているひともいる。

だから、⑥少年はなにも言わない。回数券に書いた「ありがとうございました」にあとで気づいてくれるかな、気づいてくれるといいな、と思いながら、ステップを下りた。

バスが走り去ったあと、空を見上げた。西のほうに陽が残っていた。どこかから聞こえる「ごはんできたよお」のお母さんの声に応えるように、少年は歩きだす。

何歩か進んで振り向くと、車内灯の明かりがついたバスが通りの先に小さく見えた。やがてバスは交差点をゆっくりと曲がって、消えた。

（重松 清「バスに乗って」より）

問 一、［A］にあてはまる言葉として最も適当なものを次から選び、記号で答えなさい。

ア、口　イ、目　ウ、顔　エ、頭

問 二、――線①「泣きだしそうになってしまった」とありますが、それはなぜですか。その理由を説明した次の文の空欄にあてはまる言葉を、文章中からそれぞれ指定された字数で探し、1は最初と最後の三字を抜き出して答え、2はそのまま抜き出して答えなさい。

少年は、［1、三十一字］と思っており、［2、九字］を使いたくなかったから。

問三、[B]・[D]にあてはまる言葉として最も適当なものを次から選び、それぞれ記号で答えなさい。

ア、ゆらゆらと　イ、じわじわと　ウ、はらはらと　エ、ほっと　オ、きょとんと　カ、どきりと

問四、――線②「こんなひと」とありますが、「少年」は「河野さん」をどのような「ひと」だととらえていましたか。最も適当なものを次から選び、記号で答えなさい。

ア、いつも自分を叱りつけ、自分に劣等感を抱かせるようなひと。
イ、いつも自分の行動を否定し、自分のことを見下しているようなひと。
ウ、いつも客に対して無関心に見え、自分のことなど眼中にないようなひと。
エ、いつも機嫌が悪そうに見え、自分に恐怖心を抱かせるようなひと。

問五、[C]にあてはまる言葉を文章中から六字で探し、抜き出して答えなさい。

問六、――線③「かぶりを振って」とありますが、このときの「少年」はどのようなことを伝えようとしていましたか。最も適当なものを次から選び、記号で答えなさい。

ア、財布を落としたのではないということ。
イ、財布を落としてしまったということ。
ウ、財布を持ってきていないということ。
エ、財布を持ってきたはずだということ。

問七、——線④「河野さんはなにも言わなかった」・⑥「少年はなにも言わない」とありますが、この部分について四人の生徒が意見を出し合いました。次の会話を読んで最も適当なものを選び、記号で答えなさい。

ア、Aさん——「河野さん」が「なにも言わなかった」のは、「少年」がかわいそうだと思ったからだと思うし、「少年」が「なにも言わない」のは、単に恥ずかしかったからだと思うよ。

イ、Bさん——そうかなあ。「河野さん」は仕事中だったから警察を呼ぶのは良くないと考えたんだと思うし、「少年」が「なにも言わない」のは、早くバスを降りなきゃいけないと焦《あせ》っていたからだと思うよ。

ウ、Cさん——私は、「河野さん」が「少年」の言葉から「少年」の個人的な事情を汲《く》み取ったから「なにも言わなかった」んだと思うし、「少年」が「なにも言わない」のも「河野さん」が仕事中だということをよく理解していたからだと思うよ。

エ、Dさん——僕は「河野さん」が「なにも言わなかった」のは、職務遂行《すいこう》に対する義務感がとても強かったからだと思うし、「少年」が「なにも言わない」のは、「なにも言わ」なくても「少年」の考えが「河野さん」にはわかると思ったからだと思うよ。

問八、——線⑤「ちょっと遅くなるかもしれない」と「少年」が言ったのはなぜですか。その理由を文章中の内容を踏まえて、三十字以上四十字以内で答えなさい。

問題は次ページに続きます。

三

次の文章を読んで、あとの問いに答えなさい。

お詫び

著作権上の都合により、文章は掲載しておりません。

ご不便をおかけし、誠に申し訳ございません。

教英出版

6 正六角形について，次の問いに答えなさい。

（1）点Ｐは辺のまん中の点です。正六角形の面積が $24\ \mathrm{cm}^2$ であるとき，色を付けた部分の面積は何 cm^2 ですか。

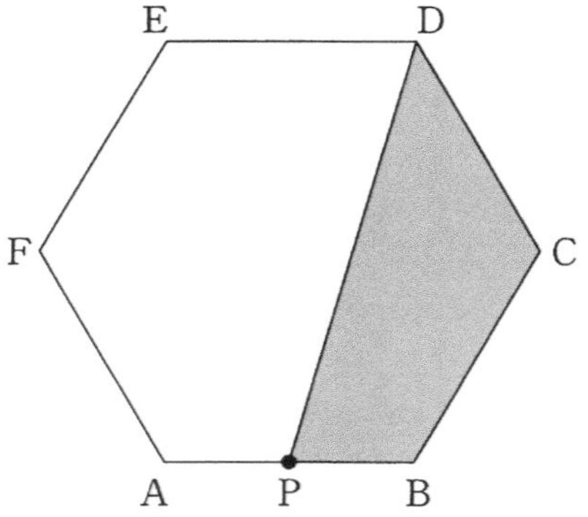

（2）点Ｐ，Ｑは辺のまん中の点です。ＰＨ：ＨＩ：ＩＤをもっとも簡単な整数の比で答えなさい。

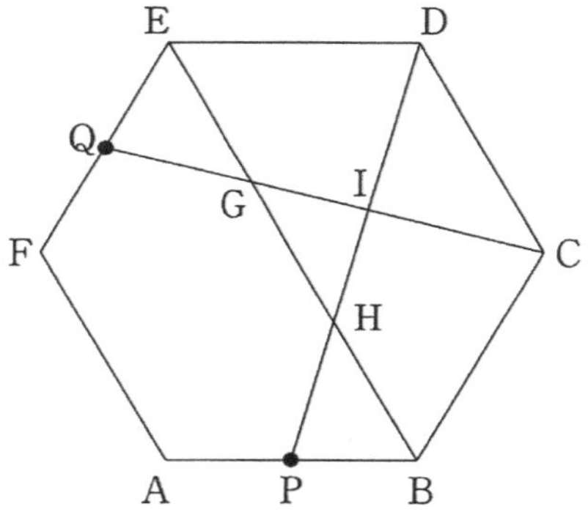

（3）（2）の図において，三角形ＧＩＨの面積が $4\ \mathrm{cm}^2$ となるとき，正六角形ＡＢＣＤＥＦの面積は何 cm^2 ですか。

5 図１のように立方体の頂点Ａ，Ｃ，Ｆ，Ｈを結んでできる三角すいについて，次の問いに答えなさい。

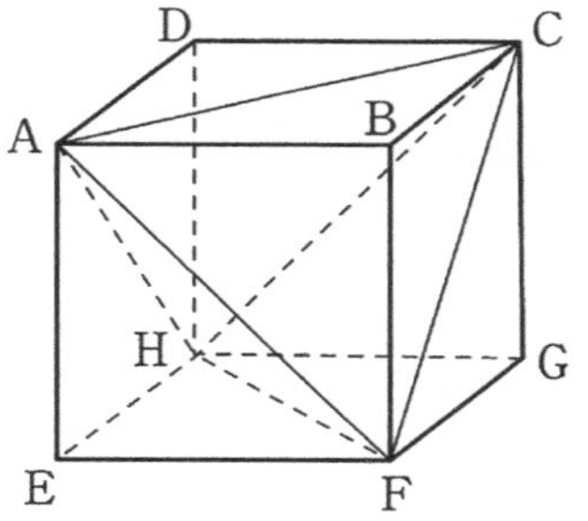

図１

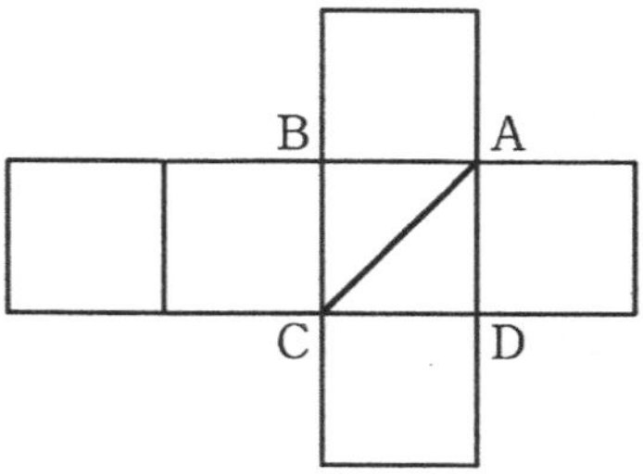

図２

（１）図２は図１の立方体の展開図です。三角すいＡＣＦＨの辺をすべて解答用紙の展開図に書き入れなさい。

（２）図１の立方体の１辺が９cmのとき，三角すいＡＣＦＨの体積は何cm^{3}ですか。

（３）図3のように対角線ＣＡ，ＣＨ，ＣＦを3等分する点で点Ｃに近い方をそれぞれＰ，Ｑ，Ｒとします。

三角すいＡＣＦＨを３点Ｐ，Ｑ，Ｒを通る平面で切断したとき，点Ｃを含《ふく》む方の立体の体積は何cm^{3}ですか。

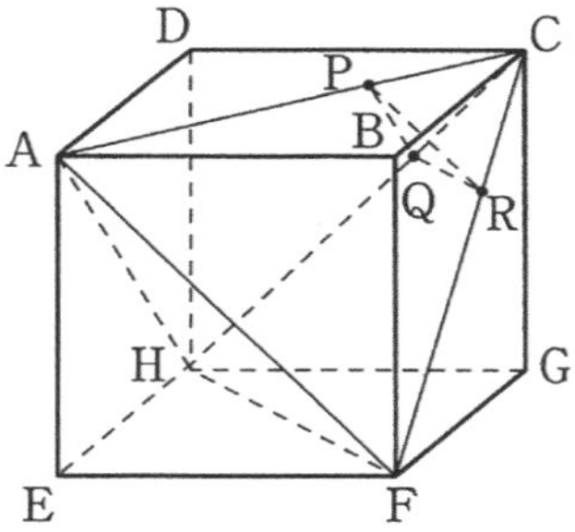

図３

4 ある受付窓口に300人の行列が出来ていました。行列には毎分10人ずつ人が加わります。また窓口が1つだけ開いているとき，この行列は20分でなくなります。次の問いに答えなさい。

（1）窓口が1つだけ開いているとき，その窓口は毎分何人の受付をしますか。

（2）窓口が2つ開いているとき，行列は何分何秒でなくなりますか。

（3）行列を2分以内になくすためには，最低何か所の窓口を開ければいいですか。

問３　下線部(ｉ)の透明な氷は、家庭用の冷凍庫でも作ることができます。水道水を「水道水を沸騰《ふっとう》させる」や「水道水を一日おいておく」といった作業後に、その水を容器に入れ凍らせる場合、どのようにすれば透明な氷がつくれるのかを、以下の文章の(　　　)に言葉を入れて完成させなさい。ただし、(　　)の言葉はすべて同じ言葉が入ります。

(　　　　)が凍らない程度($\frac{2}{3}$ほど凍らす)に凍らせて、(　　　　)のまだ凍ってない部分を捨て、(　　　　)に新しい水を入れる。

問４　下線部(ⅱ)の理由を「ようかんは水ようかんに比べて～」に続く形で答えなさい。ただし、凍らせるときに使用する冷凍庫は家庭用の冷凍庫(−18℃程度)とし、ようかんと水ようかんの原材料は寒天・砂糖・小豆とします。また、ようかんと原材料は同じで水分量が多いものを水ようかんとします。

あずきバーですが、実は昔と比べると固くなっています。その理由について、井村屋グループ経営戦略部の担当者は、こう説明します。
「昔と比べて甘さが求められなくなり、甘さを抑《おさ》えた結果、(　　ア　　) が増えたんです。その (　　ア　　) が氷になる割合が増え、以前と比べると固くなったんです」
　ただし甘さを抑えたことだけが固さの理由ではないといいます。固さの秘密は以下の3つだそうです。
・乳化剤や安定剤といった添《てん》加物を使用していない
・乳固形分が入っていない
・空気の含《がん》有量が少ない

ワタル：なるほどね。確かにほかのアイスに比べれば甘《あま》くない気がするね。そこがいいんだけどね。
父さん：『焼いもアイス』知ってるかい？あれは柔《やわ》らかいよね。
ワタル：おいしいよね。でもすぐ溶けてドロドロになっちゃうんだよね。
父さん：『焼いもアイス』は家庭用の冷凍庫ではカチカチにならないんだ。
ワタル：あっ！それはさっきの『あずきバー』の話で説明できるね！きっと (　　　イ　　　)
父さん：そうなんだよ。あずきバーと焼いもアイスについて製造会社に聞いたんだよ。
ワタル：なるほど。これでおじいちゃんが (ii) 「水ようかんは凍るけど、ようかんは凍らない」って言ってた意味も分かったよ。
父さん：そいつはよかったね。やっぱり科学の力ってすごいよね。

※ミネラル：ここで言うミネラルとは主に水に含まれる「カルシウム」「ナトリウム」「カリウム」「マグネシウム」のこと。

問1　(ア) に当てはまる適切な言葉を答えなさい。

問2　(イ) に当てはまる適切な文章をA～Eから1つ選び、記号で答えなさい。

A. 『あずきバー』に入ってない成分や空気が多く入っているんだね。
B. 『あずきバー』のあずきは北海道産だからだね。
C. 『あずきバー』より乳固形分や空気が入ってないんだね。
D. 焼いもだから温かいからだね。
E. 季節じゃない焼いもは値段が高いからだよね。

3 次のワタルくんと父さんの会話文を読み、以下の各問いに答えなさい。

ワタル：父さん！学校で面白い実験をしたよ。色水を凍《こお》らせると、透《とう》明な氷の中に色のついた氷の球ができたんだよ！

父さん：つまり、こういうことかな？【図1】

ワタル：そう！でもどうしてこんな風に凍るの？

父さん：色水を凍らせたときに、「色のもと」が真ん中に集まったんだね。

ワタル：「色のもと」？

父さん：色水は、「色のもと」になる小さい粒子が水の中で広がっている状態なんだ。これを凍らせるとどうなるか、説明しよう。水が凍るときには、水の粒子どうしが集まってくっついて氷になるんだ。でも、「色のもと」は、水の粒子どうしがくっつくのを邪魔《じゃま》するんだ。

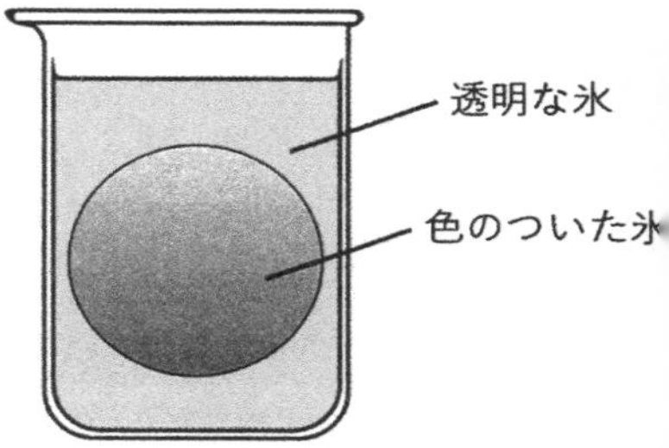

【図1】球体の模式図

ワタル：「色のもと」が水の中に広がっていると、凍りにくくなるってこと？

父さん：そうなんだよ。冷凍庫内で容器に入れた色水が凍るとき、外側から冷やされて、水の粒子どうしだけがくっついて凍っていくんだ。水の粒子だけが外側からくっついていくから、「色のもと」が少しずつ真ん中の方に追いやられていくんだ。【図2】

ワタル：それで、いちばん凍りにくい「色のもと」が、最後に真ん中で凍るんだね！

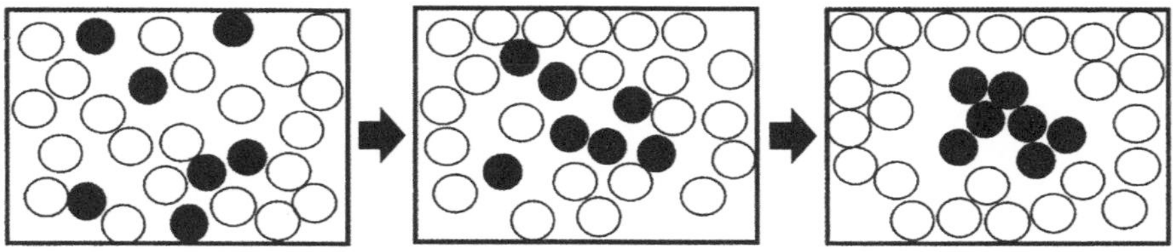
【図2】○が水の粒子、●が「色のもと」をあらわしています。

父さん：その通り！さらに付け加えるならゆっくり凍らせた方がいいね。ゆっくり凍らせると、水の中に溶けていた空気が凍る前に水から出ていくんだ。そうすると、外側の氷が透明になって、真ん中の色水の球が見やすくなるんだよ。家の冷凍庫で作った氷は真ん中あたりが白く濁《にご》ってしまうけど、(i)<u>お店で売っている氷は透明だよね</u>。水道水には、いくつかのミネラル※や消毒のための塩素が入っていたり、空気も含まれていたりするんだよ。家庭用の冷凍庫は凍らせる速さが速いから、水に含まれているそれらの物質が真ん中よりちょっと下で凍り、氷が白くなってしまう原因になるんだ。

ワタル：なるほど！

父さん：しかも、凍る温度が低くなるととけやすくなってしまうんだよね。水に何かが混ざっていると凍りにくくとけやすくなってしまうんだよ。そう言えばアイスの『あずきバー』って知っているかい？

ワタル：『あずきバー』って固くておいしいよね。ぼくは食べるのが遅《おそ》いからとけにくいのがいいの。そういえば父さんは毎日食べてるよね。

父さん：そうだね。あずきはタンパク質だからね。ところで、なぜ固いかはさっき説明したことを思い出せば推測できるね。数年前よりも固いそうだよ。次のインターネットの記事を見てみよう。

理科の問題は次のページに続きます

問3　ユウキさんは下線部Bについて調べましたが、分からないことがあったので、先生に質問することにしました。次の会話文を読んで、後の問いに答えなさい。

ユウキさん：先生、日本の憲法ではD表現の自由が保障されていますよね。でも、みんなが思ったことを自由に発言できることは本当に良いことなのでしょうか？

先　生　：どうしてそう思ったのですか？

ユウキさん：教室で大きな声で悪口を言う人がいて、嫌な気持ちになったからです。

先　生　：なるほど、それは良くないですね。実は表現の自由は「絶対無制限」に保障されているわけではないと最高裁判所が示しています。

ユウキさん：どういうことですか？

先　生　：たとえば大阪府の「大阪市ヘイトスピーチへの対処に関する条例」に対し、表現の自由の制限にあたるものだとして、条例の撤廃《てっぱい》を求める裁判が起こりました。E裁判官はこれを表現の自由の制限にあたることを認めましたが、制限はやむを得ないものだとしました。ヘイトスピーチとは外国の出身者やその子孫への攻撃的な言動のことです。

ユウキさん：では教室で大きな声で悪口を言うことも制限するべきですよね。

先　生　：そうですね、まずはどうしてその人が悪口を言ったのかよく聞いてみたいと思います。ユウキさんも協力してくれますか？

ユウキさん：はい。

（1）下線部Dについて、表現の自由で守られていることがらとして正しいものを、次の①～④から選びなさい。

① 私たちは自分の住みたいところに自由に引っ越すことができる。
② 私たちは選挙に参加し、国民の代表を選ぶことができる。
③ 私たちは自分についての情報を自分で管理することができる。
④ 私たちは政府の事前のチェックを受けることなく、本を出版することができる。

（2）下線部Eについて、侵すことのできない基本的人権にも、制限がかかることがあります。どんな時に制限されるのか、解答らんにあてはまるように、8字以上12字以内で説明しなさい。

問4　下線部Cについて、自由権だけでは人々の生活が保障されないため、日本国憲法は「社会権」も保障しています。日本国憲法で定められた社会権の説明として誤っているものを、次の①～④から選びなさい。

① 人が生きていくために必要な最低限度の衣・食・住が保障される。
② 学問にふれるなど、人間らしく文化的に生きる権利が保障される。
③ ひとしく教育を受けるために、国が経済的な援助をしなければならない。
④ 勤労の義務を果たしている国民のための権利である。

3 次の文章は岩波ジュニア新書から出版されている『憲法読本』から一部ぬき出したものです。これを読んだリョウさんとユウキさんの調べ学習について、後の問いに答えなさい。

日本国憲法は、第三章で「国民の権利」を保障しています。（中略）基本的人権として、しかも広範囲にわたって保障されています。

基本的人権とは、人間らしい生活を営むために人間として当然にもっている侵《おか》すことのできない永久の権利であることを特色とします。A立法権、行政権、司法権、憲法改正権のいかなる国家権力によっても侵すことができない権利です。（中略）

日本国憲法は、（B自由権とともに）社会権を保障しています。C自由権の保障だけでは、全ての国民に人間らしい生活を保障することができないからです。（中略）

憲法で、すべての国民に人間らしい生活を保障している国を社会国家（福祉国家）といいます。ほとんどすべての現代市民憲法は、この理念を導入しています。この点については、一つとくに注意すべきことがあります。それは、「人間らしい生活」の保障が、肉体的に健康な生活を保障するだけでなく、自分の知的精神的可能性を発展させ、知的精神的な活動（文化活動）をすることができる生活の保障をも意味していることです。

（杉原泰雄『憲法読本　第４版』）

問１　リョウさんとユウキさんは、５月３日が憲法記念日という祝日であることを思い出しました。憲法記念日の説明として正しいものを、次の①～④から選びなさい。

① 1889年５月３日に日本国憲法が公布されたことを記念している。
② 1889年５月３日に日本国憲法が施行されたことを記念している。
③ 1947年５月３日に日本国憲法が公布されたことを記念している。
④ 1947年５月３日に日本国憲法が施行されたことを記念している。

問２　リョウさんは下線部Aについて調べました。リョウさんの作ったレポート【ア】～【ウ】中の（　あ　）～（　う　）にあてはまる言葉を答えなさい。

【ア】 国会で作られた法律が憲法に反していた場合、裁判所にはそれを無効かどうか判断する権限があります。これを（　あ　）権といいます。

【イ】 行政権を持つ（　い　）は憲法や法律で決められたことを実行するために必要な政令を作ることができます。政令も、基本的人権に反することはできません。

【ウ】 国家権力が国民の自由や基本的人権を侵さないように、日本国憲法第十二条では「国民の（　う　）の努力によつて、これを保持しなければならない」としています。

問1　文中の（　あ　）～（　う　）にあてはまる言葉を答えなさい。

問2　下線部Aについて、御家人は将軍から先祖の所領を認めてもらったり、新たに与えられたりした見返りにどの様なことをしましたか。またその行いを何といいますか、20字以内で説明しなさい。

問3　下線部Bについて、島津氏は南北朝のどちら側で戦い、誰と敵対しましたか。正しい組合せのものを、次の①～④から選びなさい。

①　南朝・後鳥羽上皇　　②　南朝・後醍醐天皇

③　北朝・後鳥羽上皇　　④　北朝・後醍醐天皇

問4　下線部Cについて、秀吉が行った政策として誤っているものを、次の①～④から選びなさい。

①　ものさしや桝《ます》を統一し、全国の田畑の広さや土地のよしあしを調べ、耕作者を登録した。

②　大名を厳しく統制するために、無断で城を修理したり、婚姻《こんいん》したりすることを禁止した。

③　キリスト教の布教が、スペインやポルトガルの侵略を招くとして、宣教師を追放した。

④　一揆を防止し、農民を耕作に専念させるため、弓矢・刀・鉄砲などの武器を取り上げた。

問5　下線部Dについて、琉球が島津氏の財政にとって大切だったのはどうしてですか。正しいものを、次の①～④から選びなさい。

①　琉球は漁業が盛んであったので、水産資源を活用できたから。

②　琉球は自然豊かな地域なので、観光地として魅力《みりょく》的だったから。

③　琉球は中国との関係も深く、貿易の利益を得ることが可能であったから。

④　琉球は中国に近く、軍隊が来た時には日本を守る防波堤《ぼうはてい》の役割を担っていたから。

問6　下線部Eについて、次の問いに答えなさい。

（1）この時の［図Ⅰ］・［図Ⅱ］の藩と幕府が各地で繰り広げた戦争を何といいますか。

（2）［図Ⅲ］は（1）の戦争のある場面です。図の右側には［図Ⅰ］・［図Ⅱ］の藩の旗の他に、⬭で囲われた旗（錦《にしき》の御旗）があります。これを見た幕府軍の武士は、自分たちが「賊軍《ぞくぐん》」＝朝敵になったと思い戦う気力が失《う》せたといいます。その理由について、簡単に答えなさい。ただし、「～の軍であるから。」の形で答えること。

八

三

一	二					三	四			五	六	七
	ア	イ	ウ	エ	オ		A	B	C			

四

一	二	三	四	五

こと。

問二

ア

イ

ウ

エ

オ

問三

10

問四

A

B

C

問五

10　20　30　(40)　50

問六

問七

四

問一

問二

問三

問四

問五

最初

〜

最後

から。

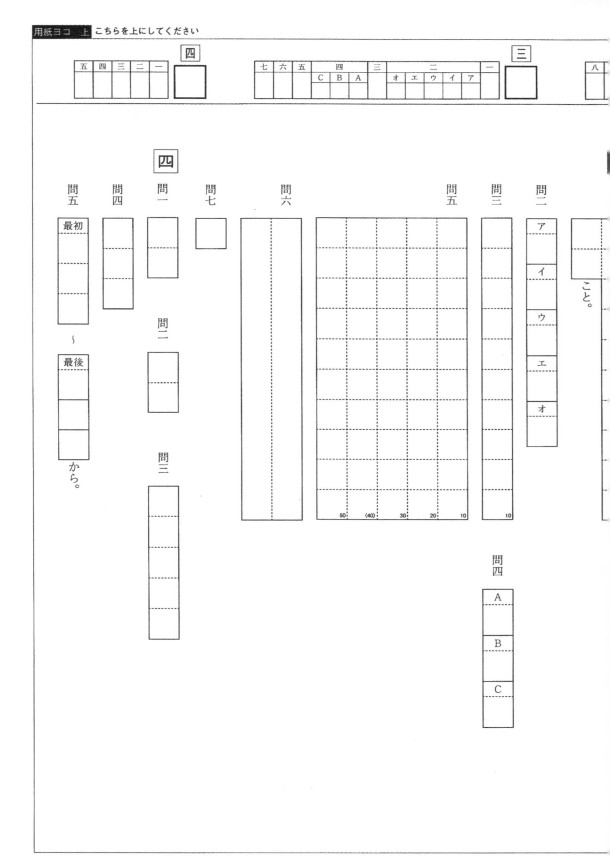

評価点	令和５年度 特選コース （２月１日午前） 第１回　中学入学試験問題　〔算数〕　解答用紙
※100点満点 （配点非公表）	氏名

受験番号		⓪ ① ② ③ ④ ⑤ ⑥ ⑦ ⑧ ⑨
		⓪ ① ② ③ ④ ⑤ ⑥ ⑦ ⑧ ⑨
		⓪ ① ② ③ ④ ⑤ ⑥ ⑦ ⑧ ⑨
		⓪ ① ② ③ ④ ⑤ ⑥ ⑦ ⑧ ⑨

（記入例）

良い例	●	
悪い例	✓	◎ ●

≪注意事項≫

・解答は解答欄の枠内に濃くはっきりと記入して下さい。

・解答欄以外の部分には何も書かないで下さい。

用紙タテ 上　こちらを上にしてください

1

(1)		(2)		(3)	

2

(1)	個	(2)	円	(3)	cm
(4)	度	(5)	cm^2		

【解答

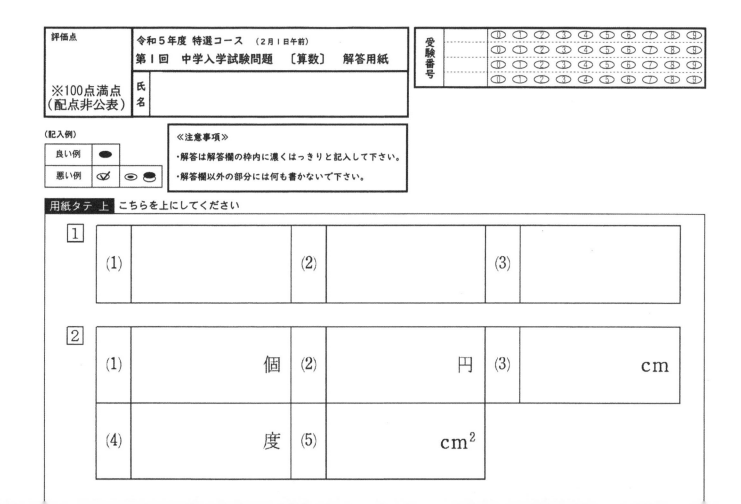

評価点

※50点満点
（配点非公表）

令和５年度　特別選抜コース

第１回　中学入学試験問題　〔理科〕　解答用紙　（２月１日午前）

氏名

受験番号

⓪	①	②	③	④	⑤	⑥	⑦	⑧	⑨
⓪	①	②	③	④	⑤	⑥	⑦	⑧	⑨
⓪	①	②	③	④	⑤	⑥	⑦	⑧	⑨
⓪	①	②	③	④	⑤	⑥	⑦	⑧	⑨

記入例

良い例	⬬	
悪い例	⊘	◉ ⬤

≪注意事項≫

・解答は解答欄の枠内に濃くはっきりと記入して下さい。

・解答欄以外の部分には何も書かないで下さい。

用紙タテ 上　こちらを上にしてください

1

問1

①メダカの（　　　　　　　　　　　　）から

②メダカの（　　　　　　　　　　　　）から

問2

問3

2

問1

(1)	(2)	(3)	(4)	(5)
(6)	(7)	(8)	(9)	(10)

問2

(い)	(ろ)

(は)	(に)	(ほ)

【解答

評価点	令和５年度　特選コース **第１回　中学入学試験問題　〔社会〕　解答用紙**　（２月１日午前）
※50点満点 （配点非公表）	氏名

受験番号										
	0	1	2	3	4	5	6	7	8	9
	0	1	2	3	4	5	6	7	8	9
	0	1	2	3	4	5	6	7	8	9
	0	1	2	3	4	5	6	7	8	9

記入例

良い例	⬬
悪い例	⊘ ◉ ●

≪注意事項≫

・解答は解答欄の枠内に濃くはっきりと記入して下さい。

・解答欄以外の部分には何も書かないで下さい。

用紙タテ 上　こちらを上にしてください

この場所に解答しないこと

1

問1

問2

問3

問4

問5

問6

問7　国名　　場所

問8　新型コロナウイルスの感染拡大によって、

2

問1　あ　　い

【解答

問2

問3

問4

問5

問6 (1)

(2)

3 問1

問2 **あ** **い**

う

問3 (1)

(2) 私たちの権利は、

ときに制限される。

問4

(ヘ)

問6	

3

問1	
問2	
問3	
問4	ようかんは、水ようかんに比べて

4

(1)	毎分　　　人	(2)	分　　　秒	(3)	か所

5

(1)	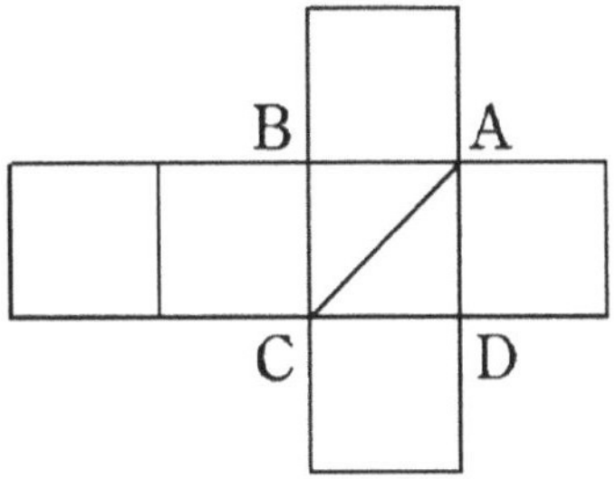	(2)	cm^3
		(3)	cm^3

6

(1)	cm^2	(2)	：　　：
(3)	cm^2		

SN-P0437

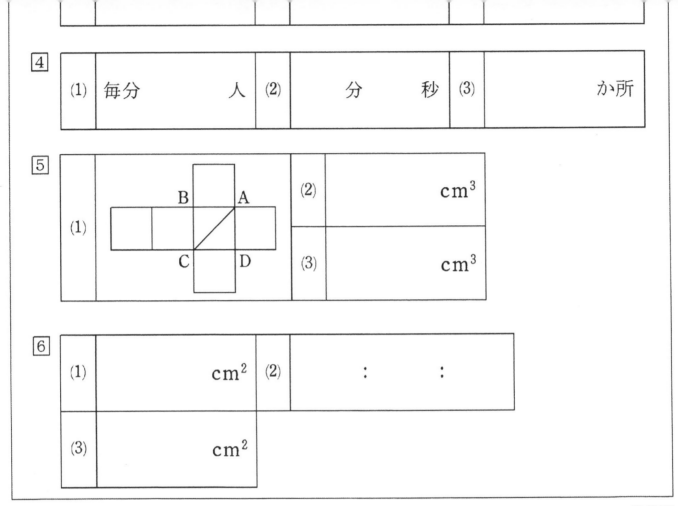

令和5年度 特選コース
第1回 中学校入学試験問題〔国語〕解答用紙（2月1日午前）

注意事項
・解答は解答欄の枠内に濃くはっきりと記入して下さい。
・解答欄以外の部分には何も書かないで下さい。

氏名

受験番号

0	0	0	0
1	1	1	1
2	2	2	2
3	3	3	3
4	4	4	4
5	5	5	5
6	6	6	6
7	7	7	7
8	8	8	8
9	9	9	9

評価点

※100点満点
（配点非公表）

一

1	2	3	4	5	6	7	8	9	10

二

一	二 1	二 2	三 B	三 D	四

〈受験生はこれより上段には記入しないこと〉

一

1 土産

2 景色

3 徒労

4 類似

5 快（い）　い

6 カイケツ

7 カタン

8 メイカク

9 スナオ

10 ツ（く）　く

二

問一

問二 1 最初 〜 最後 2

問三 B D

問四

問五

問六

問七

問八 10 20 (30) 40

1 次の文章は、ある生徒の「研究レポート」です。これを読んで、後の問いに答えなさい。

私は、大好きな牛乳について調べてみました。最初に、牛乳の生産量の多い都道府県や市町村を調べ、次に牛乳から生産される加工品について調べてみました。

［表Ⅰ］を見ると、都道府県別ではA北海道が生産量第1位で、第2位がB栃木県、第3位が熊本県でした。

都道府県別で第2位の栃木県ですが、2018年の「農林水産省市町村別農業産出額統計」による市町村別のランキングでは、上位に北海道の市町村が並ぶ中、栃木県に属するC那須塩原市が全国4位となっており、本州では第1位となっています。確かに那須塩原市には、私が幼いころ、よく家族と遊びに行った千本松牧場があり、その周辺だけでも多くの牧場があったので、上位にランキングされたのだと分かりました。

次に乳製品について調べてみましたが、乳製品と言えば、Dチーズ・Eバターなどが代表的なものになります。

チーズの生産に関しては、アメリカ合衆国が世界最大のチーズ生産国であり、ドイツが第2位、そして2024年に夏季オリンピックが開催される予定の（　あ　）が第3位となっています。ただし、国別1人あたりのチーズ消費量では、（　あ　）が世界第1位となっています（2011年）。（　あ　）のチーズと言えば、カマンベールチーズが有名です。

さて、ほとんどの人は、牛乳にカルシウムが多く含《ふく》まれていることは知っていると思いますが、牛乳には三大栄養素（たんぱく質・炭水化物・脂質）がバランス良く含まれています。また、カルシウム以外のミネラルやビタミンも豊富に含まれています。健康維持のために、これからも牛乳を飲むようにしたいです。

［表Ⅰ］生乳の生産量（2018年）　（単位　千t）

都道県別順位	都道府県名	生乳の生産量
1位	北海道	3965
2位	栃木県	331
3位	熊本県	251
4位	群馬県	216
5位	岩手県	215
6位	千葉県	202

（『データブック　オブ・ザ・ワールド　2021』）

［表Ⅱ］生乳の生産量（2015年）　（単位　千t）

都道県別順位	都道府県名	生乳の生産量
1位	北海道	3871
2位	栃木県	326
3位	熊本県	253
4位	群馬県	251
5位	千葉県	217
6位	岩手県	215

（『データブック　オブ・ザ・ワールド　2018』）

問１　文中の空らん（　あ　）にあてはまる国名を答えなさい。

問２　［表Ⅰ］と［表Ⅱ］を見て、この２つの表から読み取れることとして正しいものを、次の①～④から選びなさい。

① 2015年から2018年にかけて、６つの都道府県すべてが生産量を増やしている。
② 2015年と2018年の順位を比べてみると、６つの都道府県の順位すべてに変動がない。
③ 2018年において、北海道以外の５つの県の生産量すべてを足しても、北海道の生産量におよばない。
④ 2015年において、北海道以外の５つの県の生産量すべてを足すと、北海道の生産量をこえることになる。

問３　下線部Ａについて、北海道に関する文として誤っているものを、次の①～④から選びなさい。

① 北海道は他の多くの都府県と比べて、主要都市部に人口が集中するという性格が強く、特に札幌市への人口集中が著しい。
② 西岸海洋性気候や温暖湿潤《しつじゅん》気候が見られる一部の沿岸地域を除くと、ほぼ全域が亜寒帯湿潤気候であり、夏と冬の温度差が大きい。
③ 北海道の産業別構成比は、第一次産業が４．１％、第二次産業が16．9％、第三次産業が79．0％である（2014年）。全国平均と比べて第一次、第三次産業の比率が高い。
④ 釧路湿原は京都議定書に登録されているが、この議定書は、特に水鳥の生息地等として国際的に重要な湿地および動植物の保全を促進《そくしん》することを目的としている。

問４　下線部Ｂについて、栃木県には、中禅寺湖という有名な湖があります。湖には、その成り立ちによる分類がありますが、中禅寺湖は男体山《なんたいさん》の噴火でできた堰止湖《せきとめこ》です。それでは、火山が噴火してできた窪地《くぼち》に水がたまってできた湖を何といいますか。

問５　下線部Ｃについて、那須塩原市は温泉の街としても有名です。温泉名と所在地との組み合わせとして誤っているものを、次の①～④から選びなさい。

① 熱海温泉　＝　静岡県
② 別府温泉　＝　福岡県
③ 草津温泉　＝　群馬県
④ 下呂温泉　＝　岐阜県

問６　下線部Ｄについて、次のチーズに関する文章を読み、この文章の内容として誤っているものを、後の①～④から選びなさい。

> 搾《しぼ》りたての乳をそのまま置いておくと、自然に乳酸菌《にゅうさんきん》が発酵《はっこう》し、脂肪《しぼう》が上層に浮上し、その下にタンパク質の層が２層できます。したがって、人類は家畜の乳を利用し始めた初期の段階から、バターやチーズを容易に得ることができたと考えられ、その保存にはまず単純な加熱や乾燥、加塩などの方法がとられたと思われます。現在の内陸一帯の遊牧民のチーズも、脱脂酸乳《だっしさんにゅう》を加熱して得たものに、塩を加えて手で握《にぎ》るなどして、それを天日で干したものが多いです。
>
> （中略）日本では奈良時代に中国（唐）の乳製品が伝わり、天皇家や貴族たちの間で食されたという記録が残っています。
>
> 江戸時代に徳川８代将軍が千葉県の嶺岡《みねおか》牧場でつくった「白牛酪《はくぎゅうらく》」というものも、同じ製法のものを小さな型に詰《つ》めて乾燥したもののようですが、いずれも広い意味のアジア型のチーズの一種と考えられます。
>
> （中略）1933年、現在の千歳空港に近い早来町《はやきたちょう》遠浅《とあさ》という場所で、北海道酪連（現雪印乳業）がチーズの工業的生産を始めましたが、日本では、しばらくチーズの食習慣が普及《ふきゅう》しませんでした。しかし、第二次世界大戦後、食生活の洋風化が進み、プロセスチーズに加えてナチュラルチーズも人気となり、国内生産より輸入量が上回るまでになりました。

（大日本百科全書ニッポニカ　一部改変）

①　人類は家畜の乳を利用し始めたころから、バターやチーズを容易に得ることができた。
②　日本では奈良時代に、中国から乳製品が伝わった。
③　日本では、北海道で最初のチーズの工業的生産が始まった。
④　日本では、第一次世界大戦の頃から、特に軍人の間でチーズが人気となった。

問７　下線部**E**について、**[表Ⅲ]**中の空らん（　**い**　）にあてはまる国名を答え、その場所を後の**[地図]**中の①～④から選びなさい。

[表Ⅲ]　世界のバター生産量（2018年）　　（単位　千ｔ）

順位	国名	生産量
1位	（　**い**　）	4509
2位	パキスタン	1024
3位	アメリカ合衆国	904
4位	ニュージーランド	502
5位	ドイツ	484

（『データブック　オブ・ザ・ワールド　2022』）

[地図]

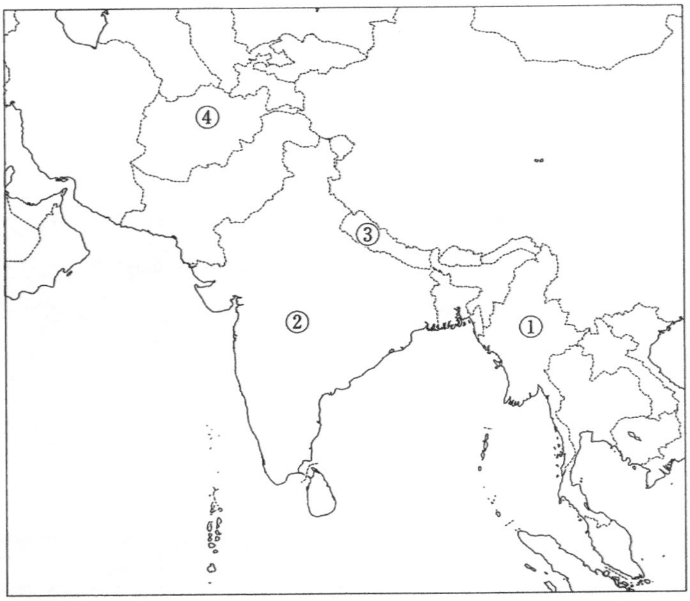

問８　日本の飲用牛乳の消費量は新型コロナウイルスの感染拡大の影響で2020年に大きく減少しました。なぜ感染拡大が飲用牛乳の消費量に影響するのでしょうか。**[グラフ]**を参考にして、解答らんにあてはまるように20字以内で答えなさい。

[グラフ]　飲用牛乳消費量の季節変動

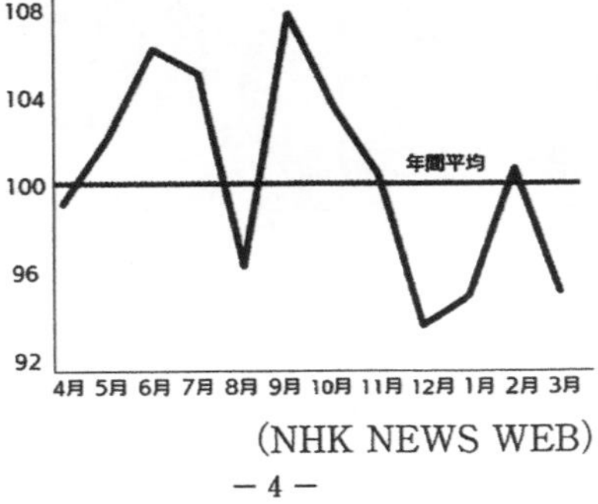

(NHK NEWS WEB)

2 次の文章を読んで、後の問いに答えなさい。

［図Ｉ］の家紋《かもん》を知っているだろうか。鎌倉時代から江戸時代にかけて、南九州一帯に勢力を持っていた武士である島津氏のものである。島津氏は鎌倉幕府の成立後、源頼朝から大隅国や（　あ　）国＝現在の鹿児島県、日向国＝現在の宮崎県の守護に任じられ、A 鎌倉幕府の有力な御家人であった。鎌倉幕府滅亡後の南北朝時代に入ると、B 足利尊氏の側について、九州の敵対勢力と戦った。室町時代には守護大名としての地位を確立し、将軍家の相続争いから京都を中心に1467年から11年間争乱の続いた（　い　）に際しては東軍に属したが、京都への派兵は行わなかった。戦国時代に入ると、C 天下人となった豊臣秀吉による九州征討の軍に敗れたが、所領は秀吉によって認められた。その後秀吉の命令で、朝鮮に出兵し、各地で戦い大いに活躍した。この時、島津氏を含む九州の大名は、帰国に際して朝鮮の陶工《とうこう》（職人）を連れて帰り、彼らによって中国地方や九州各地にある産物が広まった。現在でも佐賀県の名産品として有名な（　う　）焼もそのひとつである。江戸時代になると琉球に侵攻し、支配下に置いた。D この琉球支配が島津氏の財政を支えたといっても過言ではない。幕末になると［図Ⅱ］の家紋の藩とともに E 討幕運動の中心勢力となり、明治維新の原動力になった。

［図Ｉ］

［図Ⅱ］

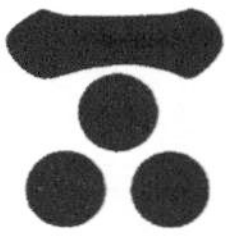

拡大図

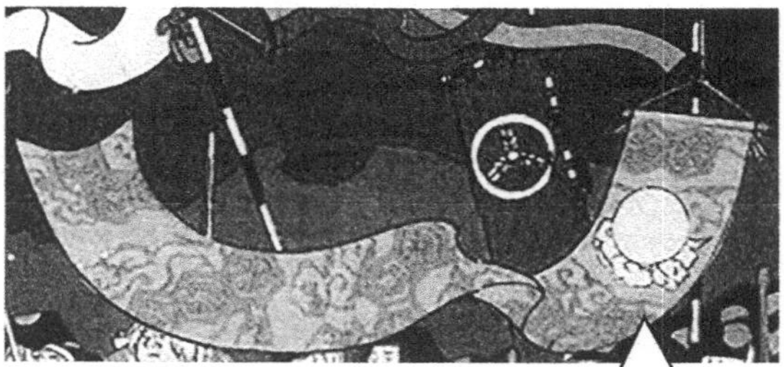

［図Ⅲ］

（バーチャル刀剣博物館 HP）

令和５年度　特別選抜コース

第１回　入学試験問題（２月１日　午前）

社　　会

（※社会と理科２科目60分）

注　　意

1　この問題用紙は、試験開始の合図で開くこと。

2　問題用紙と解答用紙に受験番号・氏名を記入すること。

3　答えはすべて解答用紙に記入すること。
漢字で書くべき解答は、漢字で答えること。

4　印刷がわからない場合は申し出ること。

5　試験終了の合図でやめること。

受験番号		氏名	

東京都市大学等々力中学校

1 次の文章と資料をもとに以下の各問いに答えなさい。

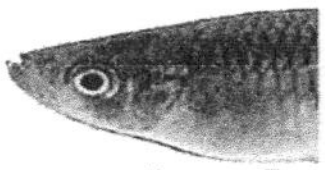
【図１】

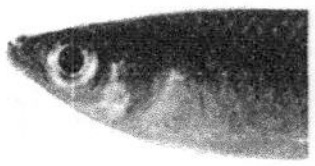
【図２】

みなさんは【図１】と【図２】のうち、どちらがメダカかわかりますか？
『目』の位置が高いからメダカなので…

正解は【図２】です。【図１】はカダヤシという魚で特定外来生物に指定されています。カダヤシは蚊《か》の幼虫であるボウフラを食べてもらう目的で各地に人為《い》的に放流されました。蚊をねだやしにするからカダヤシと呼ばれるようになったそうです。大きさ・形・住む場所・エサなどがほとんどメダカと同じで間違えられやすい魚として有名です。カダヤシは①**食欲が旺盛《おうせい》である。**　②**繁殖《はんしょく》力が強い。**などの理由でメダカの個体数の減少につながることが懸念《けねん》さるため、特定外来生物に指定されています。特定外来生物とは、生態系に甚大《じんだい》な被害をもたらすので「飼う」・「運ぶ」・「逃がす」などをしてはいけないと環境省が指定した生物です。 特定外来生物を飼う場合には特別な申請《しんせい》をして許可《きょか》を得る必要があります。違反した場合、外来生物法により個人の場合最大で３年以下の懲役《ちょうえき》もしくは300万円以下の罰金が科されます。運んだだけで300万円です。『メダカを捕まえた』と思ったら実はカダヤシだったなんてことのないようにしないといけません。ただ、『たまたま網《あみ》に入ってしまった』ということもありえるので、その場で逃がす、いわゆるキャッチ・アンド・リリースは禁止されていません。

アメリカザリガニも生態系に甚大な被害をもたらす生物としてあげられています。しかし、アメリカザリガニを捕《つか》まえたり飼ったりしている人は大勢います。③**実はアメリカザリガニは特定外来生物に指定されていないので捕まえたり飼ったりしても問題ありません**。環境省はザリガニに関してＨＰで以下のように示しています。

■外来ザリガニの特定外来生物指定について
外来ザリガニ全種（**アメリカザリガニを除く**）が外来生物法に基づく「特定外来生物」に指定され、2020年11月２日から規制が始まりました。
○ 指定の時点で飼育している個体については、６ヶ月以内（2021年５月１日まで）に申請し、許可を受けることで飼い続けることができます。
※2020年11月２日以降に新たに生まれた個体の飼育はできません。繁殖はさせないでください。

生態系への被害は《資料》にもあるようにカダヤシ以上に大きいといわれています。それでもあえてアメリカザリガニを特定外来生物から除いているのです。

問１　下線部①・②のそれぞれについて、メダカの個体数の減少につながる理由を『メダカの…から』となるように、…に適当な文を、解答らんに収まる範囲で答えなさい。

問２　下線部③について、その理由を環境省のHPでは以下のように説明しています。（　　　）に入る文を本文と《資料》をもとに考え、解答らんに収まる範囲で答えなさい。

「我が国の生態系等に大きな影響を及ぼしているにもかかわらず、飼養《しよう》等を規制《きせい》することによって、（　　　　　　　　　）等《など》の深刻な弊害《へいがい》が想定される。」

問３　アメリカザリガニと同じ理由で特定外来生物に指定されていない生物を、次のＡ～Ｅの中から選び、記号で答えなさい。

Ａ　ブラックバス　　Ｂ　ノコギリクワガタ　　Ｃ　ミシシッピアカミミガメ(ミドリガメ)
Ｄ　グリーンイグアナ　　Ｅ　ウシガエル

《資料》環境省のＨＰより抜粋　※一部レイアウトのため編集しています。

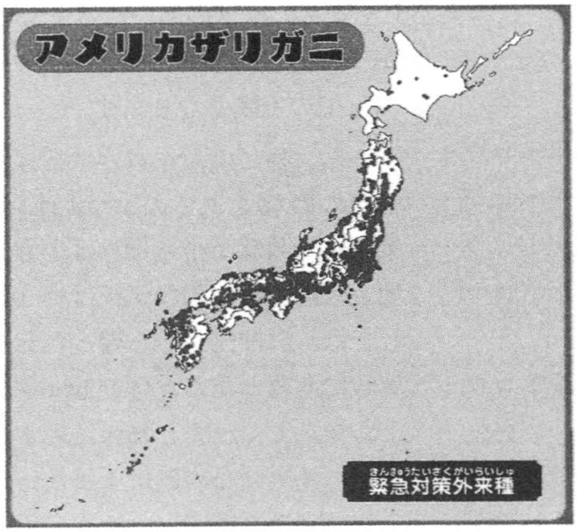

※アメリカザリガニが確認された地域が塗られています。

2 次の会話文を読んで以下の問いに答えなさい。

ニュース：台風14号が935hPa（ヘクトパスカル）で鹿児島県に上陸しました。これは2000年以降、最も低い気圧での上陸となります。

トドロウ：うーん、昼ごはんを買いに行きたいけど天気が怪《あや》しいなぁ。家に傘《かさ》を忘れちゃったんだよね。

トドロコ：台風の影響《えいきょう》もあるのかな。厚い雲に覆《おお》われて昼間なのに暗い。まだ雨は降っていないけど。

トドロウ：気圧って数値が小さければ小さいほど危険なんでしょ？なんだかあまりピンとこないな～。

トドロコ：地上付近の平均的な気圧は約1013hPaといわれているから、それよりは小さいよね。気圧に関しては、以前先生から習った気がするし…。

トドロウ：算数でも習ったんだけどh(ヘクト)をとるとそれぞれ93500Paと101300Paだよね。

先生：よく覚えてくれましたね、さすが！とはいえやはり、もう一度最初から考えていきましょう。

トドロウ：うわ、先生いつの間に！また始まるのですね…。

先生：いきますよ。Pa（パスカル）とは圧力の単位です。圧力とは面積1m²の面を押す力となります。力の単位はN（ニュートン）といい、地球上で100gの物体にはたらく重力の大きさがおよそ1Nです。では計算しましょう。体重が36kgの人にはたらく重力の大きさは？

トドロウ：［（1）］Nです。

先生：すばらしい。次に圧力を計算しましょう。今回は2つの圧力を考えてもらいたいと思います。靴《くつ》のハイヒールはわかりますか？

トドロコ：あっ！お母さんがたまに履《は》いているのをみたことがあります。えーとあれはいつだったかな？かかとが細いんだよね。

先生：いつ履いているかはよいとして…。では、そのハイヒールの片足のかかとに36kgの人の全体重が及《およ》ぼす圧力を求めてみよう。ハイヒールのかかとの形を直径2cmの円と考え、円周率を3として、面積を計算してごらん？今回は圧力を求めたいので、単位はm²で答えてください。

トドロウ：わかりました。［（2）］m²です。

先生：いいぞ！では［（2）］m²にその人の全体重がかかると圧力の大きさはいくつになりますか？

トドロウ：［（3）］Paです。

先生：正解。ではもう1つ求めてみましょう。今度は、この人の体重の100倍もある3.6t（トン）のゾウを想像してください。ゾウが1本足で立っているとき、その足にかかる圧力を求めてみましょう。

トドロコ：え～。ゾウの足1本に、全体重をのせるの？想像するだけで…震《ふる》えてしまいます。

先生：ハイヒールのときも、全体重を［（2）］m²にのせたでしょ？条件を同じようにしないと比較《かく》にはならないんだよ。

トドロコ：わかりました。

先生：ではいきましょう！ゾウの足はどうやら直径40cmもあるそうです。ゾウの足の裏の形も同じように円と考え、円周率を3として、ゾウの足1本にかかる圧力を求めてください！

トドロコ：えーと［（4）］Paです。

先生：すばらしい！正解です！！

トドロウ：ということは［（い）］の圧力の大きさは［（ろ）］の圧力の大きさより［（5）］倍も大きいのですね。へー。

先生：　そうなのです。では、Pa だとわかりにくいので、想像しやすいように日常でよく使われる単位に換算《かんさん》してみましょう。ハイヒールの圧力（3）Pa は、面積 1cm^2 の面に（6）kg の物体がのっているということです。これを、ペットボトルに入った水におきかえてみましょう。水 1cm^3 の重さを 1g とします。ペットボトルの重さを考えないとき、面積 1cm^2 の面に（6）kg の物体がのっているということは、面積 1cm^2 の面に 2 リットルの水のペットボトルが（7）本のっているということです！わかりましたか？

トドロウ：　いや一想像するだけで…。

先生：　では、台風の話に戻しましょう。

トドロウ：　そうでした。忘れていました（苦笑）。

先生：　台風は、まわりの気圧より低いので低気圧ということになります。これが風の強弱に関わっています。ボールが高いとこから低いところに転がるように、空気も気圧の高いところから低いところへ流れます。この気圧の差が大きいほど強い風になるのです。

トドロコ：　へー、ということはこの台風はかなり危険ですね。

先生：　そうなのです。そして地球は自転しているので、台風の影響で発生する風は、日本がある北半球の場合、どのようになるかわかりますか？

トドロウ：　上空から台風を見て、真ん中を台風の中心とすると（は）ということですか。

先生：　そうです。そして同様に上空から見て、台風の進行方向に向かって（に）側の風が強くなるのです。

トドロコ：　あー、これは『動く歩道』で想像ができます！

先生：　どういうことかな？ちょっと説明してごらん。

トドロコ：　動く歩道はどうやら 1 分間に 40m ほど進むそうです。人間の歩くスピードはその倍の 1 分間に 80m ぐらいなので、もし、動く歩道の上を動いている方向と同じ向きに歩くとその人は動いている方向と同じ向きに 1 分間に（8）m 進むことになり、動いている方向と反対向きに歩いた場合には動いている方向と（ほ）向きに 1 分間に（9）m 進むことになります！

トドロウ：　うわー、楽しそう。実際にやってみよう！！

先生：　こらこら。迷惑になるのでそれはだめです！！！

トドロウ：　おやっ、話している間に晴れてきましたね。今のところ雨も降っていないし、これなら大丈夫かな。ちょっとお昼ご飯を買ってきますね。

先生：　うーん、やめておいた方がよいと思いますよ…。

トドロウ：　では、行ってきます！

トドロコ：　行っちゃった…。あれ？晴れているのに雨が降ってきました！！しかもしっかり降っています。トドロウ君、傘も持たないで…大丈夫かなぁ。

トドロウ：　ただいまー…。全身ずぶぬれです…。

先生：　ほらいわんこっちゃない。『キツネの嫁入り』だね。

トドロウ：　キツネ？最近ダンスで流行しているあの？そんな…。

先生：　実におもしろい（笑）。ダンスは関係なくて、「晴れているのに雨が降っている現象」を、昔の人はキツネに化かされたと思ってそういう名前を付けたのですね。

トドロウ：　もちろんキツネは関係ないですよね。これはいったい、どういう現象なんですか？

先生：　では、考えていきましょう。雨はどこでつくられるのですか？

トドロウ：　雲です。

先生：　ですよね。その雲はおよそ地上 3000m 付近にあります。そこから落ちてくる雨粒は、1 秒間に 5m くらいのペースで落下します。

トドロコ：　ということは、地上まで落ちてくるのにおよそ（10）分かかるんですね。

先生：　そうなのです。雨粒は雲があった場所の真下に落ちてくるとしましょう。ただ、このような台風が近づいている日は…

トドロウ：　なるほど。つまり今までの説明から考えると、地上 3000m 付近の雲から、雨が地上におよそ（10）分かけて落下してくる。さらに、このような台風が近づいている日は（へ）。そのため、太陽が出ていても雨が降る現象がおこる、ということですね！

先生：　すばらしい！やはり、理科っておもしろいでしょう？

問１　会話文中の（１）～（10）に適切な数値を入れなさい。

問２　会話文中の（い），（ろ）に入る言葉を以下の A,B からそれぞれ 1 つずつ選び、記号で答えなさい。

A　ハイヒールの片足のかかと　　B　ゾウの足一本

問３　会話文中の（は）について、台風の風の向きをかきました。最も適切なものを A～D から 1 つ選び、記号で答えなさい。

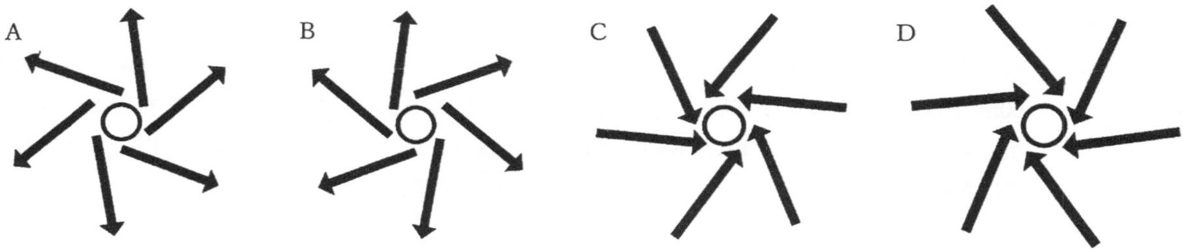

問４　会話文中の（に）に入る単語を以下の A～D から 1 つ選び、記号で答えなさい。

A　上　　B　下　　C　左　　D　右

問５　会話文中の（ほ）に入る言葉を以下の A,B から 1 つ選び、記号で答えなさい。

A　同じ　　B　反対

問６　会話文中の（へ）について、ここには太陽が出ていても雨が降る現象を説明する文章が入ります。『雲』そして問 1 で答えた（10）の数値を用いて（へ）に入る文章を答えなさい。

令和５年度

特別選抜コース

第１回　入学試験問題（２月１日　午前）

理　　科

（※理科と社会２科目60分）

注　意

1　この問題用紙は試験開始の合図で開くこと。

2　解答用紙に氏名・受験番号を記入し受験番号をマークすること。

3　答えはすべて解答用紙の枠内に記入すること。

4　答えに単位が必要なものは、単位をつけて答えること。

5　印刷が不鮮明な場合は申し出ること。

6　試験終了の合図でやめること。

受験番号		氏名	

東京都市大学等々力中学校

３ 赤，黄，緑の３色のうちいくつかの色を使って図の４つの四角形を塗《ぬ》り分けます。ただし，辺が重なり合う２つの四角形には異なる色を塗ることとします。次の問いに答えなさい。

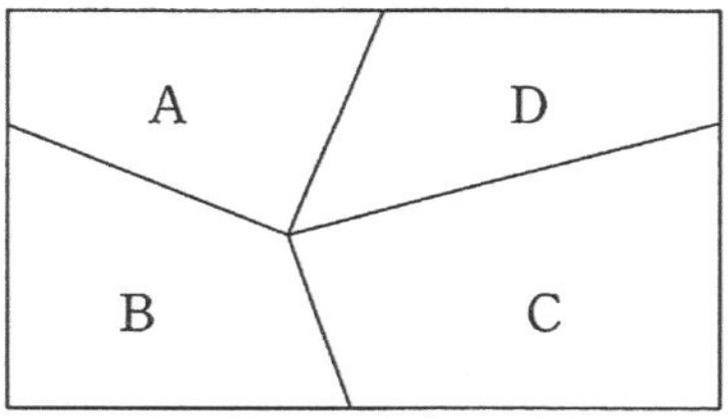

（１）Ａに赤を塗ったとき，残りのＢとＣとＤの塗り方は何通りありますか。

（２）何も塗ってない状態から塗り始めると全部で何通りの塗り方がありますか。

次に色を１色増やして，赤，黄，緑，青の４色のうちいくつかの色を使って四角形を塗り分けます。

（３）全部で何通りの塗り方がありますか。

2 次の □ に当てはまる数を答えなさい。

（1）1から100までの整数について，10の倍数でも15の倍数でもない数は □ 個あります。

（2）4000円をＡ君，Ｂ君，Ｃ君の３人で分けます。Ｂ君はＣ君より300円多く，Ｃ君はＡ君より100円少ないとき，Ａ君は □ 円もらえます。

（3）下の図のように直線上に点Ａ，Ｂ，Ｃ，Ｄがあります。ＡＢとＢＤの長さの比は1：1，ＡＣとＣＤの長さの比は5：4です。ＢＣの長さが5cmであるとき，ＡＤの長さは □ cmです。

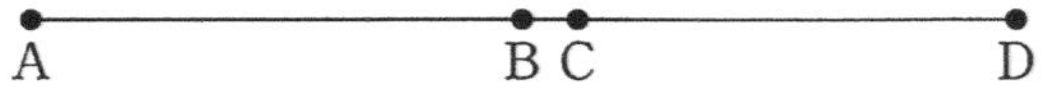

（4）右の図で五角形ＡＢＣＤＥは正五角形で三角形ＡＢＦとＡＥＧは正三角形です。このとき，角アの大きさは □ 度です。

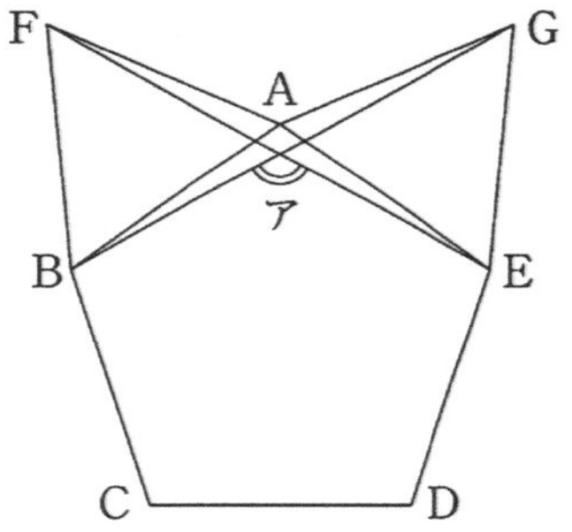

（5）右の図のように，長方形と三角形を組み合わせた図形を，辺ＡＢを軸《じく》として１回転させたときにできる立体の表面積は □ cm^2 です。ただし，円周率は3.14とします。

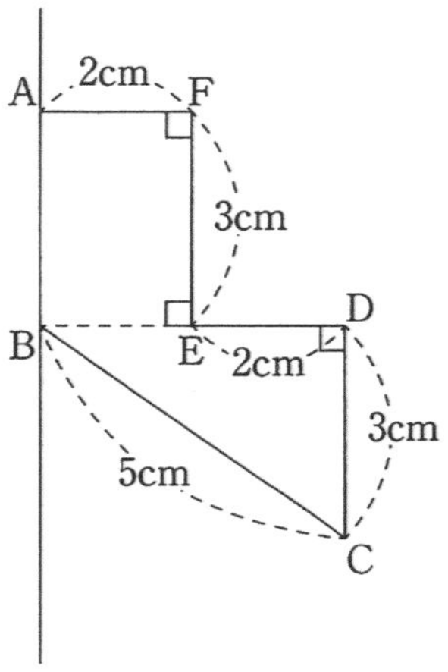

1 次の □ に当てはまる数を答えなさい。

（1）$\left\{\left(6\frac{2}{3}-3.75\right)\div 1\frac{1}{4}+0.6\times 3\frac{3}{4}\div\frac{3}{5}\right\}\times 36=\square$

（2）$\left(121+11\times 8\times 11+0.33\div\frac{1}{1000}\times 11\right)\div 11\div\left(2\frac{1}{2}-\frac{2}{3}\right)=\square$

（3）$(26\times 0.05+4\times\square)\div 0.5=3$

令和５年度　特別選抜コース

第１回　入学試験問題（２月１日　午前）

算　　数（50分）

注　意

1　この問題用紙は、試験開始の合図で開くこと。

2　問題用紙と解答用紙に受験番号・氏名を記入すること。

3　答えはすべて解答用紙に記入すること。

4　印刷がわからない場合は申し出ること。

5　試験終了の合図でやめること。

受験番号		氏名	

東京都市大学等々力中学校

お詫び

著作権上の都合により、文章は掲載しておりません。
ご不便をおかけし、誠に申し訳ございません。

教英出版

お詫び

著作権上の都合により、文章は掲載しておりません。
ご不便をおかけし、誠に申し訳ございません。

教英出版

（猪谷 千香「その情報はどこから?」より）

（注1）「斜陽」……………………新しい勢力に圧倒されて、しだいに没落していくこと。
（注2）「スキル」…………………訓練や学習によって獲得した能力。
（注3）「Facebook」………………現実世界での知人同士がネット上でも交流できるサービス。
（注4）「Amazon」…………………世界最大級のオンラインショッピングサイト。
（注5）「Google」…………………インターネットの代表的な検索エンジンの一つ。またそのサービスを提供・運営するアメリカの企業。
（注6）「拮抗」……………………力・勢力がほぼ等しく、互いに張り合うこと。

（注7）「プラットフォーム」……システムやサービスの土台となる環境。

問一、——線①「こうした作業」とありますが、それはどのようなことですか。「〜こと。」に続くように文章中から十二字以内で探し、抜き出して答えなさい。

問二、——線②「確証バイアス」とありますが、具体的にはどのようなことですか。次の説明が正しい場合は1、そうでない場合は2として、それぞれ番号で答えなさい。

ア、就職を希望する企業に関する記事を信頼性の高いメディアから選び、多く読むこと。
イ、自分が欲しいと思う情報や興味ありそうな情報を、容易に選んで入手すること。
ウ、書店のルールや判断によって集められた本の中から、自分で本を選んで買うこと。
エ、政治的な立場が違う人の考えも知りたいと思い、友人として登録すること。
オ、自分に近い考えの友人がシェアしてきた情報を選び、クリックして読むこと。

問三、——線③「パーソナライズ」とありますが、これを言い換えた言葉を文章中から十字以内で探し、抜き出して答えなさい。

問四、[A]〜[C]にあてはまる言葉として最も適当なものを次から選び、それぞれ記号で答えなさい。ただし、同じ記号は一度しか使えません。

ア、そもそも　　イ、しかし　　ウ、むしろ　　エ、確かに

問五、——線④「うまい話にはだいたい『裏』があるものです」とありますが、この場合の「裏」とは具体的にどのようなことですか。文章中の言葉を使って、四十字以上五十字以内で答えなさい。

問　六、――線⑤「前者」とは何を指し示していますか。指し示す内容を文章中から探し、抜き出して答えなさい。

問　七、この文章で述べられている内容として最も適当なものを次から選び、記号で答えなさい。

ア、自らインターネット上で友人として登録した人であれば、こちらから求めていなくても自動的に情報が届くようになっているので便利だ。

イ、インターネットで検索する際に表示される悪質な広告に惑わされないよう、個人情報はフィルターバブルによって守られているので安心だ。

ウ、インターネット上で目にする情報はすでに取捨選択されているため触れやすく居心地がよくなっているが、危険性も孕んでいるので注意すべきだ。

エ、広告がインターネット空間に進出したことによって商品の検索がしやすくなり、消費者にとっても都合のよい面が増えているので注目すべきだ。

問題は次ページに続きます。

2023(R5) 東京都市大学等々力中　特選第１回
K 教英出版

四　次の文章を読んで、あとの問いに答えなさい。[1]〜[6]は形式段落を示します。

[1]　標準語で「寒い」というよりも、それぞれの①お国言葉を口にするほうが寒さが身に迫ってくる。そう感じるのは筆者だけだろうか。東北では広く「しばれる」が言われ、秋田には「さんび」の言葉がある。新潟は「さーめ」である。

[2]　この冬いちばんの寒気が日本列島を覆《おお》っている。いつもより早めのドカ雪に、早めの雪下ろし。秋田や新潟などから届くニュースに、映像では分からないであろう苦労を思う。

[3]　江戸時代、[　　]を全く知らぬ人々に実情を伝えようとしたのが越後《えちご》(注1)の文人鈴木牧之《ぼくし》であり、世に送った書物が『北越雪譜《ほくえつせっぷ》』である。構想から40年にして江戸で出版にこぎつけるまでの経緯が、近刊『雪国を江戸で読む』（森山武著）にある。

[4]　支援を頼った著名文人が次々と亡くなるなど不運が重なった。出版が決まってからも苦労はあり、方言がわかりにくいと注文がついた。労作を開くと、地元言葉が丁寧《ていねい》にちりばめられている。例えば雪は払うというような生易《なまやさ》しいものではなく「雪掘《ゆきほり》」という。

[5]　その雪を空き地に積み上げるのが「掘揚《ほりあげ》」だと知れば、降雪の多さを感じる。(注2)かんじきをはいて雪中を歩くのは「雪を漕《こ》ぐ」。実感のこもった筆致は江戸の人々の関心を引いたようで、②よく売れた。③各地の気象に思いをはせるのは、今も昔も変わらない。

[6]　〈朝戸繰りどこも見ず唯《ただ》冬を見し〉(注3)原石鼎《せきてい》。雪国でなくても、朝起きて雨戸を開ける瞬間、④少し覚悟がいるようになった。きょうも冬型の気圧配置が続くという。どうかご自愛を。

（朝日新聞「天声人語」二〇二〇年十二月十七日より）

（注1）「越後」　…………現在の新潟県の旧国名。佐渡を除く全域にあたる。

（注2）「かんじき」　……雪の上などを歩くとき、深く踏み込んだり滑ったりしないように靴《くつ》などの下につけるもの。

（注3）「原石鼎」　………島根県出身の俳人。

問一、——線①「お国言葉」とありますが、これと同じ意味を表している言葉を文章中から二字で探し、抜き出して答えなさい。

問二、[　　]にあてはまる言葉を文章中から二字で探し、抜き出して答えなさい。

問三、――線②「よく売れた」とありますが、何が「売れた」のですか。文章中から五字以内で探し、抜き出して答えなさい。

問四、――線③「各地の気象に思いをはせる」とありますが、筆者がこの文章を書いている時点で実際に雪国の「気象に思いをはせ」ていることが分かるのはどの部分ですか。該当《がいとう》する一文を探し、最初の三字を抜き出して答えなさい。

問五、――線④「少し覚悟がいるようになった」とありますが、それはなぜですか。「〜から。」に続くように、――線④よりも前の文章中から二十字程度で探し、最初と最後の三字を抜き出して答えなさい。

令和4年度　S特選コース

第1回　入学試験問題　（2月1日　午後）

国語

（50分）

注意

1　この問題用紙は、試験開始の合図で開くこと。

2　問題用紙および解答用紙に受験番号・氏名を記入すること。

3　答えはすべて解答用紙に記入すること。

4　字数制限のある場合は、特別な指示がない限り、すべて句読点や「　」（　）などの記号を含んだ字数として解答すること。

5　印刷がわからない場合は申し出ること。

6　試験終了の合図でやめること。

東京都市大学等々力中学校

受験番号		氏名	

一　次の――線の漢字はひらがなに、カタカナは漢字に直して答えなさい。

1、早苗を田に植える。
2、正絹のスカーフ。
3、兄は柔和な性格だ。
4、熱心に修行を重ねる。
5、祖父を敬う。
6、重大な場面にムシャぶるいがした。
7、社会のコンカンをゆるがす出来事。
8、この書類はシキュウ届けてほしい。
9、音声をヘンシュウする仕事に就く。
10、夏の訪れをツげる。

二　次の文章を読んで、あとの問いに答えなさい。

「僕」（薫《かおる》）の父である窪田正喜《くぼたまさき》は、「僕」が生まれる時に亡くなった。母はこれ以外語ろうとせず、「僕」は、会ったこともない人を「父さん」とは呼べないため、ずっと正喜さんと呼んでいる。母がいまだに正喜さんを深く想っており、正喜さんを失った哀しみも癒《い》えていないと「僕」は痛いほどに分かっていた。この哀しみは、「僕」の心の奥深くにひっそりと沈殿していった。
夏休み、母の希望で「僕」たちはベルリンにやってきた。この街は「僕」が生まれる一年ほど前、母と正喜さんが訪れた場所である。そこで、母が正喜さんと泊まった思い出のホテルに二人で宿泊することになった。次は、ホテルに泊まった翌朝の場面である。

「薫に、聞いてほしいことがあるの」
母が少し深刻な表情でそう切り出したのは、マダム(注1)が作ってくれたスクランブルエッグに、手作りのトマトケチャップをかけている時だ。僕は、昨日(注2)の話の続きかと思った。でも、そうではなかった。

「ママね」

母のこんなにも険しい表情を見るのは、久しぶりだ。だから僕は、何かとても大事なことが起こる予兆を瞬時に察知する。もしかして、母が病気とか。しかも、もう治らない病気とか。だから最後に、息子の僕を思い出の地に連れてきてくれたのかもしれない。考えれば考えるほどだんだんおなかが痛くなりそうだった。でも、このタイミングで席を立つわけにはいかない。仕方なく、黙って次の言葉を待っていると、

「新しい人生を、歩み始めようと思うの」

母は予想外のことを口にした。けれどその静かな響きには、しっかりとした意志が込められていた。

「新しい人生って?」

まさか、このままベルリンに残るなんて考えているのだろうか。ここ数日間の母の興奮ぶりを思い出し、僕がそんなことを想像しかけた時、

「ママ、再婚しようと思ってね」

母は言った。僕の目をまっすぐに見て。母の肩越しに、真っ黒い(注3)グランドピアノが見える。あまりに予想外の展開に、僕は言葉を失った。脳味噌から、脂汗がにじみ出てくる。小学生の頃は、母が誰かと再婚してくれたらいいと願っていた。でも、そんなことは逆立ちをしたってあり得ない、そう思ってあきらめていた。

「驚いた?」

母が、茶色いパンにバターをたっぷり塗りながら、強い目で僕を見る。母の目の周りに、昨日(注4)の夜のような赤い雲の広がりはない。母は、僕の言葉を待っている。でも、①何も言い出せなかった。頭の中で、たくさんのブーメランが、乱れ飛んでいる。

僕は、[A]母の発言がなかったかのように、スクランブルエッグを口に詰め込んだ。味がしないのは気のせいだろうか。砂が入り込んだみたいに、なんだか胸の奥が[B]する。母の新しい人生を素直に喜ぶことができない自分にますますむかつき、僕は味のしないスクランブルエッグを食べ続けた。

僕の体と心に蓄積されたこの哀しみは、どうなってしまうのだ。得体の知れない怪物のようなそれを、なんとか飼い馴《な》らし、ようやくここまで辿《たど》り着いたというのに。哀しみは時間をかけて降り積もり、今では地層のように固まって、すっかり僕を支配している。僕に残されたそれは、どうなってしまうというのだ。

けれど僕は、自分の哀しみの存在を、母に正直に打ち明けることが、どうしてもできなかった。結局はまた、正喜さんを利用してしまう。

「正喜さんは? 正喜さんはどうなっちゃうの?」

僕がそれを言ったのは、大量のスクランブルエッグを全部平らげ、ヨーグルトの中にはちみつをこぼしている時だ。

「マサキはもう、いないもの」
目の前の母は、目じりにたくさんの皺《しわ》を作って微笑んだ。目じりに深く刻まれた皺が、乾いた大地に跡を残す川のように見えてくる。この幾筋もの川を伝って、母の涙は海に流れた。目の前にいる母は、頰《ほお》がこけ、年相応に疲れている。
「忘れちゃったの？」
少しして、僕は聞いた。どうしても、母の顔をまっすぐに見ることができない。新しい人生とやらに、僕自身は含まれるのだろうか。
「忘れるわけないじゃない。でも、もうこの世界にはいないんだってことが、今回の旅行で、ママ、やっとわかったの。触ったり、手をつないだりすることは、もう二度とできないんだって。それまでは、いつかマサキが帰ってくるような気がしてたんだけど。だからずっと、お墓にも行けなかったのね」
母は他人事《ひとごと》みたいにそう言いながら、マダムが注ぎ足してくれたコーヒーに口をつける。
「あの時、私もマサキも必死だった。頭が混乱して気を失いそうだった私の手を握って、がんばれ、がんばれ、って応援してくれた。頭から血を流しているのに、それでも自分のことより、妻と子の身を案じてくれたの。ママは本当に気がおかしくなりそうだった。だって、最愛の人が息もたえだえになっているのに、なんにも助けることができなかったんだもの。新しい命は、今まさに誕生しようとしているし。その時に、人生に与えられたエネルギーを、全部使い果たしてしまったのよ」
十三年経って、母は初めて(注5)その時の話をした。その意味の大きさを、僕はちっぽけな頭で必死に考える。そしてようやく、ひとつの質問へと辿り着いた。
「ママは嬉《うれ》しかった？　僕が生まれた時。それとも、悲しかった？　正直に答えて」
こんな②(　　)詰まった会話を母と交わすことなんて、今までなかった。でも僕は、母の本当の気持ちが知りたかった。もしかすると、ずっと知りたかったのかもしれない。
「もちろん、嬉しかった。だって、マサキの子どもだもの。望んで望んで、神様に拝み込んで、ようやく授かった命だもの。でも、やっぱりマサキを失った悲しみの方が大きかったの。ママは、薫を抱っこしたりおっぱいを飲ませながら、いっつも泣いてた。薫を見ていると、どうしたってマサキを思い出してしまうから。薫はマサキにそっくりだから」
母にとって、僕の誕生より、正喜さんの死の方が大きかった。うすうす、なんとなくはわかってはいた。でも、今初めて、本人の口からはっきりとそれを聞いた。何か壊せる物があったら、僕は今すぐそれを手に取って、思いきり床に叩《たた》きつけたかった。
「だけど、③それが逆転したわ」
母が、声のトーンを落としてつぶやく。

「ベルリンに来て、薫と一緒にいろんな所に行って、うまく言えないんだけど、あぁ、私の人生は幸せだわ、ってやっと思えたの。心の底からね。なんとなくママは、人生を楽しむことに、罪悪感を持っていた。マサキに申し訳ないって。でも、そうじゃないことにようやく気づけたの」

ここまで母が言った時、ホテルのご主人と一緒に大型の犬が二匹、散歩から戻ってきた。一匹は漆黒《しっこく》、もう一匹はベージュで、ドイツの犬らしく、どちらもとても賢そうな顔をしている。二匹はじゃれ合いながら、楽しそうにピアノの周りを駆け回っていた。正喜さんになついたという犬かもしれない。そう思ったらふと、犬の背中を熱心に撫《な》でる正喜さんの後ろ姿が、風景に透けて見えそうになる。

もしかすると、母の目にもまた、犬の背中を撫でる正喜さんの横顔が見えているのかもしれない。母は、そんな表情を浮かべている。気づけば④僕の乱暴な気持ちは、どこかへ行ってしまっていた。それにね、と母は続ける。

「ママはもう、マサキと過ごした時間より、薫と一緒にいる時間の方が長いのよ。そんな日が来るなんて、思ってもみなかった。それで、ある人からのプロポーズを受け入れようって、思えたの。だって、ママはこれから先も、生きていかなくちゃいけないから。人は、ひとりじゃ生きていけないってことが、はっきりわかったわ。もちろん、ママには薫がいてくれるけど、親子とは、少し意味が違うのよ」

⑤母の言っていることが、わかるようで、わからない。わからないようで、少しわかる。

「薫、今まで本当にありがとう」

母は急に改まった様子で言った。なんだか母が、遠くに離れてしまうようで心細くなる。

「ママ、薫がいなかったら、絶対に乗り越えられなかったから。ママね、すっごく嬉しかったの」

「何が?」

「だって薫、ママのこと、いっぱい笑わせてくれたでしょう」

「覚えてるの?」

僕はずっと、あれは人生の失敗談だと思っていた。

「当たり前じゃない。毎日毎日、今日はどんなことして笑わせてくれるんだろうって、家に帰るのが楽しみだったんだから」

幼い(注6)頃のあの努力は、無駄ではなかったのだ。そう思ったら、⑥僕の中に降り積もった哀しみが、ほんの少し溶けたような気がした。

「僕さ」

僕は、母の瞳をしっかりと見て言った。母の顔が、[C]とかすんで見える。こんな時に、どうして涙が込みあげてくるのだろう。わからなかったけど、僕は母から目を逸《そ》らさずに続けた。

「母さんが幸せになるのを、応援するよ」

その瞬間、母がにっこり笑う。太陽のように。いや、母は太陽そのものだった。

ベルリンで過ごす時間は、あと一日残っている。

（小川　糸「僕の太陽」より）

（注１）「マダム」……………………………既婚女性に対する敬称。夫人。奥様。

（注２）「昨日の話」…………………………母がこのホテルで「僕」を授かったという話。「僕」はこれまで正喜さんを得体のしれない幽霊でも見るように思っていたが、この話を聞いて、窪田正喜という存在が確かな重みを持って迫ってきたと感じている。

（注３）「真っ黒いグランドピアノ」………かつて母と正喜さんがホテルに泊まった際、正喜さんが演奏したピアノ。

（注４）「昨日の夜のような赤い雲の広がり」……「僕」と母は、昨夜母と正喜さんの思い出のレストランに行った。そこでワインを飲んだ母の目の周りに広がった色彩のこと。

（注５）「その時」……………………………「僕」が生まれた日の夜のこと。母は予定より早く陣痛が来て、正喜さんは慌てて病院に連絡したが翌朝来るようにと言われた。しかし、母の苦しむ姿を見るにつけ、正喜さんはいてもたってもいられず、母を車の助手席に乗せ、雨の中病院に向かった。その途中で自動車事故に遭《あ》い正喜さんは亡くなった。事故の原因は対向車の居眠り運転であった。そして、「僕」は事故後の車内で生まれた。

（注６）「幼い頃のあの努力」………………正喜さんを思い出して「僕」の目の前でぼんやりたたずむ母を、幼い頃の「僕」が人生のすべてのエネルギーを費やし、思いっきり笑わせようとしていたということ。母はくすっと笑ったが、その儚《はかな》い笑顔の背後には無限の哀しみが控えていた。「僕」の手には負えないと分かっていたが、「僕」は母を大笑いさせたかった。

問一、――線①「何も言い出せなかった」とありますが、それはなぜですか。その理由として最も適当なものを次から選び、記号で答えなさい。

ア、母に意表を突かれた「僕」は、母に言いたいことが多くあるものの、ためらっていたから。

イ、「僕」には予想外の展開だったため、母が期待するような言葉を考える余裕がなかったから。

ウ、母の決意を前に、「僕」の言葉はもはや何の役にも立たないとあきらめていたから。

エ、「僕」が密かに抱いてきた希望をやっと叶《かな》えられるとわかり、興奮してしまったから。

問二、[A]にあてはまる言葉として最も適当なものを次から選び、記号で答えなさい。

ア、おそらく　イ、とても　ウ、決して　エ、まるで

問三、[B]・[C]にあてはまる言葉として最も適当なものを次から選び、それぞれ記号で答えなさい。

ア、はらはら　イ、ゆらゆら　ウ、さらさら　エ、ざらざら　オ、ずるずる

問四、――線②が「差し迫った状況で身動きがとれなくなる」という意味になるように、（　）にあてはまる言葉を三字以内で考えて答えなさい。

問五、――線③「それ」の指し示す内容を説明した次の文の空欄にあてはまる言葉を、それぞれ指定された字数で答えなさい。ただし、１は文章中の言葉を使い、２は文章中から抜き出して答えること。

[１、十字程度]よりも、[２、十字]の方が勝ったということ。

問六、――線④「僕の乱暴な気持ちは、どこかへ行ってしまっていた」とありますが、「僕の乱暴な気持ち」を具体的に表している一文を文章中から探し、最初の五字を抜き出して答えなさい。

問七、――線⑤「母の言っていること」とはどのようなことですか。その説明として最も適当なものを次から選び、記号で答えなさい。

ア、夫と過ごした時間より、息子と共に歩んだ時間の方が大切であるということ。
イ、ひとりで生きてゆくことの孤独感から解放されたいということ。
ウ、夫と妻を結び付ける愛情と親と子を結び付ける愛情は異なるということ。
エ、プロポーズを受け入れることによって、過去とは決別するということ。

問八、――線⑥「僕の中に降り積もった哀しみが、ほんの少し溶けたような気がした」について、次の各問いに答えなさい。

1、「僕の中に降り積もった哀しみ」を説明したものとして最も適当なものを次から選び、記号で答えなさい。

ア、母の、亡くなった正喜さんを忘れようと努力する上での哀しみ。
イ、母の、亡くなった正喜さんを忘れられないことに対する哀しみ。
ウ、「僕」の、亡くなった正喜さんを父親だと思えないことに対する哀しみ。
エ、「僕」の、亡くなった正喜さんとの思い出が何一つないことに対する哀しみ。

2、「ほんの少し溶けたような気がした」とありますが、それはなぜですか。その理由として最も適当なものを次から選び、記号で答えなさい。

ア、母の再婚相手も、正喜さんと同じように、母を幸せにできる存在だとわかったから。
イ、これまで「僕」が母に抱いてきた疑念が晴れ、今後の人生を楽しめるとわかったから。
ウ、正喜さんだけではなく、「僕」自身も母を笑顔にできる存在だとわかったから。
エ、「僕」のことを愛せずにいた母が、「僕」の想像以上に苦しんでいたことがわかったから。

問　九、文章の内容にあてはまるものを次から一つ選び、記号で答えなさい。

ア、母は、意を決して「僕」に再婚話を切り出したが、「僕」の予想外の反応に戸惑いの表情を見せ、「僕」を落胆させた。
イ、母は、正喜さんを忘れるためにベルリンへ来たが、過去の思い出に浸り、プロポーズ相手との未来を見つめることができなかった。
ウ、母は、「僕」が母のことを大切に思ってくれていると認識し、今後は「僕」だけのために前向きに人生を歩もうと思い始めた。
エ、母は、「僕」とベルリンに来たことで、「僕」の存在の尊さを認識し、「僕」とプロポーズ相手とともに新たな人生を歩もうと決心した。

2022(R4) 東京都市大学等々力中　S特選第１回
K 教英出版

三　次の文章を読んで、あとの問いに答えなさい。

ヒトの場合、この(注1)ような感覚入力からはじまるボトムアップ処理だけで「何か」を認識しているのではなく、前頭葉(注2)からのトップダウン処理もおこなわれている。①トップダウン処理では、そうやってパターン認知した情報が、知っているモノの形（知識表象(注3)）としてすでにあるかどうかを長期記憶のなかから検索して、最も似ている知識表象を選択する。つまりそれまでにもっていた知識や記憶と照らし合わせて、「何か」としてカテゴリー(注4)化する。

だから、モノが置かれた文脈によって、同じ形のモノでも別の「何か」として認識されることがある。図1の右端にある上下二つは同じ絵だ。［A］、上段のようにさまざまな顔の絵のなかにこの図があると、メガネをかけたおじさんに見えやすく、下段のように②動物の絵のなかにあると、ネズミに見えやすくなる。

とくに、入力される感覚からの情報が不十分なときには、このトップダウン処理が優位になる。そのときは、知識を使った推論によって、それが「何か」を知ろうとする。たとえば、図2に何が描かれているか、そう簡単にはわからない。「何か」を知ろうとする過程で、頭のなかを検索している感じを実感していただけるのではないだろうか。

そうやって知識や記憶を総動員して、「何か」としてカテゴリー化する。だから壁のしみのようなあいまいな形にも、わたしたちはさまざまな「何か」を見る。月でウサギが餅《もち》つきをしているのも、おねしょのしみが日本地図をつくるのも、星の並びにさまざまな神話が生み出されたのも、この③視覚認知の特性に基づいている。だからこそ、鉛筆1本が生み出す線でさまざまなものが表現できるのだろう。

「夕暮れのカラス」「絶望する人」「早春の竹林」——アイ(注5)の水彩画を整理するときに、わたしが勝手につけていたタイトルだ。チンパンジーの本意ではないだろうが、しばらく見ていると、さまざまなイメージが浮かぶ。そしてタイトルをつけた方が、「何月何日に描いた赤と黄の絵」などというより、あの絵だな、と思いだしやすくて便利だった。

このように、見たモノを頭のなかでカテゴリー化し、シンボルに置き換えておけば、情報として記憶から取り出したり、他者に伝えたりすることが容易になる。そうして複雑な思考や効率的なコミュニケーションができるようになったことは、④ヒトが文化や技術を発展させる原動力になったはずだ。

図1 文脈によって同じ絵の見え方が変わる。右端の絵は、上段の顔のなかにあるとメガネをかけたおじさんの顔に、下段の動物の絵のなかにあるとネズミに見えやすい。

図2 カモフラージュされたパターン。画面中央右寄りにダルメシアン（犬の一種）が見えてくる。

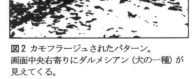

6 図１のような１辺の長さが４cmの立方体ABCD-EFGHがあります。点Eから辺BF，辺CGを通って点Dまで，最も短くなるように糸を巻きつけました。このとき，糸が辺BF，辺CGを通る点をそれぞれP，Qとします。次の問いに答えなさい。ただし，円周率を必要とする場合は3.14とします。

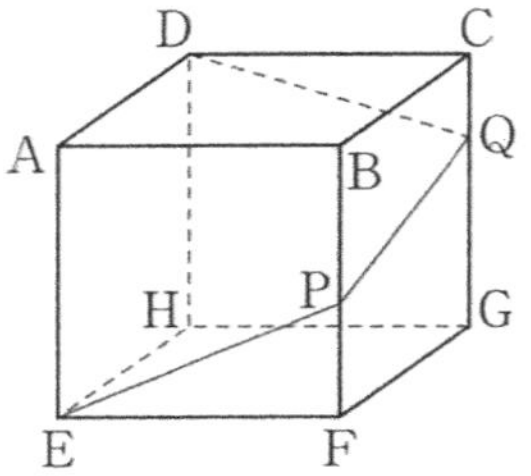

図１

（１）図１の直線PQと直線DQを通る平面でこの立方体を切断するとき，頂点Bが含《ふく》まれる方の立体の体積は何cm^3ですか。

（２）この糸が含まれる３個の正方形のうち，糸より下にある部分（図２の斜《しゃ》線部分）の面積の和は何cm^2ですか。

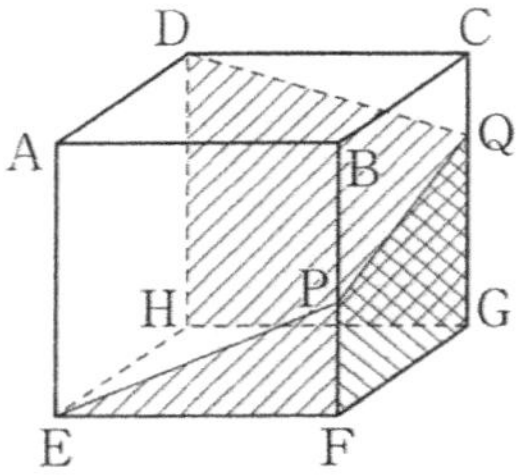

図２

（３）図２の斜線部分にぴたりと合う一枚の紙を巻き付け，点Eの位置にあるこの紙の頂点をIとします。図3のように折り目を軸《じく》として，ピンと張った状態で紙をはがし，点Iを移動させていきます。3点E，H，Iがこの順に一直線に並ぶまで移動するとき，この紙が通る部分の体積は何cm^3ですか。

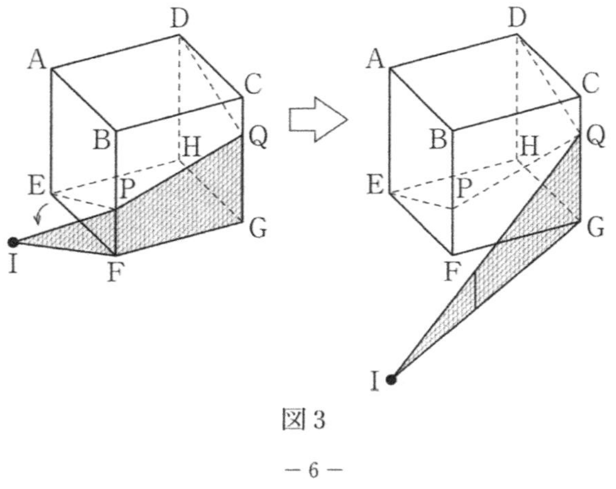

図３

5 水道管Ａと水道管Ｂがあり，ある水槽《そう》をＡは 32 分間で，Ｂは 24 分間でいっぱいにすることができます。また，水槽がいっぱいの状態で排水管Ｃを開くと，10 分で水槽は空になります。次の問いに答えなさい。

（１）水槽が空の状態で，Ａだけが開いている時間とＢだけが開いている時間の比が１：２になるように水道管を開けて，この水槽をいっぱいにしました。このときＡを開けていた時間は全部で何分間でしたか。

（２）水槽がいっぱいの状態で，Ａ，Ｂ，Ｃを同時に開けました。水槽は何分間で空になりますか。

（３）空の水槽に，ＡとＢを同時に開いて水を入れ始めました。ところが途中でＡが故障して水が出なくなりました。このときＢは開きっぱなしにしておいて，Ａの修理が終わったところですぐにＡを開いたところ，今度はＡを開いたのと同時にＢが故障して水が出なくなりました。このときＡを止めずに修理をし，直りしだいＢを開きました。Ａだけが開いていた時間とＢだけが開いていた時間と，２本とも開いていた時間の比が２：３：４だったとき，２本とも開いていた時間は全部で何分間でしたか。

4 T中学のスポーツ大会では正六角形のコースの線上を走る「追いかけ走」という種目があります。コースは1周120 mで，A，B，Cの3人がそれぞれ①，③，⑤の地点からスタートし，時計回りにコースを周回します。3人のうちのいずれかが前の人に追いついたら，全員が一旦停止し，その位置から逆回りに周回するという流れを繰《く》り返します。A，B，Cの3人がコースを1周するのにかかる時間がそれぞれ16秒，20秒，24秒であるとき，次の問いに答えなさい。ただし，停止している時間は考えないこととします。

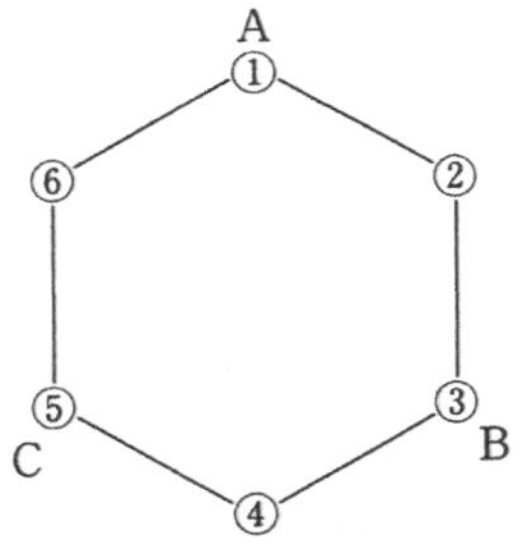

（1）初めて全員が停止するのは，スタートから何秒後ですか。

（2）3回目に全員が停止するのは，スタートから何秒後ですか。

（3）それぞれのチームのメンバーを増やし，最初の地点に戻るごとにバトンパスをするリレー制にしたところ，走る速さは変わりませんでしたが1回のバトンパスに，Aチームは2秒，BチームとCチームは1秒かかるようになってしまいました。このとき，前の人に追いついて初めて全員が停止するのはスタートから何秒後ですか。

さて、右の【グラフ】は植物にあてる光の強さを変えたときに、二酸化炭素が吸収されるか、放出されるかをあらわしたものです。横軸《じく》は光の強さを表し、キロルクスは光の強さの単位です。光の強さが0のときには、光が全く当たっておらず、数字が大きくなるほど光が強くなります。

縦《たて》軸は二酸化炭素の吸収、もしくは放出量であり、mg／時間という単位は「1時間のあいだに何ミリグラムの二酸化炭素が吸収もしくは放出されたか」を示しています。

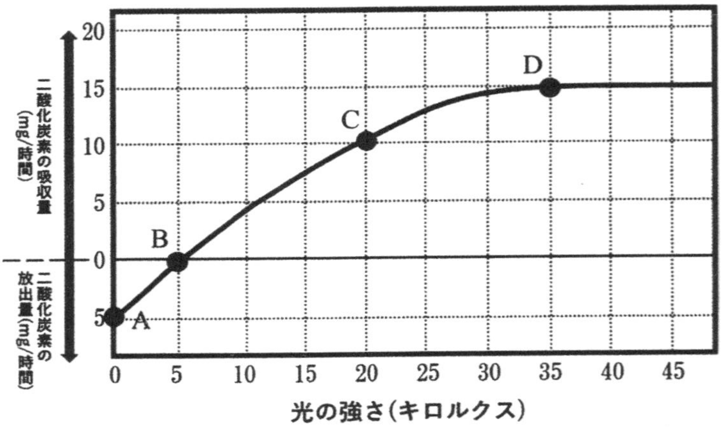

【グラフ】さまざまな光の強さにおける二酸化炭素の吸収・放出量

なお、グラフの縦軸で0より下に書かれている部分は、植物が呼吸を行い二酸化炭素が放出されたことを示しています。

〔実験〕で明らかになったとおり、植物は呼吸をしていることが知られています。また、この呼吸は光が当たっているかどうかにかかわらず、たえず一定に行われていることが知られています。

グラフの読み方を考えましょう。光が全く当たらないとき、植物は呼吸だけを行っています。あてる光の強さを徐々に強くしていくと、光合成によって吸収される二酸化炭素の量が増えるので、二酸化炭素の放出量と吸収量が等しくなる光の強さがあります。さらに光の強さを上げると、やがて光合成によって吸収される二酸化炭素の量が増え続け、全体として二酸化炭素は吸収されるようになります。しかし、植物ができる光合成にも限界があるため、x<u>ある程度の光の強さを超えると、光の強さをどれほど強くしても二酸化炭素の吸収量は横ばいとなります</u>。

問3　下線部Xについて、この光の強さを超えたときの次の（1）（2）の量を、単位をつけて答えなさい。

(1) 呼吸によって1時間あたりに放出される二酸化炭素の量

(2) 光合成によって1時間あたりに吸収される二酸化炭素の量

問4　【グラフ】中の●A～●Dのときの呼吸と光合成の状態を説明しているものとして適切な文章を、次の①～⑥のうちからそれぞれ選び、番号で答えなさい。**ただし、同じ番号を何度用いても構いません**。

① 呼吸のみを行っている。

② 光合成のみを行っている。

③ 呼吸も光合成も行われていない。

④ 呼吸と光合成の両方を行っており、呼吸で放出する二酸化炭素の量が光合成で吸収する二酸化炭素の量よりも多い。

⑤ 呼吸と光合成の両方を行っており、光合成で吸収する二酸化炭素の量が呼吸で放出する二酸化炭素の量よりも多い。

⑥ 呼吸と光合成の両方を行っており、呼吸で放出する二酸化炭素の量と光合成で吸収する二酸化炭素の量が等しい。

3 次の文章を読み、あとの問いに答えなさい。

植物への気体の出入りを観察するため、次のような〔実験〕を行いました。

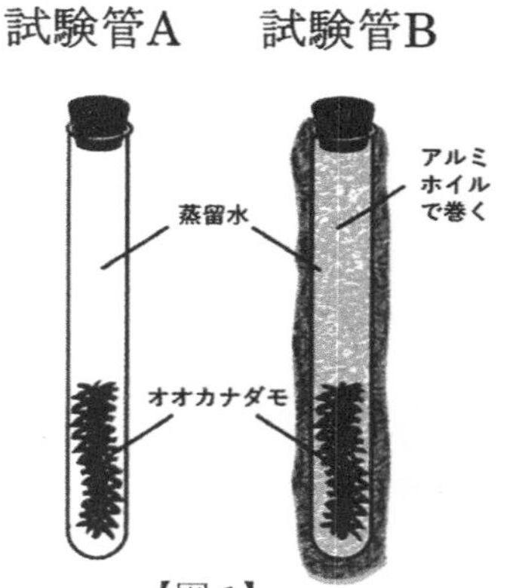

【図 1】

〔実験〕

① 【図 1】のように 2 本の試験管 A、B を用意し、どちらも酸素をじゅうぶんに含ませた蒸留水で中を満たしました。なお、この水に石灰水を注いだところ、反応は見られませんでした。

② この試験管 A、B にオオカナダモという植物を入れてゴム栓《せん》をし、試験管 B には光が入らないようアルミホイルを巻きました。

③ 2 本の試験管にじゅうぶんな日光を 5 日間あてました。

④ ③のあと、試験管の水にそれぞれ石灰水を注ぎ、反応を見ました。

問 1 〔実験〕の結果に関して、実験終了後、試験管 A、B のうちいずれかで反応が見られました。どちらの試験管の水がどのような反応をするか、次の①～④のうちから 1 つ選び、番号で答えなさい。

① 試験管 A の水を石灰水に注いだところ、白くにごった。

② 試験管 A の水を石灰水に注いだところ、青紫色ににごった。

③ 試験管 B の水を石灰水に注いだところ、白くにごった。

④ 試験管 B の水を石灰水に注いだところ、青紫色ににごった。

問 2 この〔実験〕の結果からわかることを、次の①～⑥のうちから 1 つ選び、番号で答えなさい。

① 植物に光があたると、酸素が放出される。

② 植物に光があたると、二酸化炭素が吸収される。

③ 植物の葉には葉緑素があり、かつ光があたった箇所でのみデンプンを合成する。

④ 植物は光合成の過程で水を分解している。

⑤ 植物は、少なくとも光が当たっていないときには二酸化炭素を放出している。

⑥ 植物に光が当たっているときは、光合成と呼吸の両方をしている。

理科の問題は次のページに続きます

問８　**［年表］**の中の（　あ　）〜（　お　）にあてはまる用語の組み合わせとして正しいものを、次の①〜⑥から選びなさい。

	あ	い	う	え	お
①	日米和親	日清戦争	日露戦争	第二次世界大戦	孫文
②	日米和親	日露戦争	日清戦争	第一次世界大戦	孫文
③	日米和親	日清戦争	日露戦争	第一次世界大戦	溥《ふ》儀《ぎ》
④	日米修好通商	日露戦争	日清戦争	第二次世界大戦	溥儀
⑤	日米修好通商	日清戦争	日露戦争	第一次世界大戦	孫文
⑥	日米修好通商	日露戦争	日清戦争	第一次世界大戦	溥儀

3　次の文章を読んで、後の問いに答えなさい。

　私たちは生きるうえで、常に何かを選び続けている。たとえば今日この場にどのようなA交通手段で来るべきか、あるいはいま理科と社会どちらから解くべきか。私たちはそのつど決定をし、その積み重ねがいまのあなた、そしていまの社会を作り上げている。

　国の機関も決めることの連続だ。たとえばB法律を決めるところであるC国会は、国民が選挙で決めた代表者が国の方向性を決める。内閣も裁判所もさまざまなことを決めている。いずれも適切に行われているか、D私たち国民が常に見守る必要があるだろう。

　E新型コロナウイルスの感染拡大によりさまざまな人が難しい判断を迫《せま》られることとなったが、きっと今日この試験を受けることも、あなたにとって難しい判断であったに違いない。よい選択だったと思える日が来ることを願うばかりである。

問1　下線部Aについて、東京都世田谷区を走る東急世田谷線は、現在再生可能エネルギーを100%使用して運行されています。［資料Ⅰ］はそのしくみについて説明したものです。これを見て、後の問いに答えなさい。

［資料Ⅰ］東急世田谷線が再生可能エネルギー100%で運行を行うしくみ

■再生可能エネルギー100%電力サービス（以下、再エネ電気）の提供体制

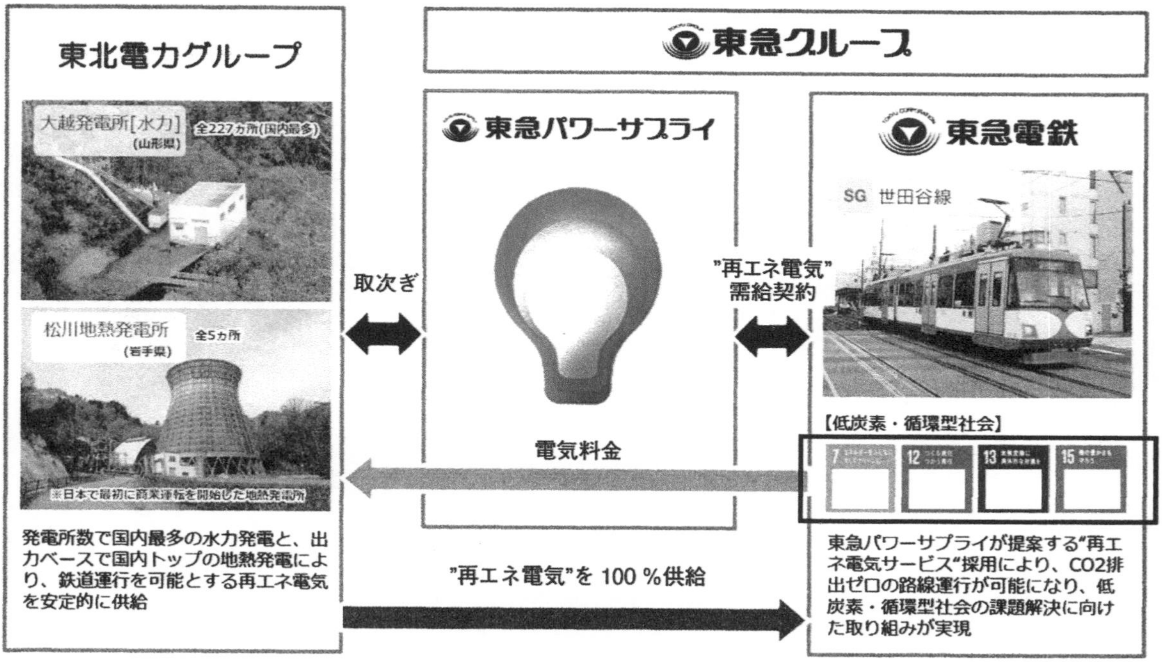

（東急パワーサプライHP）

※イラスト省略

（1）［資料Ⅰ］の□で囲った場所にあるマークは、2015年に国連で決められた、2030年までに持続可能でよりよい世界を目指す国際目標の一部です。この目標の名称を、アルファベット4字で答えなさい。

（２）［**資料Ⅰ**］の説明として正しいものを、次の①〜④から選びなさい。

① 東急電鉄は世田谷線沿線に、水力発電所や地熱発電所を建設した。
② 東急電鉄は東急パワーサプライに、“再エネ電気サービス”を提案した。
③ 東北電力グループは東急電鉄に、水力発電や地熱発電で作った電気を100%供給している。
④ 東北電力グループは発電量が国内トップの水力発電と、発電所数が国内最多の地熱発電を持つ。

問２　下線部**B**について、法律が施行されるまでの説明として正しいものを、次の①〜④から選びなさい。

① 法律案は、国会議員のみ作成し、提出することができる。
② 法律案は、衆議院から先に審議しなければならない。
③ 法律案の審議中、必要があれば専門家から意見を聴く両院協議会を開催できる。
④ 法律案の審議後、法律は天皇が国民に公布する。

問３　下線部**C**について、こうさんとゆうさんは、衆議院と参議院の本会議場の写真を見比べています。後の会話文中の（　**あ**　）・（　**い**　）にあてはまる語句を、それぞれ漢字２字で答えなさい。

［写真Ⅰ］衆議院本会議場

（衆議院HP）

［写真Ⅱ］参議院本会議場

（参議院HP）

こう：演台の後ろの部分がちょっと違うね。［**写真Ⅱ**］には、なんか特等席みたいな座席がある。
ゆう：これは（　**あ**　）がおかけになるための座席。開会式で現在も用いられているよ。
こう：なぜ［**写真Ⅰ**］にはその席がなくて、［**写真Ⅱ**］にだけあるのかな？
ゆう：［**写真Ⅱ**］の参議院は昔、（　**い**　）院だったよね。その名残《なごり》で参議院にだけあるんだよ。
こう：（　**あ**　）は参議院で何かお話しになることはあるの？
ゆう：開会式に参加されてお言葉を述べられるよ。国事行為の一つだね。

問4　下線部Dについて、次の［図］は国会・内閣・裁判所と国民の関係を示したものです。［図］中の矢印アとイが示す語句の組み合わせとして正しいものを、後の①～④から選びなさい。

［図］国会・内閣・裁判所と国民の関係

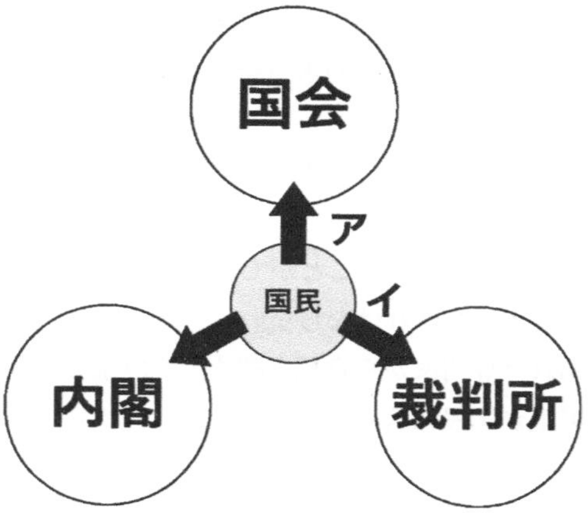

①　ア　選　挙　　イ　国民投票　　②　ア　選　挙　　イ　国民審査
③　ア　国民投票　イ　選　挙　　④　ア　国民審査　イ　選　挙

問5　下線部Eについて、新型コロナウイルスの感染拡大により、国や自治体と飲食店は、さまざまなことを決める必要がありました。たとえば等々力村に**飲食店A**と**飲食店B**の2軒があるとして、どちらも元々は24時までの営業であったとします。しかし村は感染拡大防止のため、どちらの店舗にも20時閉店のお願いを行ったとします。以下の［**資料Ⅱ**］は**飲食店A**と**飲食店B**がお願いに従った場合と従わなかった場合で、1日の売り上げがどのようになるかを示したものです。これを見て、以下の問いに答えなさい。

［資料Ⅱ］1日の売り上げの関係性

		飲食店A	
		20時で閉店する	24時まで営業する
飲食店B	20時で閉店する	飲食店A = 20万円 飲食店B = 20万円	飲食店A = 50万円 飲食店B = 10万円
	24時まで営業する	飲食店A = 10万円 飲食店B = 50万円	飲食店A = 40万円 飲食店B = 40万円

（1）［**資料Ⅱ**］を読み解いたものとして正しいものを、次の①～④からすべて選びなさい。

①　**飲食店A**は20時で閉店すると、20万円以下の売り上げとなる。
②　**飲食店B**は24時まで営業すると、40万円以上の売り上げとなる。
③　**飲食店A**は20時閉店のお願いを受け入れた方が、受け入れない場合より売り上げが上がる。
④　**飲食店B**は20時閉店のお願いを受け入れた方が、受け入れない場合より売り上げが上がる。

（2）等々力村の村長が20時閉店のお願いを飲食店に受け入れてもらえるように行う政策として、効果があると考えられるものを、次の①～④からすべて選びなさい。

① 20時閉店のお願いを受け入れた飲食店に、現金を配布する。

② 20時以降に飲食店に入店した人に、ポイントを還元する。

③ 20時以降営業している飲食店に、等々力村役場の人が注意しに行く。

④ 20時以降の混雑を回避させるために、列車の本数を増やす。

4 中学生のとしお君は、社会科の授業で「選挙」について調べていました。そこで、選挙権と人口の関わりに着目し、次の［表］と［グラフ］を作成しました。［グラフ］のＡ～Ｃは、1940年、1945年、2015年のいずれかの日本の人口ピラミッドを表しています。これらの資料を見ながら、後の問いに答えなさい。

［表］日本の選挙権の移り変わり

実施年	選挙権	全人口比
1890（明治23）年	直接国税15円以上納める25歳以上の男子	1.1％
1902（明治35）年	直接国税10円以上納める25歳以上の男子	2.2％
1920（大正 9）年	直接国税3円以上納める25歳以上の男子	5.5％
1928（昭和 3）年	25歳以上の男子	19.8％
1946（昭和21）年	20歳以上の男女	48.7％
2016（平成28）年	18歳以上の男女	83.6％

（本校作成）

［グラフ］

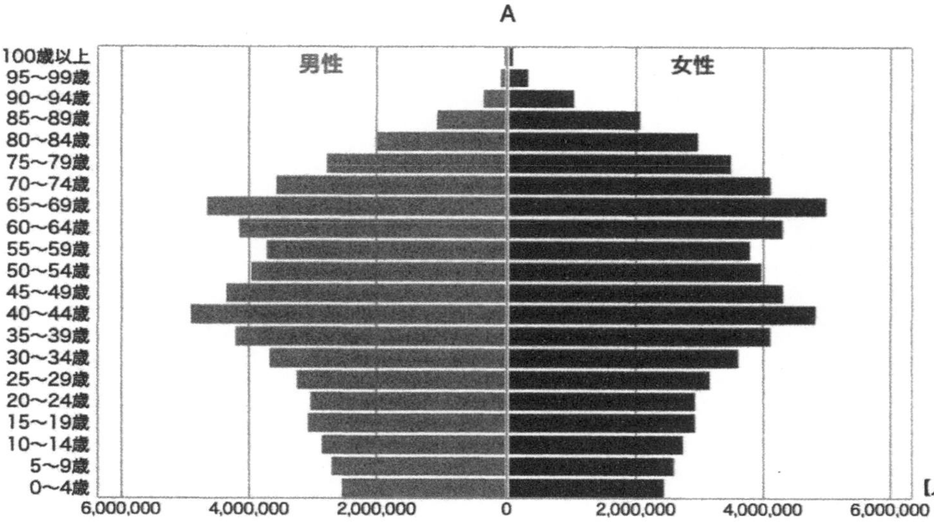

B

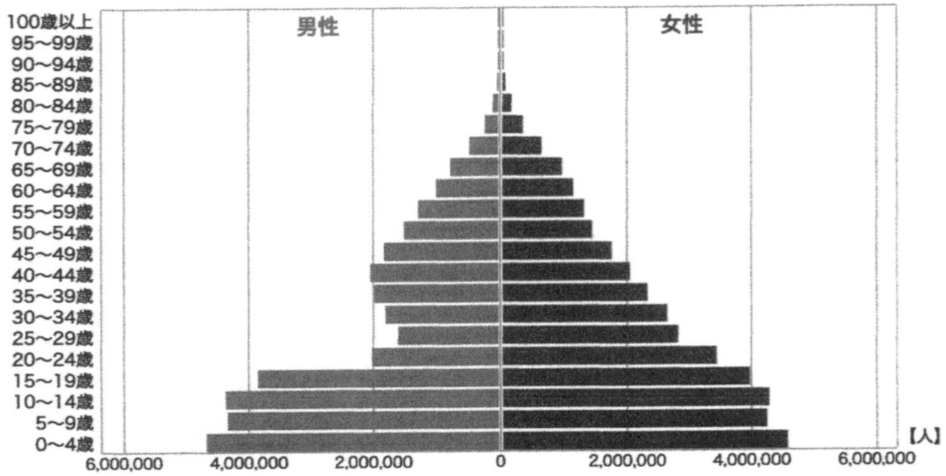

C

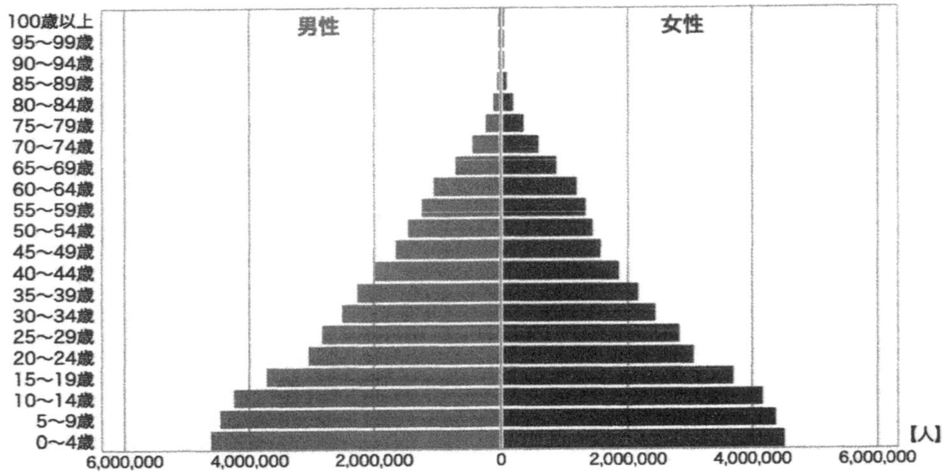

（統計Dashboard HP）

問１　**［表］**からは全人口における選挙権を持つ人の割合が1946年から2016年にかけて大幅に上昇していることが見てとれます。なぜこのような変化が起こったと考えられますか、**［グラフ］**を参考に説明しなさい。

問２　**［グラフ］BとC**を比べると、男性の分布に大きな変化が見てとれます。どのように変化し、またその変化がなぜ起こったのか50字以内で説明しなさい。なお、算用数字は１マスに２字記入してください。

八 1	八 2	九

三

一	二	三	四	五	六	七	八	九

四

一	二

問四

最初

〜

最後

見方。

問五

問六

問七

問八

問九

10 20 30 (40) 50

問一． ４点
問二． ３点
問三． ４点
問四． ４点
問五． ４点
問六． ３点
問七． ４点
問八． ４点
問九． ５点

四

問一

10 20 30 40

問二

問一． ６点
問二． ９点

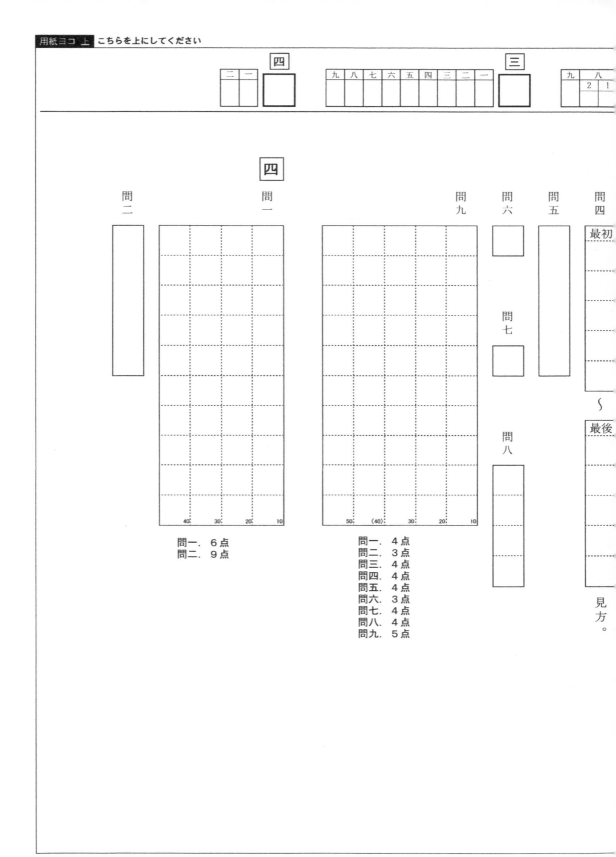

※100点満点

評価点	令和４年度 Ｓ特選コース （２月１日午後） 第１回　中学入学試験問題　〔算数〕　解答用紙
	氏名

受験番号		
		⓪ ① ② ③ ④ ⑤ ⑥ ⑦ ⑧ ⑨
		⓪ ① ② ③ ④ ⑤ ⑥ ⑦ ⑧ ⑨
		⓪ ① ② ③ ④ ⑤ ⑥ ⑦ ⑧ ⑨
		⓪ ① ② ③ ④ ⑤ ⑥ ⑦ ⑧ ⑨

（記入例）

良い例	●	
悪い例	✓	◎ ●

≪注意事項≫

・解答は解答欄の枠内に濃くはっきりと記入して下さい。

・解答欄以外の部分には何も書かないで下さい。

用紙タテ 上　こちらを上にしてください　　５点×20

1

(1)		(2)		(3)	

2

(1)	歳	(2)	cm	(3)	cm
(4)	段下	(5)	時速　　km		

【解答

評価点

令和４年度　S特選コース

第１回　中学入学試験問題　〔理科〕　解答用紙　（２月１日午後）

氏名

受験番号		
		⓪ ① ② ③ ④ ⑤ ⑥ ⑦ ⑧ ⑨
		⓪ ① ② ③ ④ ⑤ ⑥ ⑦ ⑧ ⑨
		⓪ ① ② ③ ④ ⑤ ⑥ ⑦ ⑧ ⑨
		⓪ ① ② ③ ④ ⑤ ⑥ ⑦ ⑧ ⑨

※50点満点

記入例

良い例	⬬	
悪い例	✓	◎ ●

≪注意事項≫

・解答は解答欄の枠内に濃くはっきりと記入して下さい。

・解答欄以外の部分には何も書かないで下さい。

用紙タテ 上　こちらを上にしてください

1

	(1)	(2)	(3)	(4)
問１				
問２				
問３				

問１．３点×４
問２．２点
問３．２点

2

	①	②	③	④
問1				
問2				

問１．２点×４
問２．４点
問３．４点

【解答

評価点

令和４年度　S特選コース

第Ｉ回　中学入学試験問題　〔社会〕　解答用紙　（2月Ｉ日午後）

氏名

受験番号

0	1	2	3	4	5	6	7	8	9
0	1	2	3	4	5	6	7	8	9
0	1	2	3	4	5	6	7	8	9
0	1	2	3	4	5	6	7	8	9

※50点満点

記入例

良い例	●
悪い例	✓　◎　●

≪注意事項≫

・解答は解答欄の枠内に濃くはっきりと記入して下さい。

・解答欄以外の部分には何も書かないで下さい。

用紙タテ 上　こちらを上にしてください

この場所に解答しないこと

問１．１点
問２．(1)２点　(2)１点
問３．(1)１点　(2)２点
問４．２点
問５．１点
問６．(1)記号…１点　都市名…２点　(2)１点

1

問1

問2 (1)　　(2)

問3 (1)　　(2)

問4

問5

問6 (1)　記号　　都市名

(2)

2

問１．２点
問２．１点
問３．１点
問４．１点
問５．２点
問６．２点
問７．２点
問８．２点

問1

問2

問3

【解答

問5

問6

問7

問8

3

問1 (1)　　(2)

問1．⑴２点　⑵１点
問2．１点
問3．２点×２
問4．１点
問5．２点×２

問2

問3 あ　　い

問4

問5 (1)　　(2)

4

問1

問2

問1．４点　問2．６点

3

問1		
問2		

問1．2点
問2．2点
問3．3点×2
問4．2点×4

	(1)	(2)
問3		

	A	B	C	D
問4				

3	(1)	番目	(2)		(3)	番目
4	(1)	秒後	(2)	秒後	(3)	秒後
5	(1)	分間	(2)	分間	(3)	分間
6	(1)	cm^3	(2)	cm^2	(3)	cm^3

令和4年度　S特選コース

第1回　中学校入学試験問題〔国語〕解答用紙（2月1日午後）

注意事項
・解答は解答欄の枠内に濃くはっきりと記入して下さい。
・解答欄以外の部分には何も書かないで下さい。

氏名

受験番号

0	0	0	0
1	1	1	1
2	2	2	2
3	3	3	3
4	4	4	4
5	5	5	5
6	6	6	6
7	7	7	7
8	8	8	8
9	9	9	9

評価点

※100点満点

一

1	2	3	4	5	6	7	8	9	10

二

一	二	三 B	三 C	四	五 1	五

〈受験生はこれより上段には記入しないこと〉

一

番号	問題	解答
1	早苗	
2	正絹	
3	柔和	
4	修行	
5	敬（う）	う
6	ムシャ	
7	コンカン	
8	シキュウ	
9	ヘンシュウ	
10	ツ（げる）	げる

2点×10

二

問一

問二

問三　B　C

問四

問五　1　2　〈10〉　10

問六

問七

問八　1　2

問九

問一．３点
問二．２点
問三．２点×２
問四．２点
問五．１．３点
　　　２．２点
問六．２点
問七．３点
問八．３点×２
問九．３点

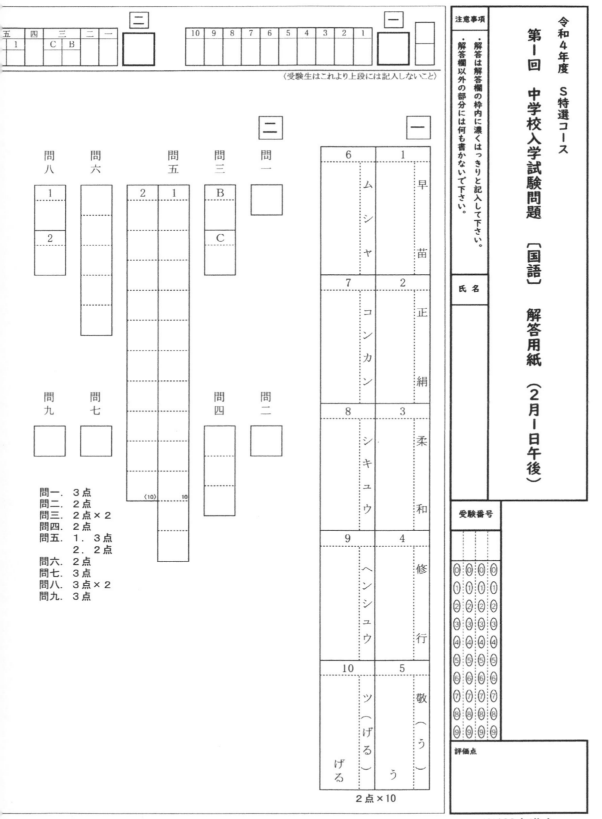

問1　下線部Aについて、日本人で最初の糖尿病患者とされる人物が「第15回国際糖尿病会議」の記念切手に描かれています。この人物は「この世をばわが世とぞ思ふ望月の欠けたることもなしと思へば」という歌をよんだとされています。この人物を答えなさい。

問2　下線部Bについて、藤原四子の父が権力を握っていた時代の法令として正しいものを、次の①～④から選びなさい。

①　養老律令　　②　御成敗式目　　③　十七条憲法　　④　武家諸法度

問3　下線部Cについて、江戸幕府第5代将軍の時代に起こったこととして正しいものを、次の①～④から選びなさい。

①　キリスト教を禁止し、出島を整備した。
②　享保の改革を行い、人材登用を積極的に行った。
③　儒教道徳を重視し、命を大切にあつかうということを政策に取り入れた。
④　俵物を量産させ、貿易をうながした。

問4　下線部Dについて、士族の反乱と自由民権運動についての説明として誤っているものを、次の①～④から選びなさい。

①　廃刀令などにより、士族の特権がうばわれたため、士族の反乱につながった。
②　1877年に西郷隆盛が鹿児島で西南戦争を起こした。
③　1881年に板垣退助が自由党を結成した。
④　伊藤博文が民撰議院設立建白書を天皇に提出したが受理されなかった。

問5　下線部Eについて、この事件の動きを見て、ある人物は「脱亜論」を発表しました。「天は人の上に人を造らず」と記した著書があるこの人物を答えなさい。

問6　下線部Fについて、この内閣以降、政党内閣が政権を担当するようになりました。大正時代に本格的な政党内閣を組閣し、「平民宰相」とよばれたこの人物を答えなさい。

問7　下線部Gについて、この前年に、日本の高度経済成長が終わりを迎えた理由の1つとされる戦争が起こりました。ユダヤ民族とアラブ民族という2つの民族対立から起こったこの戦争を答えなさい。

2 次の文章と［年表］を読んで、後の問いに答えなさい。

歴史をみていくと、数年に１度、数十年に１度に何かが巡ってくるということはよくあります。

2021年についてみていくと、数年、数十年に１度起こるとされる「流行性の病気」としてコロナウイルスが蔓延《まんえん》し、４年に１度の世界的行事であるオリンピックが開催されました。コロナウイルスの世界的流行により、オリンピックは１年延期されて、2021年に開催されました。またオリンピックの延期や中止は歴史的にみても珍しいことです。それほどコロナウイルスの世界的流行の影響力が大きいということでもあります。

これまでもさまざまなＡ病気が日本で流行しました。「病気と偉人」という観点で歴史を見ていくと、流行性の病気である天然痘《てんねんとう》が、奈良時代に日本国内でも広がったと言われています。当時、政治上で大きな影響力を持っていたＢ藤原四子は、朝鮮半島から持ち込まれたとされる天然痘にかかり、４兄弟全員が亡くなりました。また江戸時代には、流行性の病気である麻しんによって、Ｃ５代将軍が亡くなったという説があり、６代将軍はインフルエンザにかかって亡くなったという説もあります。さらに江戸時代の末期になると、コレラが流行して、大きな被害にあったという記録も残っています。

1936年のベルリンオリンピックは、ナチスのヒトラー率いるドイツにおいて実施されました。その際に初めて導入された「聖火リレー」は、今では開会式に向けて欠かせない大きなイベントになっています。また1940年の東京オリンピックは、神武天皇紀元（皇紀）2600年記念行事の一環でしたが、日中戦争などを理由に中止となりました。戦後、1964年に東京オリンピックが開催され、日本の戦後復興を世界にアピールすることができたと言われます。

数十年に１度ということでいうと、近現代の歴史学習の中では1894年、1904年、1914年の10年ごとに大きな戦争が起こったことは有名な話です。しかし、実はこの３つの西暦だけではなく、それ以外にも10年ごとに大きな出来事が起こっていました。それらをまとめたものが下の［年表］です。こうしてみると、多くの有名な事件が10年ごとに起こっており、こうしたある一定の時期ごとにどんなことが起こっているのかを見ていくという学習も、歴史の流れをつかむためには必要な方法の１つだと言えます。

［年表］

年	出来事
1854	（　あ　）条約
1864	池田屋事件をきっかけとして禁門の変が起きた
1874	Ｄ佐賀の乱
1884	Ｅ甲申事変
1894	（　い　）
1904	（　う　）
1914	（　え　）
1924	第二次護憲運動によって、Ｆ護憲三派による加藤高明内閣が発足
1934	満州国が帝政となり、（　お　）が皇帝となる
1944	サイパン島の陥落《かんらく》
1954	自衛隊発足
1964	東京オリンピックの開催
1974	戦後初のＧマイナス成長になる

問6　下線部Fについて、次の問いに答えなさい。

（1）造船業が盛んな都市として正しいものを、次の［地図］中のア～エから選び、その都市名も答えなさい。なお、ア～エはすべて県庁所在地を示しています。

［地図］

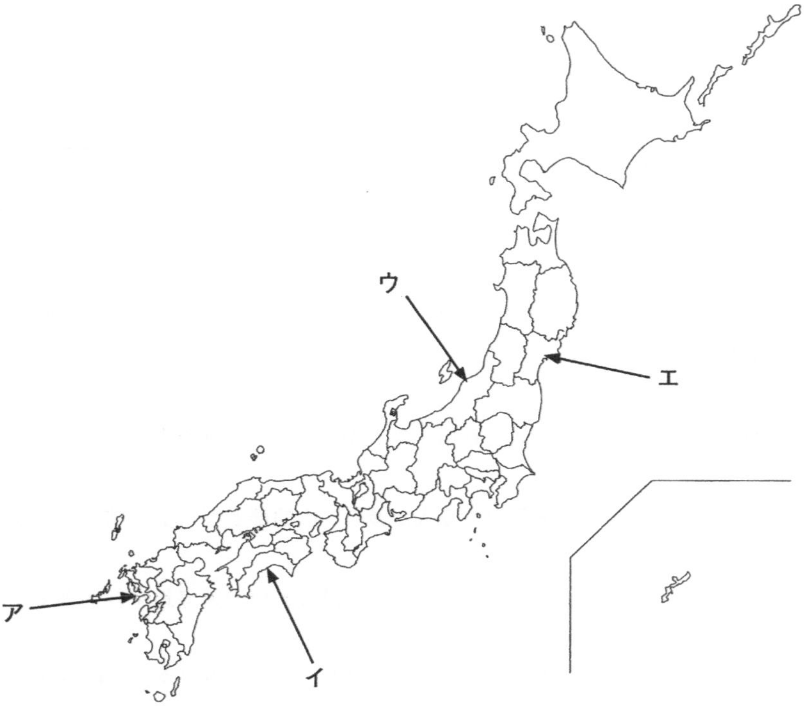

（2）次の［表Ⅱ］中のア～エは自動車、鉄道、航空、水運のいずれかです。航空を示したものとして正しいものを、［表Ⅱ］中のア～エから選びなさい。

［表Ⅱ］日本の機関別国内輸送量の割合（2009年）　（単位　%）

輸送機関	旅客輸送	貨物輸送
ア	5.5	0.2
イ	65.6	63.9
ウ	28.7	3.9
エ	0.2	32.0

（二宮書店「データブック　オブ・ザ・ワールド2021」）

問4　下線部**D**について、［**表Ⅰ**］の**ア**〜**エ**に該当するのは、静岡県、愛知県、三重県、滋賀県のいずれかです。愛知県に該当する選択肢として正しいものを、［**表Ⅰ**］中の**ア**〜**エ**から選びなさい。

［表Ⅰ］1世帯当たり乗用車保有台数（2020年）と昼夜間人口比率※（2015年）

	1世帯当たり乗用車保有台数（単位　台）	昼夜間人口比率（単位　%）
ア	1.42	96.5
イ	1.32	101.4
ウ	1.44	99.8
エ	1.51	98.3

※昼夜間人口比率＝昼間人口÷夜間人口×100

（二宮書店「データブック　オブ・ザ・ワールド2021」）

問5　下線部**E**について、自動車の普及が進むことによって自動車に乗れない人が困る例として誤っているものを、次の①〜④から選びなさい。

①　自家用車が増えたことにより、路線バスを利用する人が減り、山間部を走る路線バスが廃線となってしまった。

②　自家用車が増えたことにより、電車を利用する人が減り、山間部と都市部を結ぶ電車が廃線となってしまった。

③　自家用車が増えたことにより、フェリーを利用する人が減り、島や遠隔地《えんかくち》を行き来するフェリーの本数が減ってしまった。

④　自家用車が増えたことにより、航空機を利用する人が減り、日本と海外を結ぶ航空機の本数が減ってしまった。

問３　下線部Ｃについて、次の問いに答えなさい。

（１）［グラフⅠ］についての説明として正しいものを、後の①～④から選びなさい。

［グラフⅠ］地域別工業出荷額の割合の変化

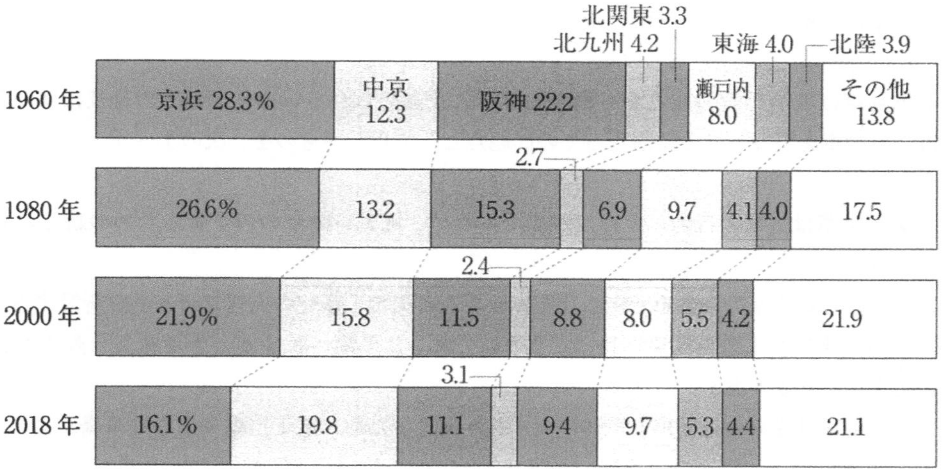

（帝国書院「新詳地理資料COMPLETE 2021」）

①　京浜工業地帯は他の工業地域と比べて、1960 年から 2018 年まで一貫して最も割合が大きい。
②　中京工業地帯は 1960 年から 2018 年の４つの時代で比べた時に、2000 年において最も割合が大きい。
③　阪神工業地帯は他の工業地域と比べて、1980 年において３番目に割合が大きい。
④　北関東工業地域は 1960 年から 2018 年にかけて割合が３倍近くまで伸びている。

（２）［グラフⅡ］は日本のある工業地域（地帯）の工業出荷額とその割合を示したものです。［グラフⅡ］は日本の何という工業地域（地帯）のものであるか答えなさい。

［グラフⅡ］工業出荷額とその割合（2018 年）

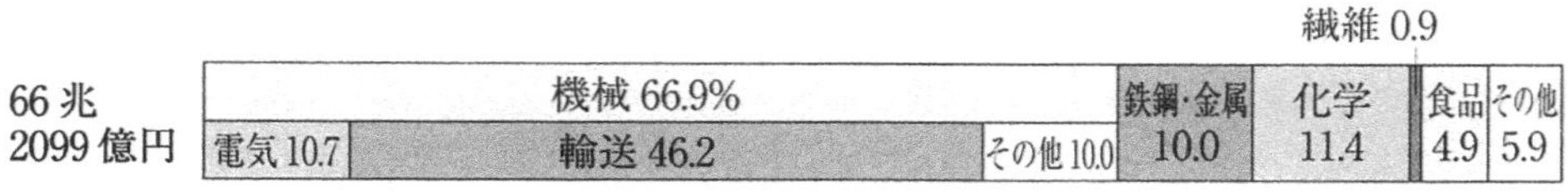

（帝国書院「新詳地理資料COMPLETE 2021」）

問２　下線部**B**について、次の問いに答えなさい。

（１）電気自動車は従来の自動車と比べて環境にやさしいと言われています。その理由について説明した次の文中の空らんにあてはまる言葉を、６字で答えなさい。

電気自動車は、走行する際に二酸化炭素などの（　　）を排出しないから。

（２）電気自動車は環境対策の観点から積極的な導入が進められていますが、その普及には問題点もあります。電気自動車を普及させるにあたっての問題点として正しいものを、次の①～④から選びなさい。

①　電気自動車は従来の自動車と速度が異なるため、電気自動車のみが走るための新しい高速道路が必要となる。
②　電気自動車は従来の自動車と走る仕組みが異なるので、多くの充電スポットを新設する必要がある。
③　電気自動車は従来の自動車と税金が異なるため、より高い税金がかかる電気自動車を誰が持っているか把握《はあく》する必要がある。
④　電気自動車は従来の自動車と車体の大きさが異なるため、電気自動車用の駐車場が必要となる。

1　次の［写真］に関連する会話文を読んで、後の問いに答えなさい。

［写真］プラレール　超電導リニアＬ０系　改良型試験車

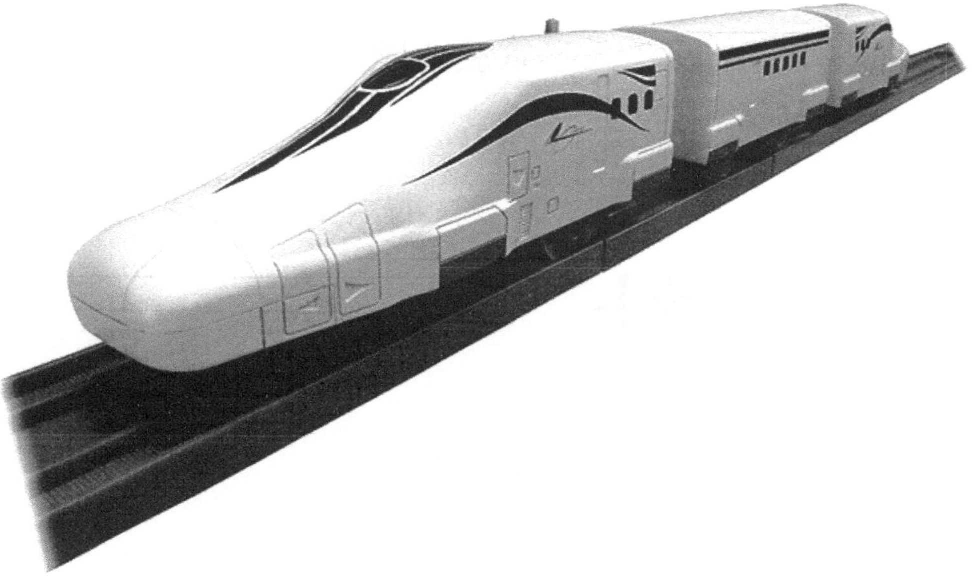

（タカラトミーモールHP）

子：お父さん、見て！カッコいい電車のおもちゃが売られているよ！

父：懐《なつ》かしいなぁ。これはＡリニアモーターカーなのかな？車輪を透明にして浮いているように見せているね。

子：他にも自動車のおもちゃもたくさん売られているね！

父：こっちはＢ電気自動車のモデルだね。お父さんが小さいころにも売られていたおもちゃが、今ではこんなに進化しているのだね。このメーカーは創業50周年をこえているみたいだよ。

子：50年前っていったら1970年ぐらいかな？なんでそのころに車のおもちゃが発売されるようになったのかな？

父：どうやらそのくらいの時代から自動車が日本で普及し始めたようだね。Ｃ高度経済成長のなかで人々の暮らしが豊かになってＤ自動車が身近になったのだね。

子：ふうん。みんなが自動車を使うようになると、何か困ることはないの？

父：地球温暖化が進むことがわかりやすい問題点だけど、Ｅ自動車に乗れない人が困るというのも問題のひとつかもしれないね。

子：Ｆ船舶《せんぱく》や航空機といった他の交通手段との関係性も調べてみると面白そう！

父：おもちゃ屋に来てみたら夏休みの自由研究のテーマが決まったね。

問１　下線部Ａについて、2027年開業予定の「リニア中央新幹線」が通過する県として誤っているものを、次の①～④から選びなさい。

①　岐阜県　　②　静岡県　　③　長野県　　④　埼玉県

令和４年度　Ｓ特選コース

第１回　入学試験問題（２月１日　午後）

社　会

（※社会と理科２科目60分）

注　意

1　この問題用紙は、試験開始の合図で開くこと。

2　問題用紙と解答用紙に受験番号・氏名を記入すること。

3　答えはすべて解答用紙に記入すること。
　漢字で書くべき解答は、漢字で答えること。

4　印刷がわからない場合は申し出ること。

5　試験終了の合図でやめること。

受験番号		氏名	

東京都市大学等々力中学校

1　次の会話文を読んで以下の問いに答えなさい。

トドロ子：う一寒い。見てみて。池の水が凍《こお》っている。ということは、底の方なんて冷たくて想像もしたくない…。ほら、底の方にいる池のコイは、ジッとしているもんね。

トドロウ：う～（ガタガタ）。ホントだね…。

先生：本当に底の方は冷たいのかな？

トドロ子：？どういうこと？

先生：そうか。これを説明するのには知識が足りません。では、いつもの通りいってみますか！

トドロウ：ガーン

先生：まず、物体の体積 $1cm^3$ あたりのおもさを密度といいます。密度の単位は体積の単位とおもさの単位 g を使って、g/cm^3 と表します。

トドロ子：何か聞いたことあるかも。水は $1cm^3$ あたりのおもさが 1g って。

先生：よく知ってますね！そうなのです。では、水 $22cm^3$ の水のおもさは？

トドロウ：［（1）］g ですか。

先生：その通り！おっ、だんだん頭が温まってきたかな？今度はなぜ浮くのかということを説明しないとね。実は水にはおもしろい性質があるのです。

トドロ子：へー、説明をお願いします。

先生：了解。ではいきますよ。【図1】は縦 2cm，横 4cm，高さ 5cm の直方体の形をしたある金属です。おもさは 100g あります。

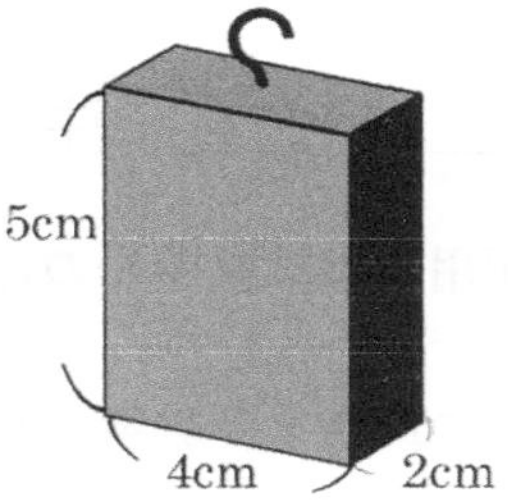

【図1】

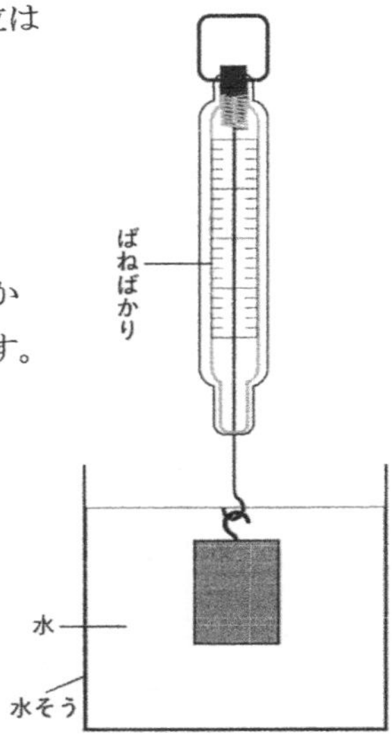

【図2】

トドロ子：ということは、この金属の密度は［（2）］g/cm^3 ですね。

先生：そうそう。いいですね！この金属を【図2】のように、すべて水の中にしずめて、ばねばかりでおもさをはかると何と 60g になってしまいました！

トドロウ：ムムッ。

先生：今度は、サイズは同じでおもさが 55g の塩化ビニルという材質に変え、すべて水の中にしずめて同じようにはかったら 15g になっていました。

トドロウ：ムムムッ。わかったぞ、その関係性が！

先生：ほっほー。では、質問です。また【図1】とサイズは同じですが、おもさが 20g の木片をゆっくり水にしずめたところ、木片は【図3】の位置でとまりました。何 cm しずむかわかりますか？ただし、木片は【図3】のようにかたむかずにまっすぐにしずんでいくと考えて下さい。

トドロウ：ふふーん、［（3）］cm ですよね？

トドロ子：そして、この木片の密度は［（4）］g/cm^3 ですね。

先生：よしっ。とらえましたね！素晴らしい！！そうなのです。水にはそのような性質があるのです。

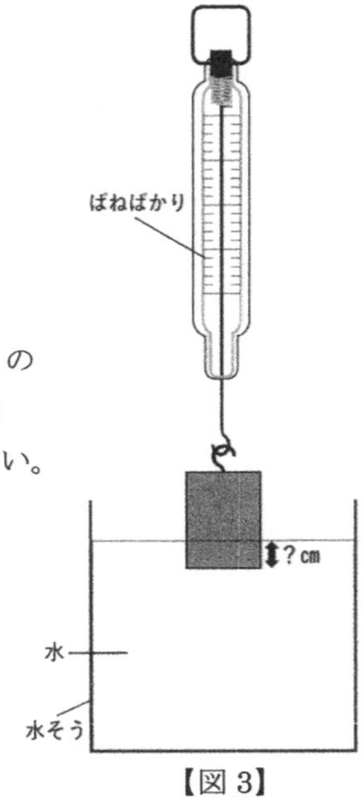

【図3】

トドロウ：データから色々とわかるんですね。

先生：その通り！では、本題に入ります。

トドロ子：何か、ワクワクしてきた。

先生：【図４】は水の温度と密度の関係を表したグラフです。

トドロウ：へー、温度によって変わるんだ。おもしろい！

先生：そうなのです。寒い季節となり池の水が冷やされます。そうすると？

トドロ子：密度の（５）い水が池の（６）に集まってきますね。

トドロウ：そうか！だから池は（７）から凍りはじめるのですね。

先生：その通り、正解です！　ですから、最初に言ったことわかってもらえましたかな？

トドロ子：わかりました！ありがとうございます！！

トドロウ：寒さが吹っ飛んだ！といいたいところだけど…でもやっぱり寒い…。

先生：…。

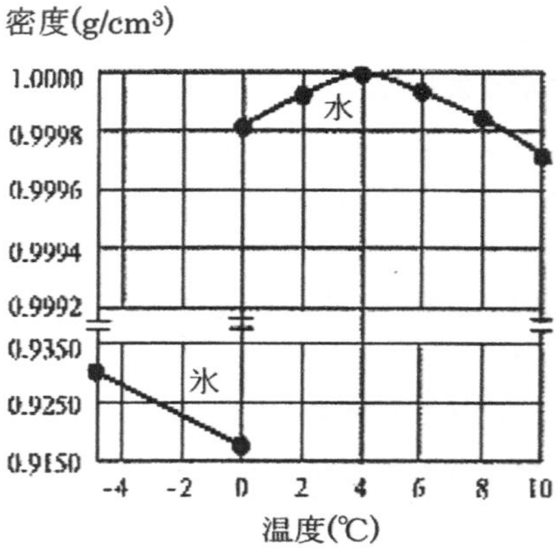

【図４】水の温度と密度の関係

問１　会話文中の（１）～（４）に適当な数値を入れなさい。

問２　会話文中の（５）と（６）に入ることばの組合せを、以下のＡ～Ｆから１つ選び、記号で答えなさい。

	（５）	（６）
Ａ	大き	水面の方
Ｂ	大き	底の方
Ｃ	大き	水面と底の間の真ん中あたり
Ｄ	小さ	水面の方
Ｅ	小さ	底の方
Ｆ	小さ	水面と底の間の真ん中あたり

問３　会話文中の（７）に入ることばを以下のＡ～Ｃから１つ選び、記号で答えなさい。

Ａ　水面の方　　Ｂ　底の方　　Ｃ　水面と底の間の真ん中あたり

2　近年、新型コロナウイルス感染拡大の影響で私たちの生活が大きく変わってきています。手洗いや手指消毒の重要性が高まり、飲食店やコンビニエンスストアの入口にも消毒用アルコールのボトルが置かれるような環境になりました。

さて、ここで「アルコール」というものについて考えてみましょう。私たちの身のまわりにはたくさんの物質があり、その物質は原子と呼ばれる粒からできています。また、世の中の物質は有機物と無機物に分けることができます。一部の例外はありますが、基本的に炭素と呼ばれる原子を含んでいるものが有機物、含んでいないものが無機物です。有機物の中でも似た性質を持つグループで名前が付けられていて、そのうちの１つが「アルコール」です。

次に、化学での物質の表し方についてです。原子と呼ばれる粒はアルファベットを使って表すことになっていて、例えば水素はH、ヘリウムはHeというように表します。原子の中には１つのままで存在しやすいものもあれば、いくつかの原子とつながりやすいものもあります。１つの原子がいくつの原子とつながることができるかは、原子の種類によって決まっていて、そのつながりのことを結合と呼びます。原子と原子が結びついたものを分子と呼び、原子の種類と結合の仕方を表したものを構造式といいます。

ここでいくつかの物質について見てみましょう（表1）。水素分子は水素原子が２個つながっており、構造式はH−Hのように表します。このとき、１つの水素原子はもう１つの水素原子とつながっています。この「いくつの相手とつながれるか」の数を、結合する“手”の数と呼ぶことにします（表2）。ここでは、結合するときには原子の“手”と“手”をつなぐこととします。

表1

物質の名称	原子のつながりを表した図	構造式
水素	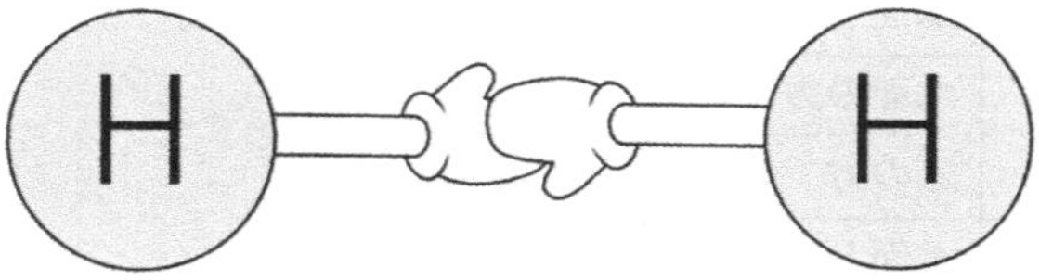	H−H
酸素	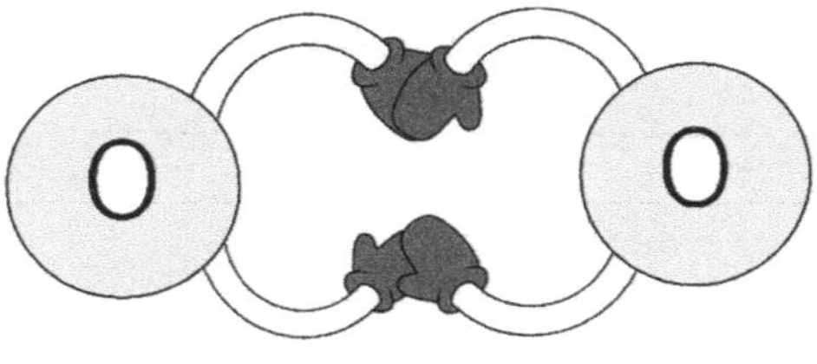	O=O
水	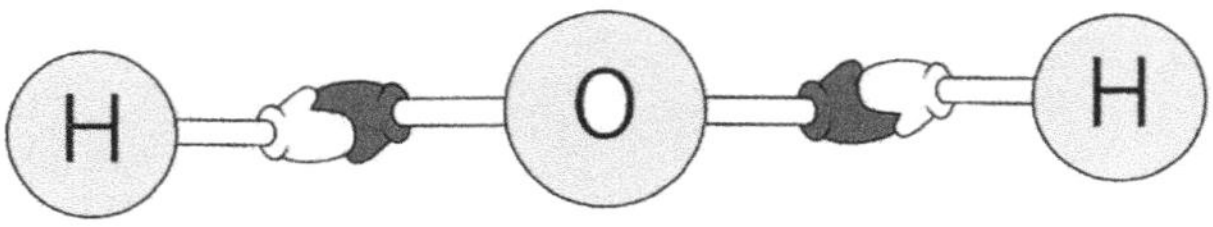	H−O−H

表 2

原子の種類	原子の表し方	結合する“手”の数
水素	H	1
炭素	C	4
窒素	N	3
酸素	O	2
塩素	Cl	1

酸素は“手”の数が 2 つで酸素分子は O＝O のように表すことができ、窒素は“手”の数が 3 つで窒素分子は N≡N と表すことができます。これらのように複数の“手”を同じ相手に差し出すこともできれば、別々の相手に差し出すこともできます（【図 1】）。また平面で表したときに、上下左右どの方向にかくこともできます。

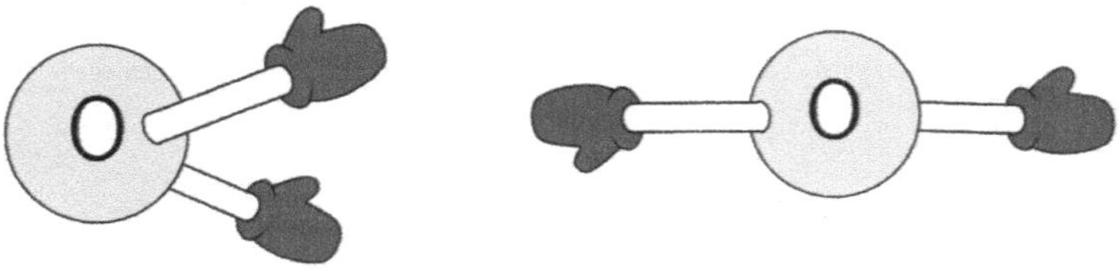

【図 1】　原子の“手”の出し方の例

原子の種類によって“手”の数はバラバラで、その“手”をつなぐ相手によってさまざまな物質を作り出しています。つながる順番が変われば違う物質を表すことになりますが、自分自身で“手”をつないだり、どの原子ともつながっていない“手”を残したりすることはできません（【図 2】）。

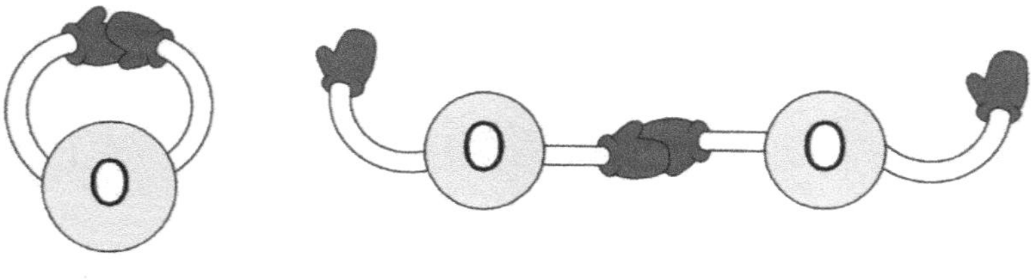

【図 2】　“手”のつなぎ方としてふさわしくない例

有機物は基本的に炭素 C と水素 H からできています。また、一部の有機物は、酸素 O や窒素 N を含みます。C や H の数が増えたり、“手”のつなぎ方を変えたりすることによって、世の中にはものすごくたくさんの有機物が存在しています。その有機物の中で、構造式の中に「－O－H」という部分を持っているものがアルコールと呼ばれているのです。

問１　次の①～④の物質の中で、実在する構造には○、実在しない構造には×を解答らんにかきなさい。

①　C−Cl　　②　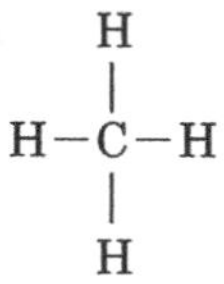　　③　H−N=H　　④　H≡C−C≡H

問２　二酸化炭素は炭素原子Ｃが１つと酸素原子Ｏが２つからなる分子です。二酸化炭素の構造式をかきなさい。

問３　消毒用に使われているアルコールは、水素原子Ｈが６つと炭素原子Ｃが２つ、酸素原子Ｏが１つからなる物質です。この物質はどのような構造をしていますか。解答らんに構造式をかきなさい。

令和４年度

S 特選コース

第１回　入学試験問題（２月１日 午後）

理　　科

（※理科と社会２科目60分）

注　意

1　この問題用紙は試験開始の合図で開くこと。

2　解答用紙に氏名・受験番号を記入し受験番号をマークすること。

3　答えはすべて解答用紙の枠内に記入すること。

4　答えに単位が必要なものは、単位をつけて答えること。

5　印刷が不鮮明な場合は申し出ること。

6　試験終了の合図でやめること。

受験番号		氏名	

東京都市大学等々力中学校

3 次のような規則で並んでいる数列があります。

$$\frac{1}{1},\ \frac{2}{1},\ \frac{1}{2},\ \frac{3}{1},\ \frac{2}{2},\ \frac{1}{3},\ \frac{4}{1},\ \frac{3}{2},\ \frac{2}{3},\ \frac{1}{4},\ \frac{5}{1},\ \cdots\cdots$$

次の問いに答えなさい。

（1）分子に初めて 100 が現れるのは何番目ですか。

（2）この数列の 201 番目の数を答えなさい。

（3）$\frac{37}{69}$ はこの数列の何番目の数ですか。

2　次の □ に当てはまる数を答えなさい。

（1）現在，としおくんとお父さんの年齢《れい》の和は 48 歳《さい》です。3 年前にお父さんの年齢がとしおくんの年齢の 5 倍であったとすると，現在のお父さんの年齢は □ 歳です。

（2）右の図のように立方体を 4 段積み重ね，1 つの立体を作りました。この立体の表面積が $240\ cm^2$ のとき，もとの立方体の一辺の長さは □ cm です。

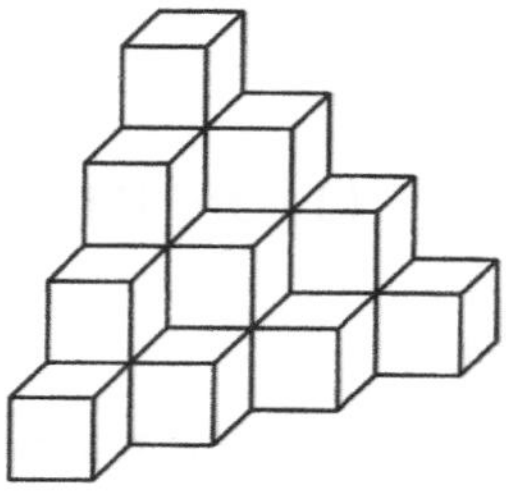

（3）図のように，半径 4 cm の空き缶《かん》6 つをすき間なく並べてロープでたるまないようにしばります。しばるのに必要なロープの長さは最も短くて □ cm です。ただし，円周率は 3.14 とし，むすび目はロープの長さに含《ふく》みません。

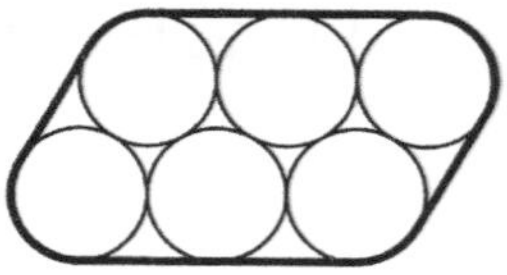

（4）太郎《たろう》くんと花子さんは，階段でじゃんけんをして上り下りするゲームを以下のルールで遊んでいます。

ルール①　勝った人は 3 段上がり，負けた人は 2 段下がる。

ルール②　あいこは 2 人とも動かない。

最初 2 人は階段の途《と》中にいて花子さんは太郎くんの 2 段上にいましたが，ゲームを始めて 5 回目のじゃんけんで初めて太郎くんが花子さんを追い越《こ》しました。このとき，花子さんは太郎くんの □ 段下にいます。

（5）平均の速さが時速 75 km の特急電車と，普《ふ》通電車が同時に A 駅を出発し，25 km 離《はな》れた B 駅に向かいました。普通電車は特急電車の 10 分後に B 駅に到《とう》着しました。普通電車の平均の速さは時速 □ km です。

1 次の $\square$ に当てはまる数を答えなさい。

（1）$0.75 \times \frac{7}{9} \div 0.125 \div 0.7 + \frac{23}{4} \div 0.375 = \square$

（2）$\frac{1}{3} + \frac{1}{15} + \frac{1}{35} + \frac{1}{63} + \frac{1}{99} + \frac{1}{143} + \frac{1}{195} = \square$

（3）$2.2 \div \left\{ 2\frac{2}{3} + \left(\square - \frac{1}{2} \right) \times 1\frac{3}{5} \right\} = 0.75$

令和４年度　S特選コース

第１回　入学試験問題（２月１日　午後）

算　　数　(50分)

注　意

1　この問題用紙は、試験開始の合図で開くこと。

2　問題用紙と解答用紙に受験番号・氏名を記入すること。

3　答えはすべて解答用紙に記入すること。

4　印刷がわからない場合は申し出ること。

5　試験終了の合図でやめること。

受験番号		氏名	

東京都市大学等々力中学校

このカテゴリー化の基準になるのが、ほかでもない言語だ。だから異なる言語を話すヒトでは、その認識する世界も違うはずだ、と主張するのが、サピア＝ウォーフ仮説（言語相対性仮説）である。言語化とカテゴリー化とがまったく同じとはいい切れないという反論もある。ただ少なくとも、ヒトが言語をもったことと、ヒトが世界をカテゴリー化して見る記号（注6）的なモノの見方をするようになったことは深く関連していそうだ。

イギリスのア考古学者スティーヴン・ミズンは、壁画をはじめとする後期旧石器時代におこった文化の爆発の原動力を、知能が⑤認知的流動性を得たことによるものだと指摘した。

ネアンデルタール人や初期のホモ・サピエンスの脳では、よりイ原始的な一般知能に加えて、集団のなかでの社会生活に特化した社会的知能、ウ狩猟採集に特化した博物学的知能、石器エ製作などの物づくりに特化した技術的知能の三つがそれぞれ独立に発達していた。その後、芸術や宗教を生み出すようになったホモ・サピエンスに備わったのは、新たな知能ではなく、三つの知能の間に認知的な流動性を得たことだ、という指摘だ。わたしたちは、概念や思考方法、知識を別のことに応用して使うことが得意だ。比喩《ひゆ》や類推を好むことも、その証拠として考えると辻褄《つじつま》が合う。そしてこの認知的流動性を生み出したのが、言葉、それも今のわたしたちが使っているような分節（注7）化した構成的言語だと指摘されている。

ヒトは、言語を獲得したことによって、複雑で効率的な思考やコミュニケーション能力を手に入れた。そしておそらく同時に、想像する力も手に入れた。しかし、進化の過程で新しい能力を獲得することは必ずしも進歩ではない。実は既存の能力の喪失《そうしつ》というトレードオフ（注8）によって成り立っている。イギリスの心理学者ニコラス・ハンフリーが『喪失と獲得』のなかで論じているのは、そのような進化のうらおもてだ。

ハンフリーは、ヒトが言語を手に入れることで失った能力、それは、モノをありのまま写真のように知覚し、記憶する能力であると指摘している。そしてその説に説得力をもたせる現象の一つが、チンパンジーの記憶力だ。

前述のように、アイたち霊長研のチンパンジーたちは、数字の順番を覚えていて、画面上にランダムに散らばった数字を小さい順に触れることを学習している。この課題を使って、彼らの記憶力を調べた研究がある。井上紗奈さんらの研究だ。一番小さな数字に触れた瞬間に、数字がすべて白い四角に置き換わってしまう。そこで記憶を頼りに、小さい数字があった場所から順に答えていくという課題だ。

このとき、アイの子アユムをはじめ、子どものチンパンジーたちがずば抜けた記憶力を発揮した。数字が消えても迷いなくピッピッピ、と小さい順に触っていく。数字が表示されてからスタートの1を押すまでに0・6秒、その短時間に配置を覚えていることになる。これは一見にしかずなので、「アイのホームページ」から、ぜひその映像をごらんいただきたい。比較対象として、京都大学の大学院生などが挑戦しても、到底勝てない速さで、しかも高い正答率なのだ。

彼らがこのような能力をもつのは、数字が散らばった画面を写真のように映像で記憶しているからだと考えられている。直観像（注9）記憶や映像記憶とよばれるものだ。ヒトがこの課題を解くときには、数字が消える前にその配置を1、2、3、4、……、と確認しようとする方法が一般的だろう。それはいわば記号化して覚える方法で、その処理の分、時間がかかる。［B］映像記憶なら、カメラのように一瞬で記憶できてしまうというわけだ。

（中略）

わたしたちは言語をもったことによって、目に入るものをつねにカテゴリー化し「何か」として見ようとする記号的な見方をしている。つまり目に入るものをそのまま認識しているつもりでも、無意識に⑥言語のフィルター[注10]を通して世界を見ているのだ。

すでに述べたように、チンパンジーは線画に描かれたモノが「何か」を認識することができる。それはすなわち描線を「何か」に見立てていることになるのだから、カテゴリー分けをするような記号的なモノの見方をまったくしないとはいいきれない。とくに、子どものころに何らかのシンボルを学習したチンパンジーが、ほかのチンパンジーより記号的なモノの見方をしていることを示す証拠も少しある。

先に紹介したプレマックの研究で、ただ一人、顔のパーツを並べて福笑いを完成させたサラ[注11]も、プラスチック片による言語を学習していたことを思い出してほしい。

C 、チンパンジーのカテゴリー化能力を調べた田中正之さんの研究もある。まず、7人のチンパンジーに「花」「木」「草」「その他」の四つのカテゴリーに属するモノの写真から、いつも「花」を選ぶことを学習させた。これは、どのチンパンジーもできるようになった。ピンクのサクラでも、黄色いタンポポでも、学習によって同じ「花」とカテゴリー分けができるというわけだ。次に、写真のかわりに写実的な彩色画、色つきの[注12]デフォルメされたイラスト、白黒の線画を見せて、そのなかからも「花」を選べるようになるかを調べた。その結果、アイと3人の子どものチンパンジーたちは、どんな表象でも「花」を選ぶことができるようになった。 **D** 、他の3人のおとなのチンパンジーたちは、偶然の正答率以上に正解できるようにならなかった。

動物が生きていくためには、環境のなかで天敵や食物を見分けなければいけない。そのため⑦多くの動物がこの基本的なカテゴリー化をおこなっている。しかし、チンパンジーは、花のように食物でないものも、ある程度のカテゴリー化ができるようになる。さらに、若くて思考が柔軟なうちか、アイのように、ある時期までに漢字などの視覚的なシンボルを習得した経験がある場合には、さまざまな表象表現を認識し、カテゴリー化ができるようになるということらしい。

（齋藤　亜矢「ヒトはなぜ絵を描くのか——芸術認知科学への招待」岩波科学ライブラリーより）

（注1）「このような感覚入力」……十字型・曲線の組み合わせなど低次の情報から、複雑な図形・形・色の組み合わせなどの高次の情報に段階的に処理されるしくみ。

（注2）「前頭葉」……大脳半球の中心を左右に走る溝《みぞ》より前方の領域。ヒトにおいてよく発達し、感情・注意・思考などの精神作用や自分の意志によって行われる運動を支配し、また他の領域と密接に連絡する。

（注3）「表象」……心に思い浮かべられる具体的な像。イメージ。
（注4）「カテゴリー化」……分類すること。
（注5）「アイ」……京都大学霊長類研究所でチンパンジーの絵の研究をした際に研究対象としたおとなのチンパンジーの名前。
（注6）「記号的」……「記号」とは、ある文化の体系の中で、一定の意味を表すもの。
（注7）「分節化」……連続しているものに区切りを入れること。
（注8）「トレードオフ」……何かを達成するためには何かを犠牲にしなければならない関係のこと。
（注9）「直観」……推理・推論・類推・伝聞によらず、直接的に対象をとらえること。
（注10）「フィルター」……ろ過装置。
（注11）「サラ」……言葉のかわりにプラスチック片を用いた言語を学習し、「顔」を構成することができたチンパンジーの名前。
（注12）「デフォルメ」……意図的にゆがみを加えて表現すること。

問一、——線①「トップダウン処理」とありますが、その説明として最も適当なものを次から選び、記号で答えなさい。

ア、長期記憶の中より知識表象を検索して最も類似した知識表象を選択すること。
イ、長期記憶を知識表象から検索して最も適切なカテゴリーを選択すること。
ウ、知っているモノの形を知識表象から検索して類似の「何か」を長期記憶化しようとすること。
エ、長期記憶と知識表象を同時に検索することで、最も類似している知識表象を選択すること。

問二、［A］～［D］のうち逆接の接続詞が入らないものを一つ選び、記号で答えなさい。

問三、——線②「動物の絵」は何の具体例として挙げられていますか。文章中から二字で探し、抜き出して答えなさい。

問四、——線③「視覚認知の特性」とありますが、それはどのようなことですか。「～見方。」に続くように、文章中から三十五字以上四十字以内で探し、最初と最後の五字を抜き出して答えなさい。

問　五、――線④「ヒトが文化や技術を発展させる原動力になった」とありますが、「原動力」の例として適当でないものを次からすべて選び、記号で答えなさい。

ア、おねしょのしみを地理や医学の知識で解釈すること。
イ、星座にまつわる神話の論理的整合性に疑問を抱くこと。
ウ、意味のない月の模様をウサギの餅つきに見立てること。
エ、壁のしみから強い恐怖心に駆られるような幽霊を連想すること。

問　六、＝＝線ア「考古」・イ「原始」・ウ「狩猟」・エ「製作」のうち、他と構成が異なる熟語を一つ選び、記号で答えなさい。

問　七、――線⑤「認知的流動性」の例として適当でないものを次から一つ選び、記号で答えなさい。

ア、いつも多くの人と一緒に居る集団をシマウマの群れに例える行為。
イ、川の水量や濁りとイワナの釣果の関係を近隣の人と情報共有する行為。
ウ、狙《ねら》った獲物にめぐり会えるまで何日でも忍耐強く歩き続ける行為。
エ、扱う獲物によって、石器の材質や形状を変化させようとする行為。

問　八、――線⑥「言語のフィルターを通して世界を見ている」とありますが、これとは対照的な認識方法を文章中から四字で探し、抜き出して答えなさい。

問　九、――線⑦「多くの動物がこの基本的なカテゴリー化をおこなっている」とありますが、条件を満たしたチンパンジーの「カテゴリー化」が「多くの動物」の例外である理由を、文章中の言葉を使って四十字以上五十字以内で説明しなさい。ただし、「認識」という言葉を必ず使い、「～ではないものでも、～から。」の形で答えること。

問題は次ページに続きます。

四 次の資料を見て、あとの問いに答えなさい。

資料A 「コロナで百貨店の売上高 1兆5, 000億円減少 百貨店の8割が赤字」

全国の主要百貨店70社の2020年度(2020年4月期-2021年3月期)の売上高は、合計4兆996億円(前期比27.0%減)で、前期より1兆5189億円減少した。調査を開始以来、5期連続の減収となった。

期初から新型コロナ感染拡大の影響が直撃し、外出自粛《じしゅく》や休業、時短営業に加え、①インバウンド需要の消失など、かつてない苦戦を強いられた。

純利益は、合計1546億円の赤字(前期は88億円の黒字)だった。雇用《こよう》調整助成金などの各種支援を受けながらも、想定以上の売上の落ち込みで費用を吸収できない企業が続出し、赤字百貨店は全体の約8割(構成比79.4%)にのぼった。

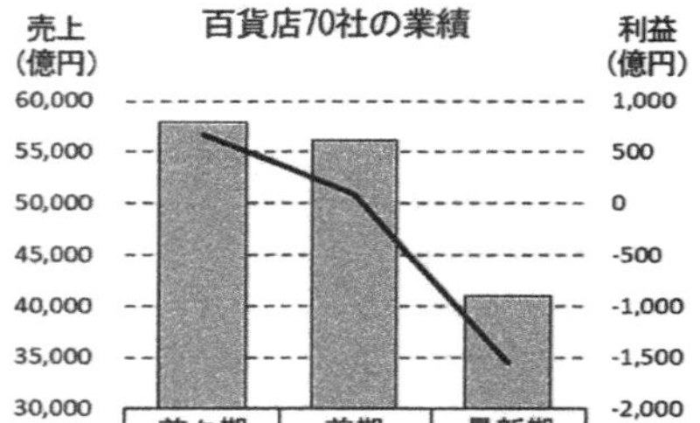

	前々期	前期	最新期
売上	5,796,881	5,618,622	4,099,678
利益	66,819	8,898	−154,698

東京商エリサーチ調べ　単位：百万円

百貨店業界は消費形態やライフスタイルの変化で百貨店離れが加速し、ここ数年は撤退《てったい》や閉店が全国で相次いでいる。コロナ禍《か》はこれに拍車をかけ、装置産業で対面販売を軸《じく》にした旧来型のビジネスモデルの弱点をあぶりだした。

2021年に入っても大手百貨店の閉店が相次ぎ、不振に喘《あえ》ぐ地場百貨店の経営破たんも発生している。新型コロナの感染再拡大、緊急事態宣言の発令などで引き続き厳しい事業環境が続くだけに、当面の市場縮小は避けられない見通しだ。

(出典:2021年8月31日東京商エリサーチ「データを読む」)

資料B 「インバウンドとは」

インバウンド(inbound)は「外国から自国への旅行」や「自国への外国人旅行者」を指す言葉です。日本へのインバウンドは「訪日旅行」「訪日外国人」とも呼ばれます。

2019年、日本の訪日外国人数は過去最高の3,188万人となりました。2014年の春節(旧正月)頃に訪日中国人観光客による「爆買い」現象が注目されて以来、テレビのニュースなどでも「訪日外国人」「外国人観光客」「インバウンド」「インバウンド需要」「観光立国」などのキーワードが頻出《ひんしゅつ》するようになっています。

一方で2020年2月頃からは、新型コロナウイルスの世界的な流行により旅行需要が停滞《ていたい》し、感染対策のための入国制限も敷かれることとなりました。訪日外国人が激減し、インバウンド市場は大きな打撃を受けています。

(出典:訪日ラボ「インバウンド用語集」)

資料C 百貨店の現状

一般社団法人日本百貨店協会の「全国百貨店売上高概況《がいきょう》」(2019年12月発表)によると、2019年の年間売上高は約5兆7547億円と前年より1.4%減で、市場規模は縮小傾向だ。特に少子高齢化の影響を受け、地方百貨店の苦戦が続いている。

大都市圏では、インバウンド(訪日外国人)の取り込みを続けてきた結果、外国人向けの販売額が、売り上げの中で一定の存在感を持つようになった。また高級路線の小売店として、ハイブランドや高品質品を消費者に訴求・提案する動きもある。一方、専門店をテナントとして招き入れる生き残り策を取る店舗《てんぽ》もある。

百貨店や家電量販店にとって強力なライバルとなっているのが、ネットショップだ。経済産業省の調査では、2018年の日本国内のB to C*向けのEC(Electronic Commerce、電子商取引)市場規模は、約18兆円と前年より8.96%増と拡大傾向であることがわかった。(*「B to C」…Business to Consumerの略で、企業〈Business〉が一般消費者〈Consumer〉を対象に行うビジネス形態のこと。)

各社はさまざまな販売業者の商品を1つのサイトでまとめて販売するオンラインショッピングモールが存在感を強める中で、人気のオンラインショッピングモールに出店したり、自社でネットショップ事業に乗り出して対抗したりしている。また、実店舗にタブレットを配備して、店頭にない商品をネット注文できるようにするなど、店舗とネットを連携《れんけい》・融合《ゆうごう》させる新たな取り組みも始まっている。

(出典:リクナビ「業界研究」<https://job.rikunabi.com/contents/industry/>)

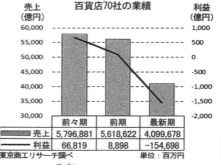

資料D　観光立国日本

2014年から、日本は「観光立国」を目指して歩んでいます。観光立国とは、国内外から観光客を誘致して、人々が消費するお金を国の経済を支える基盤のひとつとしている国のことです。そのためには、特色のある自然や都市の環境・光景をアピールするとともに、美術館などの観光施設を整備する必要があります。

日本が観光立国を目指す理由は何でしょうか。現在の日本では、景気の低迷や少子高齢化で、国内消費の拡大が難しくなっています。そこで観光に注力し、インバウンド客を呼び込んで消費を促《うなが》そうと考えられました。温泉・和食・忍者《にんじゃ》・侍《さむらい》・ポップカルチャー・寺社・豊かな自然など、日本には海外の人に好まれるコンテンツが豊富にあります。しかしながら、これまでインバウンド客の受け入れ態勢やアピール力が不充分でした。今、そういった部分を見直してより多くの観光客を呼ぶ取り組みがされているのです。また、観光業を活性化させることで多くの雇用を生み出すことも狙いです。特に促進されているのは、観光業での女性の活躍です。結婚や出産で仕事から離れていた女性たちが、観光業で働き、納税者となればさらに国の財政が潤《うるお》います。こうした理由から、日本は観光立国を目指しているのです。

（出典：おもてなしHR<https://omotenashi.work/>）

資料F　百貨店免税品売上高前年同月比（2019年4月～2020年4月）

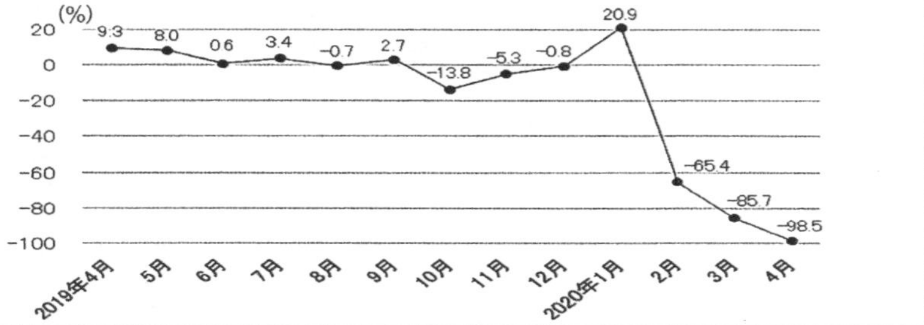

資料G　百貨店免税品売上高前年同月比（2020年5月～2021年8月）

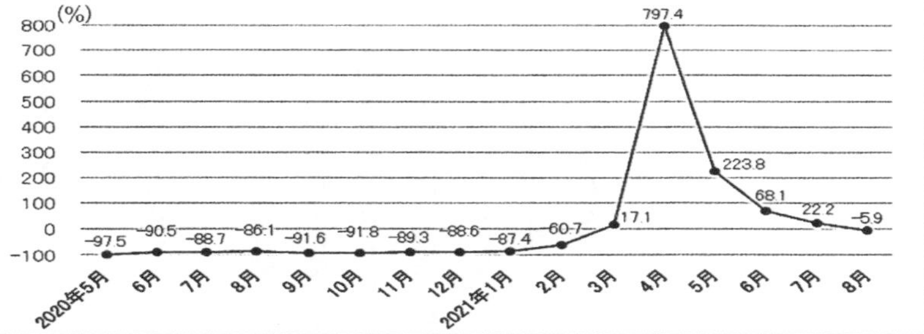

資料E　日本の免税《めんぜい》制度

外国人旅行者等の非居住者（以下「非居住者」といいます。）が、土産品等として国外へ持ち帰る目的で輸出物品販売場において、免税対象物品を一定の方法により購入した場合には、その購入に係る消費税が免除されます。

これは、非居住者が土産品等を国外へ持ち帰ることは、実質的に輸出と同じであることから設けられている制度です。

（出典：国税庁HP）

資料H　百貨店免税品売上高（2019年4月～2021年8月）

	実額	前年同月比
2019年4月	約344億7千万円	109.3%
2019年5月	約309億9千万円	108.0%
2019年6月	約283億3千万円	100.6%
2019年7月	約281億3千万円	103.4%
2019年8月	約256億6千万円	99.3%
2019年9月	約253億2千万円	102.7%
2019年10月	約256億4千万円	86.2%
2019年11月	約261億5千万円	94.7%
2019年12月	約299億2千万円	99.2%
2020年1月	約316億9千万円	120.9%
2020年2月	約110億2千万円	34.6%
2020年3月	約47億5千万円	14.3%

	実額	前年同月比
2020年4月	約5億円	−98.5%
2020年5月	約7億7千万円	−97.5%
2020年6月	約26億8千万円	−90.5%
2020年7月	約31億7千万円	−88.7%
2020年8月	約35億5千万円	−86.1%
2020年9月	約21億2千万円	−91.6%
2020年10月	約21億円	−91.8%
2020年11月	約27億9千万円	−89.3%
2020年12月	約34億4千万円	−88.6%
2021年1月	約39億9千万円	−87.4%
2021年2月	約43億3千万円	−60.7%
2021年3月	約55億5千万円	17.1%

	実額	前年同月比
2021年4月	約45億円	797.4%
2021年5月	約25億1千万円	223.8%
2021年6月	約45億1千万円	68.1%
2021年7月	約38億7千万円	22.2%
2021年8月	約33億4千万円	−5.9%

（出典：資料F～Hは日本百貨店協会「免税売上高・来店動向」を元に作成した）

2022(R4) 東京都市大学等々力中　S特選第１回
K 教英出版

問　一、資料A中の――線①「インバウンド需要の消失」とありますが、これは具体的には何が原因でどのようなことが起きたことを指していますか。他の資料を参考にし、「買い物客」という言葉を必ず使って四十字以内で答えなさい。

問　二、資料A～Hから読み取れることとして適当でないものを次からすべて選び、記号で答えなさい。

ア、資料A中の「消費形態やライフスタイルの変化」とは、一つには少子高齢化による購買行動の変化が挙げられる。

イ、資料A中の「消費形態やライフスタイルの変化」とは、一つにはネットショップの利用の増加が挙げられる。

ウ、新型コロナ感染拡大の影響によって、これまで高級路線の小売店として好調だった百貨店も苦戦を強いられるようになった。

エ、新型コロナ感染拡大の影響によって減収が続いていた百貨店だが、二〇二一年四月には過去に類のない大幅な収益があった。

オ、百貨店のインバウンド売上は二〇二〇年四月に最も減り、その後やや回復したが、コロナ禍以前の規模とは程遠い状況である。

カ、外国人観光客を拡大させる日本の政策は、景気の低迷や少子高齢化による国内消費の停滞、女性の雇用の創出なども関係がある。

キ、訪日外国人が激減した原因としては、新型コロナ感染拡大の他に、海外の人に好まれるコンテンツのアピール不足も挙げられる。

令和４年度　特選コース

第１回　入学試験問題　（２月１日　午前）

国語　（50分）

注意

1　この問題用紙は、試験開始の合図で開くこと。
2　問題用紙および解答用紙に受験番号・氏名を記入すること。
3　答えはすべて解答用紙に記入すること。
4　**字数制限のある場合は、特別な指示がない限り、すべて句読点や「　」（　）などの記号を含んだ字数として解答すること。**
5　印刷がわからない場合は申し出ること。
6　試験終了の合図でやめること。

東京都市大学等々力中学校

受験番号		氏名	

一　次の――線の漢字はひらがなに、カタカナは漢字に直して答えなさい。

1、神社の境内。
2、善良な行動に感動する。
3、世話になった人に深謝する。
4、洗顔を習慣にする。
5、土地を耕す。
6、その件はショウチしています。
7、ユウビン物が届く。
8、先生のテンジ会に行く。
9、活動費のシュウシが合わない。
10、ノベ三万人が訪れた。

二　次の文章を読んで、あとの問いに答えなさい。

小学五年生の「ぼく」（えだいち）は、家庭の事情から母方の祖父と二人で暮らしている。ある日、押野《おしの》に誘われて、海沿いにある工場へ向かった。

「えだいち、もうすぐだよ。」
押野が振り返って笑う。ぼくも笑ってうなずく。押野が立ち漕《こ》ぎになったのを見て、ぼくも真似《まね》をした。そんなことをしてもたいしてスピードは変わらないんだけど、気が急《せ》いてそうしてしまった。
ぼくたちは橋を渡った。橋の下は河口になっていて、ウインドサーフィンをやっている人を、めずらしそうに何人かの人が見ていた。ぼくもはじめて見るヨットみたいなものをもっと見たいと思ったけど、それよりも今は①おもちゃ工場だ。
「橋を越えたところにあるんだ。」

押野は自分に言うように、うしろを振り返らずに言ったけど、ぼくにはその声がよく聞こえた。

長い橋を渡り終えた。押野がスピードを落として、地面に足をつける。

「あそこなんだ。」

押野が指差した先には、ぼくがさっき押野から聞いたときに思い描いた工場があった。本当に押野が言った通りだ！

「すごい！　ロボットのおもちゃ工場そのものじゃん！」

「なっ！　えだいちもそう思うだろ？　おれ、ずっと気になってたんだ。」

建物は意外に小さいけど、建物の外にあるものがぼくらの目をひきつける。建物からは長いらせん状の外階段が出ていて、まるでそれは針金のバネみたいに見える。金属でできている大小の球体は、ここから見ると継ぎ目があるように思える。継ぎ目というより、縫《ぬ》い目みたいだ。地面からは、先のとがった細長いものが何本かにょきにょきと出ている。全体の色はくすんだブルーグレーで、ぼくが想像するロボットの色とおんなじだ。

ぼくは、ブリキでできた四角い顔のロボットたちが、一生懸命におもちゃを作っているところを想像した。みんな気がやさしいロボットたちだ。

「行ってみよう！」

ぼくらは声をそろえて、お互いにうなずいた。

（中略）

「えだいち、あっち。」

押野が言うほうを見ると、らせん階段らしきものの一部が見える。②ぼくたちは、足早に向かった。そのときだ。

「おい！　なにしてる！」

びくっとした。向こうから、作業着を着たおじさんが走ってくる。

「おい、こんなところでなにしてるんだ。なんの用だ！」

背の低い痩《や》せている男の人だった。何歳くらいだか見当がつかない。

「……見学です。」

押野が言った。

「そんなこと聞いとらん。守衛のじいさんは知っているのか。」

その人は、そう言って親指を立ててうしろのほうを指差した。どうやら、ぼくたちが来たのと反対のほうに正門があったらしい。

「フェンスのところから来ました。」

押野は、らせん階段が気になってしょうがないふうだった。

「ここは立ち入り禁止だ。お前たち、どこの小学校だ？」

どこの小学校だ、と聞かれて、ぼくの鼓動《こどう》は一気に速くなった。学校に通報されて椎野《しいの》先生に知らされて、おじいさんにまで連絡がいったらどうしようと③思った。今すぐ謝って、早く出ていきたい気持ちになった。

「　A　」

押野が聞いた。

「なんの工場かだって？　そんなことも知らないで見学に来たっていうのか？」

そう言って、うすら笑いをした。そいつはとても意地悪な大人だった。今まで見たことのないような意地の悪い大人だった。

「　B　」

押野が頭を下げた。心臓はばくばくだったけど、ぼくも真似して頭を下げた。

「不法侵入だな。警察呼ぶか。」

にやにや笑いながら、そいつが言った。ぼくは、もう本当に帰りたくなってしまった。おろおろするぼくの横で、押野はまだ頭を下げたままだ。

「　C　」

頭を上げると同時に押野がそう言って、階段側へと走っていった。

「おい、待て。」

作業着の男は、大きな声で言って押野のあとを追っていった。ぼくはどうしていいかわからなくて、その場に突っ立ったままだった。足が動かなかった。どうしよう、どうしよう。

頭のなかが真っ白になった。押野が無茶をして捕まったのかもしれない。どうしよう、どうしよう、どうしよう。

工場内はしんとしていて、ぼくはだだっ広い敷地に一人残されて④呆然《ぼうぜん》としていた。足が接着剤で地面にくっついたみたいに、この場所から動けない。どんよりとした鉛《なまり》色の空が今にも落ちてきそうで、押しつぶされそうだった。

押野の声が聞こえた気がした。少ししてから、押野と作業着の人が戻ってきた。

「放せよ。」

男は、押野のTシャツの襟《えり》ぐりをつかんでいた。ぼくは本当に怖くなった。

「放せって言ってんだよ。」

押野が男を突き放した。男はあっけなく、押野から離れた。押野と同じくらいの身長だ。

「ほら、早く帰れ。そこのフェンスからは出るなよ。向こうの正門から帰れ。わかったな。」
男はそう言って、そのまま歩いてどこかに行ってしまった。途中で、二回も地面に唾《つば》を吐《は》いた。
押野はよれたTシャツを直してから、帽子を取ってうるさそうに髪の毛をはらった。
「だ、大丈夫？」
ようやくぼくは口に出した。今にも消え入りそうなぼくの声は、震えている気がした。
「うん、大丈夫。」
押野はうなずいたけど、ちっとも大丈夫じゃなさそうな顔だった。ぼくらは、あの男に言われた通りに、正門のほうへ歩いていった。押野はなんにもしゃべらなかった。なにがあったのか、なにを見たのか聞きたかったけど、声をかけることができなかった。ぼくは、自分が情けなくて仕方なかった。友達に協力したり、助けたりすることもできないなんて。
正門まではかなりの距離があったけど、いろんなことを考えていたら、あっという間だった。門のところに守衛室があった。なかには年配のおじさんがいた。
「ちょっと、君たち。どこから来たんだ。」
案の定、声をかけられた。押野は守衛さんを一瞥《いちべつ》（注1）しただけで、口をひらく気配がなかったから、ぼくが答えた。
「向こう側のフェンスからなかに入りました。すみません。」
守衛さんは、「ああ。」と納得した様子で、「鍵《かぎ》が壊れてたんだったなあ。」とのんびりと言った。
「作業着の人に怒られて、正門から出ろと言われました。」
「ああ。」
守衛さんはまた納得したようにうなずいて、「あいつかあ。」と小さく言った。
「この工場は今、夏休み中なんだよ。まあ、何人かの職員は出ているがね。二人とも、気を付けて帰りなさいよ。」
やさしい口調でそう言ってくれた。ぼくは、すごくほっとした。さっきの怖さが帳消しになるくらいほっとした。
「ここ、なんの工場なんですか。」
押野が突然守衛さんに向かって、怒ったように聞いた。守衛さんは笑いながら、
「金属のリサイクルをする工場だよ。スクラップ（注2）工場と言えばわかるかな。」と答えた。
押野は「そうですか。」と言って、帽子を脱いで頭を下げた。ぼくもそれにならって挨拶《あいさつ》して、工場をあとにした。

水平線からは、大きな黒い雨雲がもくもくと出ている。ひと雨きそうな感じだけど、海水浴客は帰る気配はなかった。カップルや家族連れが多い。波がかなり高い。監視員のいる台には黄色い旗がはためいている。注意警告だ。

ぼくらは(注3)テトラポッドに座って、おじいさんが作ってくれたおにぎりを食べた。塩がきいていておいしかった。押野も「うまい。」と言ってくれた。けれど、押野の元気がないのは一目瞭然《りょうぜん》だった。麦茶はぬるくなって、ピンボケした味になっていた。

「さっきはごめんね。」

ぼくは謝った。押野が一人で悪者になったみたいだったから。

「えだいちが謝ることはない。おれのほうこそ悪かった。ごめんな。」

押野は無理に笑顔を作るみたいな顔で言った。

「ぜんぜん、ロボットが作るおもちゃ工場じゃなかったよ。」

ああ、そうだった。そんな大事なこと、ぼくの頭からはもうすっかり抜けてしまっていた。

「押野はらせん階段のところ、見てきたんでしょ？　どうだったの。」

ぼくの質問に、押野は顔をゆがめた。

「ぜーんぜん。」

押野はおおげさに手を振った。

「⑤ぜんぜん思ったのとちがってた。でかいタンクみたいのがあったけど、すげえさびてて、よくあるガスタンクとか下水場のタンクみたいだった。きたねえ鉄塔が何本もあったけど、もう百年そのままそこに放置されてるみたいだった。」

冗談みたいに押野は言った。

「薄汚いただの工場だったんだ。あの、頭のおかしいへんなオヤジが働いている、ただの汚い工場だったよ。」

ぼくは実際に自分の目で確かめたわけじゃなかったから、それがどんな光景だったのかわからないけど、押野の説明でほとんど想像できた。ぼくは、ますます押野に申し訳ないような気持ちになった。

あのとき勇気を出して、⑥ぼくも一緒に見にいけばよかったと思った。あの男の人に首をつかまれたとしても、見にいけばよかったのだ。

「がっくりー、って感じだよ。」

「うん。」

「想像してたのとまったくちがったよ。ばかみたいだ。」

ばかみたいじゃない、と言いたかったけど、言えなかった。

「あーあー。」

⑦見にこなけりゃよかったな、自分だけに言うような小さい声で押野は言った。

最初の雨が、テトラポッドにしみをつけた。

（椰月 美智子「しずかな日々」より）

（注1）「一瞥」……ちらっと見ること。
（注2）「スクラップ」……金属の切りくず。また、自動車などの大きな金属製品の廃物。
（注3）「テトラポッド」……消波ブロック。海岸や河川などの護岸や水制を目的として設置するコンクリートブロック。

問一、——線①「おもちゃ工場」はどのような工場だと「ぼく」は考えていますか。文章中の言葉を使って二十五字以内で答えなさい。

問二、——線②「ぼくたちは、足早に向かった」とありますが、このときの「ぼく」と押野の気持ちとして最も適当なものを次から選び、記号で答えなさい。

ア、高揚《こうよう》感　イ、緊張感　ウ、焦燥《しょうそう》感　エ、責任感

問三、——線③「思った」の主語を答えなさい。

問四、［A］～［C］にあてはまる言葉として最も適当なものを次から選び、それぞれ記号で答えなさい。

ア、向こう側を見せてください。
イ、向こう側を見てきてください。お願いします。
ウ、なんの工場か教えてほしいんです。お願いします。
エ、学校や家族に知られたくないんです。ごめんなさい。
オ、ここはなんの工場ですか？
カ、ここはなんの工場になるんですか？

問五、――線④「呆然」の意味として最も適当なものを次から選び、記号で答えなさい。

ア、状況がのみこめず途方に暮れるさま。
イ、事態に対応しようと考えこむさま。
ウ、責任を感じてあせっているさま。
エ、気が抜けてぼんやりしたさま。

問六、――線⑤「ぜんぜん思ったのとちがってた」とありますが、それはどういうことですか。具体的に説明した次の文の空欄にあてはまる言葉を文章中から指定された字数で探し、それぞれ抜き出して答えなさい。

［1、十三字］だと思っていた建物は、［2、八字］だったということ。

問七、――線⑥「ぼくも一緒に見にいけばよかった」とありますが、このときの「ぼく」の気持ちの説明として最も適当なものを次から選び、記号で答えなさい。

ア、押野を見返すことが出来なかった自分のふがいなさを、残念に思う気持ち。
イ、押野の期待にまったく応えることが出来なかった自分の弱さを、嫌悪する気持ち。
ウ、押野を引き留めることも守ることもできなかったことを、悔しく思う気持ち。
エ、押野だけを現実に向き合わせてしまったことを、無念に思う気持ち。

問八、――線⑦「見にこなけりゃよかったな」とありますが、押野がそう思ったのはなぜですか。その理由として最も適当なものを次から選び、記号で答えなさい。

ア、子どもの夢をかなえるために訪れた場所で、大人たちに拒絶されたから。
イ、二人の夢を打ち砕かれたうえに、嫌な思いをすることになったから。
ウ、思った以上にえだいいちが頼りないということに、気づいてしまったから。
エ、えだいいちの目の前で、自分の浅はかさを見せることになってしまったから。

問九、文章中からわかる、「ぼく」の気持ちの変化として最も適当なものを次から選び、記号で答えなさい。

ア、興奮 → 執着 → 混乱 → 失望
イ、興奮 → 困惑 → 憎悪 → 後悔
ウ、期待 → 恐怖 → 安堵《あんど》 → 後悔
エ、期待 → 憎悪 → 安心 → 失望

三　次の文章を読んで、あとの問いに答えなさい。

日本人の道の記憶の仕方、あるいは場所の記憶の仕方。そういったところでの確かな目安、当てにできる目印というのが、日々の光景のなかにだんだんになくなってきています。①地下道はそうです。風景をもたない地下道では、地上にでるのには、Aの3と書かれた出口の階段を上るとか、どの建物のなかに入ると書かれた出口をでる。

目安はぜんぶ言葉、すべて記号です。地上であれば、陽の差す方向を見れば、西か東か北か南か、およその時間の見当もつくけれども、地下道では、周囲の風景がいま、ここを語るということはしません。ですから、知らない街だったりすると、自分のいるところの見当もなかなかつけられないことがあります。

記憶というのは具体的な目安が手がかりなのです。しかし、今日わたしたちの記憶の仕方には、必要な目安というものがなくなっているのではないか。今の情報の時代で、ありあまる情報がわたしたちを取り囲んでいる。そう思っていても、ほんとうの話、ありあまる情報にはむしろ具体的な目安が、驚くほどなくなってきている。そう思えるのです。

（中略）

情報で肝心なのは、それが新しい情報であるということ。ですから、それは絶えず更新され、新しくされなければならない。ただ②問題は、絶えず新しくされてゆかなければならないために、情報というのは人の記憶の目安にはならないということです。人の記憶の目安というのは、そこに変わらずにあるもののことです。

（中略）

記憶の目安を確かにするのは、ひとが心のなかにもつ問題です。

ひとの記憶の目安となるのは、自分の言葉を見つけたという思いがそこにのこっているような時と場所のことであり、そうして、自分の言葉を見つけるということは、自分の心のなかにもっている問題を③みずからいま、ここに確かめる、確かめなおすということだからです。

読書というのは、実を言うと、本を読むということではありません。読書というのは、みずから言葉と付きあうということです。みずから言葉と付きあって、わたしたちはわたしたち自身の記憶というものを確かにしてきました。

記憶を確かにするということは、自分がどういう場所にいて、どういうところに立っているか、東西南北を知るということです。

心のなかにもっている問題がある。どういう問題かというと、わたしたちは心のなかに、言葉にできない、あるいは言葉に言い表せない、なかなかかたちにならない問題をもっている。

それは言葉でははっきりと言えないし、かたちもはっきりとわからないけれども、そこに問題があるということは、はっきりと感じられるし、

6 Aさん，Bさん，Cさんの3人が20 kmのマラソン大会に参加をしました。

Aさんは，スタートしてからゴールするまで，時速10 kmで走りました。

Bさんは，スタートしてから時速12 kmで走っていましたが，途《と》中から時速4 kmで歩いたので，Aさんと同時にゴールしました。

Cさんは，スタートしてから時速8 kmで走っていましたが，途中で速度を時速12 kmに上げたので，ゴールまでの距離《きょり》が2kmの地点でAさんを追い抜《ぬ》き，その後Bさんも追い抜いて一番早くゴールしました。

（1）Bさんが時速12 kmで走った時間は何分間ですか。

（2）Cさんが時速8 kmで走った時間は何分間ですか。

（3）CさんがBさんを追い抜いたのは，ゴールまでの距離が何mの地点ですか。

5　下の図は１辺が10 cmの正方形の内部に，辺と平行に３本の線を引いたものです。次の問いに答えなさい。

（１）図１のように２つの頂点を結びました。斜《しゃ》線部の面積の和は何cm^2ですか。

（２）図２は正方形の内部に，最初に引いた３本に垂直な線を１本引き，さらに図のように２点を結んだものです。斜線部の面積の和が22.8 cm^2のとき，[　　　]に当てはまる数を答えなさい。

（３）図３のように正方形の内部に線を引きました。斜線部の面積の和は何cm^2ですか。

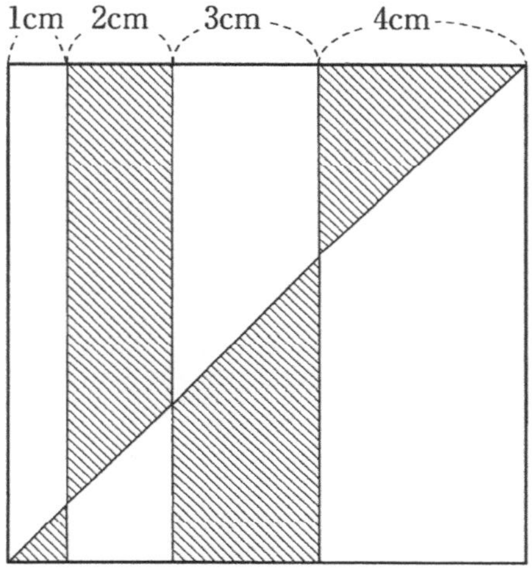

図　1

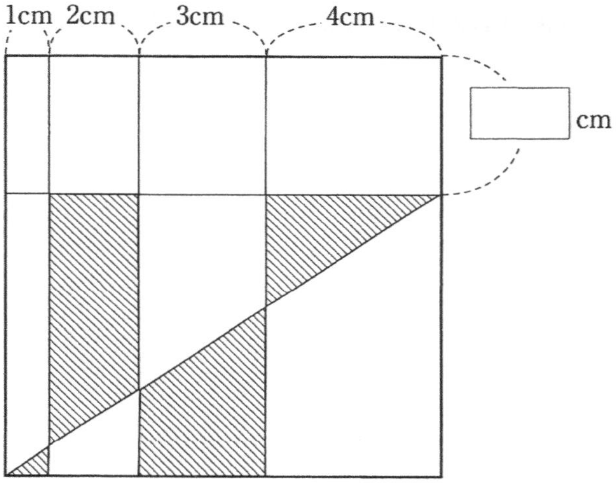

図　2

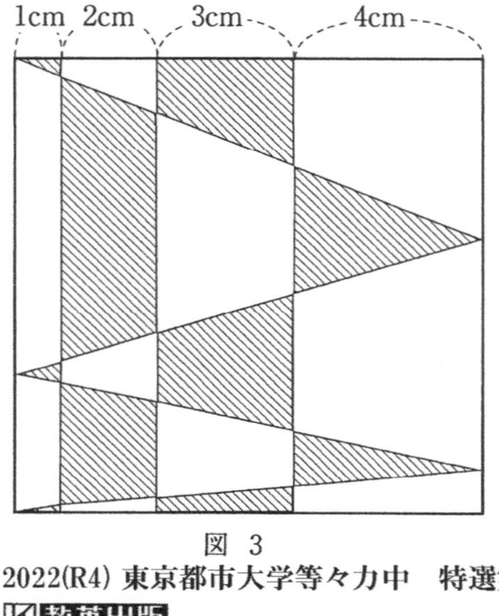

図　3

4　太《た》郎《ろう》くんは階段を上るとき，一度に１段，または２段上ることができます。
例えば，

① １段からなる階段の上り方は１通りあります。

② ２段からなる階段の上り方は２通りあります。

次の問いに答えなさい。

（１）３段からなる階段の上り方は何通りありますか。

（２）４段からなる階段の上り方は何通りありますか。

（３）９段からなる階段の上り方は何通りありますか。

4 2021年9月21日は、満月であると同時に中秋の名月（旧暦の8月15日の夜の月）でもありました。中秋の名月が常に満月であるとは限らず、2021年は2013年以来で8年ぶりでした。

問1 2021年の秋分の日は9月23日でした。この日の月の南中時刻とその時の形として適当な選択肢を≪南中時刻≫と≪形≫からそれぞれ1つずつ選び、番号で答えなさい。

問2 月は満ち欠けを繰り返すことが知られていますが、その周期として最も適当な選択肢を1つ選び、番号で答えなさい。

①10.4日　②18.9日　③23.4日　④29.5日

問3 2022年2月のよく晴れたある日、世田谷区に住むトドロウ君は、月の観測をしようと考えて、空がすべて映せるように、ビデオカメラを一日中(0時～24時)設置しました。しかし、月を撮影することはできませんでした。2月の何日だと考えられるか答えなさい。

問4 2022年は9月10日が中秋の名月です。この日の月の南中時刻とその時の形として適当な選択肢を≪南中時刻≫と≪形≫からそれぞれ1つずつ選び、番号で答えなさい。

≪南中時刻≫

①午前2時　②午前6時　③午前10時　④正午0時

⑤午後2時　⑥午後6時　⑦午後10時　⑧真夜中0時

≪形≫

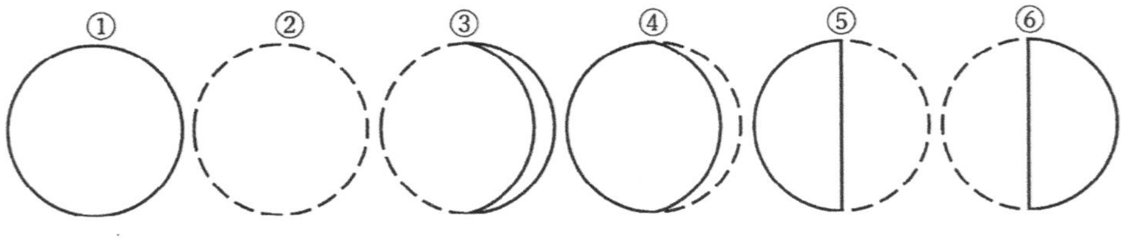

問２ 下線部②について、会話文をよく読み、水 100g に硝酸カリウムがとける量が温度によってどう変わるかを示すグラフをかきなさい。ただし、【グラフの例】のようにデータをプロットする（点で示す）のみにし、データどうしを線でつながないこと。

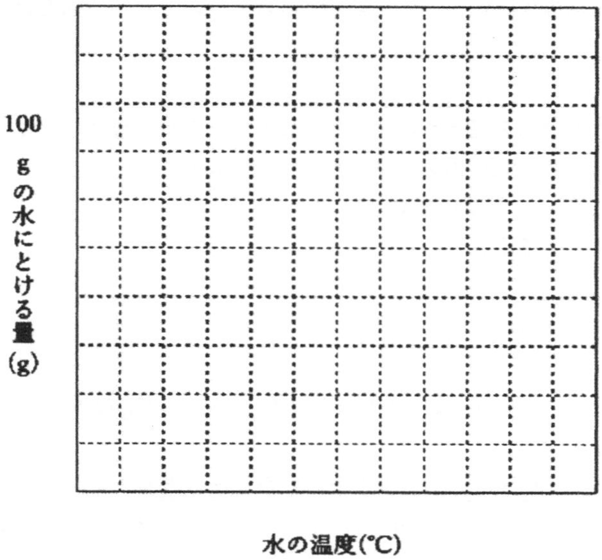

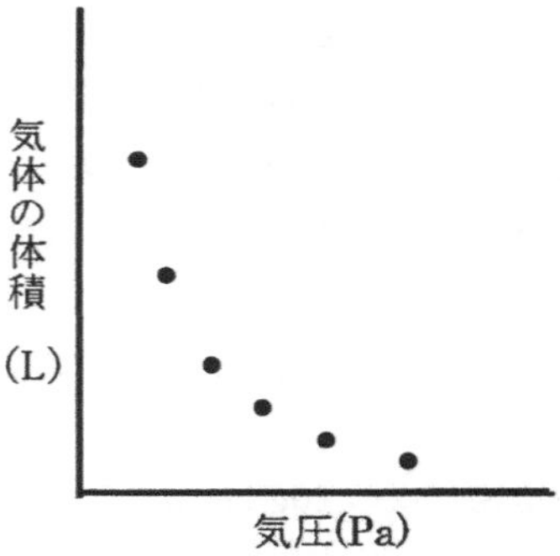

【グラフの例】

問３ 問２でかいたグラフをよみ，次の問いに答えなさい。

ア．38.5℃の水 50g に硝酸カリウムは何 g とけるか。整数で答えなさい。

イ．60℃の水 200g に硝酸カリウムを 100g とかした。これを 26.5℃まで冷やすと、何 g の硝酸カリウムが結晶として出てくるか。整数で答えなさい。

問４ 食塩とミョウバンの結晶ができるはやさが違う理由を説明する次の文章のア～オにあてはまる適切な言葉を下の【選択肢】①～⑦から選び、番号で答えなさい。ただし、同じ番号を何回選んでも構わない。

ミョウバンは温度によって水にとける量の差が（　ア　）ので、温かい水にとかしたあとに（　イ　）と結晶が出てくる。一方で、食塩は温度によって水にとける量の差が（　ウ　）ので、水にとかしたあとに（　エ　）だけでは結晶はなかなか出ない。食塩の結晶が出てくるには、水の量が（　オ　）必要がある。これが自然に起こるには時間がかかるので、食塩の結晶はミョウバンの結晶より出てくるのに時間がかかる。

【選択肢】

①　へる　　②　ふえる　　③　小さい　　④　大きい　　⑤　ない

⑥　あたためる　　⑦　冷やす

つとむ先生：じゃあ、水を100g用意しよう。電子天びんで正確に測るよ。まず20gの硝酸カリウムを水100gにとかしてみてごらん。水温はいま7.5℃だ。全部とけるかな？

ひとしくん：一生懸命かき混ぜましたけど、ほんの少しとけのこりがあります。

つとむ先生：じゃあ、少しずつ温めながら温度をあげていこう。いま見えているとけのこりが全部とけたら、そのときの温度を記録するよ。

りかこさん：8.5℃！先生、8.5℃で全部とけました！

つとむ先生：じゃあ、これにさらに20gの硝酸カリウムを足そう。足した硝酸カリウムが全部とけたときの温度を、記録するよ。この操作を、水にとかした硝酸カリウムが合計で100gになるまでくり返すよ。

ひとしくん：はい。硝酸カリウム20gを足しました。かき混ぜます。

つとむ先生：弱火で加熱してね。強火だと温度変化が急すぎるから。

ひとしくん：はい。

りかこさん：26.5℃で全部とけたわ。これをくり返すのね。

（中略）

りかこさん：次の20gは38.5℃で全部とけて、その次の20gは48.0℃でとけた。最後の20gは56.2℃で全部とけました。

ひとしくん：ということは、②グラフをかくと、ミョウバンと似たような形になりそうだね。

つとむ先生：そうだね。実は、水にとける物質は、ミョウバンや硝酸カリウムのように、温度が高くなると、とける量がふえるものが多いよ。

ひとしくん：逆に言えば、温度が下がると、とける量がへるってことですね。

つとむ先生：いい表現だね。ひとしくんは家でミョウバンの結晶をつくるときに、一度水を温めてからつくったでしょ？

ひとしくん：はい。インターネットでミョウバンの結晶づくりを検索したら、そう書いてあったので。あっ！そうか、分かった！ミョウバンの結晶がどうして割とはやくできたのか、分かっちゃいました！

りかこさん：私も分かっちゃった！ところで、食塩の結晶をつくるときには、水を温めたりはしなかったわ。それって、食塩は温度を上げてもとける量がそんなに変わらないからだったのね。

ひとしくん：ってことは、一度水にとけた食塩を結晶にしようと思うと…。分かっちゃった！

りかこさん：ねっ！そうだったんだわ。それは時間がかかるはずだわ。つとむ先生、理解できました！ありがとうございました！

問１　下線部①について、食塩の結晶のかたちを表した図を下のア～エから１つ選び、記号で答えなさい。

ア　イ　ウ　エ

2022(R4) 東京都市大学等々力中　特選第１回
K 教英出版

ヒサシ：そうなんだ、だから全然違う雰囲気《ふんいき》だったんだね。
あのさ、オッコトヌシっていうイノシシの神様が出てきた時にね、「あれは鎮西《ちんぜい》のオッコトヌシだ。」「鎮西の？海を越えてきたと言うのか！？」っていうシーンがあったでしょ？鎮西ってどこ？

父：鎮西はさ、鎌倉時代に日本が攻めこまれた（　う　）がヒントになるんじゃない？鎌倉時代にあの地方を守るために置かれた役職に鎮西奉行とか鎮西探題とかがあったでしょ？
そういえば、この映画では「たたら場」の話が出てくるでしょ？これは鉄を作る作業場なんだ。日本では昔から中国地方での「たたら製鉄」が有名だけど、実は東北地方でも砂鉄などによる「たたら製鉄」が普及していたとされているんだ。あの「たたら場」のある村がどっちの地方だったとしても、関門海峡の下関の海は渡ることにはなるよね。

ヒサシ：あっ！そうか！だからあの「たたら場」のある村では、鉄を使ってＥ鉄砲みたいな武器を作ってたってことか。

父：そうだね。あとね、「たたら場」があった場所では、昔から暴風を巻き起こす巨人が出てくるという民話・伝承が共通して言い伝えられてるんだって。

ヒサシ：まさかそれって…、デイダラボッチ？

父：正解。ダイダラボッチっていうのが一般的らしいよ。日本各地の民話や昔話で登場する巨人で共通して山や川、湖などの地形を作ったと言われているんだって。
こうやって歴史を少し詳しくみていくだけで、今度はもっと面白く映画を楽しんでいくことができるね。

問１　文中の（　あ　）～（　う　）にあてはまる言葉を答えなさい。

問２　下線部Ａについて、その天満宮の名称として正しいものを、次の①～④から選びなさい。

①　北野天満宮　　②　太宰府天満宮　　③　湯島天満宮　　④　大阪天満宮

問３　下線部Ｂについて、1156年の保元の乱で崇徳上皇が対立した天皇は誰ですか。

問４　下線部Ｃについて、**[写真]** を参考に、この祭りの名称として正しいものを、次の①～④から選びなさい。

① 葵《あおい》祭
② 時代祭
③ 神田祭
④ 祇園《ぎおん》祭

[写真]

問５　下線部Ｄについて、桓武天皇の命令で、東北地方で蝦夷と戦った征夷大将軍は誰ですか。

問６　下線部Ｅについて、鉄砲は「何世紀、どこの国の人によって、日本のどこに」伝わりましたか。25字以内で説明しなさい。

3 次の文章を読んで、後の問いに答えなさい。

ゆうじろう：世の中って、やっぱり「お金」が一番なのかな。
りょうこ　：急にどうしたの。私はそうは思わないけど、そう思うようなできごとがあったの？
ゆうじろう：A 1月の国会を見ていたら、みんなお金の話ばっかりしていたんだよね。
きみひこ　：それはB 予算を決めているからだよ。今は借金まみれだけどね。
りょうこ　：何で借金をしてまでお金を使うんだろう。収入だけでまかなえないのかな。
きみひこ　：僕は今、借金をしてでも景気を(　あ　)ために、お金を使うべきだと思う。
りょうこ　：私はそうは思わないな。将来の子どもたちに借金を(　い　)ために、借金をするべきじゃないと思う。
ゆうじろう：多少の借金は仕方がない気がするけど、こういう意見ってどうやって表明すればよいのだろう。C SNSかな。
きみひこ　：一番はD 選挙だと思う。あとはデモに参加するとか。
りょうこ　：最近はE 海外でデモの取り締まりが強化されている国もあるようだよ。
ゆうじろう：みんなが自分の考えを自由に述べる場が失われてほしくないよね。

問1　文章中の(　あ　)・(　い　)にあてはまる語句を、解答らんに合うように答えなさい。

問2　下線部Aについて、この国会の種類は何ですか。次の①～④から選びなさい。

①　通常国会　　②　臨時国会　　③　特別国会　　④　緊急集会

問3　次の資料を参考に、本文中の3名の登場人物のうち、「小さな政府」の考え方を最も強く持つと考えられる人物を、後の①～③から選びなさい。

税金を多く集める代わりに国民生活に政府が大きく関与する政府を「大きな政府」、政府の役割を最低限にとどめ、民間にできることは、民間にまかせる政府を「小さな政府」という。

①　ゆうじろう　　②　きみひこ　　③　りょうこ

問４　下線部Ｂについて、次の［グラフ］の説明として正しいものを、後の①～④から選びなさい。

［グラフ］令和2年度一般会計歳出・歳入の構成

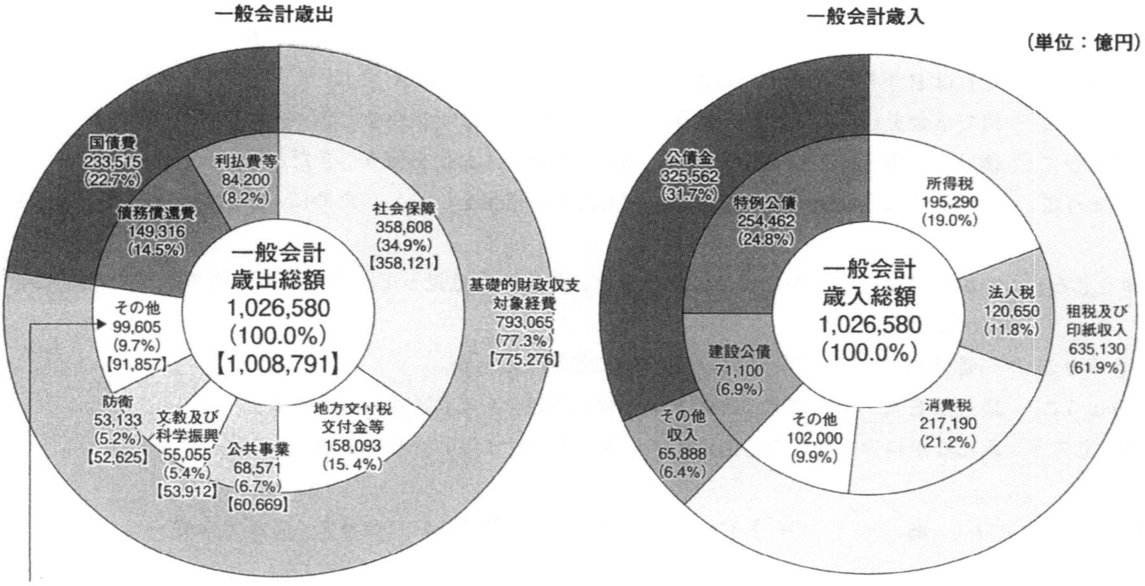

食料安定供給	9,840	(1.0%)	【9,832】
エネルギー対策	9,495	(0.9%)	【9,008】
経済協力	5,123	(0.5%)	
恩給	1,750	(0.2%)	
中小企業対策	1,753	(0.2%)	【1,723】
その他の事項経費	66,645	(6.5%)	【59,422】
予備費	5,000	(0.5%)	

※「基礎的財政収支対象経費」とは、歳出のうち国債費を除いた経費のこと。当年度の政策的経費を表す指標。
※「一般歳出」(＝「基礎的財政収支対象経費」から「地方交付税交付金等」を除いたもの) は、634,972 (61.9%)【617,184】

(注1) 計数については、それぞれ四捨五入によっているので、端数において合計とは合致しないものがある。
(注2) 一般歳出※における社会保障関係費の割合は56.5%。
(注3) 【 】内は臨時・特別の措置を除いた計数。

(財務省(2020)「令和２年度予算のポイント」)

① 令和２年度の一般会計歳出総額は、102万6580円である。
② 令和２年度の一般会計歳出総額は、一般会計歳入総額を上回っている。
③ 一般会計歳出において、「社会保障」は「防衛」の６倍を超えている。
④ 一般会計歳入において、税収が最も多いのは「所得税」である。

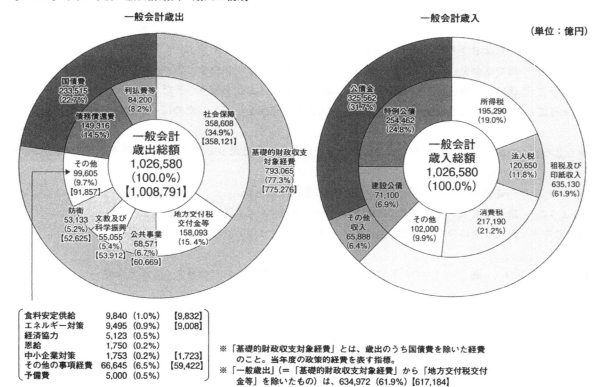

問５　下線部Ｃについて、最近はSNSなどを通じて、事実とは異なる情報が一気に拡散していくことが問題となっています。この事実とは異なる情報のことを何といいますか。カタカナ８字で答えなさい。

問６　下線部Ｄについて、日本の選挙制度の説明として誤っているものを、次の①～④から選びなさい。

①　投票ができるのは、衆議院・参議院ともに18歳からである。
②　立候補ができるのは、衆議院・参議院ともに25歳からである。
③　内閣総理大臣は、国会議員の投票により指名される。
④　女性が選挙権を得たのは、第二次世界大戦の終戦後である。

問７　下線部Ｅについて、このような国の多くが独裁政権とよばれる政治手法をとっています。独裁政権ではなぜ自由な言論が認められにくい傾向があるのでしょうか、次の２つの言葉を必ず使用して20字以内で説明しなさい。

【政権】　　　　【安定】

九

三

一 1	一 2	一 3	二	三	四	五 A	五 B	五 C	六	七	八

四

一	二	三	四	五

三

問一
1
2
3

問二

問三

問四
最初
〜
最後

問五
A
B
C

問六
35 30 20 10

問七

問八

問一．３点×３
問二．３点
問三．３点
問四．３点
問五．２点×３
問六．５点
問七．３点
問八．３点

四

問一

問二
20 10
ため。

問三

問四

問五

３点×５

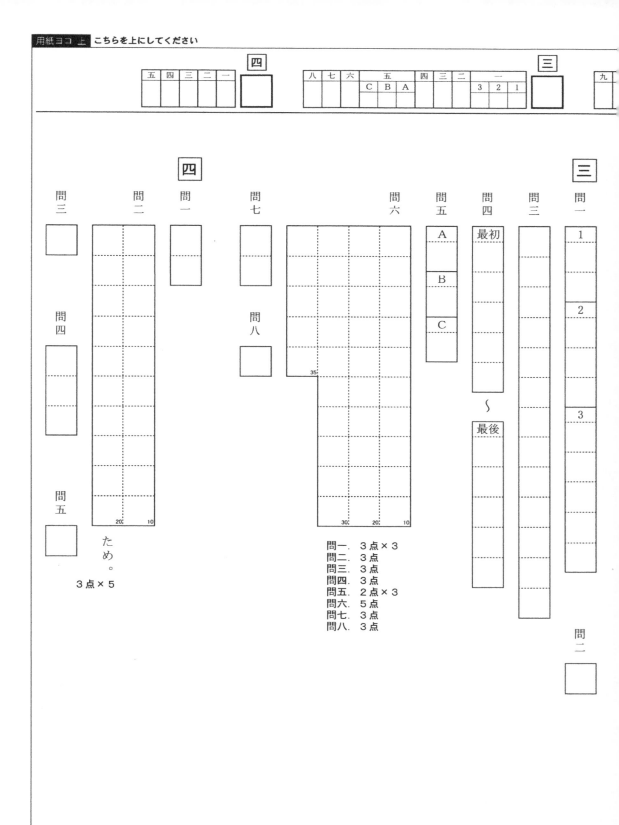

※100点満点

評価点	令和４年度 特選コース （２月１日午前） 第１回　中学入学試験問題　〔算数〕　解答用紙
	氏名

受験番号		
		⓪ ① ② ③ ④ ⑤ ⑥ ⑦ ⑧ ⑨
		⓪ ① ② ③ ④ ⑤ ⑥ ⑦ ⑧ ⑨
		⓪ ① ② ③ ④ ⑤ ⑥ ⑦ ⑧ ⑨
		⓪ ① ② ③ ④ ⑤ ⑥ ⑦ ⑧ ⑨

（記入例）

良い例	●	
悪い例	✓	◎ ●

《注意事項》

・解答は解答欄の枠内に濃くはっきりと記入して下さい。

・解答欄以外の部分には何も書かないで下さい。

用紙タテ 上　こちらを上にしてください

5点×20

1

(1)		(2)		(3)	

2

(1)	分速　　　m	(2)	円	(3)	cm^2
(4)	日	(5)			

【解答

評価点

令和４年度　特選コース

第Ｉ回　中学入学試験問題　〔理科〕　解答用紙　（２月Ｉ日午前）

氏名

受験番号	
	⓪ ① ② ③ ④ ⑤ ⑥ ⑦ ⑧ ⑨
	⓪ ① ② ③ ④ ⑤ ⑥ ⑦ ⑧ ⑨
	⓪ ① ② ③ ④ ⑤ ⑥ ⑦ ⑧ ⑨
	⓪ ① ② ③ ④ ⑤ ⑥ ⑦ ⑧ ⑨

※50点満点

記入例

良い例	●	
悪い例	✓	◉ ●

≪注意事項≫

・解答は解答欄の枠内に濃くはっきりと記入して下さい。

・解答欄以外の部分には何も書かないで下さい。

用紙タテ 上　こちらを上にしてください

1

問１

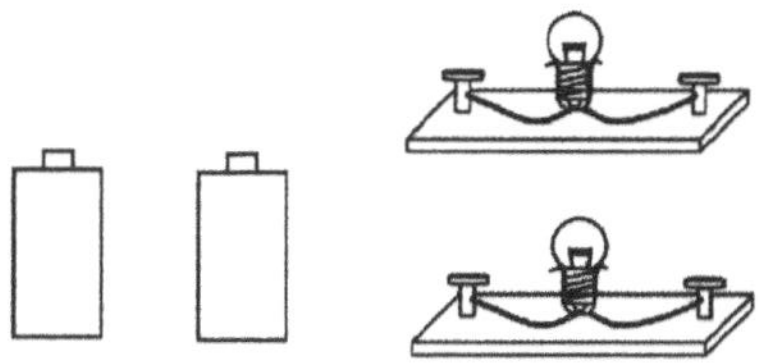

問２

問３	回路あ	回路い	回路う	回路え

問１．３点
問２．３点
問３．２点×４

2

問１

問２

問３

問４

３点×４

【解答用

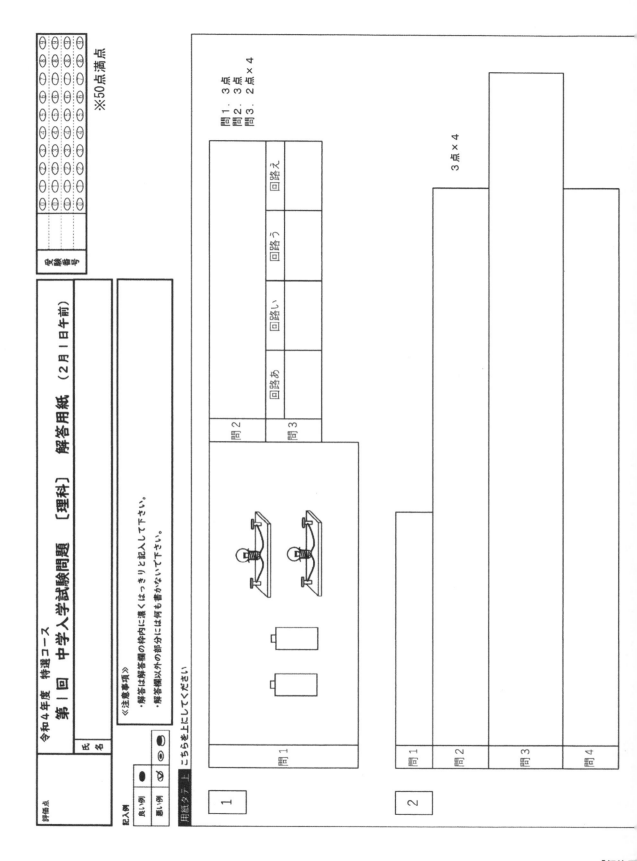

評価点

令和４年度　特選コース

第１回　中学入学試験問題　〔社会〕　解答用紙　（２月１日午前）

氏名

受験番号

	⓪	①	②	③	④	⑤	⑥	⑦	⑧	⑨
	⓪	①	②	③	④	⑤	⑥	⑦	⑧	⑨
	⓪	①	②	③	④	⑤	⑥	⑦	⑧	⑨
	⓪	①	②	③	④	⑤	⑥	⑦	⑧	⑨

※50点満点

記入例

良い例	●	
悪い例	✓	⦿ ●

≪注意事項≫

・解答は解答欄の枠内に濃くはっきりと記入して下さい。

・解答欄以外の部分には何も書かないで下さい。

用紙タテ 上　こちらを上にしてください

この場所に解答しないこと

1

問1 (1) 東京都　　大阪府

愛知県　　福岡県

(2)

(3) あ　　い

問2 (1)　　(2)

(3)

問3

問1．⑴１点×４
⑵１点
⑶２点×２
問２．⑴１点
⑵１点
⑶４点
問３．１点

2

問1 あ　　い

う

問１．２点×３
問２．２点
問３．２点

【解答用

問3

問4

問5

問6

3 問1 あ 景気を　　　ため

い 借金を　　　ため

問2

問3

問4

問5

問6

問7

問1．２点×２
問2．２点
問3．２点
問4．２点
問5．２点
問6．２点
問7．３点

問2

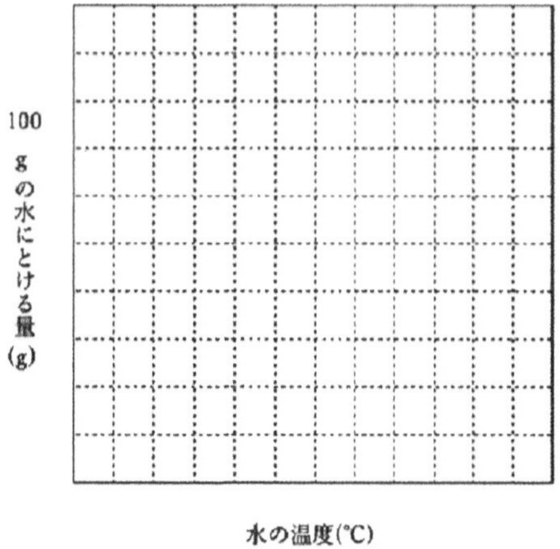

問3	ア.　　g		イ.　　g		
問4	ア	イ	ウ	エ	オ

問1．２点
問2．２点
問3．２点×２
問4．完答３点

4

問1	≪南中時刻≫	≪形≫
問2		
問3	２月　　日	
問4	≪南中時刻≫	≪形≫

問1．完答３点
問2．２点
問3．４点
問4．完答４点

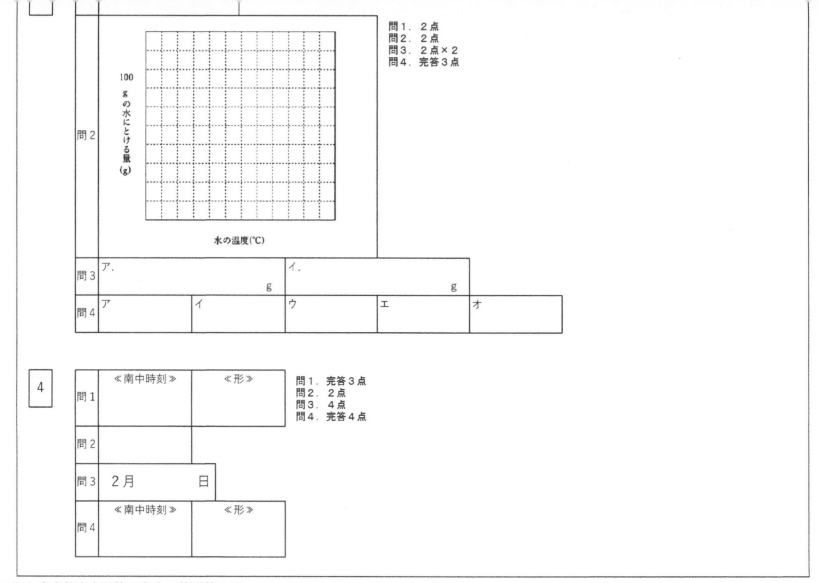

(3)	ア	指が	イ	回目

4

(1)	通り	(2)	通り	(3)	通り

5

(1)	cm^2	(2)	cm	(3)	cm^2

6

(1)	分間	(2)	分間	(3)	m

令和４年度 特選コース

第１回 中学校入学試験問題 〔国語〕 解答用紙 （２月１日午前）

注意事項
・解答は解答欄の枠内に濃くはっきりと記入して下さい。
・解答欄以外の部分には何も書かないで下さい。

氏名

受験番号

0 1 2 3 4 5 6 7 8 9

評価点

※100点満点

一

1	2	3	4	5	6	7	8	9	10

二

一	二	三	四	五	六
					1

〈受験生はこれより上段には記入しないこと〉

一

1 境内

2 善良

3 深謝

4 洗顔

5 耕（す） す

6 ショウチ

7 ユウビン

8 テンジ

9 シュウシ

10 ノ（べ） べ

２点×10

二

問一

10 20 25

問二

問三

問四

A

B

C

問五

問六

1

2

問一． ５点
問二． ２点
問三． ２点
問四． ３点
問五． ３点
問六． ３点×２
問七． ３点
問八． ３点
問九． ３点

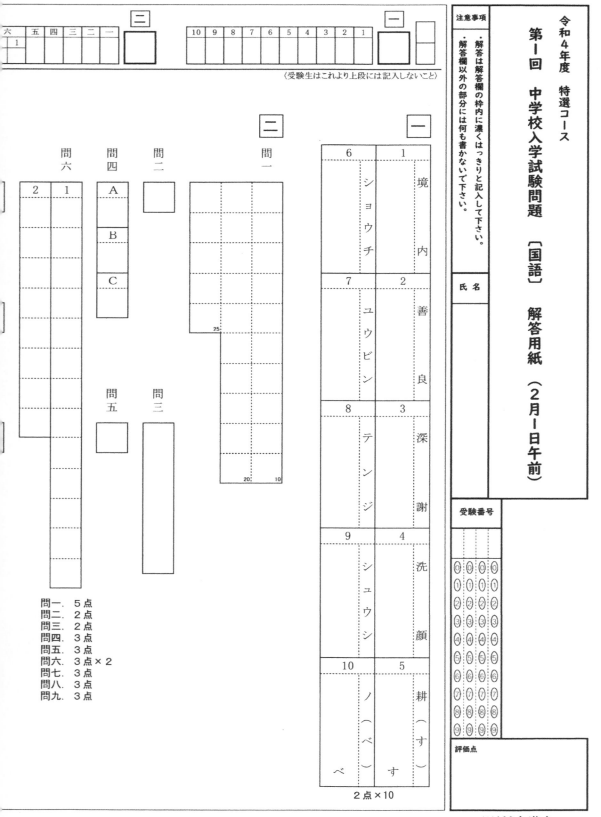

1 次の［表Ⅰ］は、大相撲の本場所の開催《かいさい》月や開催地についてまとめたものです。［表Ⅰ］について、後の問いに答えなさい。

［表Ⅰ］

開催月	通称	開催地
1月	初場所	東京都
3月	春場所	大阪府
5月	夏場所	東京都
7月	名古屋場所	愛知県
9月	秋場所	東京都
11月	九州場所	福岡県

（本校作成）

問１　［表Ⅰ］中の開催地について、次の問いに答えなさい。

（１）大相撲の本場所が開催されている都府県の形として正しいものを、次の①～⑧からそれぞれ選びなさい。地図はそれぞれ上が北とし、縮尺はそれぞれ異なります。

①

②

③

④

⑤

⑥

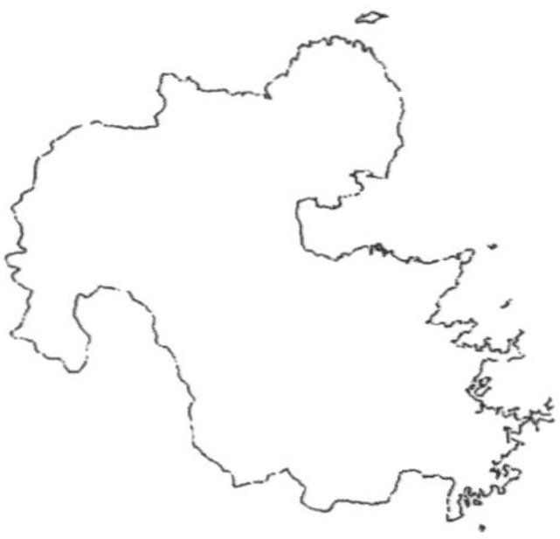

⑦

⑧

（2）次の［表Ⅱ］は、大相撲の本場所が開催されている都府県の工業出荷額を示したものです。愛知県の工業出荷額として正しいものを、［表Ⅱ］中の①～④から答えなさい。

［表Ⅱ］工業出荷額（2017年）（単位　億円）

①	79116
②	472303
③	173490
④	98040

（帝国書院HP）

（3）次の文章は、愛知県で生産されている、ある農作物について述べた文章です。文中の（　あ　）・（　い　）にあてはまる言葉を答えなさい。

（　あ　）は、太陽の出ている時間が短くなると花を咲《さ》かせる性質があります。この性質を利用して、人工的に（　い　）の時間を長くすることで、開花を本来の時期よりも遅《おく》らせる電照栽培《さいばい》は、愛知県で開発された技術で、全国的に広く普及《ふきゅう》しています。愛知県の（　あ　）の産出額は全国の約3分の1を占《し》め、全国一となっています。

（「よくわかる愛知の農業　2020」　一部改変）

問２　次の［**表Ⅲ**］は、平成の間に横綱《よこづな》になった力士をまとめたものです。［**表Ⅲ**］について、後の問いに答えなさい。

［**表Ⅲ**］

代位	四股名《しこな》	出身地	連勝記録
63代	旭富士正也	青森県	24連勝
64代	曙太郎	ハワイ	16連勝
65代	貴乃花光司	東京都	30連勝
66代	若乃花勝	東京都	14連勝
67代	武蔵丸光洋	ハワイ	22連勝
68代	朝青龍明徳	モンゴル	35連勝
69代	白鵬翔	モンゴル	63連勝
70代	日馬富士公平	モンゴル	32連勝
71代	鶴竜力三郎	モンゴル	16連勝
72代	稀勢の里寛	茨城県	18連勝

（本校作成）

（１）［**表Ⅲ**］から読み取れることとして誤っているものを、次の①～④から選びなさい。

①　平成の間に横綱になった力士は全部で10名おり、そのうち日本出身は４名いる。
②　白鵬の連勝記録が最も長く、他のどの力士より２倍以上長い。
③　どの力士も最低でも二桁《けた》連勝の記録を持つが、最も短いのは若乃花である。
④　出身地として一番多いのはモンゴルであり、平成の間、近畿地方出身の力士は、横綱になっていない。

（２）［**表Ⅲ**］中に登場するハワイ・モンゴルと日本の時差について述べた文章として正しいものを、次の①～④から選びなさい。

①　ハワイは日本より早く１月１日を迎え、モンゴルは日本より遅く１月１日を迎える。
②　ハワイは日本より遅く１月１日を迎え、モンゴルも日本より遅く１月１日を迎える。
③　ハワイは日本より早く１月１日を迎え、モンゴルも日本より早く１月１日を迎える。
④　ハワイは日本より遅く１月１日を迎え、モンゴルは日本より早く１月１日を迎える。

（3）［表Ⅲ］からもわかるように、近年では外国出身の横綱が増えています。また、次の［表Ⅳ］のように、大相撲の力士の国際化が進みつつあります。このように相撲の国際化が進むことで、日本にとってどのような良い影響《えいきょう》があると考えられますか。次の言葉を必ず使用して、15字以内で答えなさい。

【増加】

［表Ⅳ］歴代外国人相撲力士の出身の多い国・地域※

順位	国名	人数
1	モンゴル	57
2	アメリカ合衆国（米国）	31
3	ブラジル	16
4	大韓民国（韓国)、中華人民共和国（中国）	12
6	台湾	11
7	トンガ	8
8	ロシア	6
9	フィリピン	5
10	ジョージア	4

※戦後力士に限る。　（外務省HP）

問３　以下の［資料Ⅰ］と［資料Ⅱ］は、経済産業省の作成した、相撲の人気に関する資料です。［資料Ⅰ］［資料Ⅱ］から読み取れることとして正しいものを、後の①～④から選びなさい。

［資料Ⅰ］「するスポーツ」と「観るスポーツ」の人気動向

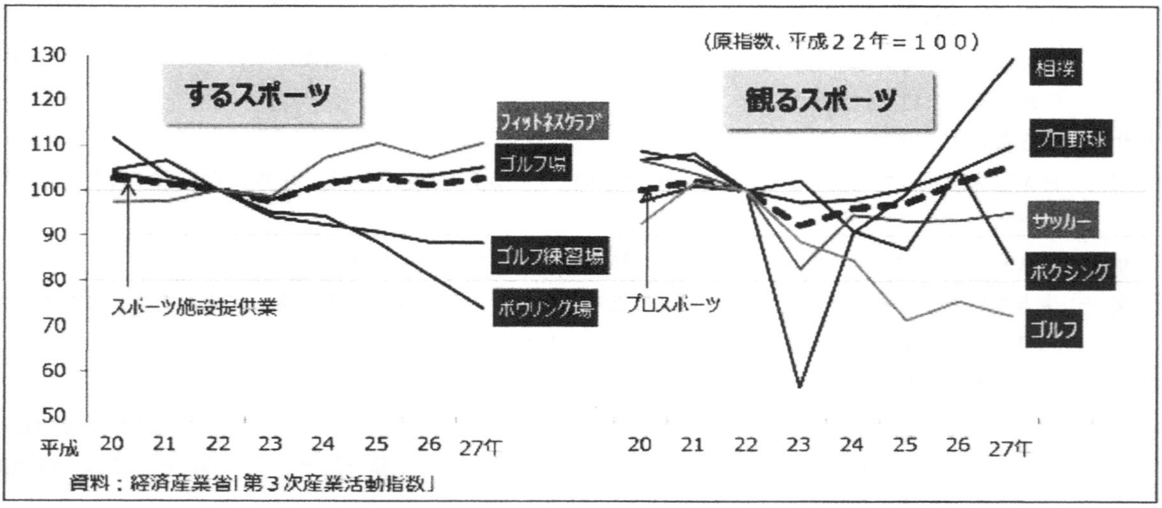

［資料Ⅱ］平成５年～平成27年の相撲人気動向

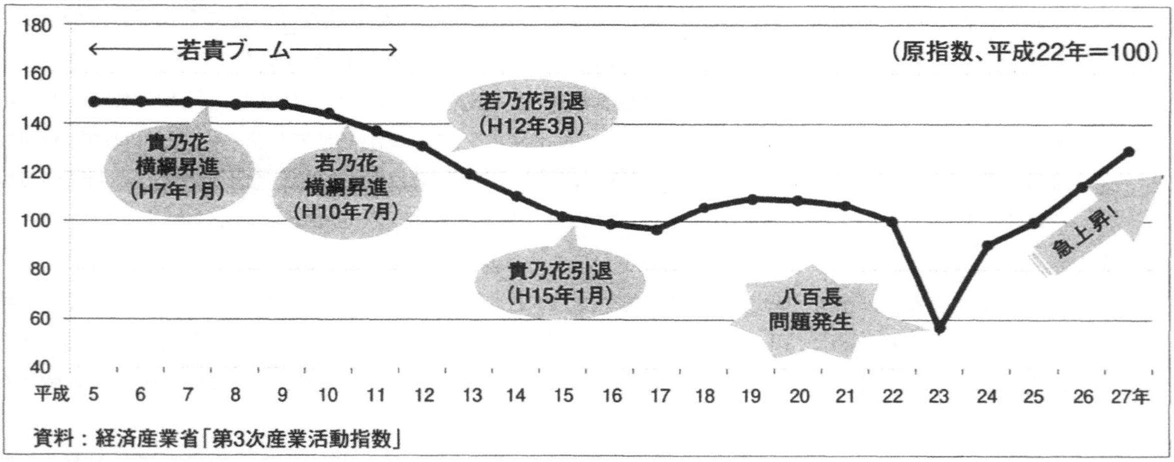

（ともに「経済産業省HP」）

①　平成22年と比べて平成27年時点では、「するスポーツ」の中ではゴルフ練習場の人気が最も低迷しており、「観るスポーツ」の中では相撲の人気が最も上昇《じょうしょう》している。

②　平成22年と比べて平成27年時点では、「するスポーツ」の中ではゴルフ場の人気が最も上昇しており、「観るスポーツ」の中ではボクシングが最も低迷している。

③　２つの資料を見比べると、平成23年に「観るスポーツ」としての相撲の人気が低迷したのは、大相撲におけるいわゆる八百長《やおちょう》問題が発生した影響とわかる。

④　２つの資料を見比べると、平成27年ごろに「観るスポーツ」としての相撲の人気が急上昇したのは、若貴ブームが背景にあったとわかる。

2 次の親子の会話を読んで、後の問いに答えなさい。

父　：今日は楽しかったね。大好きな『もののけ姫』を映画館で見た感想は？

ヒサシ：とても迫力があったね。 特に主人公アシタカの村に、祟《たた》り神のイノシシが襲ってきたシーンは迫力があったよね。

父　：そうだね。昔の人たちはね、祟りや怨霊《おんりょう》を恐れながら、生活していたんだ。日本には三大怨霊というのがいるんだけど、知ってる？

ヒサシ：知らないよ。何かこわいな。

父　：日本三大怨霊っていうのは、(　あ　)、(　い　)、崇徳《すとく》上皇っていう、実際に存在していた人たちなんだよ。

ヒサシ：(　い　)って聞いたことあるよ。学問の神様でしょ。なんで人が怨霊になったの？

父　：生きている時に他の人にとてもひどいことをされて、とても悔《くや》しい思いをして死んでしまった人たちの思いが、怨霊となってあらわれていると言われているんだ。

ヒサシ：そうなんだ。どんなことがあったの？

父　：(　い　)のお話は有名でね。彼は非常に賢くて真面目な政治家だったんだ。894年に遣唐使を中止にしたってことでも有名だね。だけど、当時一番力を持っていた藤原氏という一族にとっては、政治的には非常に邪魔《じゃま》な存在だったんだ。

ヒサシ：もしかして、だからいじめられちゃったってこと？

父　：そうだね。だから最終的に彼は変な噂《うわさ》を流されたりして、都から遠く離れた土地に飛ばされてしまったんだ。だからその飛ばされた土地には、今はその人を祀《まつ》ったA有名な社が建てられているね。

ヒサシ：そうなんだ。じゃあ(　あ　)と崇徳上皇も同じ様にかわいそうな目にあった人なの？

父　：そうだね。(　あ　)は地域の農民たちを横暴な役人たちから守ろうとしたけど、関東の地域に独立国家を作ろうとしたとか、新皇と名乗ったとかで反乱者としてあつかわれてしまったと言われているね。今は神田明神に祀られているよ。首塚《くびづか》でも有名だね。崇徳上皇はかわいそうな境遇《きょうぐう》で育った上皇でね。その上、B弟である天皇と保元の乱で争い、負けて島流しになったとされているんだ。

ヒサシ：かわいそうだね。悪いことをした人とかいじめた人が謝った方が良いんじゃないの？

父　：うん、そうだね。だからこれまで生きてきた人たちは、この辛《つら》い思いをした怨霊たちが生きている時の功績をしっかり認めて、その上で怒ってる気持ちを鎮《しず》めようと、御霊会《ごりょうえ》っていう儀式を行ってきたんだよ。その名残《なごり》は今でもあるね。C京都では今でも毎年7月になるとこの御霊会の儀式の名残となっている祭りが行われているね。

ヒサシ：そういえば、主人公のアシタカがその祟り神に呪《のろ》われて自分の村を出て、ほかの村を通りがかった時に気づいたんだけどね。アシタカの村の人たちの服と、ほかの村の人たちの服とかが違うよね。アシタカの服の方が何か珍《めずら》しい気がしたんだけど。

父　：よく気づいたね。この映画の設定はね、室町時代の東北地方のお話じゃないかと言われているんだ。昔から東北よりも北側の地域には、D蝦夷とかその他の別民族の人たちがいてね。この人たちは、当時の日本の朝廷と戦っていたんだけど、平安時代くらいから政府に従うようになっていったんだ。でもその後も東北よりも北側の地域で、独自の文化的な生活を続けていたと言われているんだよ。だから室町時代でも、ちょっと違う文化的な生活を続けていたんだ。よく知られている北海道のアイヌ民族も別の民族だね。映画ではそうした部分を取り入れたのかもしれないね。

令和４年度　特別選抜コース

第１回　入学試験問題（２月１日　午前）

社　　会

（※社会と理科２科目60分）

注　意

1　この問題用紙は、試験開始の合図で開くこと。

2　問題用紙と解答用紙に受験番号・氏名を記入すること。

3　答えはすべて解答用紙に記入すること。
漢字で書くべき解答は、漢字で答えること。

4　印刷がわからない場合は申し出ること。

5　試験終了の合図でやめること。

受験番号		氏名	

東京都市大学等々力中学校

1　誠也くんは、友達の良吏《りょうじ》くんの家で一緒に夏休みの自由研究として「乾電池と豆電球の明るさ」について調べることにしました。あとの問いに答えなさい。

まず、誠也くんは、同じ種類の豆電球２個と同じ種類の乾電池２個を使って、いろいろな回路をつくって豆電球の明るさについて調べてみることにしました。

問１　２個の豆電球が最も明るく点灯する回路にするには、どのようにつなげばよいですか。解答欄の図に線をかき入れて回路を完成させなさい。

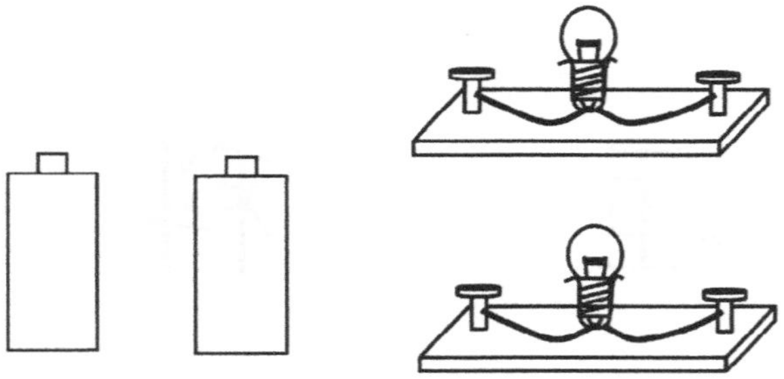

次に、誠也くんはソケットから出した同じ種類の豆電球と乾電池を使って、いろいろな回路をつくって豆電球の明るさについて調べてみることにしました。

問２　豆電球Ａ～Ｉのうち、点灯しないものをすべて選び、記号で答えなさい。

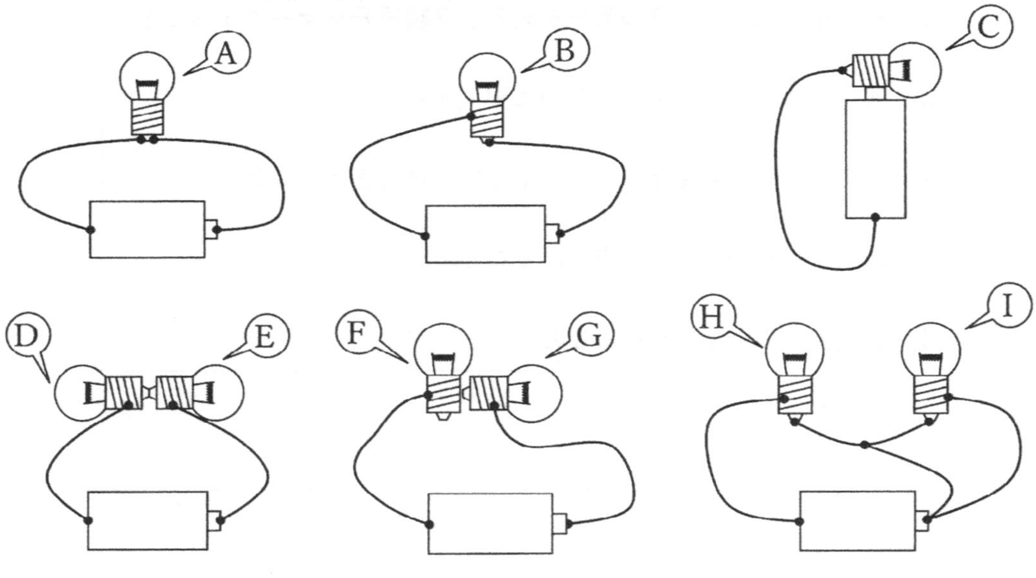

次に、友達の良吏くんは、乾電池１個と同じ種類の豆電球３個を使って[回路あ]～[回路え]の４種類の回路をつくりました。３個の豆電球のうち１つだけ切れていて点灯しないそうです。しかし、どれかわかりません。ただし、回路図中の⊗は豆電球の記号を表しているものとします。

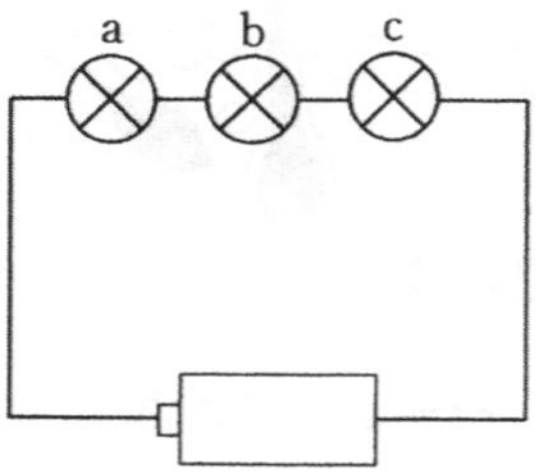

[回路あ]

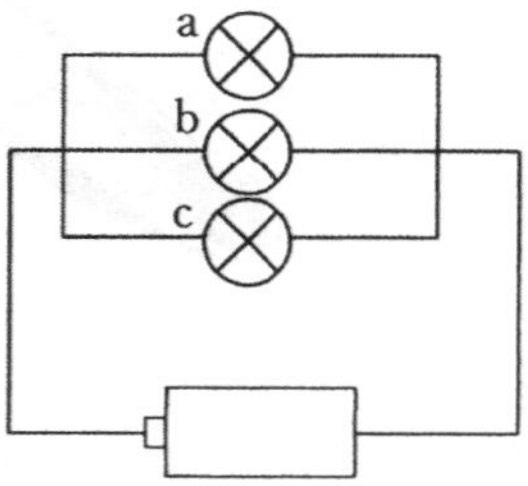

[回路い]

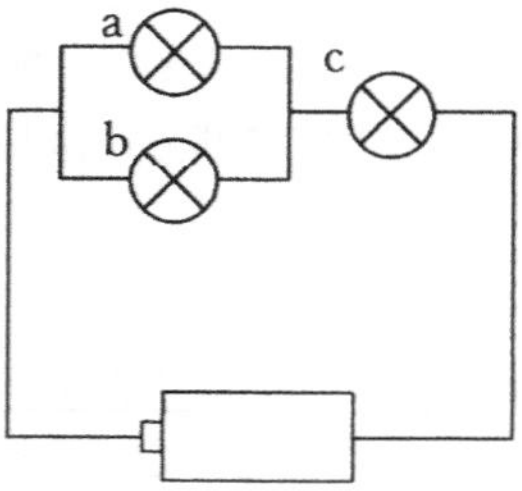

[回路う]

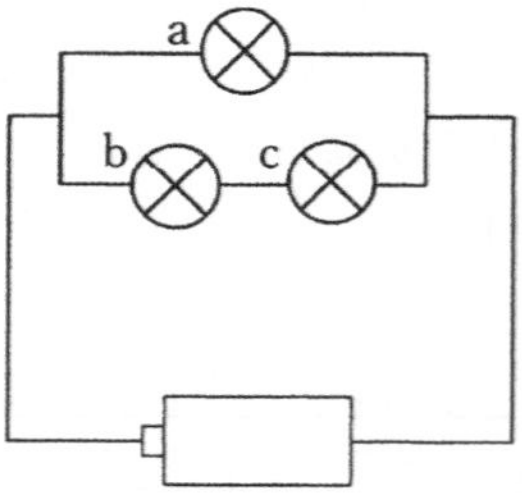

[回路え]

問３　[回路あ]～[回路え]のそれぞれの回路で切れている豆電球を見つけるとき、切れている豆電球がａ，ｂ，ｃのどこにあれば見つけることができますか。次の①～⑧からそれぞれ１つずつ選び、番号で答えなさい。ただし、同じ番号を何度選んでもよいものとする。

①　ａにあるときだけわかる
②　ｂにあるときだけわかる
③　ｃにあるときだけわかる
④　ａとｂのどちらにあってもわかる
⑤　ｂとｃのどちらにあってもわかる
⑥　ａとｃのどちらにあってもわかる
⑦　ａ～ｃのどこにあってもわかる
⑧　ａ～ｃのどこにあってもわからない

2　立毛筋と鳥肌に関する以下の文章を読み、あとの各問いに答えなさい。

寒いときに鳥肌《とりはだ》が立つことがあります。これは立毛筋《りつもうきん》という筋肉が収縮することで起こります。立毛筋は毛の根元を引っ張り上げます。すると毛が立ち、それにともなって毛穴の部分が盛り上がります。【図1】

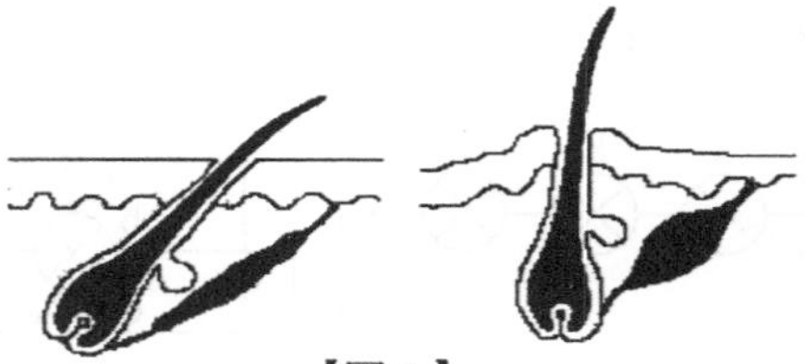

【図１】

私たちほ乳類は恒温《こうおん》動物と呼ばれており、外気の温度が変化しても、体温が一定に保たれています。この体温を一定に保つ仕組みの１つが鳥肌です。皮ふと外気の間には空気の層があります。外気がとても冷たいときでも、体温で暖められた空気の層が体を包んでいるので直接冷たい外気に触れにくくなります。この空気の層は体毛があることで、体の周りにあり続けやすくなっています。毛と毛のすきまに空気を貯《た》めこみ、空気の層が体から離《はな》れていくのを防いでいるのです。【図２】

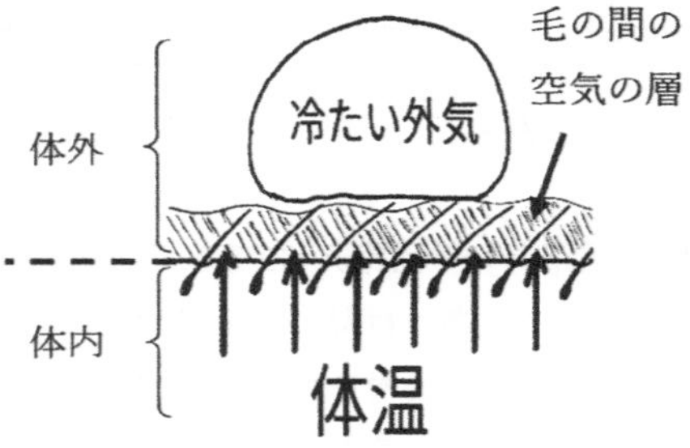

【図２】

毛の間の空気の層は風で簡単に吹き飛んでしまいます。だから風が吹くと冷たい外気に直接触れることになります。よって、冬なら同じ気温でも風が強い日の方が寒く感じることになります。また、そういう日にじっとしていると、風が吹いた瞬《しゅん》間に一気に寒さを感じることになります。そこで、鳥肌を立てて寒さから身を守ろうとしているのです。残念ながらヒトの体毛はとても細く短いので体温を保つ機能はほとんど無くなってしまったと言われています。それでも、サルのころの名残《なごり》でいまだに鳥肌が立つのです。

立毛筋は寒いとき以外にも、怖《こわ》いときや怒《おこ》ったとき、感動したときなどに収縮して、毛を立たせます。ネコが怒ったときに背中の毛が逆立つのも立毛筋によるものです。感情と鳥肌の関係は未だ解明されていない点が多いそうです。今後、鳥肌の研究から、ヒトが感動したり怒ったりする仕組みが分かってくるかもしれません。

問１　下線部に関して、ほ乳類以外に恒温動物であるものを①～⑤の中から<u>すべて選び</u>、番号で答えなさい。

①　魚類　　②　は虫類　　③　両生類　　④　鳥類　　⑤　昆虫類

問２　鳥肌が立つ以外にも、寒さに対する対策はいくつもあります。そのうちの１つが、**『震《ふる》える』**です。震えることは寒さに対してどのような効果があると考えられますか。【図２】を参考に<u>５～10字 程度</u>で答えなさい。

問３　寒冷地に生息する動物において、鳥肌が立つことは寒さに対してどのような効果があると考えられますか。本文と【図１】【図２】を参考に解答らんにおさまる範囲で説明しなさい。

問４　建物を建てるとき、外の暑さ、寒さが部屋の中に入ってこないように壁《かべ》の中に断熱材というものが入れられています。よく用いられる断熱材にはガラスウールや羊毛のような繊維《せんい》系断熱材や発泡ウレタンなどの泡を固めた発泡系断熱材があります。これらの建築用の断熱材に向いている素材にはある共通する特徴《ちょう》が必要です。どのような特徴が必要なのかを本文の内容から推測し<u>10字程度</u>で答えなさい。

3 りかこさんとひとしくんは冬休みの宿題で行った、食塩とミョウバンの結晶づくりについて話をしています。会話文を読み、あとの問いに答えなさい。

りかこさん：ねぇ、ひとしくん。冬休みの宿題はどうだった？私は①食塩の結晶づくりに挑戦したよ。
ひとしくん：僕はミョウバンを試してみた。
りかこさん：食塩の結晶って、できるのに思ったより時間がかかるのね。冬休みが始まって、すぐに取り組んだのに、なかなか大きくならなかったのよ。
ひとしくん：それは大変だったね。ミョウバンの方は、結晶は割とはやくできたよ。
りかこさん：ものによって、結晶ができるはやさが違うのね。なんでだろう？
ひとしくん：先生にきいてみようよ。
りかこさん：そうね。力《つとむ》先生に相談してみよう！
ひとしくん：つとむ先生、食塩とミョウバンってどうして結晶ができるはやさが違うんですか。
つとむ先生：あっ！宿題をやって、そこまで気づいたんだね！！嬉しいなぁ。食塩とミョウバンの水にとける量が温度によってどう変わるかを示すグラフを持ってくるから、少し待ってね。（中略）お待たせ。

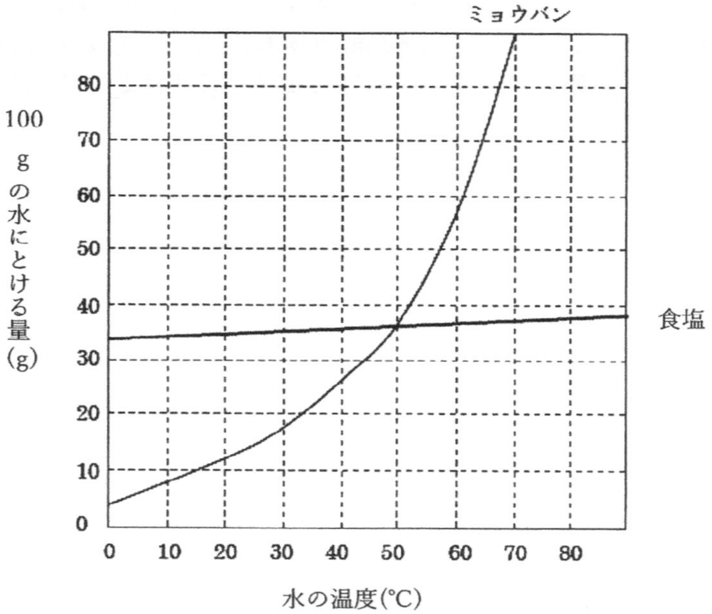

りかこさん：先生、食塩とミョウバンって、グラフの形が全然違いますね。食塩とミョウバン以外の物質のグラフはどうなんだろう？
つとむ先生：いいところに気がついたね。この違いが、“結晶のできるはやさ”に関係してくるよ。他の物質のグラフがどうなるかも気になっているんだね。ちょうど実験室に硝酸《しょうさん》カリウムという物質があるから、硝酸カリウムの水に対するとけやすさが温度によってどう変わるかも確かめてみるかい？
ひとしくん＆りかこさん：是非！

令和４年度

特別選抜コース

第１回　入学試験問題（２月１日　午前）

理　　科

（※理科と社会２科目60分）

注　意

1　この問題用紙は試験開始の合図で開くこと。

2　解答用紙に氏名・受験番号を記入し受験番号をマークすること。

3　答えはすべて解答用紙の枠内に記入すること。

4　答えに単位が必要なものは、単位をつけて答えること。

5　印刷が不鮮明な場合は申し出ること。

6　試験終了の合図でやめること。

受験番号		氏名	

東京都市大学等々力中学校

3 等《ひとし》くんは左の手のひらを広げ，親指から番号をつけて次のように数えました。

1（親指），2（人差し指），3（中指），4（薬指），5（小指），
6（薬指），7（中指），8（人差し指），9（親指），10（人差し指），
11（中指），…

このとき，次の問いに答えなさい。

（1）小指が20回目に数えられる番号はいくつですか。

（2）人差し指が100回目に数えられる番号はいくつですか。

（3） ア に当てはまる語句と イ に当てはまる数字をそれぞれ答えなさい。

ア 指が イ 回目に数えられる番号は2022です。

2 次の □ に当てはまる数を答えなさい。

（１）時速 75 km は分速 □ m です。

（２）仕入れ値が 2500 円の商品に 30％の利益を見込《こ》んで定価をつけたところ，なかなか売れなかったので，定価の２割引の □ 円で販売しました。

（３）下の図のように１辺が４cm の正方形の中に正方形の１辺の長さを直径とする４つの半円がかかれています。このとき，斜《しゃ》線部分の面積は □ cm^2 です。ただし，円周率は 3.14 とします。

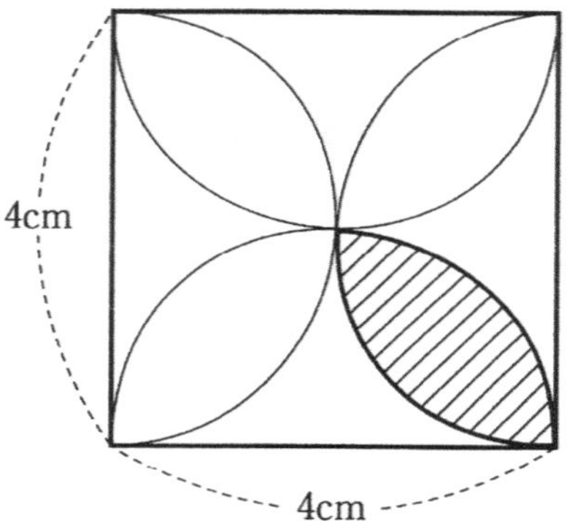

（４）ある仕事をするのに，１人で作業するとＡさんは６日かかり，Ｂさんは 36 日かかり，Ｃさんは 18 日かかります。初日だけ，ＡさんとＣさんとで協力して仕事をし，残りをＡさんとＢさんで協力して終わらせました。この仕事を終わらせるのに全部で □ 日かかりました。

（５） □ に４を足し，さらに５倍した数の十の位の数と一の位の数を入れ替《か》え，その数を２倍したら 108 になります。

1　次の $\square$ に当てはまる数を答えなさい。

（１）$\left(0.75-\frac{1}{3}+1.2-\frac{11}{12}\right)\div(0.6+0.25)=\square$

（２）$\frac{1}{3\times7}+\frac{1}{5\times9}+\frac{1}{7\times11}+\frac{1}{9\times13}+\frac{1}{11\times15}+\frac{1}{13\times17}=\square$

（３）$\left\{\left(4\frac{5}{6}-3\frac{3}{5}\right)\div\square+0.12\right\}\div1.6=1$

令和４年度　特別選抜コース

第１回　入学試験問題（２月１日　午前）

算　数（50分）

注　意

1　この問題用紙は、試験開始の合図で開くこと。

2　問題用紙と解答用紙に受験番号・氏名を記入すること。

3　答えはすべて解答用紙に記入すること。

4　印刷がわからない場合は申し出ること。

5　試験終了の合図でやめること。

受験番号		氏名	

東京都市大学等々力中学校

はっきりと自覚してもいる。そういう心のなかにもっている問題を、自分で自分にちゃんと指さすことができるかどうか。そのことが人の言葉との付きあい方の深さを決める、そう思うのです。

④自分ではなかなか気づかない。実際にある言葉を口にして、その言葉で何かを言い表そうとして、どうしてもその言葉で言い表せない、あるいはその言葉で言い切れない、その言葉の外に余ってしまうものがあると感じる。その感じをくぐるうちに、自分の心のなかにある問題を発見する。そのように、言葉で言えない、かたちはとりにくいけれども、はっきりそこにあると感じられる問題というものを、一つずつ自分の心のなかに発見してゆくということが、ひとが成長すること、歳をとるということだろうというふうに、わたしは思っています。

言ってみれば、自分の心のなかにもっている問題の数というのは、ちょうどその人の年齢にひとしいのではないか。逆に言えば、年齢というのは、その人が自分の心のなかにもっている問題の数ときっとおなじだ、と思うのです。

言葉で言い表すことができないものがあるというのは、言葉というのは表現ではないのでないかということです。

言葉は、ふつう表現と考えられています。[A]、本当はそうでなく、言葉はむしろどうしても表現できないものを伝える、そのようなコミュニケーションの働きこそをもっているのではないかということを考えるのです。

言葉というのはその言葉で伝えたいことを伝えるのではない。[B]、その言葉によって、その言葉によっては伝えられなかったものがある、言い表せなかったものがある、どうしてものこってしまったものがある、⑤そういうものを同時にその言葉によって伝えようとするのです。

おなじ一つの言葉でも、その言葉でおたがいがもっているのは、おなじ一つの意味ではありません。[C]、「社会」というような言葉。その「社会」という言葉は、車を指して、「これは車です」とか、松の木を見て、「これは松の木です」というふうに、そこにあると指して言うことができません。

「これは社会です」と何かを指して言うことのできない、そういう言葉があります。そのような言葉で言い表されるものというのは、その言葉によってそれぞれが自分の心のなかに思いえがくもののことです。

ですから、それは、それぞれに違います。そうであって、それは、おなじ一つの言葉です。その言葉によって自分の心に思いえがいたものを伝え、そして同時に、その言葉によって言い表すことのむずかしかったもの、むずかしいものを伝える、そういったコミュニケーションのあり方を大事にできなければ、何か大事なものが、気づかぬままに人と人のあいだから脱落していってしまいます。

コミュニケーションと言うと、情報をとること、交換することがコミュニケーションであるように考えられやすいけれども、情報とコミュニケーションというのは[D]するものではなくて、ほんとうは反[D]する性質をもっています。

情報がふえればふえるほど、逆にコミュニケーションはすくなくなってゆく。あるいは、浅く、小さくなってゆく。「知らなきゃ話にならない」という言い方があるように、知るものと知らないものを、情報は分けてしまう。おたがいのあいだに、知っていなければお話にならないディ[注1]スコミュニケーションの状況を、情報は現出させるのです。

コミュニケーションは情報によって代替できないことを、もっとも対照的に示すものは、読書のコミュニケーションのあり方です。

読書というのは、どういうコミュニケーションなのか。読書のコミュニケーションというのは、言葉のコミュニケーションですが、言葉のコミュニケーションというのは、答えの決まっているもの、こういう問題があって、それに対してこういう答えがあるというような、模範回答があるというコミュニケーションとは違います。

その反対に、それは答えの決まっていない、あるいは答えというもののない、答えはないけれども、問いがあり、問いはさらなる問いを問い、問いを求めて答えを求めない、ある意味で落着を求めないコミュニケーションというのが、言葉のコミュニケーションというものだろうというふうに思えます。

読書について言えば、ですから、答えを求めて読むのではなく、ひたすら読む。じっくり読む。ゆっくり読む。⑥耳を澄ますように、心を澄まして、言葉を読んでゆくほかに、読書のコミュニケーションはないというふうに、わたしは思いさだめています。

そこに伝えられないものがある。言い表せないものがある。はっきりと感じられているけれども、どうしても言葉にならないもの、言葉にできないままになってしまうものがある。何かとしか言えないような何かがある。

言葉から、あるいは言葉によって、そうした沈黙、そうした無言、そうした空白というものをみずからすすんで受けとることのできるような機会をつくるような、そういったコミュニケーションのあり方を大事にしてゆくことを考えたいと思うのです。

そうした沈黙、そうした無言、そうした空白が(注2)体《たい》しているものが、それぞれに心のなかにもっている問題なのであり、なくしてはならない記憶の確かな目安だからです。

（長田　弘「読書からはじまる」より）

（注1）「ディスコミュニケーション」……意思伝達ができないこと。コミュニケーションが絶たれた状態。

（注2）「体して」……………………心にとめて守って。

問一、——線①「地下道はそうです」とありますが、これはどういうことですか。その内容を説明した次の文の空欄にあてはまる言葉を文章中から指定された字数で探し、それぞれ抜き出して答えなさい。

地下道には、その場所を【1、二字】するのに欠かせない、【2、三字】で【3、五字】がないということ。

問二、——線②「問題は」の述語を次から選び、記号で答えなさい。

ただ問題は、絶えずア新しくされてゆかなければイならないために、情報というのは人の記憶の目安にはウならないというエことです。

問三、——線③「みずからいま、ここに確かめる、確かめなおす」の言い換えになっている部分を文章中から十三字で探し、抜き出して答えなさい。

問四、——線④「自分ではなかなか気づかない」とありますが、何に「気づかない」のですか。——線④より後の文章中から四十字以内で探し、最初と最後の五字を抜き出して答えなさい。

問五、【A】～【C】にあてはまる言葉として最も適当なものを次から選び、それぞれ記号で答えなさい。

ア、たとえば　　イ、しかし　　ウ、つまり　　エ、むしろ

問六、——線⑤「そういうものを同時にその言葉によって伝えようとする」とありますが、何と何を「同時にその言葉によって伝えようとする」のですか。——線⑤より後の文章中にある言葉をできるだけ使い、三十五字以内で答えなさい。

問七、【D】にあてはまる熟語を二字で考えて答えなさい。

問八、――線⑥「耳を澄ますように、心を澄まして、言葉を読んでゆくほかに、読書のコミュニケーションはない」とありますが、それはなぜですか。その理由として最も適当なものを次から選び、記号で答えなさい。

ア、読書とは言葉のコミュニケーションであり、それを成立させるためには日々変化する情報に常に敏感でなければならないから。
イ、読書によって答えのない問いに答えを出すためには、模範回答のない言葉のコミュニケーションを行うだけでは不十分だから。
ウ、表現できないものを伝えようとする言葉のコミュニケーション同様、読書も問いに対する決まった答えがあるわけではないから。
エ、言葉のコミュニケーションでは伝えきれないことも、読書を通して様々な情報を手に入れることで伝えられるようになるから。

問題は次ページに続きます。

2022(R4) 東京都市大学等々力中　特選第１回
K 教英出版

四　次の文章を読んで、あとの問いに答えなさい。なお、文章中の1～6は形式段落の番号を示しています。

1　「今年は真人間《まにんげん》になって　まじめに働きます」。怪しげな年賀状がどこやらの刑務所から届く。検印の欄には「犬井」「犬塚」「犬飼」と看守ら3人のハンコが。どれもイヌ年にちなんだ。

2　1970年の正月、画家安野光雅《あんのみつまさ》さんが送ったあいさつ状には、だれもが①腰を抜かした。そんな遊び心が彼の創作の原点である。意表を突くだまし絵は国内外で愛された。「三次元では起きないことが二次元なら起きる。見る人を驚かせたい」。そんな安野さんが94歳で亡くなった。

3　②世界各地の風景を描いた絵本にはヒーローを小さく配するしかけも。「スーパーマンをどこに描いたか教えて」。ある時、米国の子どもから手紙が届く。返信は「自分で探す方が楽しいよ」。読み手に自分の目と頭で考えてもらう手間を大切にした。

4　[A]画風とはうらはらに、画業は順風続きではなかった。島根・津和野の宿屋に生まれ、工業学校を卒業した後に炭鉱へ。戦後は教師として小学校に10年ほど勤めた。絵描きの道に歩みを定めたのは30代半ばだった。

5　『あいうえおの本』『10人のゆかいなひっこし』。子育ての時期、わが家も彼の絵本にお世話になった。ひらがなやＡＢＣ、足し算を教えるのに謎かけのような絵を駆使《くし》して退屈させない。子にも親にも驚きの教科書だった。

6　絵筆のみならず文章の筆も柔らかかった。『散語拾語《さんごじゅうご》』『私捨悟入《ししゃごにゅう》』という書名にも③安野さんらしさがあふれる。絵画も文章もそして賀状でも永遠の空想少年であり続けた。

（朝日新聞二〇二一年一月十八日「天声人語」より）

問一、――線①「腰を抜かした」とありますが、これと同じ意味を表している言葉を3以降の文章中から二字で探し、抜き出して答えなさい。

問二、――線②「世界各地の風景を描いた絵本にはヒーローを小さく配するしかけも」とありますが、安野さんが自らの作品にこのような「しかけ」をしていたのはなぜですか。「～ため。」に続くように、文章中から二十字以内で探し、抜き出して答えなさい。

問三、[A]にあてはまる言葉として最も適当なものを次から選び、記号で答えなさい。

ア、華やかな　イ、真面目な　ウ、穏やかな　エ、上品な

問四、――線③「安野さんらしさ」とありますが、それはどのようなものですか。文章中から三字で探し、抜き出して答えなさい。

問五、この文章の構成として最も適当なものを次から選び、記号で答えなさい。

ア、
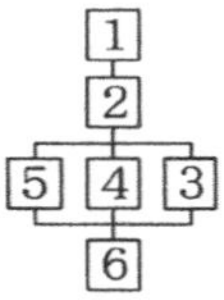

イ、
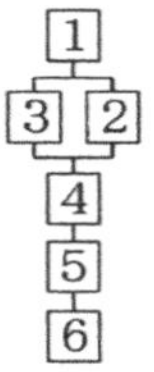

ウ、
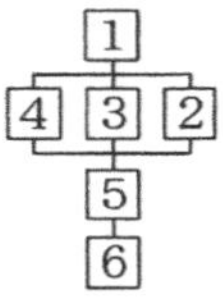

エ、
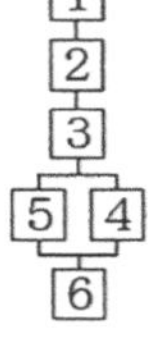

2022(R4) 東京都市大学等々力中　特選第１回
K 教英出版